ミネルヴァ日本評伝選

道徳科学とは何ぞや

廣池千九郎

橋本富太郎著

ミネルヴァ書房

刊行の趣意

「学問は歴史に極まり候ことに候」とは、先哲荻生徂徠のことばである。

歴史のなかにこそ人間の智恵は宿されている。人間の愚かさもそこにはあらわだ。この歴史を探り、歴史に学んでこそ、人間はようやくみずからの正体を知り、いくらかは賢くなることができる。新しい勇気を得て未来に向かうことができる。徂徠はそう言いたかったのだろう。

「ミネルヴァ日本評伝選」は、私たちの直接の先人について、この人間知を学びなおそうという試みである。日本列島の過去に生きた人々の言行を、深く、くわしく探って、そこに現代への批判を聴きとろうとする試みである。日本人ばかりではない。列島の歴史にかかわった多くの異国の人々の声にも耳を傾けよう。

先人たちの書き残した文章をそのひだにまで立ち入って読み、彼らの旅した跡をたどりなおし、彼らのなしとげた事業を広い文脈のなかで注意深く観察しなおす——そのとき、はじめて先人たちはいまの私たちのかたわらによみがえってくる。彼らのなまの声で歴史の智恵を、また人間であることのよろこびと苦しみを、私たちに伝えてくれもするだろう。

この「評伝選」のつらなりのなかから、列島の歴史はおのずからその複雑さと奥ゆきの深さをもって浮かび上がってくるはずだ。これを読むとき、私たちのなかに新たな自信と勇気が湧いてきて、その矜持と勇気をもって「グローバリゼーション」の世紀に立ち向かってゆくことができる——そのような「ミネルヴァ日本評伝選」にしたいと、私たちは願っている。

平成十五年（二〇〇三）九月

上横手雅敬
芳賀　徹

廣池千九郎（大正14年，59歳）

揮毫「慈悲寛大自己反省」
（大正６年）

東京市本郷における家族（明治33年１月）

妙雲院（京都市左京区仁王門通川端東）（京都時代に間借り）

伊勢神宮参拝の一行（昭和３年11月３日）

中央の少女の後ろが廣池。その列を右へ春子・千英・利三郎・中田中。

道徳科学専攻塾正門

廣池の古稀記念に妻と（昭和10年 1 月）

現在の廣池千九郎畑毛記念館

まえがき

小説家山岡荘八の絶筆となった作品『燃える軌道』（昭和四十九〜五十三年、学研）をご存じだろうか。これを山岡は「小説家としての最後の仕事」あるいは「日本人への遺書」といい、最後の力を振り絞って書いた。その主人公が、廣池千九郎《ひろいけちくろう》（一八六六〜一九三八）にほかならない。山岡は小説執筆に重宝していた百科史料事典の『古事類苑』によって、編纂者の首席であった廣池と、早くからつながっていた。しかし、それが廣池を主人公に選んだ理由ではない。

執筆を手伝った大澤俊夫によると、山岡は「『徳川家康』も『織田信長』も『春の坂道』も、みんな『燃える軌道』を書くための習作にすぎない」とまで語っていたという。これらの作品に底流する山岡の課題こそが、日本における「道徳」と「天皇」の意味であり、廣池との交錯点もここにあったかと思われる。

山岡の描く家康は、戦国武将の中でも卓抜した勤皇家であり、日本国の礎を「道徳」に置き、最高の道徳を身につけたものが最も永続性を持つと考える指導者であった。一方の天皇についても、古代から連綿と続き、道義的国家を長い歴史の中に培い築き上げてきた存在として見る立場を山岡はとっている。

思想家としての彼は、このような史眼によって日本の現状と将来を見据えていた。日本は道徳によって長らく救われ今日があるにもかかわらず、各人の道徳性が著しく失われ、このままでは滅亡の道を進むほかないという。「最高道徳」こそ日本の心とする山岡が、その意義を解明しようとした廣池千九郎を、日本人の誇りとして描こうと決意したのは、自然な帰着だったといえる。

こうして山岡は心血を注いで『燃える軌道』を書き上げたが、それは文芸史上に十分な評価を得ることはなかった。道義立国をという山岡の主張は、早すぎたのかもしれない。

しかし、今や日本の世相も世界の情勢も大きく変わった。山岡が生きた時代以上に日本人的な心が失われつつあることは、残念ながら否定し難いものの、反面では、現代日本人の道徳性が世界的に注目されることも少なくない。

あの痛ましい東日本大震災の被災地において見られた日本人の忍耐強さや助け合いの精神が、世界から賞賛されたことは記憶に新しい。またオリンピック招致を機に話題となった「おもてなし」や、ユネスコ無形文化遺産に登録された「和食」等に見受けられる日本人らしい心づかいが、国際化の進む中でクローズアップされつつある。

そうした中、あらためて「日本的な道徳」とは何なのかが、真剣に問われようとしている。すでに教育基本法を改正して「伝統」の尊重を盛り込み、学校教育で「道徳」を教科化する段階にまで至っているが、それを逆コースとして危惧する声も聞かれるところである。

ここで問題になるのは「道徳」の中身であろう。それは廣池の活躍した約一世紀前にも問われていた課題であった。それゆえに、客観性のない説得力の乏しい「道徳」を克服するため、廣池はその科学的研究に全力を尽くし、「道徳科学（モラロジー）」の新たな体系化を試みたのだろう。

廣池の提唱した「道徳科学」は、近年とみに再評価の動きが見られる。たとえば、行安茂・廣川正昭編『戦後道徳教育を築いた人々と21世紀の課題』（平成二十四年、教育出版）において、「天野（貞祐）、高山（岩男）、高坂（正顕）は戦後の道徳教育を方向づけ、廣池は道徳の科学的研究を方向づけた点において再検討に価する人々である」と、戦後の道徳教育を方向づけた四人の一人に廣池を挙げている。

この廣池を直接に扱った先行文献には、『伝記 廣池千九郎』（モラロジー研究所）や井出元の『廣池千九郎の思想と生涯』（広池学園出版部）等があり、ともに廣池の人生と思想の全般にわたって詳細ながら、依然として課題は残されている。これら以外にも廣池に言及するものはかなり蓄積されているが、特定のテーマを取り上げた一面的な主張が多いといわざるをえない。その主な要因は、廣池の事跡が多岐にわたり、それぞれの分野で異色の存在だからであろう。

よって本書では、近現代の歴史背景をふまえて、その時期その状況で廣池が誠を尽くして取り組んだことは何であったのか、その過程で形作られた「道徳科学」とは何であるのかを、可能な限り客観的に跡づけてみようと思う。

廣池千九郎——道徳科学とは何ぞや　目次

まえがき

図版写真一覧

凡　例

一、引用は、歴史的仮名遣いなど、原文の文体を極力尊重した。ただし、カタカナ表記はひらがなに改め、適宜、送り仮名、句読点、濁点等を補った。

二、『廣池千九郎日記』と『回顧録』については、現代仮名遣いに改めて刊行されているが、時代性を考慮し、もとの歴史的仮名遣いに戻した。

三、漢字は新字体に改めた。ただし、「廣池」「麗澤」「福澤」「慶應義塾」「皇學館」「國學院」については、関係者の意向を尊重し、正字体を用いた。「其」「之」「是」「茲」「又」「且」「乍併」「勿れ」「若くは」等は、ひらがなに改め、難読漢字には煩を厭わずふりがな（現代仮名遣い）を付した。

四、「モラロジー」は、戦前に関するものは「モラロヂー」、戦後に関するものは「モラロジー」と表記した。

五、割注は、字体を小さくして一行とし、〈　〉を付した。

六、左記の書名については、次のように略記した。

『廣池千九郎日記』1～6　　『日記』①～⑥
『道徳科学の論文附録　廣池博士の学問上に於ける経歴』　　『経歴』
『伝記　廣池千九郎』　　『伝記』
『社会教育資料』　　『社教』

七、使用した廣池千九郎の遺稿は、すべて廣池千九郎記念館の所蔵品である。

八、敬称は省略させていただいた。

関係系図

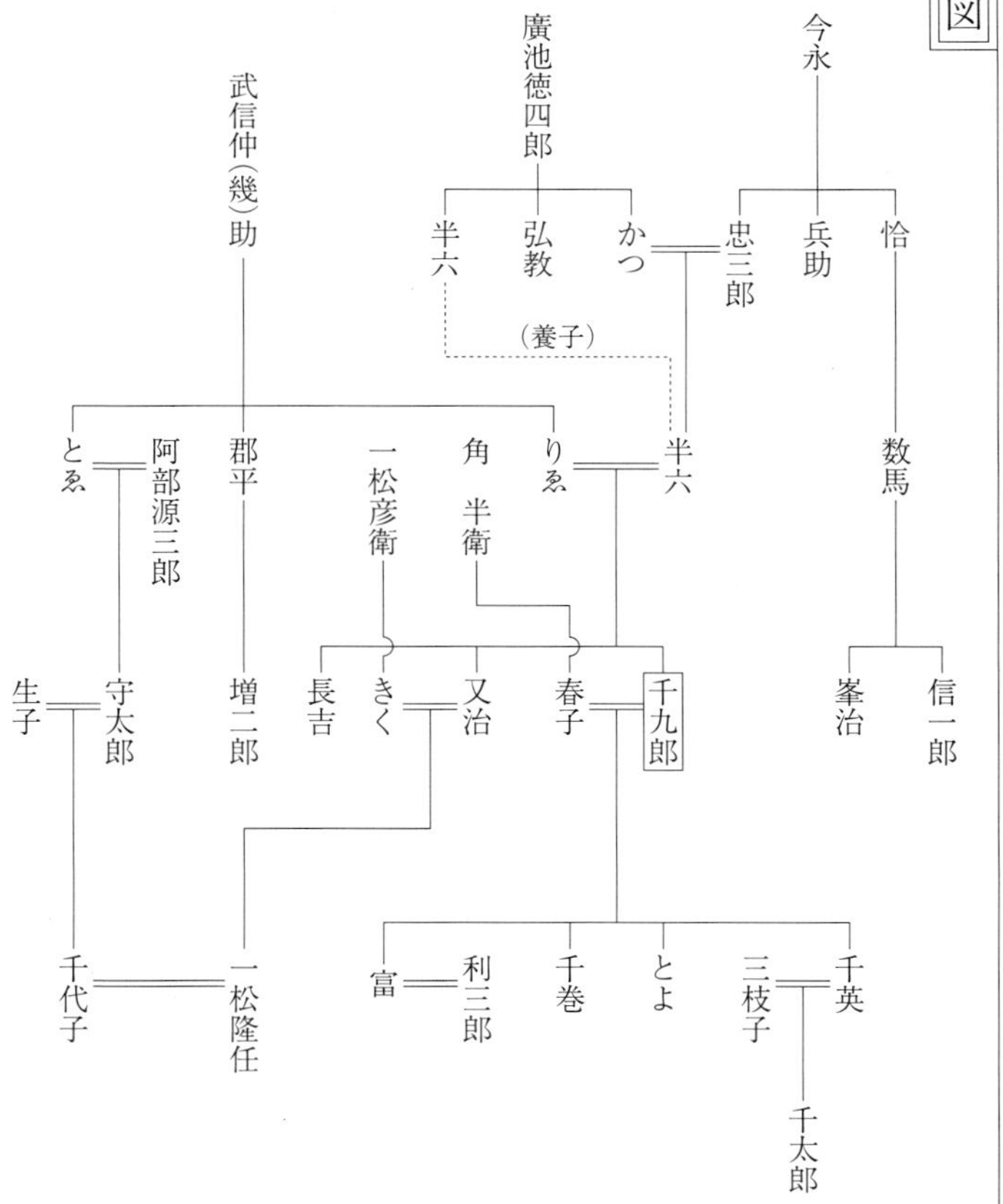
今永
恰
兵助
忠三郎
数馬
信一郎
峯治
廣池徳四郎
かつ
弘教
半六
（養子）
武信仲（幾）助
半六
りゑ
角　半衛
一松彦衛
郡平
阿部源三郎
とゑ
千九郎
春子
又治
きく
長吉
増二郎
守太郎
生子
千英
三枝子
千太郎
とよ
千巻
利三郎
富
一松隆任
千代子

第一章　中津と『中津歴史』

1　生誕地「中津」

ふるさとの『中津歴史』

廣池千九郎は、慶応二年（一八六六）、豊前国下毛《しもげ》郡鶴居《つるい》村（現在の大分県中津市）に生まれた。はじめに、郷里の中津について触れておきたい。

中津の歴史を語るのに欠かせない文献として、『中津歴史』という書物がある。明治二十四年（一八九一）の刊行だが、その後に出た『下毛郡誌』（昭和二年）も、『中津市史』（同四十年）も、事実関係の多くを本書に頼ってきた。特に、福澤諭吉の郷里中津における事跡を論ずる際には、必ず依拠されるべき基本資料となっている。その著者が、実は中津高等小学校教員の廣池千九郎（当時満二十五歳）である。

『中津歴史』は、今でいう「地方史」に分類される一書であるが、日本の史学史上、異色の存在といえる。今でこそ、日本歴史学の一角を成している「地方史」だが、当時そのような分野は確立されていなかった。そのため『中津歴史』は、地方史研究の先駆けとして位置づけられている。

当時の学者たちが誰も成しえなかった、あるいは成そうとしなかった「地方史」研究を、なぜ一介の小学校教師だった廣池が成し遂げたのだろうか。

本章では、廣池が学問・教育の世界に登場した背景を『中津歴史』を手掛かりに探るとともに、本書刊行に至る軌跡を軸に、この時代を辿ろうと思う。

廣池は晩年、本書について次のように述べている。

予が生涯の苦労も、この一挙に因りて起り、また予の今日に於ける世界人類の救済に関する大事業に従事するに至りし事も、またこの一挙に因りて起り来りしものなり。（『経歴』）

その後の苦難の人生と後世に残した教育事業の起りは、「この一挙」つまり『中津歴史』の刊行にあるという。後年、東洋法制史を開拓し、最後は道徳の研究と教育に尽くした彼が、何故に青年期に地方史を書いたのか。この点の解明は、廣池の思想と業績の核となる部分を理解させることになるであろう。

福澤諭吉も同郷の中津藩

郷里の先達に福澤諭吉がいる。福澤家は武士であったが、家格は「下士」に属していて、その下層階級にあった。藩士の家格は、上士・下士に分かれ、さらに上士は、第一級に大身《たいしん》・大身並《たいしんなみ》・寄合、第二級に供番《ともばん》・家中《かちゅう》・小姓《こしょう》、また下士は、第三級に祐筆《ゆうひつ》、第四級に中小姓《ちゅうごしょう》・供小姓・小役人と続く。その下には足軽など卒身分があった。

当時、家格は厳格に守られていた。「封建制度でチャント物を箱の中に詰めたやうに秩序が立って居て、何百年経ても一寸《ちょい》とも動かぬと云ふ有様」（『福翁自伝』）だったのである。封建制度に束縛され不平を呑んで世を去った父を思い、福澤は後に「門閥制度は親の敵でござる」と評している。「こんな処《ところ》に誰が居るものか、如何《どう》したつて、これはモウ出るより外に仕様がない」（同）と吐き捨て、中津を出ていった。

こうした藩風の一方で、中津藩は蘭学を重んずるような進取の気風もあった。蘭学興隆のきっかけは、奥平《おくだいら》家三代藩主・昌鹿《まさか》（一七四四〜八〇）の関心である。昌鹿の母が骨折したとき、オランダ大通詞の吉雄《よしお》耕牛《こうぎゅう》が西洋医学によって完治させたことに歓喜したという。

昌鹿は自ら熱心に蘭学を学ぶとともに、藩医前野良沢の修学を支援した。良沢は藩主の期待に応えて、杉田玄白らと共に『解体新書』を完成させたのは周知の通りである。昌鹿の蘭学に対するこうした姿勢は、中津藩に一つの学統を形成した。昌鹿の長男で四代藩主となった昌男《まさお》には女子しかおらず、亡くなる直前に婿（予定の）養子を迎えた。これが〝蘭癖《らんぺき》大名〟の一人に名を連ねた奥平昌高《まさたか》（一七八一〜一八五五）である。昌高の実父の薩摩藩主島津《しまづ》重豪《しげひで》は、昌高の養祖父昌鹿の蘭学仲間であり、それが縁となっての養子縁組であった。となると、昌高が蘭学を志向したのも自然な流れといえようが、その徹底ぶりは昌鹿や重豪をさらに上回るものがあった。

昌高は江戸にガラス張りの「オランダ屋敷」を建て、舶来品を陳列し愛用したのみならず、自らオランダ語学習に熱を入れ、ついにはオランダ語辞書『蘭語訳撰《らんごやくせん》』を出版するに至った。人脈的には、オランダ商館長のヘンドリック・ドゥーフと深い交友を結び、「フレデリック・ヘンドリック」という蘭名までもらっている。さらにシーボルトに対しては、忌憚なく交流するために隠居までした。そして、面会は五回を数え、オランダ語で会話するとともに手紙のやりとりまでしていたという。

奥平昌高は、単なる蘭癖大名ではなかった。名君といえる治績も、いくつか残っている。そしてそれらが、後に福澤や廣池を輩出する素地をつくったのだから、歴史的意味は軽くない。『中津歴史』から見ていこう。

進修館と正行寺

昌高藩主の当時、中津の儒学者、倉成龍渚《くらなりりゅうちょ》は藩学を興す志を抱き、同志の野本良右衛門と謀って野本の住居を講堂に充て、儒学を講じていた。それを知って感心した黒田龍吾ら藩士たちが、藩学設立を請うと、昌高はそれを喜び、進修館《しんしゅうかん》の開校に至ったという。昌高は「これを嘉《よみ》し、国老と議して年毎に正米百石をその経費に」下したとのことで、同校は着々と発展する。そして「当時その名四方に高く、長州萩の明倫館等と共に天下に併称せらる」に至った。後述するように、廣池は保存されていた進修館の蔵書を読破し、学力を飛躍させるとともに、それを『中津歴史』に取り入れている。

また奥平昌高は、中津における仏教、とりわけ浄土真宗の興隆にも一役買っている。「中津が仏教の繁昌に赴きしは、遠く小笠原時代にありと雖《いえど》も、その真宗の殊に今日の如き盛況を呈するに至りしは、蓋《けだ》し実に文化文政の間にあり」とする、文化・文政年間に何があったのか。

『中津歴史』は続けて、「正 行寺《しょうぎょうじ》の住職末広雲華《すえひろうんげ》の法力と、時の領主昌高、雲華の法徳を崇拝して大いに同宗を保護せるに因《よ》らずんばあらず」という。同書によれば、頼山陽《らいさんよう》が名声を博したのは、雲華によるところが大きい。頼山陽が楠木正成の伝を著すことにつき、「忠臣は必ず孝子の門に出づ」と山陽の不孝を糺し、孝行へと向かわせた僧法海に山陽を紹介したのも雲華であった。中津においては、「この時より神道及び他の仏教徒の中より続々真宗の信者を増して、遂に十中九までは悉《ことごと》く同宗に帰したる様を見ても知るべし」と、雲華の学徳を慕い、ほとんど浄土真宗に帰依したという。『中津歴史』が雲華のことを六頁にもわたって詳述したのは、このように中津の宗教界における功績の大きさが主であったことに違いないが、廣池自身の思想的ルーツにあたる点も見逃せない。この点は後に述べる。

中津市校と洋学

中津における蘭学・儒学、そして仏教について触れたが、ここで明治に入ってからの洋学の展開についても触れておきたい。これをリードしたのは、やはり福澤諭吉であり、そして奥平家の庇護によるものであった。両者は協力して、明治四年十一月、中津に洋学校「中津市校《しこう》」を設立している。

『中津歴史』によると、「廃藩置県の大変革あるや、旧藩主昌邁《まさゆき》、大いに士族の前途を憂慮せられ、その子弟をして有用の学業を講じ、独立・自営の生計を立てしめんと欲し」、同家の家禄の五分の一と、藩の積立金を基に立てた「天保義社」から二万円を拠出して、「中津市校」を開校した。英国のパブリックスクールをモデルとする中等教育の学校であり、慶應義塾の姉妹校に位置づけられていた。

これには、福澤諭吉が当初から中心的に関わっている。明治初年にベストセラーとなった『学問のすゝめ』も、中津市校設立に際して、中津の人々に学問の重要性を説いたものである。同校について、『中津歴史』は次のように記す。

本校の設立せらるるや、福澤・小幡・浜野・松山等、諸先輩、前後来りて業を授け、加ふるに、旧藩主の鼓舞奨励またその優渥《ゆうあく》を極め、而《しか》して時恰《あたか》も世運日進の際に当り、来学四集雲の如く、かつ歳計富裕書籍器械充全するを以て、校勢日に興隆し、明治六、七年より八、九年に至るの間は、生徒の数、本校附属女学校を合せ、およそ六百有余人に達し、一時、関西第一の英学校なり、と世上に公評を博するに至れり。

中津市校は、最盛期に生徒六百人余を擁する関西（西日本）第一の英学校と称され、中津地方の文明開化の推進力となった。しかし、西南戦争以後、公立学校の整備が進んだこともあり、徐々に衰退し、明治十六年には廃校に至った。

福澤は、中津市校を取り巻く環境の変化に合わせ、明治十二年十二月、市校と同じく天保義社から出資を得て、養蚕業を営む末広会社を設立し、市校そのものの養蚕専門学校化も検討している。『中津歴史』には、「士族有志の士、末広会社を設立し、資本金四千五百円〈一株十四円百五十株〉を徴して工場を三の丁に築き、蚕業を営み、以て士族就産の基を開く。豊前産業の盛運、実にここに濫《らん》觴《しょう》す」とある。福澤は、「士族の授産は養蚕製糸を第一とす」（『福澤諭吉全集』九）を著し、家禄を失った士族の生業として養蚕を推奨していた。中津における洋学の系統は、養蚕業を中心とする実業へと受け継がれたのである。

2　廣池の生家

父・廣池半六

「わしの今日あるは皆両親のお蔭である。殊に父の積徳のお蔭である」（『社教』十一号）と、廣池は亡くなる前年の昭和十二年（一九三七）、こう言って、自身の部屋に両親の写真を掲げた。またその数日後には、畢生《ひっせい》の大著『道徳科学の論文』を手に取ると、「この論文は全く神の御守護と父の積徳の賜物である。父の余徳がなければ、決してかくの如き著述をなす事は出来ない」（同）と語っている。

思想形成において、誰しも両親の存在は大きい。廣池の場合、「徳を樹てて家を興すと云ふ如き事は、一代では出来ぬ」（「浄土往生記読者諸君に告ぐ」）と語り、殊更にそれを認めるように、両親さらに祖先の「積徳」――道徳の積み重ね――に依るところが大きいと考えていた。ここでは父親の存在を重視しているが、後述するように母親からの影響も、非常に大きかったといえる。

では、その家系と両親はいかなる存在であったのか。しばらくそれを振り返っておこう。

家系はやや複雑である。父の廣池半六《はんろく》は、廣池家の生まれだが、今永《いまなが》家へ養子に入って今永家を相続する。このことが廣池の思想形成を大きく方向づけることになった。

半六は、天保十二年（一八四一）十一月二日、中津において、廣池徳四郎《とくしろう》（慶応三年十一月二十三日没）の三男として生まれた。中津地方が浄土真宗の盛んな地であることは先に述べたが、この当時は人口一万数千人のうち、真宗門徒は四千人程度で、廣池家はかなり信仰の深い部類だった。

父・半六

半六の兄（徳四郎の次男）西来路《さいらいじ》弘教の長女シカによると、徳四郎はたいそう信心深く、正行寺と村民の済度のために精力的に尽くしていたという。正行寺の普請《ふしん》の際には、三十日余も山中に入り、自ら欅・檜など材木の選定にあたった（『社教』十一号）等のエピソードが残っている。

この正行寺こそ、かつて末広雲華が住職を務めた名刹《めいさつ》である。廣池家は雲華の法統にも連なっていた。徳四郎の子の半六も、正行寺に篤く帰依して、仏道に励んでいる。半六は、寒暑風雨を問わず、毎日、朝五時と夕方五時、必ず羽織を着し、下駄ばきで参拝し、その際三歩ごとに「南無阿弥陀仏」を称名した。体も声も大きかったので、半六の参拝には村人の誰もが気づいたという（同）。

寺では、道具磨き・掃除・装飾等に率先して勤《いそ》しみ、他の奉仕者が食事を提供される時でもこれを受けず、寄進事業には「身を挺して奔走」し、寺から慰労されると、その分をまた献金したという（『社教』十一号・『浄土往生記』）。

しかし、このような半六の篤信ぶりは、妻のりゑと廣池ら子供たちには、さすがに行き過ぎを感じさせていたようである。廣池は、「当時亡母及び余輩家族は、亡父の為す所の余りに愚直なるを詰《なじ》りし事ありしも、亡父の説明によりて、神仏に対する真の信仰の意味を理解し、一家和合して亡父の所為に帰服せり」（『浄土往生記』）と記しており、家族の批判に晒されたこともあったが、それでも半六の説く教えによって、ついに家族はその徳に「帰服」したという。

半六は、地域の人々にも法を説いて回った。「家業の傍ら、近郷の人々を勧化し、世俗をして王法仏法の要諦を悟らしむる事」に努めたことにより、村人たちからの徳望も高かった（同）。半六が家を空けることの多い廣池家の耕作等を、進んで手伝う者たちがいたという。山本恒次の調査によると、「生前の半六翁を知る人は、今もその日常を回顧して、敬慕している」。

徳四郎・半六父子の浄土信仰は、廣池にも色濃く受け継がれていると見られる。明治十九年（一八八六）の記録（「初忘録」）に、「旧二月三日、祖父十七回忌法会を執行せられ候に付き、帰郷、拝仏回《え》向《こう》す（予は元来真宗を信ず）」と、養祖父今永忠三郎《ちゅうざぶろう》の法要のため帰省した際のことにつき、自らの浄土真宗に対する信仰を明記している。また、「祖父の精進日等にも魚類・卵等を食することなし。これなきのみならず、父母かつて勧むれどもこれなさざりし」と、忌日には自ら肉食を絶ち、父母に勧められても食さなかったという。

敬虔思想

廣池は、これを記した頃、小川含章《おがわがんしょう》のもとで儒学を修めており、その後、国学も学び、やがて日本皇室の尊厳を説く国体学へと進んでいく。しかし「元来」の信仰が浄土真宗にあったことは、注目を要する。

ところで、廣池の思考の背景には常に科学があった。後述するように、福澤諭吉に触発され洋学に親しんだ少年時代から、穂積陳重《ほづみのぶしげ》のもとで法制史学に自然科学を取り入れ、最終的に、道徳の科学的研究に身を投じていく。その間、青年期から学者として身を立てる四十歳くらいにかけては、尊王愛国と関連する「敬神」については十分に自覚するものの、宗教的信仰については、まったく持っていないと自覚していた。

しかし、四十代の大病を境に、廣池は深い信仰生活に入る。そして道徳の科学的研究において、道徳の基盤に信仰を持つことの重要性を論じていく。道徳の原理の中に、科学の観点から自然の法則を追求し、神なるものの働きに対する信仰との一致点を見出し、自然の法則イコール神の心とする次元に達する。そして、道徳の原理の中に「深く天道を信じて安心し立命す」（『道徳科学の論文』）という、自然界の働き「天道」に対する絶対的な帰依と安心立命の境地を体得し説いている。

こうした心境について考える時、村岡典嗣《むらおかつねつぐ》のいう「敬虔《けいけん》思想」が想起される。村岡は、本居宣長が幼少期に浄土信仰のもとで育ったことに注目し、

> 宣長が、神の恵みに対する絶対的信仰は、やがて、一切の疑惑を捨てて、仏の誓ひを絶対に信ずるといふ、宗教的態度と相通じてゐる、と言へる。果して、宣長の絶対的信仰、即ち敬虔思想は、浄土宗が絶対的他力の信仰と趣を同じうしてゐる。
>
> （『本居宣長』）

という。廣池の思想の中にもこの「敬虔思想」が根底にあり、村岡が宣長について指摘したのと同じように、浄土教の信仰と趣を同じくしていたのではないか。廣池は自然科学を徹底的に追究することによって、自然の法則の生成化育への指向を明らかにした。しかし、それに対する絶対的な帰依ともいえる信念、それは宣長の古伝に対する「信」の宗教的態度に相通じるものがあったと思われる。

それは、後年創出した概念の中にも見出される。恩人の系列を意味する「伝統」という言葉を論じる中で、「阿弥陀様が衆生の為に苦労して居る故に、これにたよれば成仏すると云ふのが伝統の原理」（遺稿）とする表現が見られる。

なお、村岡は、「全体として見ても、また、部分として見ても、道徳的理想の発現は、わが神代の古伝説に於いて、これを見ぬのである」（『本居宣長』）といい、『古事記』等の日本神話には道徳的理想は見られないとしている。記録として見られないにもかかわらず、宣長が「万物を神意の発現」とする点に理解の飛躍を指摘し、「その神意に対して、絶対的に帰依信頼の情を捧げる」ところに敬虔的信仰があったとする（同書）。廣池はここから一歩進めた。神代記の中に、理論的に高度な道徳を見出し、その上で「信」を置いているのである。

他力と自力

半六は「神仏のような精神になれよ。何ものをも育てあげる精神になっていくのが本当の人間じゃ。分かったか」と教え、りゑは「お父さんの言うことを守って、そういう人間になることですよ」と語っていた（井出大『随行記録　晩年の廣池千九郎博士』）。

「神仏のような精神になれよ」――この表現には、仏の手に一切を任せる、という真宗における

「他力」本願とは異なる「自力」の発想が見られる。意識的に自己の人間性を磨き、神か仏の領域にまで至れという。また、「仏」ではなく「神仏」といっている。

思想形成を方向づける背景の次なる重要事として、この点を見ていこう。それは、父半六が、浄土信仰を持ちつつ、社家（神職の家系）の今永家へ養子に入ったことである。

今永家は、宇佐神宮宮司家の池永《いけなが》家からの分かれであり、中津の大貞《おおさだ》八幡宮（薦《こも》神社）に仕える社家であったが、幕末に農業に転じたとのことである。

この頃の当主の恰《あたか》には、兵助と忠三郎の二人の弟があり、この三家に分かれていた。浅野栄一郎が、恰の孫の今永信一郎から聞いたところによると、恰の長男の数馬までは神職としての仕事があったとのことであるから、農家となる一方で、依然として社務にも携わっていたようである。

恰の末弟の忠三郎には子供が無く、養子を取ることになったが、今永一族に該当者がなかった。そこで、忠三郎の妻・かつの弟を養子に迎えた。それが廣池半六である。今永一族の間では、他姓から養子を取ることに反対もあったようだが、かつの強い意向などにより、この形に収まった。結局、廣池姓のままとなったことの背景には、このような事情があったのである。

こうして、半六と千九郎の父子が「祖先」という場合は、すべてこの今永家を指すことになる。

本家との交流もあった。廣池は晩年、今永家へ祭祀料にと、中津に所有の畑地、一段二十五歩を贈与している。それに対して、同家の信一郎による受け取りの証書が残されている。その際、信一郎は本家の当主として、本家と二つの分家の三家の関係について、この機会にはっきりさせることを意図したのであろう。改めて次のように明記している。

元来、拙者の祖父今永恰に実弟今永兵助、今永忠三郎の二人これ有り。今永兵助には恰の西隣に宅地を分与し、忠三郎には東隣に宅地を分与し、三戸並立して住居致し居り、次代に至りては拙者の父数馬《かずま》、兵助の子甚造、忠三郎の養子半六と相成り候。その時、恰も御一新に際して、新たに姓氏を定むる事に相成り候。

そして、「拙者と貴殿との家が本家・分家の関係に在る事は、右の通り一般周知の事実にこれ有り候」とはっきりさせた上で、今回の畑地の贈与については、「永く先祖の祭祀を相営み、今永家の繁栄を図り候様にとの御芳志、深く感謝致し居り候」といい、分家の廣池が本家を尊び、その繁栄を期していることを、本家の今永信一郎が評価し感謝している。両者の関係は良好であったと言ってよいであろう。

廣池の生家は現存している。この家は、前記に言う今永恰が本家の東隣に分与した宅地にあたる。現在は、「廣池千九郎中津記念館」として整備され、本家の敷地は記念館に買い取られて今に至る。

生家（廣池千九郎中津記念館）

ちなみに、記念館の敷地は、古代の宇佐街道に一部かかっており、域内で長者屋敷の遺跡が発掘されている。近世以降はまったくの田舎であり、(廣池自身も発掘前だったので知りえなかったことだが)この要衝の地に今永家が存したことも、歴史を裏づけるものといえよう。

半六の学問への情熱

半六の今永家への養子入りは、廣池の人生を方向づける決定的な布石となった。半六は、阿弥陀如来への信仰とともに祖先崇拝も篤い。今永家は、半六の父の忠三郎の代に農家となっていたが、さかのぼれば神職であり祖先が社家であることの自覚は強かった。のちに廣池もそのことに覚醒して、自らのアイデンティティとすることになるが、まずは、その点に関する半六の葛藤と解脱《げだつ》の過程を見ておこう。このことがやがて、廣池に対する教育観にも反映される。

浄土門でありながら、神職の家系を継ぐ半六には、相当の逡巡があったと見られる。浄土真宗は阿弥陀如来に対する絶対的帰依を宗旨としており、一神教的色彩がある。寺請《てらうけ》制度における葬式や年忌法要程度の付き合いの「家の宗派」ならば、氏神様のお祭りに出ることもほとんど問題とならない。しかしながら、深く信仰するとなると、話は別である。開祖の親鸞は柔軟な対応をしていたようだが、宗門には「神祇《じんぎ》不拝」という言葉もあり、神社の神々を拝むことと相容れない信条があった。蓮如《れんにょ》が「もろもろの雑行のこころをやめて、一心に阿弥陀如来に帰命《きみょう》」(『御文章』四)することを説き、存覚《そんかく》も「ひとへに弥陀如来の仏智を信じて、もろもろの雑行をさしをきて、専修専念一行一心なるべし」とも唱えてきた。

半六は、自らの信仰と祖先伝来の家業をいかに両立するかを思索せねばならない宿命にあり、その答えを真宗の教義に求めて学び続けた。半六が農業と信仰生活に学問を添えた背景には、このような事情がはたらいていたと見られる。そして、学ぶことによって道が開けるということを、経験から知ったのである。半六の没後、息子の廣池が父の遺稿『浄土往生記』を刊行して、次のように解説している。

予の家は、神代以来の旧家にして世々神祇に奉仕す。而して敬神・忠君・愛国は特に亡父の精神生活を支配せし一大宗教にして、予の少年の頃より予の家庭教育の骨子たりき。然《しか》るに、亡父は中年以来更に感ずる所あり、深く浄土真宗の教へに帰依し、東本願寺末寺正行寺の檀家と為り、浄土門の教理を研究して神仏併せ信ずる事を以て雑行雑修《ぞうぎょうざっしゅ》にあらざる事を発見し、弥陀本願の真髄を得、年五十余の頃より一層その信仰生活を高め、家業の傍ら近郷の人々を勧化し、世俗をして王法仏法の要諦《ようたい》を悟らしむる事に勉め、晩年全く一身をその道に捧ぐ。

神社に仕える家業であったことと、敬神・忠君・愛国が関連づけられ、それが半六における精神生活の主柱であったとされる。「正行寺の檀家」となったとあるのは、確かに今永家は、前代まで正行寺の檀家ではなく、曹洞宗の徳成院《とくじょういん》の檀家だったからである。そして真宗の教義を「研究」して、阿弥陀仏とともに神々も尊ぶことが「専修」に反する「雑修」でないことを「発見」したという。

半六の遺著『浄土往生記』には、逡巡する自身の心が、弥陀の慈悲を目の当たりにして安心立命する過程がうかがえる。本書の中で、弥陀は迷いあぐねた半六にこう語りかける。「迷ふそなたが　可愛ゆでならん」、「何が不足で　悦ばれんぞ」、「大手広げて　浄土に詣れ」と。そして「弥陀の誠の真実信」が、考え尽し迷い果てた半六に届いたのだった。

半六は、「さても尊とや　南無阿弥陀仏　かかるお慈悲の　あるとは知らで　ああじやかうじやとうろたへました」と、仏の慈悲に包まれて、迷いは不要であることを、迷えばこそ得られた安心の境地から達観している。

信心と　思ひ思ふて称へたが　まるでおのれが　思ひ心じや　半六

弥陀はさらに、「肩の窄《すぼ》まる　六字じやないぞ」と、「南無阿弥陀仏」の六字名号が持つ懐の深さを教え諭す。仏の慈悲は、「専修」と「雑修」との相克とは異なる次元にあったのである。人知の次元で考える「専修」も、仏の目から見れば「雑修」と異ならない。

こうして、半六の念仏は安心絶対の境地となり、神々を敬することによってもまったくゆるがない「信」を樹てられたことによって、神祇崇敬にも迷うことなく邁進できた。このように「敬神・忠君・愛国」の教育と浄土真宗の信仰とが一体となった半六直下の地点に、廣池千九郎が出現したのである。

この境地は、ある意味で研究の成果であり、半六は学問に対する理解を持った。仏の掌の上で、安心快活に進取に励む。このことが、廣池少年に対する教育への理解に通じていると思われる。

しかも、このような過程は、正行寺という場と無縁ではない。末広雲華は、真宗独自の宗学以外にも幅広く学問を修め、詩歌を嗜んでいた。それに対して、「真宗の僧は、宗学を専らとすれば事が足り、それ以外に手を出すことは道を傷つけるのではないか」と言うものがあるのを聞く。すると雲華は、真宗僧侶も他宗と同様に「漢学を勉め、風流を学び、勉めて俗気を脱し、以てその志を高尚にし、道徳を揚げざるべからず」（『中津歴史』）といい、他を排除する無知蒙昧を糺している。

両親の教育に対する理解

当時、村人たちは、金銭的余裕がないため、子供たちが学校で使う教材の購入を渋っていた。それに対して、廣池家も決して経済状況はよくなかったが、半六は積極的に買い与えていた。廣池は「千久一《ちくいち》（廣池の幼名）が、のちに本校にて上等生となるも、父母早く書を与へしゆゑなり」（「初忘録」）と、成績優秀となりえたことの理由に、両親から書籍を買ってもらえたことを挙げている。また、「同年また水盤なるもの出ず。これを購ふ。また千久一を初めとす」（同）と級友に先駆けて「水盤」を購入した。水盤とはおそらく、水で筆書きして乾くと文字が消える水書板のことであろう。なお、「千九一（または千久一）」という幼名は、明治十三年（一八八〇）頃、教員生活を始めるにあたって「千九郎」と改めている。

廣池は、教育熱心な両親の期待に応え、勉学に励んだ。やがて小学校卒業後、進学を希望した際、半六は、家計の圧迫を承知でそれを許可している。これには村人たちも驚き、反対して言うには、「すべての日本人、皆学者と為らば、何人《なんぴと》か米を作り、蚕を飼ふべきや」と。それに対して半六は

「諸君、決して憂ふる事なかれ。日本国中の人、たとひ皆豊富なる学資を支給するも、その子弟、決して悉く学者と為り得るものにあらず」と笑って答えたという（『経歴』）。

この半六の言動については従来、半六が養蚕業などを開拓し、地域を指導する進取の機運に溢れる人物であり、先見性が教育に理解を持たせたと説明されてきた。しかし、それだけでなく、その背景に、正行寺へ詣で末広雲華の学統に連なる半六の宿命的な学究生活があったことを見逃してはならない。このことは、廣池の後の人生にも色濃く影響することでもある。

母・りゑ

次に、母のりゑについて見ておこう。廣池にとって、父だけでなく母の存在が大きいことを、後年、次のように語っている。

私の母は、つまらぬ農家の娘でありましたが、併《しか》し母の父〈武信幾助〉と申しますものは、非常に奇特な人で御座りまして、旧藩主から二度も親孝行・家業出精等の廉《かど》にて賞せられ、母の兄〈群平〉も只今八十歳弱でまだ国元の方に生きてしつかりして居りますが、これも明治二年四月に旧藩から御褒美を貰ひました。

かかる家庭に人と為りし母は、私に向かつて、常に「お前は何卒孝行をしてくれよ、親に孝行なものは必ず出世する、稼業にだけ励むものには親不孝な人もあり、他人に親切なものにはなまけものもあれど、孝行者に悪いものはない、孝は百行の本なり。お前はどうぞ孝行してくれ」との事を申して居りました、その詞が私の頭に浸み込んで居ります上に、私も左様に自覚して居つたのであります。

（『近世思想近世文明の由来と将来』）

りゑが生まれた武信家は、何度も褒章を受けるほど親孝行に努めていた。廣池は明治二十一年（一八八八）、二十歳の時に「道徳」の教材『新編小学修身用書』全三巻を著すが、そこに、孝行について、「親に事《つか》へて孝なれば、自然に福あり」（巻之三）との表題を立てて、武信仲（幾）助・郡平父子を取り上げている。困窮に負けず孝養を尽した結果、藩主から褒章を受けたばかりでなく、家も栄えて豊かになるなど、孝行がよい結果を生んだとする。なお、郡平の子は、如水村の村長になる武信増二郎である。

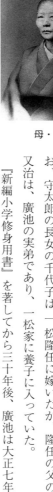

りゑの妹とゑの嫁いだ阿部家も「親孝行家業出精」の家だった。とゑの夫の源三郎は、同書に、困難に耐え職務に励む人として取り上げられ、その子の守太郎《もりたろう》も親孝行の誉れが高かった。廣池の従弟にあたる守太郎については、第三章で詳しく述べるが、彼は大正二年（一九一三）九月五日、若くして外務省政務局長のとき、赤坂霊南坂の自宅前で暗殺されている。廣池と守太郎とは「生涯互ひに艱難不幸を相助け相救はん」（『履歴第二号』）と誓い合い、志を同じくする親しい間柄であった。なお、守太郎の長女の千代子は一松《ひとつまつ》隆任に嫁いだが、隆任の父の又治は、廣池の実弟であり、一松家に養子に入っていた。

母・りゑ

『新編小学修身用書』を著してから三十年後、廣池は大正七年

（一九一八）の『日記』に「去る一月二十六日、武信郡平死亡。これは二代親孝行の余徳。三十か寺の僧集まるといふ」と記しており、葬儀の盛大さから、生前の功績がうかがえる。そこにも廣池は「孝行の余徳」との見方をしている。

郡平逝去のこともあってか、この年八月、帰郷して中津中学校において講演した際には、仲助・郡平父子の孝行と褒章のことに触れている。そして母りゑの感化を述べ、「余は幼時これらの感化を受け、長じて漢学を修め、孝は百行の本なりとの訓言に服したるが、社会学研究の結果は、親孝行なるものは必ず賢者となり幸福者となる、の結論を得たり」（『校友会雑誌』第三十七号）とした。大正七年ともなると、廣池の道徳科学（モラルサイエンス）の研究も相当進捗しており、孝行が報われるということを、かつてのように訓話で終わらせることなく、「研究の結果」そうなると論じている。

孝道の科学的研究

廣池の著述は、道徳（修身）に始まり、道徳（『道徳科学の論文』）に結実した。生涯のほとんどを賭けたこの課題の底流には、常に「孝」の問題があったのだと思われる。母の教え「孝」は、廣池の旺盛な活動の原動力であり、自らのモットーであった。それといくらか食い違う西洋思想に直面し刺激を受けた廣池は、多少の揺さぶりを受け、思考がより鋭敏化したのではないだろうか。西洋の潮流に対して西洋流の手法をもって対峙し、「孝」の有効性を証明して、自分の納得をより深めようという動機が働いていたと考えられる。

『道徳科学の論文』刊行の昭和三年（一九二八）以後も、廣池は多くの著述を残すが、学術的にまとまった書物としては、翌四年の『孝道の科学的研究』のみだった。それまでの研究成果のすべてを注ぎ込んで完成した『論文』だったが、それでもなお開陳したいところに「孝」があったのであろう。

さきほどの『校友会雑誌』の同じ号には、原田政太が「廣池博士の孝心」を寄せ、「先生、今天下に有名なる人物となりし所以《ゆえん》、はた何にか因るらん。そも父母に孝行なる心に、天感じて現時の地位を与へしなり」「ああ、孝行は実に先生の母親の言へるが如く、立身出世の基なり」と述べている。天が感じて立身出世の基となるという、「孝」をめぐる天命と人事の連関に、迫らざるをえない何か駆られるようなものがあったと見られる。

ところで、孝行者の系統を引き、母から教え諭されたならば、ただちに真の親孝行になるかというと、必ずしもそうではない。廣池がきわめて強い孝心を持ったことには、父母の愛情が相応に深かったことも関係している。教育に対して理解があったことは先に述べたが、廣池が特に温情を感じたのは、自身の病状に対する両親の配慮であった。

廣池は「初忘録」に記している。十四歳の頃、最初に眩暈《めまい》や頭痛が現れたとき、「父母の心痛一方《ひとかた》ならず。医師よ薬よ湯治よ」と、両親は方々を駆け回っている。よい灸点師がいると聞けば、そこに救いを求め、「治る」と言われれば「父母の喜び一方ならず」であった。

その後、毎年のように耳の病を発症すると、その度に「父母もまた大いに憂ひ」、高額な治療費を惜しまなかった。廣池十八歳のときには、耳病がかつてないほど重く、大分病院の院長・副院長らの治療を受けても、さらに悪化するばかりであった。すると、「父母の憂心一方ならず」、「相原村の翁」の施術を受けることになった。ここでも高額な治療費を提示されるが、両親は「金は御意に従ひて治療を受けん」と、求められるがままに支払う意思を示す。金が必要な理由は、薬を得るのに「コウズ」（イシガメ）が必要だからであり、この季節は冬眠中のため捕獲は困難だった。父母はそれを得るために奔走し、「百方金を出して」数匹を得た。夏期になると捕獲しては飼育し、耳薬の製造に供したのである。

この治療を繰り返したところ、幸い大いに効果が現れた。廣池は「父母の喜び幾何《いくばく》ぞや」と記してこう続ける。

これ耳薬の功のみにあらずして、父母の精神にて治せしものなり。それ親の子を愛するは、皆一なりといへども、予が父母の予を愛するは、尋常世間の父母の及ぶところにあらず。然るに予は、魯鈍《ろどん》不才、この罔極《もうきょく》の恩に報ずることを得ず。真に恐るべきことなり。而《しか》れども、鞠躬《きっきゅう》必ずその万分の一を補はんことをば心掛くべきなり。

孝の意識は、何もないところから生じないことがよく見て取れる。孝を生ずる前提には、親もしくは祖先からの恩を感じるに十分な、深い温情が不可欠といえよう。廣池の場合は、病気がちであったことが、さらにそれを意識させる結果となった。廣池のその後の精力的な活動の原動力には、この「罔極の恩」（極まりのない親の愛）に報いたいという、汲めども尽きぬ思いがあったに違いない。

3　廣池少年の足跡

廣池は明治十九年（一八八六）、二十歳の頃に「初忘録」を記し、生誕以来を振り返り自伝風に書き留めている。現在は『廣池千九郎日記』全六冊のうちの一冊目に収録されており、簡単に読むことができる。その後は「履歴第二号」「同第三号」へと続く。「一号」は「初忘録」が相当する。

ここからしばらく、「初忘録」の記述に従い、少年期の廣池を追っていく。

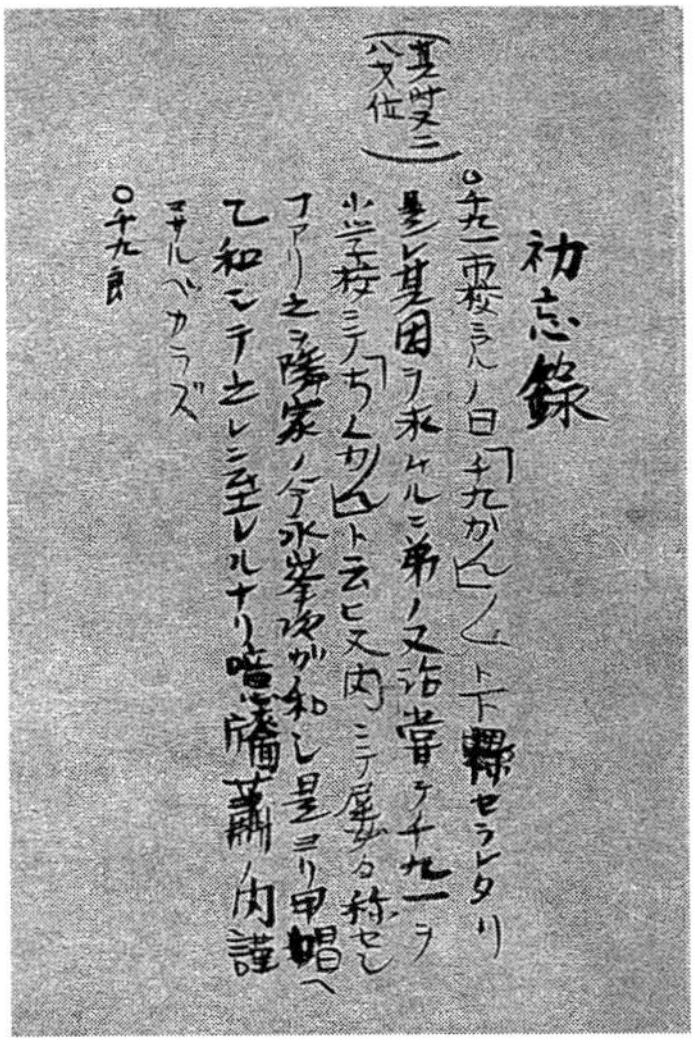

「初忘録」部分

永添小学校

明治八年（一八七五）、永添《ながそえ》小学校に入学して学校生活をスタートさせた。その四月段階で年齢は満九歳にあたり、満六歳を小学校入学年齢とした学制からすると遅めである。しかし、級友たちも十歳から十五歳までと年齢がバラバラであった。明治五年に学制がスタートして間もないこの頃は、まだ寺子屋から小学校への過渡期にあたり、何かと流動的だったのであろう。

ちなみに、廣池の満年齢は、明治の年数にプラス一の数となるので、明治期の年齢は分かりやすい。

小学校での成績は優秀だった。「初忘録」には、新入生であるために末席だったところから、最初の試験で五十余人を飛び越えて上等七番となったと記されている。それが級友たちの妬みを買い、いじめのような目にもあったらしい。「初忘録」には、「己れに近くして己れに勝《まさ》れるものを忌むは小人の習ひなり」と彼らのやっかみを斜しつつも、「泣《なみだ》の乾く暇ぞなし」とあり、相当に辛い思いをしたことがうかがえる。

永添小学校の校長湯屋幸七は、「廣池は只者でない神童じゃ、末は必ず博士か大臣になる」と褒めていたが（『社教』十一号）、おそらくこれも他の生徒にはおもしろくなかったであろう。「千九一を忌み、そのこれを苦しむること啻《ただ》に十百のみならず」というから相当である。

しかし、千九一少年も、やられているばかりではなかった。あるとき、通学路にあたる松尾神社で、集団暴行を画策する一団の待ち伏せを受けた。廣池は完全に劣勢であることと、その結果どうなるかを覚悟すると、先頭の人間に先制攻撃を与え、逃避と反撃を繰り返して脱出に成功したという。廣池も過剰防衛への叱責を恐れたが、後々まで何らお咎めはなかった。他の生徒たちも自らに非があるため、先生に告げ口できなかったらしい。敢闘精神旺盛な少年だったようである。

中津市校への進学を希望

明治十二年（一八七九）三月、永添小学校を卒業すると、廣池は中津市校への進学希望を申し出た。それに対して、半六が理解を示し許可したことは、すでに触れた。「初忘録」に「父に懇請のあまり今永峯治・戸田辰雄の両人と中津市校に通学す。実に同年四月なり」

とある。今永峯治は、隣に住む本家の次男である。

なお、この年、東京では後に廣池が十三年間にわたって精魂を傾けることになる百科史料事典『古《こ》事類苑《じるいえん》』の編纂事業が始まっている。

廣池はなぜ中津市校を選択したのだろうか。当時、中津には、中津市校以外にも進学可能な学校が存在した。その一つが中津藩の皇漢学（国学と漢学）の系譜を継ぐ片端《かたは》中学（および付属小学校）であるが、廣池は洋学校の中津市校をあえて選んだことになる。

片端中学校については、『中津歴史』にその由来が記されている。

（明治五年）十一月、中津片端中学校開業す。始め、これより前、本年七月〔八月〕、学制の頒布せらるるや、小倉県庁亦《また》その主旨を奉じ、同十月、県達を以て従来の諸学校・諸家塾・寺子屋等を廃閉せしめ、遂に片端進修学館及び西御門皇学校の二校を合併し、これを第三十六番中学校と称し、学区は〈両毛宇佐三郡〉これを片端進修学館の館跡に置き、学制の主義に基きて一中学校となす

片端中学校の教員は、「皇学教師には渡辺重春あり、漢学には白石常人・橋本塩巌・大久保遜造の三儒あり」（同）とあり、中津における漢学・国学の系統をそっくり継承する学校であった。ただ、両者の統合は一筋縄ではない。『中津歴史』は、学風の違いによる対立について、次のように続ける。

学風相異りて一種混乱の質を含めり。十二月、中学校学生騒動起る。始西御門皇学校の風、専ら尊王愛国を主とし、在学の学生、皆悲歌慷慨《こうがい》の壮士にして、市校の急進に西洋実利主義の教育法を執り、進修館の依然として悠々支那貴族的主義の教育法により、学生多く惰窊《じょうわ》柔弱なるを見て、全く是等と相容れず、一に二者を呼んで外夷崇拝の無腸漢となす。

国学・漢学間の争いに、中津市校の洋学を加えて、三つ巴の紛争となっていた。これには、福澤も危機感を抱いていたようで、市校関係者に対して他校を挑発しないよう自重を促している（明治六年四月十五日付の島津復生宛書簡）。その後、小倉県の周旋によって軋轢が収まると、片端中学校は順調に発展していったという。

すでに述べたように、廣池は社家（神職の家）の家系にあることに対して、大きな誇りと責任を感じていた。明治三十年代頃の遺稿に、それまでの自らの経歴を省みたものがある。その冒頭に、「予はもともと田舎の小神官の家に生まれたれば、幼より国学をもて家を立てんと思ひしも、家計意のごとくならざるが故に、中等教育を終ふるの後は、父を助けて細業に従事し、傍ら国典並びに漢籍・英語等を研究せり」と言っている。

「幼より」国学によって家を立てようと思っていたとあるが、その頃にはまだ漠然としていたのではないか。家庭の経済状況等から考えると、自分の最終学歴となるであろう段階において、最新のハイレベルな学問をしたい、家業を助けながら世を益する「実学」を学びたい、というような動機から中津市校に進んだのではないかと思われる。

当時の廣池は、伝統的な価値観よりも、洋学に基づく進取の実学を選んだのである。

中津市校での修学内容

ところで、卒業した永添小学校は下等小学校であるから、本来であれば、進学先は上等小学校となる。年齢的にいっても、編入したのは中津市校の付属小学校だった可能性もある。しかし、廣池は自らの経歴の中で、市校を単に中等教育とのみ称して、そのあたりをはっきりさせていない。おそらく、市校は学制に基づく法的拘束を受ける学校ではなかったため、優秀な生徒には上級の課程も自由に学ばせうる融通の利くところであったのだろう。廣池は「初忘録」に次のように記している。

市校学科、左のごとし。／読み方、作文、習字、算術、物理、地理、生理、その他

これらはやはり、自然科学を強化した中等教育だったと見られる。廣池が市校進学に望んだのも、その教育内容であり、学びたいだけ学べる環境だったと考えられる。

中津市校在学中の記録は少ない。「初忘録」には「この時、千九一、今永氏同校三級に編入され、辰雄は四級に入れられる。爾後、千久一は一層蛍雪の苦を経、同じく五月中、試験あり。千九一は受業四十五日にして同試験に及第したり。〈試験殊に難く、即ち三級には生徒数三十五名あれども及第は五人なり。千九一はその一に居れり。その勉強知るべし〉」と、三級に編入したことと難関を突破した様子が記

されている。

廣池は、進学を認めてくれた両親の恩恵と期待に応えるため、市校在学中も相当勉学に励んだ。明治二十一年（一八八八）六月二十日付の「履歴書」には、「市校にあるの日、福澤諭吉・小幡篤次郎の二氏より学業優等賞として書籍壱部、筆一袋、紙一束、墨一対、授与せられたり」とある。

廣池はここで、実学尊重と科学思想と養蚕への志向などを吸収する。廣池が終生、自らを科学者と自認し、道徳の科学的研究を志す方向づけは、ここ中津市校で刻まれたものだといえよう。中津市校は、前述のように、明治十六年閉校となり、その歴史的役割を終えるが、奥平・福澤・小幡らの理想は、廣池の科学思想の中に受け継がれ、命脈を現代にまで伝えることとなった。

ただ、福澤との直接交流はなかったようである。福澤側の資料では、廣池が『中津歴史』を送ってきたことに対して、その支払いにつき、明治二十五年三月二十八日付の小田部武に依頼する書簡（『福澤諭吉百通の手紙』所収）の中に見られる。

それと、福澤への病気見舞いに対して、長男一太郎からの礼状が廣池に届いており、「父病気に付、御懇篤なる御書状下され有り難く御礼申し上げ候」とある。礼状は続けて「御申越しの儀は、主任医師もこれ有り候事に御座候へば、篤と協議仕るべく候」というから、おそらく見舞いに兼ねて、何か治療法について助言したのではないかと思われる。廣池は若い頃から、自身の病気で種々の治療法を試みており、その内に勧めたいものがあったのであろう。江島顕一の調査によると、これは明治三十一年九月二十六日に福澤（六十三歳）が脳溢血を発症した際のものと考えられる。なお、福澤はその後まもなく回復している。

母校の助教となる

明治十三年（一八八〇）六月、中津市校を卒業すると、翌七月、母校永添小学校の教壇に立つことになった。職位は当時の呼び名で「助教《じょきょう》」といい、月給は二円。まだ十四歳のことである。

母校奉職のいきさつは「初忘録」にある。廣池は人生を通して病苦を背負ってきたが、中津市校在学中の頃、前述のような症状が現れ始めていた。「頭重く、また時に眩暈、後頭の痛み等あるが、卒業後いよいよ重く、父母の心痛一方ならず。医師よ薬よ湯治よと、頻りに治療を加ふれども、少しも快きことなし」と記している。

こうした体調のことを慮った戸長《こちょう》の八並甚六《やつなみじんろく》が、永添小学校の助教に奉職するよう熱心に勧めてきた。半六もこの就職を「名薬」と考え同意している。廣池は、最終的に学校建設にまで至る教育者としての人生を歩むが、そのきっかけはこのようないきさつだったのである。

その後「名薬」が奏功したのか、助教時代、いったんは「施療の功全く顕れ、ついに全治に至りたり」と書き残している。

廣池の働きは目覚ましく、ほどなく本校の「柱石」となって校務を司り、学校連合会の会議に臨むなど、助教の身でありながら「首座教員の代理」までを務めることになった（「初忘録」）。

師範学校の受験に挑む

しかし、永添小学校助教は長く続かず、三年後の明治十六年（一八八三）、同校を辞職している。目的は師範学校を受験するためである。「助教」というのは教員にちがいないが、正式な資格を持つものではない。役職や待遇の面でさらに上を目指すには、師範学校を出て「訓導《くんどう》」となる必要があった。

実はその前年にも、両親に師範学校行きを願い出ている。しかし、そのときは明確に反対されたわけではないが、家計を助けていた助教の給料が無くなることへの憂慮の色が見えたため、親思いの廣池はこれを翌年まで見送ったのである。

この間、父母の経済的期待に応え、家業を支えつつ、教育と勉学に励んでいた。その頃の様子を、後年に友人の古城三郎が語っている（『社教』四十九号）。

毎朝学校に登る前に、馬の草を刈ってくる。学校より帰れば、さっそく父の御手伝ひの農業をする。その馬に荷をつける間も、馬を引いて家に帰る間も、寸時も本を離さずに勉強する。親孝行と勉強と同時に毎日実行されるので、近村の人々が評判する如く、全く偉大なる神の申し子であった。

廣池は両親の安心と自らの進学との両方を成就するため、相当無理をしていたと思われる。養生を兼ねて就くことになった教職という仕事が、かえって雄飛の志を喚起し、激務を招来して、皮肉にも身体的負担を増す結果となっていた。

この時期には、耳に症状が現れている。「初忘録」には、「明治十六年春の頃に至りければ、耳病ますます盛ん」となり、「父母もまた大いに憂ひ」たとある。このときは、中津で本格的な治療を受けたが、四十日経ってもまったく効果がない上に、薬代（二円四十銭）だけでも月給が吹き飛んでしまった。廣池自身も、過労と病気の因果関係を自覚して、「昼は教へ、夜は習ひ、勉強の余りここに至れり」と省みている。

こうした状況を見るにつけ、両親は息子を助教のまま留めることは得策でないことを悟ったのであろう、同年七月の「初忘録」には、「父母と談合の上、辞職」とのみ記される。晴れて両親の賛意を得た上で、永添小学校助教を退職し、大分師範学校受験へと向かったのだった。

しかしながら、意外なことに、廣池は師範学校の入学試験に落ちてしまう。「神童」とか「神の申し子」と褒めそやされてきた英才が、難関というほどでもない入試に落ちるという珍事が起きた。原因は「算術」が不可であったようで、自身も算術の「修行足らざるか」（「初忘録」）と書いている。中津市校における学問が試験対策向きでなかったのかもしれない。

4　麗澤館に学ぶ

漢学塾に入る

廣池は試験に落ち、思わぬ挫折を味わうことになった。しかし、このことが人生の大転換をもたらすきっかけとなる。廣池は受験勉強を続けるため、大分にとどまり、ある漢学塾に入塾する。その名は麗澤館《れいたくかん》、塾長は小川含章《がんしょう》という。この人こそ、廣池の思想の根幹となる、国体論を形成せしめた人物にほかならない。

小川含章

南豊儒学系統図

綾部絅斎―三浦梅園―脇蘭室―帆足万里―小川含章―廣池千九郎

算術に失敗した廣池が、算盤《そろばん》塾ではなく漢学塾に入ったのは、一見すると矛盾のように思える。しかし、小川が帆足万里《ほあしばんり》の愛弟子であったことを考えれば腑に落ちる。帆足の著した物理学の書『窮理通《きゅうりつう》』は、近代化以前の日本における西洋科学理解の最高峰の位置にある。帆足はまた、脇蘭室《わきらんしつ》を通じて三浦梅園《みうらばいえん》の影響を多分に受けている。この南豊儒学（大分儒学）と称される学問の系統は、儒学に自然科学を加えて独特の学風を形成していた。

三浦梅園の学的志向

ここで、少し時代をさかのぼって、この学問の系譜を概観しておこう。まず、綾部絅斎《あやべけいさい》の記した『家庭指南』から見ていく。

> 天地の物を生ずる、その品数をしらずといへども、命を天よりうけて各々その性とす。これをその徳といひ則といひ道といふ。かれが性は、よくこれが道を行ふ事かなはず。これが性は、又かれが道を行ふ事あたはず（中略）。一草一木一物、みなその則ありて、その用を相なして、悖《もと》り違ふ事

なし（中略）。天の生ずる所、地の養ふ所、ひとり人を大なりとす。故にその則至りて貴し。学問の要、人の則をしるより急なるはなし。（『梅園全集』下）

則とは、ここでは法則、自然の条理といった意味である。綾部は、天地の運行の中に法則性を見出し、「牛馬鶏犬」を例に、天より受けたそれぞれの「性」と、行うべき「徳」を書き表した。ただ、綾部は、このように自然界における生成化育のはたらきを理論的に捉えておきながら、そのまま「自然哲学」へ進まず、むしろ「道徳哲学」への方向を選んでいる（村上恭一「三浦梅園の自然哲学――『玄語』初稿本の成立とその意義」）。

綾部の哲学を自然界の方面に展開したのは、弟子の三浦梅園である。三浦は十六歳のとき、杵築《きつき》藩の藩儒である綾部に師事した。三浦は綾部の学徳を深く敬慕し、後年、自らの塾において綾部の『家庭指南』をテキストに道を説き、また晩年、同書に序文を寄せている。

しかし、三浦には飽き足らないところがあった。彼自身「歳二十有九、始めて気に観る有り。漸く天地に条理有るを知る。ここに於て、世の天地を説き陰陽を説く、皆痒《かゆき》を靴に隔つるを覚ゆ。嘗《かつ》て人と譚《たん》じ意を尽さず。為に玄語を著す」（原漢文「高伯起に復する書」『梅園全集』上）と記すごとく、すべての存在は、一定の法則に従って運行していることを悟る。こうして後に『玄語《げんご》』として完成する自然哲学の書を起草したのである。

『玄語』において条理の自説を述べた三浦は、次に古今の書を引き、諸学説を条理に照らして検討し、『玄語』を補説した。それが『贅語《ぜいご》』である。贅とは玄に加贅（付け加える）する意である。『玄語』と『贅語』において述べられる自然哲学と道徳思想は、さらに『敢語《かんご》』により展開される。これは『玄語』の実践論というべきもので、「敢」とは人が言うのを憚《はばか》るものを敢《あ》えて言うの意である。宇宙自然の法則に基づいて、人の道を説き直したものである。目次に従うと、「君臣・明善・臣婦・孔子・喪葬・利害・殺治・観察・望修」に及ぶ。以上の『玄語』『贅語』『敢語』をまとめて「梅園三語」という。

人の道を哲学的に思弁するだけに飽き足らず、自然科学を用いてその法則性を見出していこうとする三浦の学的志向は、廣池が生涯抱き続け、『道徳科学の論文』に結実するものと通底する。こうして見ると、構図自体はすでに三浦梅園の時点で完成しており、廣池はそれを継承して発展させる立場にあったといえる。欧米移入の近代科学を応用して、事例を世界に広く採り、より実証性と普遍性を高めたところに、廣池を位置づけることができよう。

前進した帆足万里

では続けて、三浦の系譜を跡づけていこう。脇蘭室は、三浦梅園と帆足万里をつなぐ重要な役割を果たしている。脇は、明和元年（一七六四）日出《ひじ》藩に生まれ、天明五年（一七八五）、三浦に入門した。肥後藩校時習館《じしゅうかん》において訓導を務めたのち、肥後領内の鶴崎に塾を開いた。その頃、門を叩いたのが帆足である。

脇は、帆足の『窮理通』に序文を寄せ、ここで三浦の条理学に触れることで、両者の橋渡し役を果たす。曰く「吾が豊の欒山子《れんざん》、条理の書密なり、而も間 賾《おくぶか》きに過ぎたるを覚え、学ぶ者探りやすからず」（原漢文）と。これに対して帆足も、「吾が豊嚳山先生、夙《つと》に思ひを象数に覃《ふか》め、著書数十万言、陰陽の運、幽明の故、明晰せざるなし。宋明の言に勝れること遠く甚だし」と自序で呼応する。

こうして帆足は、三浦梅園以来の学恩を仰ぎつつ、「西人の学、積累して進む」と、西洋における科学の進展をふまえ、三浦の自然哲学を超えていく意思を示す。帆足は三浦の書について、「立言微なりと雖《いえど》も、瑕疵《かし》無きこと能《あた》はず」（『窮理通』自序、『帆足万里全集』上）と不足を述べる。

三浦の時代には未だ西洋科学を知る環境が整っていなかった。帆足は三浦の条理学のもとに学んだが、三浦の自然哲学に漢学的傾向が強く、思弁に偏っていたことに飽き足らなかったのである。「万里が梅園の条理学を全面的・意識的には継承しなかった」（高橋正和「梅園学から万里学へ」）との見方もあるが、総じていうならば、やはり万里が「オランダ語が習得できて」、ヨーロッパの諸科学の資料に触れ「それが得られたという時代に生きていたという歴史的条件」（帆足図南次『帆足万里』）が整ったことによる、三浦からの科学の継承および発展と見てよいだろう。

帆足はさらに、数学と実学を重視した。「今の士人、算術を胥吏《しょり》の事なりとて学ばず。珠算は誠に胥吏の事なれど、筆執りも亦胥吏の事なり。然ればとて、文字かかぬ人もなし、書数は同じことにて、算術しらぬ人は無筆と同じ、行き届かぬことのみなり」（『東潜夫論』『帆足万里全集』上）といい、算術を侮ってはならないと戒めている。

さらに重要な点は、廣池の終生のテーマと一致する、国体論である。帆足は皇室の盛んなることを唱え、「長く至尊《しそん》の位を失ひ給はじ」「幕府もせめて御一生に一度は御上洛ありたきことなり」（同）

という。帆足がある時期、京都に上ったのも、「抱負を朝廷に献言し、京師《けいし》に大学を設けて、大いに文教を振興し、天下の士気を鼓舞して、王室中興の基礎を作らんが為め」であった（『日本科学古典全書』①）。また、「天照大神《あまてらすおおみかみ》、君師の任を兼ね、神道の教へを立て給ひ、何事も正直にして詐《いつわ》りなく、身を潔くし過ちを改むるを以て、人を導き給へり。是れ人道の第一にして、孔子の忠信を主とし、過ちを改むるを憚る勿《なか》れ、と宣しと一致なり」（『東潜夫論』）と、皇室の祖神である天照大神の徳性に着目している。

帆足の学風は、別の系統からも伝わった。福澤諭吉をはじめとする、中津における士族たちの学風である。まず福澤の父の百助《ももすけ》が帆足に学んでいる（平山洋『福澤諭吉』）。さらに、兄についても『福翁自伝』は次のようにいう。

当時、世間一般の事であるが、学問と云へば漢学ばかり、私の兄も勿論漢学一方の人で、ただ他の学者と違ふのは、豊後の帆足万里先生の流を汲んで、数学を学んで居ました。帆足先生と云へば、なかなか大儒でありながら、数学を悦び、先生の説に「鉄砲と算盤は士流の重んずべきものである。その算盤を小役人に任せ、鉄砲を足軽に任せて置くといふのは大間違ひ」と云ふその説が中津に流行して、士族中の有志者は、数学に心を寄せる人が多い。兄も矢張り先輩に倣ふて、算盤の高尚な所まで進んだ様子です。この辺は世間の儒者と少し違ふやうだが、その他は所謂《いわゆる》孝悌忠信で、純粋の漢学者に相違ない。

中津では帆足の影響を受けて、士族社会に数学が流行していた。福澤の兄の三之助が主に数学を学んだのは、帆足門下の野本真城《のもとしんじょう》からだと見られている。問題は、福澤諭吉自身も野本に学んでいたことを、自らどこにも書いていないことである。多くを学んでいるにもかかわらずである。

「実学を重視し国防力を増強するべきだ、という思想を移植したのは真城である」（長谷川洋史「新史料奥平壱岐「適薩俗記」と薩州商社（2）――福澤諭吉と奥平壱岐〈商社の次代〉の実相」）との指摘があり、福澤の思想形成において野本は重要な位置を占める。また、福澤が儒学を学び、その人となりが『福翁自伝』に豊かに語られる白石照山《しらいししょうざん》も野本の弟子である。しかし、『福翁自伝』には、野本への言及が一切存在しない。

野本は、帆足の「実学」と頼山陽の「日本史」の両方を体現するようなスケールの大きい人間である。大勢の弟子の中には、福澤ら「実学派」と敵対する「尊王派」も同居していた。詳細は平山洋の『福澤諭吉』に譲るが、福澤は、かつての同門の友たちに命を狙われるという嘆かわしい過去を伏せたのだろうと考えられている。

以上のような流れを見ると、中津市校に入って福澤の教えに従い、実学と科学思想を学んだ廣池が、小川含章に学ぼうとしたことも、案外、自然な発想であることが理解できよう。

南豊儒学の系統は、のちに廣池によって、明治に移入された近代科学としての歴史学および法学を取り入れることにより、東洋法制史の樹立、さらには道徳科学の提唱へと継承される。廣池が小川から受け継いだこのような実学と合理主義の系統は、従来から小川との関係を重視する文脈で説かれてきた。しかし、廣池に伝わる三浦梅園・帆足万里の系譜は、福澤諭吉と小川含章の二つの流れを汲んでいるというべきところであろう。

もちろん、だからといって、小川の存在が軽くなるわけではない。廣池を教えた人間は数多いが、そのうち「四人の師」と重んじられるのが、小川含章と井上頼圀《いのうえよりくに》・佐藤誠実《さとうじょうじつ》・穂積陳重である。彼らのうち廣池に対して最初で最大の道を示した小川について、ここでやや詳しく述べておこう。

小川含章の遺志を継ぐ

廣池は、人生の幕を閉じる昭和十三年（一九三八）、亡くなる数カ月前に、それまでの人生を振り返った自伝を口述筆記させている。タイトルは、『予の過去五十七年間に於ける皇室奉仕の事蹟』（以下『皇室奉仕の事蹟』と略す）である。「皇室奉仕」とは、近代日本を生きた多くの人々にとって共有されてきた活動の支柱であり、格別に珍しいことではない。廣池にとってのそれは、十六歳のときに始まるという。ではそのとき、何があったのか。それこそが小川含章との出会いにほかならない。この自伝において廣池は、小川のもとで自分がいかに国家観・歴史観を磨かれ、人格を育まれたのかを、次のように力説する。

小川先生の申されますのには、一体、我が日本の国家と云ふものは、日本の皇室の御祖先が我々国民の祖先を教育して、さうして我々に精神的・物質的のすべての生活の道を御授け下さつたのであつて、我々の祖先は、何もかも一切の道を教へて下さつた所の国の親に帰服して、これによりて始めて日本と云ふ国家が出来たのである。

そして、廣池自身が郷里中津を発ち中央へ出たことについて、次のようにいう。

小川先生の遺志を嗣ぎたい、然《さ》すればどうしても田舎に居つて黙つては居れない。どうかして都会に出でて正しい学問を致し、而して皇室に貢献し奉りたい、と云ふやうに考へまして、都会に出る準備を致しました。

中津を出たのも学問を志したのも、小川先生の遺志を継ぐためであったという。「私の勤王奉公の事蹟は、要する所、先師小川先生の提撕《ていせい》」であり、また「当時の門下生幾百人、その中に於て、含章先生の意を実現したものはわし一人だ」（『道徳科学専攻塾紀要』第八号）とも自負している。

小川含章の生い立ち

小川は、文化九年（一八一二）十一月一日、日出藩医小川玄亀《げんき》の長男として生まれた。名は弘蔵《こうぞう》または式（戸籍の名は式）といい、字は民徳《みんとく》とも含章とも号した。十代前半頃、帆足万里の稽古堂に入門し、しばらくして大阪で塾を開いていた兄弟子関蕉川《せきしょうせん》のもとへ移る。その関が日出藩の目付役となって帰藩すると、塾の経営と教育を受け継ぐことになった。ほどなくいったん日出へ帰って、再び帆足の塾に学ぶ。その際、文章に強い小川は、帆足の『入学新論』『肄業《いぎょう》余稿《よこう》』の校訂を請け負う。帆足は、このようにして弟子の性質を見抜き、方向性に合った仕事を持たせることで、育成にあたっている。

小川は再度大阪に出て塾を開いた。この間に広瀬《ひろせ》淡窓《たんそう》や篠崎《しのざき》小竹《しょうちく》を訪うている。篠崎と交わった意味は大きい。小川は生野《いくの》学問所の司鐸《したく》（校長）に招かれるが、小川を推薦したのは篠崎である。学問所は、生野銀山を擁する天領にあった。代官の勝田次郎は、銀山の経営とともに民心の安定に力を注いでいた。それまであった学問所の名称を「尊性堂」から「麗澤館《れいたくかん》」に改め、司鐸に小川を据えたのである。小川はここで七年間指導にあたった。

後に詳しく述べるが、この「麗澤」の語は、後進に重要な意味を持つ。出典は『易経』に「麗《つ》ける澤《さわ》は兌《よろこ》びなり、君子以て朋友と講習す」とあり、各地の藩校の名称などにも散見する。小川の関係では、篠崎小竹の「梅花社門人名簿」二冊のうち下巻が「麗澤簿」といい、ルーツとしてはここまでさかのぼることができる。

「麗澤」の意味は、小川の教育理念にも合致していたから、晩年、開いた塾に麗澤館の名称を用いた。そこに入塾したのが廣池である。

『生野銀山孝義伝』

勝田代官は、小川に対して、生野地方の孝行者に関する調査を依頼した。その成果を小川は『生野銀山孝義伝』に著している。これは、はじめ漢文で書かれていたが、和文に訳して公刊することを勧めたのは、師の帆足万里だった。小川は、母の病気見舞いのために日出へ帰った際、帆足の指導を受けている。広く読まれることによって、世を益することになるとの考えである。帆足自身にも『日出孝子伝』があり、その系譜にもつながるといえよう。

その『生野銀山孝義伝』自叙の冒頭は、左の通りである。

政教は孝より善きは莫《な》し。よくその親に孝なれば、百行治に従ふ。孝は譬《たと》へれば源なり。源已《すで》に清ければ、則ち下流自《おの》ずから清し。故に三代の天下を治むるや、孝を以て先と為さざるなきなり。何ぞ則ち子と為りて孝為らば、則ち臣と為りて忠ならんや。語に云ふ、忠臣を求むるに、必ず孝子の門に於てすと。（原漢文）

孝を水源に例え、それが清ければすべて下流も清くなるという。孝行を百行の基に置く発想が、ここにも見える。

風紀の乱れがちな鉱山の住民たちの間にあっても、孝養を尽くす人がいる。小川は孝行者の評判を聞くと、自ら出向いて聞き込みを行い、事実を確かめると記録していった。こうして記された十三人の実録が『生野銀山孝義伝』である。

勝田代官はこれを見て喜び、さっそくその孝行者たちに褒章を与えた。中でも藤蔵という人物は、特等として幕府にまで上申され、老中から白銀三枚を与えられている。

本書は、すべての行いの根源である孝行の実行を促し、公序良俗を実現し、人々によりよい人生を過ごしてもらおうとするものである。しかし、それでいて、孝行すべきことを説く教訓書ではない。どういうことかというと、本書の特色は、孝行者に関する事実を書きとどめることに尽くされ、それ以上のことを言わない。そのことが、かえって人々を孝行に誘《いざな》うことになるという狙いである。

本書の登場人物は、古代の聖人や乱世の英雄ではない。読者と同じく苦しい境遇にありながらも、世を儚《はかな》むことなく、孝養に励んで道を開いた一介の坑夫たちである。

これを知ると、放蕩者の中にも「未だ必ずしも善に嚮《むか》はずと雖も、自ら悔いて過《あやまち》を知らん」（原漢文）というように、おのずと自らを省みて改善すべきことを知ることが期待されている。

本書はまた、日本鉱業史の西尾銈次郎《けいじろう》によると、「当時の鉱夫の生活をこれほど具体的に書いてある本は、他にない」（小川鼎三「小川含章の小伝」『社教』四十六号）と、鉱業史において特異な位置を占めている。このようないくつかの特色は、後々の廣池の著述姿勢にも受け継がれている。

小川は学問所の麗澤館で教育にあたるのと並行して、生野の浄願寺において講座「南豊講」を開き、一般町民に対しても儒学を講じた。勝田代官の期待に応え、地域の風教刷新に一定の成果を上げたようである。

麗澤館の開塾

その後、小川は江戸の杵築《きつき》藩邸の学問所へ儒道教授として出仕する。ここで桜田門外の変を目の当たりにした。この一件については、杵築藩へ詳密な報告書を呈しており、小川にとっても、政局の動きというものを、いやが上にも体感することとなった。

そののち、杵築藩の学習館に移る。ここでは毛利空桑《もうりくうそう》と連携し、臼杵《うすき》の志士や国学者とも交わり、維新後は私塾を開いた。これが廣池の入塾した「麗澤館」である。

麗澤館は、明治十六年（一八八三）、政治結社「明倫会」の傘下に入った。そのあたりの事情を、当時の政治状況から見ておこう。『中津歴史』には次のようにある。

この頃、地方は政談頻盛にして、共憂社・正従社・画一社・共立社・亦一社・一貫社等ありて、多く政談に従ひ、殊《こと》に亦一社は有力なる政社にして、その他、講談会・攻法学会等、また多少政談に関渉し、一時志士論客輩出して、彼の今日地方の政治家と称する人々の如きは、皆この前後にその資格を養成せるものなり。

廣池自身も、後に語ったところによると、「私は十六の時に立憲改進党に入りまして、政治運動などをやったものですが、親にこれを止められ、お寺参りをせよと言はれました」（『廣池博士講演集』）とのことで、そのとき止めてからは、まったく政治に関わっていない。ただ当時は、中津市校で触発され、助教時代に関係していたものと思われる。運動の代わりに寺に行け、というあたりに、半六の意向がよく反映されていて興味深い。

明倫会の会長毛利空桑は、帆足万里の門下であり、小川より十五歳年長の兄弟子にあたる。小川との関係は深く、毛利の設立による政治結社「天壌社《てんじょうしゃ》」において、小川はその片腕となっている。さらに毛利が会長を務めた「明倫会」の副会長も小川である。

その明倫会は、次の「三綱」を掲げている。

一、尊王愛国の旨を体し、倫理道徳を明らかにするを本務とす。
一、国体を維持し、国権を拡張するを目的とす。

一、立憲帝政を希望す。

（「明倫会趣意書」大分県立図書館）

「この会なる者は、一の学校を設け、俊秀の少年を教育して、勤王愛国に向はしむるの目的なり」（『毛利空桑文書』）という趣意に則した教育機関の設置を企図していた。ちょうどその頃、小川の麗澤館が経営難に陥り、毛利と小川の信頼関係もあって、明倫会の傘下に入ることとなったのである。その結果、塾生も増加し経営状態もよくなったため、より広い教室が必要になった。廣池が入塾した十六年九月は大分市内長池の善巧寺《ぜんぎょうじ》にあったが、十六年十二月に東新町の来迎寺《らいごうじ》へ移ったのは、そのためである。

麗澤館は、塾生の大部分が塾内で寝起きし、生活全般が教育の場であった。小川は、廣池が入塾したとき、すでに七十二歳の老齢ながら、塾生と生活を共にし、学問に厳しく取り組んで、自ら範を示していた。

廣池は、その姿勢から多大な感化を受けた。後に『新編小学修身用書』巻之一で次のように記している。

「第十五　人は老いても勉むべし」

小川含章、歳七十余なれども、日々講堂にありて数回の講義をなし、また数多《あまた》の生徒より質疑せらるるに応じ、而して少しく間あれば、猶《なお》自ら書を読みて倦《う》まず。毎夜、生徒寄宿舎の一室に移り、寒暑を論ぜず、十二時に至るまでは必ず書に向ふ。その勤勉、青年の師弟に優れり。

ちなみに、この一つ前の第十四の主役は帆足万里である。

立志の重要性

この塾では、『春秋左氏伝』『戦国策』『史記』『資治通鑑《しじつがん》』等が講じられた。廣池は着々とそれらを吸収し、入塾後、わずか三、四カ月で小川の代講を務めるまでになった。後年、漢文法や東洋法制史の新分野を開拓するために不可欠な漢学の素地は、ここで培われたものである。

漢文の実力養成とともに小川の思想の継受に大きく役立ったものとして、もう一つ、漢詩類がある。当時の廣池によって詠まれた漢詩文が約八〇篇現存し、その多くに小川の添削の跡がある。いくつか見ていこう。原文はもちろん漢文であるが、ここでは読解しやすくするため、書き下して示す。まず「立志説」と題する次の文を掲げる。

凡《およ》そ人にしてまず定む可《べ》きは、これを志と謂《い》ふ。志立ちて然《しか》る後、事を創《はじ》む可し。志立たざれば、則ち百事成らず。故に聖人は、嘗《かつ》て志の立つ可きを曰《い》ふ。それ志を立てんと欲せば則ち立つ。志立てば則ち何事か成らざらん。仲尼《ちゅうじ》（孔子）の所謂《いわゆる》、「仁を求めて仁至る」の類《たぐい》なり。何の難きことかこれ有らんや。

既に立つに及ぶや、堅きこと鋼《はがね》に勝り、硬きこと石に勝る。かくの如くなれば、則ち真の志な

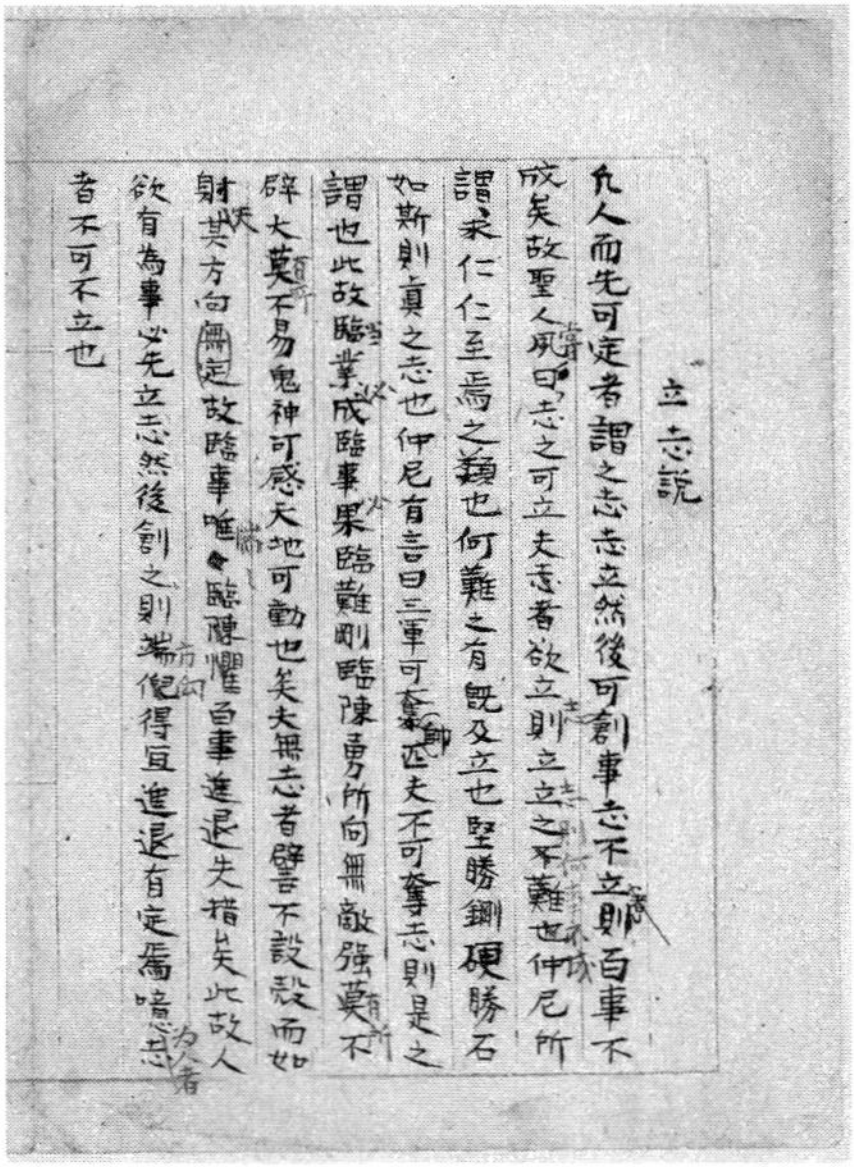
立志説

凡人而先可定者謂之志志立然後可創事志不立則百事不成矣故聖人所曰志之可立夫志者欲立則立之不難也仲尼所謂求仁仁至焉之類也何難之有既及立也堅勝鋼硬勝石如斯則真之志也仲尼有言曰三軍可奪帥匹夫不可奪志則是之謂也此故臨業成臨事果臨難剛臨陣勇所向無敵強莫不辟大莫不易鬼神可感天地可動也矣夫無志者譬不設殼而如射其方向無定故臨事唯臨懼百事進退失措矣此故人欲有為事必先立志然後創之則端倪得宜進退有定焉嗚志者不可不立也

「立志説」

り。仲尼、言有りて曰く、「三軍も帥《すい》を奪ふ可し、匹夫《ひっぷ》も志を奪ふ可からず」と。則ち是《これ》の謂《いい》なり。此の故に、業に当りて必ず成り、事に臨みて必ず果し、難に臨みて剛《つよ》く、陳《じん》に臨みて勇ましく、向ふ所敵無し。強ければ辟《ひ》かざる所有り。大きければ易《かわ》らざる所有り。鬼神も感ず可く、天地も動かす可し。

それ志無き者は、譬《たと》へば殻《かく》を設けずして射るが如し。その方向を失ふ。故に事に臨みて惴々《ずいずい》し、百事進退措《そ》を失ふ。この故に、人為す有らんと欲せば、必ずまづ志を立て、然る後にこれを創むれば、則ち方向宜しきを得、進退定まる有り。ああ人たらん者は、志を立てざる可からず。

これが作られた正確な時期は不明であるが、写真にあるように何箇所か添削の跡が見られる。趣旨に変更は加えられていないが、「立レ之不レ難也」を「立レ志則何事不レ成」と訂正されており、「志を立てることは難しくない」としたところを、「志を立てれば何事も成就しないものはない」と改めて、「志」の重大さを強調する方向へ改めさせていることが分かる。これは小川の教育方針であった。小川自身の漢詩にも「志」を立てることが、次のように詠み込まれている。

　別《そつぎょう》に生徒に似《しめ》す
教育の英才は黌宮《こうきゅう》に在り。憤然として志を立て精忠を尽す。
知らず、誰か雞《けい》中の鶴《つる》と作《な》り、何れか鳳雲を御して碧穹《へききゅう》に冲《ちゅう》するを。
（『南慧明禅師誌韻集』）

生徒たちが大いに志を立て、忠義を尽くし大業を成すことを期待する指導者の姿が目に浮かぶ。
　廣池の次の「述懐」と題する漢文も、年次は不明であるが、「志」と自らの目指す進路を語っている。添削は若干の修辞と文法的な箇所にとどまる。

教育思想の確立

関尹子《かんいんし》曰く、小事を軽んずるなかれ、小隙《げき》も舟を沈ます。小物を軽んずるなかれ、小虫も身を毒すと。予、北豊の小人なり。然りと雖《いえど》も、世人妄《みだ》りに軽んずることなかれ。その望む所は世を蓋《おお》はんと欲す。それ燕雀《えんじゃく》は鴻鵠《こうこく》の志を知らず、鯢魚《げいぎょ》は鯤鯨《こんげい》の量を知らず。士も亦《また》かくの如きこと有り。僅かに己を知ると雖も、人の量を知るなし。故に己を以て人に比べ、或ひはその志す所を視てその望む所を量り、以て横議するは往々これなり。これ己の量の小を知らずして、人を視る能はざるなり。

今、予の志す所は、師範学校に入りて教員に為らんと欲し、而して望む所は、民を化し国家を利するにあるのみ。然るに、如何にして民を化し国家を利せんや。曰く、教員と為りて日夜孜々《しし》として授業に勉励し、生徒に先んじて、これをして業に励み善に移らしめば、則ち父母兄弟、これを視て必ず喜び、顧みて遂に己を修め、以てこれが一郷に行へば、一郷おのづから風俗を改めん。隣校の教員も、亦これを聞きて終《つい》に予の術に倣はば、則ち二郷も亦おのづから風俗を易えん。

一家仁なれば一国仁に興り、一家譲なれば一国譲に興り、終に施して天下に及べば天下の民をして堯舜《ぎょうしゅん》の民と為らしむ。天下の富強、欧米の富強を跨《こ》ゆれば、則ち民を化し国家を利するなり。それかくの如くんば、則ち彼の利名の塗に奔走して、万鐘《ばんしょう》の禄を利するに比し、豈《あ》に同日にして論ず可けんや。是れ我が恒に望む所なり。故にこの志を立つる所以《ゆえん》なり。常人安《いず》くんぞ予の為す所を知らんや。

然るに余、一聾《ろう》病有りて、素願の害を為す。故に頻《しき》りにこれを療さんと欲すれども、毫《ごう》も験《しるし》無し、是れ天は予を捨つるか。それこれを若何《いかん》せん。人に対《むか》ひて語らば、則ち聞くに及ばず、案《つくえ》に対《むか》はば、則ち泫然《げんぜん》として為す所を知らず。天を仰ぎて則ちこれを呼び、日夜号哭《ごうこく》して神心乱る。疢《あつ》きこと、首を疾《や》むが如し。ああ、これを若何せん、天なるか。／慨嘆の余り外に発す　廣池千九郎

冒頭の、「小隙も舟を沈ます」「小虫も身を毒す」は、『関尹子』九薬の語で、小さなことを侮るな

の意である。実は明治十七年（一八八四）一月、廣池は、師範学校受験に再挑戦した。ところが、また失敗してしまう。このとき、すでに小川塾長の代講を務めるまでになっており、周囲の目もあるので万全を期したいところだったが、やや焦りがあったらしい。大きな恥をかいてしまった。「同僚、我れを笑はざる者なし」（「初忘録」）と記している。

詠まれた正確な時期は分からないが、本篇はこうした状況下にある心境をよく表している。受験に失敗し、屈辱に耐えながら勉学に励む小さな自分を自覚するとともに、将来は必ずこの状況を脱出して大業を成すことを期した自己像を描いている。

「燕雀は鴻鵠の志を知らず」は、『史記』から採ったもので、小鳥（小人）には大鳥（大人物）の高大な志を測り知りえないことを言っている。今の自分の境遇を人は侮っているが、彼らには理解しえない自分の思いを文に託している。

続けて、具体的な構想を示す。師範学校に入って教員となり、民を感化して国家を利するのだという。どのようにして「民を化し国家を利せん」とするかというと、日夜授業に勉励し、生徒に範を示して、彼らを生業に励む善良な人へと導けば、その父母兄弟は必ず喜び、自身を省みて正していく。それを一村に行わせれば自然に一村の風俗が改まり、隣校の教員がそれに倣えば二村改まる、という道筋を描く。

「一家仁なれば一国仁に興り、一家譲なれば一国譲に興り」は、『大学』から引いている。一家を改善することは、やがて一国を興隆させることにつながる。そして、これを天下に及ぼせば、すべての民を堯舜時代のような純良な民へと化することができる。こうして我が国の富が欧米を超えるようになれば、まさに民を感化して国家を利したことになる。そうなれば、この大業は、名利に奔走して暴利を貪る者たちと、同列に論じることができようか。これこそ、私が教師になろうと志している理由だという。

しかしながら、病で耳が痛み進むことができず、治療も効果が無いことを廣池は嘆き、天は私を見捨てたのかとまで思い詰めている。病はこれほどに、宿願達成の障害となっていた。ところが、前述のように、両親の必死の養護によって治癒するに至る。このことが廣池にとってどれほど救いとなり、力を与えたものであったか、計り知れない。

と同時に、人間形成を中心とする教育に基礎を置き、一家から一国を利していこうとする文の趣旨は、その後の廣池の活動の指針として常に一貫していることに、驚きを禁じ得ない。

ついで、「戦国に題す」と題する次の漢文も興味深い。

鐘皷《しょうこ》四面に響き、鬨声《こうせい》天地を動かし、屍《しかばね》は巨港の岸を塡《うず》め、血は長城の窟《いわや》に満つ。怨魂《えんこん》は空に号《さけ》び、焉《これ》を弔祭《ちょうさい》する者なく、終《つい》に凶年ありて人民流離す。孟子曰く、「春秋に義戦無し」と。ああ信なるかな。

それ洋の東西を問はず、文教は宜《よろ》しきを失ひて、人々はただ利を慕ひ義を聞かず。ここに於てか戦国となる。故に戦国の人は、皆先王の道を識《し》らず、聖人の訓《おしえ》を知らず、ただ人欲の為に掩《おお》はれて、貴重の性命をして徒《いたずら》に人欲の鋒刃《ほうじん》に随《したが》はしむ。ただ利の在る所に趨《おもむ》き、君父骨肉を知らず、ただ私に己の身を愛するのみ。これ戦国の勢なり。これを為すこと奈何《いかん》は、教育に在るのみ。

この文は「戦国」をテーマに、その実情と原因、そして防止法を説いたものであり、廣池の観点がよく表れている。文教が損なわれて利害にとらわれ道義を失えば、戦国の世となり人々はますます私利私欲に走るようになる。こうした戦乱を防ぐためには、教育を盛んにするほかないという。戦国の原因はそう単純なものではないことを知りつつも、根本に人の「徳」を見据え、教育の果たす役割に深い信頼を置いているのである。

麗澤館が明倫会を離脱

麗澤館が政治結社の明倫会の傘下に入ったことは先に記した。明倫会の傘下にあることは利点もあったが、会の影響により政治色が強まることに対して、塾生たちが反発を覚え始める。父に諭され、政治と遠ざかっていた廣池もその一人であった。「初忘録」によれば、次のような趣旨によって、塾生の多くが小川を擁して退塾の挙に出る。

一、若年にしていまだ学文経験に乏し。而るに、既に明倫会に入り政党に籠絡《ろうらく》せらるるは、我が輩の本旨にあらず。その他これを略す。〈右の主旨書等は、中里等の工夫なり。〉

しかし、実際にはそれだけでなく、経済的な理由も大きかった。「初忘録」には、この一文の前に、次のようないきさつが記されている。

そもその原因を求むるに、明倫会の社長平塚恰氏、先生を侮《あなど》り、かつ月給十円を滞らせ、家政に不都合のあるところに、近来、諸生百余名に至り甚だ盛大なるをもって、先生の考へにては、我れ明倫会を退きて同地に開塾なすときは、その束脩《そくしゅう》月謝、毎月必ず二十円以上ならん云々のところに慾心の生ぜしなり。〈先生の夫人は大阪にして、甚だ姦奸の毒婦なり。これらは皆この人の智に出づ。先生は実際愚直にして世事を知らず。〉よって我輩を教唆《きょうさ》し、ついに左の口実をもって、我々が退塾の主旨となさしめたり。

明倫会からの月給が滞る中、小川は会から独立した方が高収入になると、夫人の安寿《やす》にそそのかされて、思い込んだらしい。かつて財政難だった頃、明倫会の救済を受けたことを忘れたかのような動きに疑問を感じなくもないが、この夫人も、塾生の寝食に関する世話を一手に引き受け、塾のために相当尽力していたのは確かである（『杵築藩士 小川含章』）。

廣池たちは、退塾するや否や、「稲荷町山口の宅」を借り受け、小川をここに迎えて講義を続けることになった。その前後の心境を表す漢詩が、いくつか残されている。

〔明治十七年二月二十四日〕麗沢館劣生千九郎、本塾監事の近状を憤り、懐を述べ、以て密《ひそか》に

夫子の足下に奉ず
六方気有り、曰く浩然《こうぜん》。苛酷《かこく》にも圧倒す、何ぞ焉《これ》を受けん。
ただ佩《お》ぶ、北豊男子の腹。一に夫子を扶《たす》けて玄全を許らん。

この漢詩は、退塾事件（明治十七年二月二十七日）の三日前に詠まれたものである。廣池は、当時の監事後藤田鶴雄の所業に憤り、所感を「夫子」つまり小川に呈した。理不尽に抗って何とか小川を支えようとする意気込みが漲っている。

小川の側にも「麗澤館塾生の紛議の所感」と題する漢詩がある（『杵築藩士　小川含章』）。

まさに断ずべくして断ぜずんば、かえつてその災ひを受く。
偏聴は奸を生み、独任は乱を成す。

決断すべき時に決断しなければ、かえってその災いを受けるという。「偏聴は」以下は『史記』二十三、雛陽からの引用。一方のみの話を聞くと悪事を生じ、一人に仕事を任せると争いが起こる。詳細は不明であるが、当時の明倫会の問題点を指摘したものと思われる。

しかし、今回の行いは結局、明倫会に残った塾生および会員との抗争のような状況に陥ってしまった。小川は血気に逸《はや》る塾生と明倫会の間に立たされ、困難を来す。ただ、会を辞めはしたが、毛利らとの関係は良好に続いたと見られる。
この紛議の渦中（明治十七年三月十六日）に作られた廣池の「慷慨、想ふべし」と題する漢詩がある。

慷慨《こうがい》、想うべし　巴調　作

相約して義を挙げたれど、後先するところなし　豈《あ》に図らんや終《つい》に天全を得ざるを。
頭《こうべ》を回《めぐ》らせば三十日余の昔　今已《すで》に解散す、真に憐むべし。

義挙を起してはみたけれども、それが道に適うものであったかを反省している。三十日余り後となり、すでに解散してしまって、自らに憐れみを覚えるという。
もう一つ、「牛肉店に友人と同《とも》に賦す」と題する詩を掲げる。

今日の我が輩は樊噲《はんかい》の儔《たぐい》　能《よ》く牛を屠《ほふ》れどもまた功に就くや不《いな》や。
士須《すべか》らく慷慨して樊噲を期すべし。　当《まさ》に瓦缸《がこう》を化して玉甌《ぎょくおう》と為すべし。

「樊噲」とは、漢の高祖の功臣である。はじめ食肉業に従事していたが、後に高祖に仕えて名を上げた。肉を食べながらだったので、このテーマとなり、「瓦」から「玉」へと転じていきたいという思いが表れている。

この詩の欄外に、小川は朱で「諸篇、皆鉄石の腸にして、樊噲の再来か。恨むらくは鴻門の会を欠く」と書き加えている。小川は、ここに「鉄石」のような強い覚悟が見られ、樊噲の再来を思わせるが、惜しいことに、鴻門の会を欠くという。樊噲は高祖と項羽が「鴻門の会」において相会したとき、高祖の危機を身を挺して救ったが、そのような気概が詩に込められていないと、鋭く指摘してさらなる成長を期待している。

小川含章との離別

このころ廣池は、耳病が悪化して、中津へ帰省せざるを得なくなった。前述のコウズの効能によって治癒したというのは、この時のことである。

帰省に際して退塾のことを振り返ると、それが間違いであったことに思い至る。「初忘録」には、こう記している。

予が帰りて家にあるや、退塾の非を悟ること甚だしく、後悔百状、今や再び大分に至らば、必ず小川を退塾し明倫会に入り、もって坂本先生に謝し、我れ後来の大目的を達せんと、初めて真正の理を悟りしなり。

よって大分に出ずるや、直ちに小川先生に謁し、大いにその挙の非を諫めしかども、諸生等、かへって我れを悪《にく》み、氷炭相容れざるの仇となる。よって予輩は、朝倉平馬・加藤正夫等と左の退塾主意書（省略）により退塾す。

坂本先生とは、麗澤館に在塾中、算術の指導を仰いでいた師範学校助教諭の坂本定永のことであり、退塾事件の際にも廣池に助言を行い、退塾に非があることを諭していた。廣池は六月、大分に戻ると、さっそく小川を諌めに出たが、周りの塾生の猛反発を受けて思うように話せなかった。

ただ、小川に対しては、その非を指摘しながらも、反目した様子は見られない。廣池が帰省中のことを記した漢文「中津公園地に遊ぶ記」の添削に小川が応じていることからも、関係が壊れることはなかったと考えられる。もと「万物皆、青雲の士に付くこと有らずんば、何ぞ名を成すを得んや」とあったのを、「志ある者は、また、青雲の士に付かずんば、何ぞ名を成すを得んや」と改めており、小川はやはり、志の大切さを伝えようとしていたことが分かる。

小川との直接の関係は、このときに終わる。二年にも満たない短期間であったが、廣池は小川から、学問および教育のあり方を徹底的に教え込まれた。そして志を高め国を想い、公に奉じる士人へと導かれたのである。「小川先生の遺志を嗣ぎたい」という思いは、両親からの「罔極の恩に報いたい」という思いと並び立ち、廣池の力の根源となって生涯にわたり生き続ける。

廣池は最晩年、悲願の学校建設が成ったとき、小川と同じように、学生たちと寝食を共にする寮教育を取り入れ、自らの住宅も校内に建てた。そして、「先師の大恩を追憶して、特にこれを記念するがために、今この名称を予の住宅に名づけたのであります」と語る。その名称こそが、「麗澤館」であった(「麗澤館の記」)。

「応請試業」の機会到来　廣池は退塾後も大分にとどまり、師範学校の教諭らに就いて勉学を続けた。明治十八年の正月も、浪人として迎え、失意焦燥の中に過ごす。そのとき詠んだ漢詩（「初忘録」）には、

千門美を競いて、佳賓《かひん》を招く　今年いまだ父君の望みを果たさず　独り机前《きぜん》に伏して…

と、正月の賑わいの中、一人寂しく過ごし、親の期待にも応えられない、苦しい心中を表す。詩が完成せず途中で終わっているのも、より悲壮感を漂わせている。

また、大分市郊外の二葉山麓にある柞原《ゆすはら》八幡宮へ参拝し、次の三か条を誓っている（「履歴第二号」）。

◎明治十八年一月誓

(1)七年参詣のこと。　(2)正直なること。　(3)孝行のこと。

廣池は生涯に何度か、神社等で重要な誓いを立て、それを書き残している。誓ったからそうなったのか、そうなったから誓いを記したのか。いずれにせよ、誓いの後には好転が訪れている。

前記「初忘録」の漢詩の次に「天は有為の人を捨てず」とある。坂本が二月四日に「応請試業《おうせいしぎょう》」が開かれることを知らせてきた。これは、師範学校に入学しないでも、学力検定試験により卒業資格を

得る方法であり、受験生の要請に応じて実施するという意味で「応請試業」と呼ばれていた。廣池はこれに合格し、晴れて初等師範学科の卒業証書を与えられた。学校に入学せずして卒業することになったというわけである。

このときの両親の喜び方が、尋常ではない。「父母は天に登りて呼び、また空に飛びて快と呼び、あたかも狂するがごとく、その喜びまた筆紙の尽くす能はざるところなり」(「初忘録」)。病身の子を持つ親の心とは、こういうものなのであろう。

こうして、教員資格を得て最初に赴任したのは、形田《かただ》小学校であった。

5 熱血教師

形田小学校の訓導

明治十八年(一八八五)三月二十六日、廣池は下毛郡の形田小学校へ訓導として赴任した。中津から山国川を遡り、耶馬渓《やばけい》の近くにある、下毛郡で最も小さい学校である。

ここで廣池は、それまでと同様、情熱的に事に当たる。「而来《じらい》、同校をして一大改革をなし、本郡教育の改良を謀らんと欲し」(「初忘録」)、種々の取り組みに着手した。しかし、早々に壁を感じることになる。

「初忘録」に「学事掛りおよび村内の有志者等、いっさい学事に熱心するなく、また加ふるに、千九郎が若年にして信用を世人に得ざる等よりして、思ひ込んだる望願も、みな水泡に帰したりけり」と記す通り、はりきって種々教育改善に取り組んだものの、周囲の反応は冷淡であった。

そもそも生徒が学校に来ない。これは当時の教育制度が現実的でなかったことによるといわざるをえなかった。明治五年の「学制」では、「自今《じこん》以後、一般の人民、華士族・農工商及び女子、必ず邑《むら》に不学の戸なく、家に不学の人なからしめん事を期す」と謳い上げている。しかし、実際は、明治二十一年（一八八八）に至っても、大分県の就学率は、四四・一パーセントであり、下毛郡は四六・六パーセントと、県内平均を少し上回っていたが、依然として五〇パーセントを切っていた（『大分県教育百年史』①）。

地方行政が教育に対して意欲を欠いていたのは、廣池の指摘の通りであるが、それ以上の問題は、村民たちの教育に対する無理解であった。当時、子供は重要な働き手であったから、学校に行かせればそれを奪われるだけでなく、出費まで嵩《かさ》む。多くの親たちは、なかなか学校へ行かそうとしなかったのである。

廣池の主眼は、子供たちに教育の機会を与えることであった。廣池自身、親から教育の機会を与えられ、それが自分の目を開かせ、可能性を飛躍させたのだから、そのことに対する深い感謝と信念に支えられていたものと見られる。

さらに、この頃の廣池には、麗澤館時代の漢詩文に見た通り、教育によって国家社会に貢献しようという意識が形成されていた。教育の偉大なることを知り、それが国家の発展に根本的に寄与することを心得ていたのである。その思考のルーツには、理念的には小川含章の薫陶があったが、理論的には『学問のすゝめ』の反映された中津市校での学びに加えて、欧米移入の教育論があった。そのころ記された次のような一文がある。

およそ一国の政治を害して一国の進歩を妨ぐるは、無知の貧民より甚だしきものなし。羅馬《ローマ》古代の歴史より、降りて近世仏《フランス》国の史を繙《ひもと》き見よ。その政府は、常に無知貧弱の民族に苦しめられ、また、覆へされしもの、その幾回なるを知らず。

（「夜間学校教育法自序」）

ここに述べられている教育思想は、漢籍に基づく「国家百年の大計」といった理念だけでなく、むしろ西洋における文明史的文脈である。近年でも、アメリカ合衆国で、レーガン政権の教育に関する報告書「A Nation at Risk（危機に瀕する国家）」に、「教育には金がかかる、しかし、それをしなければ凡庸な国民の山を背負うがためにもっと金がかかる」といった表現に通じている。さらに廣池は、同じく「夜間学校教育法自序」で次のようにいう。

我が邦の現状を察するに、無文の民は殆ど人口の五分の三を占め、而《しか》して貧富の差等、日に益々懸隔《けんかく》するに従ひ、貧民の数歳々愈々《いよいよ》増加をなす故にや。近年に至りては、文明の進歩上、及び人口の繁殖上に対し、その割合に就学の児童を増すことなく、痛嘆の至に堪へざるなり。

聞く、仏国には無文の民、人口の三分の一ありと。然して欧州の政治家は、仏国政府の覆覆内閣の更迭《こうてつ》頻繁なるは、国中普通教育の洽《あま》ねからざる故なり、と論ずるものあり。

このように、文明史論に教育の観点を加え、社会の安定的な発展に教育が必要なことを説いている。廣池は、子供たちの未来を幸福に導き、それに伴って国家の発展に寄与するため、就学率を上げることを主軸に、種々の対策を試みていく。

夜間学校の開設と巡回授業

まず構想したのは「子守学校」である。ただ、「茨城県下総国下妻《しもづま》町渡辺嘉重《かじゅう》氏等にその趣を問ひ合せ、その他種々熱心になした」（「初忘録」）が、これは地域と保護者の理解を得るに至らず、成就していない。次に試みたのは夜間学校であり、こちらは成功した。廣池は『遠郷僻地　夜間学校教育法』を著し、夜間学校の必要性と方法・効果などを述べている。本書は刊行には至らなかったものの、原稿が残されているので、その内容を見ておこう。たいていの親にとって、子供はかわいい。子供を学校に行かせない親は、単に将来的な視点を欠いているにすぎないので、教育というものが、子供にとっても親にとっても有効であることを説いている。そのうえ、廣池自身が各家庭を回り親を説得した際の、口説き文句も収められている。

諸君よ、諸君は生涯中の楽しみとも謂《い》ふべきものは如何なる事でありますか。善き子を生みて、よく育て、賢き子となして、世間の人に賞められ、かつ諸君の老後に於て、その子より大切に孝行を尽され、また、家の次第に繁栄する様を見るこそ、第一の楽しみではありませんか。

このように説き、親の理解を重ねていき、夜間学校の開校に漕ぎつけている。はじめは、形田小学校に児童を集めて授業を行っていたが、やがて近所の児童しか通ってこなくなった。すると、次は「巡回授業」を考えついた。学区を三つに分け、一部は形田小学校に、ほかの二部は民家を借りたところ、出席者が安定し、着実な成果を上げている。

『夜間学校教育法』は、全十七章から成る。教育の重要性を訴える理念的なことから、学校の施設・編成に関することなど、夜間学校を実際に運営するための方法論まで収められている。特色としては、第九章「夜間学校は、力を徳育に尽くすべし」、第十一章「夜間学校は、郷里の風俗を矯正するの効あり」、第十四章「夜間学校の教師は、自己の品性に注意すべし」など、やはり道徳性の比重が高いところが注目されよう。せめて学校に行き、最低限の読み書きができればよい、という次元ではなかったのである。

実業を尊重　明治十九年（一八八六）七月、廣池は「学校生徒実業を重んずる習慣を養生する方案」を『大分県共立教育会雑誌』十七号に投稿する。内容は次の通りである。

第一歩　教員は土地に適せんことを要す。

仮《たと》ば《え》、農業地方の教員は、農業上の理論に渉り、かつ十分実地の経験なかるべからず。もし聊《いささ》か理論のみに渉りたりとも、実地の経験少くして生中《なまなか》生徒に実地農業の奨励をなさんと欲し、これに農業上の理論を示したる時は、年齢やや長ぜる生徒は忽《たちま》ちその実地と齟齬《そご》するの点を発見して、これを教員に詰問することあるべし。（中略）

故に教員は、その土地に適したる実業上の理論と経験とを積みたる人を要すべし。今教員その土地の某の業に関する理法を充分生徒に教示し、かつこれを実地の応用に結合し、なほまたその土地のその業に関する現在の弊害を発見し、かつこれを救済するの策、及びその他これが改良の方法等より販売利益の収穫に至るまで一々明解教示せば、生徒は大いに信服して、楽しんでその教を奉じ、知らず知らずの間、実業を重んずる習慣を養成するを得るべし。

第二歩　教師自ら実業を重んじ、身を以て率先すること。

第三歩　教師は注意勉強して、訓戒を怠らざること。

教師は博物・地理・物理等を教授するに当りて、常に意を寓して訓戒し、また兼ては臨機臨時の訓戒をなすべし。臨時の訓戒とは、概ね左の如を云ふ。

㈠学文《(問)》は、教員・官吏となるの楷梯《かいてい》に非ずして、実業を助け世の幸福を維持・増進するの品物たることの理を示すこと。

㈡人間上下の差別は、治者は貴、被治者は賤なる如くなれども、実際人品《じんぴん》の上下は、公論百年の后《のち》に決する者なれば、貴賤は独り治者と被治者との間に在らずして、世を益する多少の間に存する理を示すこと。

㈢世の文明に赴くに従ひ、官途に在る者は、その利する処愈々《いよいよ》少く、その資格は愈々高尚の者を要する理を示すこと。

㈣既に説く如く、学文は官吏となる楷梯の如き卑近の者に非ずして、社会の福祉を増進する如き大目的を存する者なれば、人々必ず学ばざるべからざるの理を示し、かつ勉めて官途に登るの念を絶たしめざるべからず。蓋し《けだ》近年、実業の益々弛廃せしは、人々、官途を羨《うらや》むに因ること大なればなり。

第四歩　自治の精神を養成すること。

第五歩　教授を着実に活動すること。

第六歩　教科書その当を得んことを要す。

以上のように、まず教師自身がその土地に根差した実業を身につけ、範を示すことから説いている。そして、学問は、官僚になるために行うようなものではなく、「実業を助け世の幸福を維持増進する」ためのものだという。このあたりは、福澤の『学問のすゝめ』や福澤の影響を受けて作られた「学制」に示される個人主義的学問観に加えて、小川含章に由来する教育意識が反映していると見てよいであろう。

養蚕を推進　廣池は「実業を重んずる教員」を自ら実践するため、養蚕に積極的に取り組み、同時に著述にも着手した。「明治十九年秋より養蚕の書を著述せんと欲し、蚕業の書籍を研究し、大いに得るところあり。十一月より『大日本適用蚕業全書』および『蚕種製造法』の二書の著述に着手せり」（「履歴第二号」）と記録している。その著述は、『蚕業新説製種要論』一冊としてまとめられ、刊行には至らなかったが、地域の蚕業振興に活かされている。

本書は緒言で、我が国の養蚕業は、近年、著しい発展を遂げているが、地方には依然として「製造の法を知らざるものありて、粗製濫造の弊見るに忍びざるもの」がある。一地方がこの状況ならば、全国的にもこの弊害はまぬがれないだろう。そこで、「事柄を広く内外諸大家の説より抽出し、傍ら予がさきに学びたる蚕育上・学術上の理論及び多年経験せし実地の結果とを参酌し、遂にこの書を著はせり」という。

確かに本書では、諸大家の有力な説が取り上げられている。富岡製糸にも貢献した田島弥平《たじまやへい》には、直接に問い合わせ、書簡による助言を得ており、本書にその全文を掲げている。なお田島については、『新編小学修身用書』巻之一第三十九と、巻之三第四十九に二度も取り上げ、その事跡に学ぶべきことを説いている。

実業の尊重と読書力の養成

「学校生徒実業を重んずる習慣を養成する方案」は、廣池の教育理念について書かれるとき、必ずといっていいほど引用される。しかし、廣池は実業尊重の短所についても書いているが、こちらはほとんど顧みられていないので、ここに触れておこう。

それは、中津高等小学校の『同窓会雑誌』にある。廣池は卒業生ではないが、教員の立場から「特別会員」として寄稿していた。タイトルは「学生の読書力」。

「近年、実学の進歩を奨励するより、その結果として甚しき一弊害生じ来れり。即ち学生の読書力大いに衰退するに至りしこと、これなり」という。つまり、当時、実用性や実践性を主眼とする「人間普通日用に近き実学」（『学問のすゝめ』）は、目覚ましい成果を上げる一方、社会生活への活用ばかりに目が向き、文献を深く読み込む読解力の養成が等閑に付される風潮を生じていた。

「今春以来、師範学校入校志願の学生に就て、親しくその学生等の文字力に乏しきことを実見し、甚だ苦慮衝心《しょうしん》せり」。最近の日本でも似た傾向にあるが、この頃の学生は漢字が読めなくて困ったという。そこで「漢字力欠乏を感ずるもの」に対して、「豊州学館」への進学、「留心学舎・喜晴堂・求誠堂」等、漢学塾への入門を勧めている。とはいえ、逆に読書力を養うことに偏し、「却て一種の浪人書生となりて一生を誤るが如きことなからんことを」とも注意している。読書力の養成を強調すると、またそればかりになってしまう恐れがある。いつの時代にもバランスのとれた教育というものは難しい。

万田小学校から
中津高等小学校へ

明治十九年（一八八六）の「小学校令」により、小学校は高等小学校と尋常小学校に分けられた。この改革に伴う学区変更により、形田小学校は青山小学校と合併され、翌年四月廣池は万田小学校へ転勤となる。これには形田小学校の関係者が大いに落胆し、戸長の曽木円治を中心に転勤取り消し運動が起きた。けれども、覆ることはなかった。

四月四日、形田村を離れる日が来ると、村人は廣池を見送るため、祭礼のときのように子供たちを着飾らせてきた。その日のことを、廣池はこう書き残している。

ついに仏坂《ほとけざか》に至り見れば、両村の人民雲のごとく、酒肴《さけさかな》は山のごとくに積み立てて、予を待ち受けたり。〈予は昨夜、既に一旦これを辞したれども、父兄等なかなか聞かずして、ついにこの盛大なる送別会をなしたるなり〉。

（「履歴第二号」）

祝宴がお開きとなっても、村人たちは山向こうの斧立《おのだて》神社までついてきて、また宴会となり、日没の頃、ようやく別れを告げた。この仏坂の別れは、廣池に鮮烈な印象を残す。教育者としての自覚を深め、人を育てる教育というものの可能性の大きさに感じ入ったのである。

廣池は、万田小学校の一年間の勤務を経て、明治二十一年（一八八八）四月、中津高等小学校へ赴任する。ここに中津を離れるまでの四年半、勤めることとなり、この間は非常に充実した時期であった。引き続き教育に尽力する傍ら、次々と著述を成し、ようやく結婚をすることにもなる。

斧立神社
（大分県中津市三光臼木）

手工科と寄宿舎の開設

中津高等小学校でも、教育環境の改善に次々と着手した。まず手工科と寄宿舎の設置である。手工科は「履歴第三号」に「六月以来、新庄関衛と謀り、手工科を各学校におく」といい、遺稿「手工の効力」では、次のように説いている。

手工科を小学校に置く目的は、一つには就学率の問題を鑑みて、経済上の効力を発揮することにある。生徒が工業上の技術を学校で身につけることができれば、授業料や教材費を賄《まかな》えるようになるばかりでなく、家計の足しになるため、保護者が喜んで学校に子供を行かせるようになるだろうという。

続いて本来の教育上の効力を述べる。

身体の機関を発達し、かつ手の動作を巧ならしめ、他日その好む処《ところ》の職業につくを得せしむるものにして、またこれを習学する際には、智能・注意・考察・記憶等を養成し得べしとの説は、これ我が発達教育の開山なるペスタロジー氏の説なり。

このように、ペスタロッチ（スイスの教育実践家、一七四六〜一八二七）のいう頭（ヘッド）と心（ハート）と手（ハンド）を調和させる「3H」の手法を取り入れて、その効力を説く。また、次のようにもいう。

フレベル氏の幼稚園も、その原則中の主なる箇条に、児童の活動性を利用することを説けり。蓋《けだ》し幼稚園は、天然の順序に従つて児童の遊戯を幇助《ほうじょ》し、紙の切り方・綴じ方、木の並べ方・組み立て方、及び泥土の堅め方等を、各児の好める処に従ひてこれを為さしめ、只傍ら不良の遺伝と習僻とを矯正するものなれば、よく幼児の智力を発達し、また自ら物を造るの性、美しき物を楽しむの性を開きて、児童成長の後、大なる効あるべし。

ここでは、幼児教育の祖と称されるフレーベル（ドイツの教育学者、一七八二〜一八六二）の事例を上げ、手を動かすことが知性と徳性の両方に効力のあることを指摘している。

さらに寄宿舎の開設と指導に関しては、「履歴第三号」の明治二十二年（一八八九）の項に、次のように書かれている。

七月、高等小学寄宿生徒四十人に上る。始め昨年四月は寄宿舎なく、小生熱心して校長と謀り、これを造り、三人の生徒を入れたり。爾後《じご》、会計に念を入れ、経済を主として食費を節し、また一方には、非常に管理をよくして、世の信用を受くるやうにし、かつ朝夕生徒らに無料にて、脳の痛くして暇なきにかかはらず教授するが故に、生徒は常に各級の首位を占む。よって寄宿生の風聞、次第に令《よ》く、ついに市中よりも生徒を予に托する父兄あり。

予は毎月一回くらい以下こそ永添《ながそい》には帰り、日夜小使ひを奨励して（この小使ひを使ふの方、予にあらざれば決して他教員のなし能はざるところ。但し、世才と親切あるもの、誰でも出来る）生徒の世話をなす。当時は全校生徒四百五十人くらいなり。しかれども、多くは市中のもののみなり。

廣池は、中津高等小学校に就任早々、校長に謀って寄宿舎を造り、三人を入寮させた。管理を万全とし信用を得て、頭痛もあり多忙でもあったが、朝夕生徒たちの勉強を見るなど、力を尽くしている。その結果、寮生の成績は首位を占めるほど良好で、評判が高まり、通学圏からも生徒を託する保護者が現れるほどになったという。

「教員互助会」の設立

廣池は、形田小学校に赴任して間もなく、明治十八年五月に「大分県共立教育会」の会員となっている。同会は、教育の普及・改良等を目的に設立されたものであり、廣池はこの会を舞台に教育環境の改善に尽力し、自らの主張を行った。先に触れた実業を重んずるために書いた論考を投じたのも、本会の『大分県共立教育会雑誌』である。

大分県視学《しがく》や日田郡長等を務めた宇都宮喜六は、「回顧漫言」に、当時の県教育会を振り返り、廣池について次のように述べている（首藤敬太ほか編『大分県教育会史』昭和四十四年）。

論戦に加はって滔々《とうとう》とやってゐた同氏は、下毛郡鶴居村出身、検定で資格を得、郡内どこかの校長（ママ）であった。（経歴省略）かつて本県在職中、明治二十二年九月発行の県教育雑誌に、大分県教員互助会設立の趣旨を発表せられてゐる。大正十二年に今の県教員互助会が出来たが、それより正に三十五年前にその必要を論ぜられてゐるのだから、頗《すこぶ》る卓見家と云はざるを得ぬ。

ここに見る「教員互助会」の設立は、廣池が本会において熱心に訴えたものである。当時、教員の待遇は劣悪であり、大分県は特にそうであった。明治二十年の『文部省年報第十五』に「小学校教員、去就の常なきもまた、今日の通弊なり。これ主として教員の操行堅からざるに依るべしといへども、一々その待遇の冷淡なるによるなり」というように、生活ができないために転職する者が多く、過労による病気や死亡も絶えなかった。その上、補償なども一切なかったのである。

廣池は、この問題について、「大分県教員互助会設立の主意書」に「もし一朝不慮の変災遭遇し、生命・財産・身体の異変を生ずる時は、諸君如何してその家族を保つことを得るや。はた一身の生計、死後の弔意、誰に向かってこれを仰がんとするや」と、もしものときにおける福利厚生の課題を提起して、次のように述べている。

今日、我が教育上至難至重なる、実業生活的教育の普及と人物陶冶《とうや》の実蹟とを成就して、我が国家を富強の地位に据《す》へんとするは、必ずや永久斯道《しどう》に従事せんとする真正教育家の親愛を厚くして、相奨励し相提挈《ていけい》し、漸次着実の手段に因り、永年の時日を期して、徐《おもむ》ろにその計をなさざれば、決してその目的を達すること能はざるに於ておや。

ここで教員の待遇改善に対する希望を述べたのは、教育の目的と可能性に対するこれまでの主張が一貫している。「実業生活的教育の普及」と「人物陶冶の実蹟」とを成就することが目的にあり、そのためには現在の境遇のままでは教師が十分な力を発揮することができないので、改善を試みるのだというのである。

大分県において廣池が提唱した教員互助会の設立は、日本で最も早い。廣池にとっては、これもかつて麗澤館で構想した、教育によって「民を化し国家を利する」の階梯であったとみられる。

『新編小学修身用書』全三巻の刊行

「民を化する（感化する）」ことを目的に掲げる以上、教育の主眼は、やはり人間性に置かれ、焦点が道徳教育に絞られていくのは当然の流れといえよう。

廣池は、教育現場で力を尽くしつつ、万田小学校在勤中の明治二十年（一八八七）頃から、修身（道徳教育）に関する著述も手掛け始めている。同年十一月には、県内の小学校において学科改正が行われ、「修身」を必修科目としたが、教科書については当分の間「未定」とされていた。

廣池は、尋常小学校の一年から四年までの全学年それぞれに対応する、修身書を執筆する。一年生用には「改正新案小学修身口授書」を作り、二～四年生には『新編小学修身用書』全三巻（明治二十一年）を出版している。両書については、近年、江島顕一や井出元らにより詳しく研究されているので、それを参考にして概要を述べるにとどめる。

江島の「廣池千九郎の道徳教育論に関する一考察」（『道徳と教育』三三九号）、「廣池千九郎の教育思想」（『モラロジー研究』七十二号）等によれば、「口授書」の「緒言」に「教授の主義は既知より未知に、有形より無形に入るべきもの」とあり、明治十年代から我が国の教育界に興隆したペスタロッチの教授法に理論的系譜を持つ、いわゆる「開発主義」教授理論の影響が認められるという。

本書は五十項の格言から構成されている。幼児は、了見が狭く、経験も少ないため「人物の行為、異国の鳥獣」などでは理解が届かない。そこで、「実物的の教授法によらさるべからす」とする。実物的の教授とは、「実物図画の手段もしくは幼児の経験中の行為につき比喩を設け、以て児童の感情を誘起し、その徳性を開発する法なり」という。

たとえば、格言の第一番目には、「高きものは富士の山なり。大なるものは親の恩なり」と掲げて、前半に象徴的な実物を示し、後半に説くべき徳目を述べる。

格言を主体として構成され、その口授及び暗記・暗唱を主眼とする修身教科書は、このころ文部省が中心となって編纂した西村茂樹『小学修身訓』（明治十三年）や、文部省編『小学修身書 初等科の部』等もあった。しかし、それらが四書五経や洋書などを多く引いて、児童に難解であったのと比べれば、分かりやすい内容の本書は、親しみがわいたと思われる。

二〜四年生用の『新編小学修身用書』全三巻は、本の形で公刊されており、その趣旨は次の「例言」によく表れている。

> この書は、生徒をして首《はじめ》に国民の具有すべき貴重なる気質を涵養せしめ、次に実業と学文〔問〕とを兼ね愛するの念を養成せんが為め、その主意に適したる人物を選択せり。
>
> 従来の教科書、多くは学文・徳行を以て美官厚禄得し人物の事跡を記載するが故に、児童の心を高尚に導き、実業を賤《いや》しむの念を生ぜしむ。この書は、その弊を矯《た》むるの微意を存せり。

つまり、人格の涵養はもちろんのこととして、「実業」と「学文」の両方を「兼ね愛するの念」を養成することに意を用いている。したがって、本書に登場する人物は、もちろん著名人や天皇も取り上げながら、中心は農工商に携わる市井《しせい》の人物であり、時代も近世・近代が中心となっている。

> 書中の人物は、官報に因《よ》りしあり、農工商公報に因りしあり、新聞紙に因りしあり、その他、諸書に因る等、その因一ならずと雖《いえど》も、要するに皆我が邦人のみを採り、かつ務めて近世の者を選ぶ。これ児童の感覚をして切実ならしめんが為めなり。

身近な人物である方が、生徒たちは先人から受けている恩恵の実感を得やすく、また地域住民としての自覚を懐きやすい。その結果、自らの人生の範となり実践へとつながると考えたのであろう。

本書は、格言調の主題と、それに関する実例を挙げた解説から構成されている。第一「貧賤なりとも、学ばざるべからず」、第二「人は貧くとも、学に篤《あつ》ければ卑しめられず」、第三「貧しくとも、親を大事にすべし」と続き、道徳を実行したことにより物心両面で報われることになった実例を提示することに力点が置かれている。このことは、小川含章の『生野銀山孝義伝』の構図を継承するものと見られてきた。

このように、『新編小学修身用書』は、当時の道徳教育の課題に対応し、廣池の力点を反映して相応の特色を有するものであった。その上、廣池の人生全体から考えても、まことに象徴的な存在であったといえる。

本書は、廣池にとって最初の公刊物であり（『中津歴史』の出版は三年後の同二十四年）、ここから本格的に著述活動が始まる。その後、歴史・言語・法制・神道等を辿り、最終的にそれらを集大成して、新たな道徳論を打ち立てた『道徳科学の論文』（昭和三年）に結実する。

一見それぞれ関連性がなく、あちこち遍歴したかに思える諸分野を、体系的に取り込んだ道徳科学の主題は、道徳の内実と実効性を説くものであった。それは結果的に『新編小学修身用書』と同一の主題であり、最初の著述と最終的な主著とが、この一本の線で結ばれているのである。

これから廣池の歩みとともに、その遍歴と帰着を辿ることとなる。その前に、この時期の重要な出来事として、結婚について触れておこう。

角春子との結婚

廣池は当時の女性に人気があった。モテたといってよい。「履歴第二号」に、次のようなエピソードが見られる。

千九郎いふ、ある事業に熱心して執意力強きときは、たとひいかなる美人、我れを挑むも、我が心必ずこれに応ぜず。彼の時ありて、女子の意に従ひ、その請を許すごときは、我が心の怠慢より起こるものなり。予が十九才の冬、大分富岡にあるとき、橋本ゑんなる者、非常に我れを挑み慕へども、我れこれを拒むを得たり。これ当時、師範学科修業の最中なればなり。

このように、橋本ゑんという女性から熱心な求愛を受けていたという。廣池の側も好意的な印象を持っていたようであるが、あえてそれを拒絶した。「拒むを得たり」という表現からは、素直な心情を抑えて、意思を貫いた自分を称えることと、自らを納得させようとする姿勢の両方が感じられる。別の個所で「予は十九才にして初めて春情を知る」とあるから、ほろ苦い思い出となっていたのであろう。次のような歌も詠んでいる。

梓弓《あずさゆみ》恋てふ者が世になくば　心の駒にかくはひかれじ

ほかにも、これに類するものとして、廣池の遺品の中に、かつてある女性から受け取った恋文、というより結婚申込状が残されている。これは内容もさることながら、その書き方が起請文《きしょうもん》形式となっているのが印象的である。

起請文とは、自分の言動にうそ偽りのないことを神仏に誓う形で、相手に伝える文書である。歴史的に見れば、起請文型のラブレターは、武田信玄がしたためたもの（ただし相手は男）が現存しているが、明治の初め頃でも流行っていたのだろうか。その「起証文〔ママ〕」は、次の通りである。

これまでの御高恩に因りて、いかなる事これ有り候ども、女の道相立《あいた》て、必ずおそばに参り申すべく、しかる上は御両親を大切に致し、家内を治め、貴夫の立身相助け申すべく、後日のため起証、件《くだん》のごとし。

明治二十年六月二十六日
千九郎様

この「起証」は「起請」と同じと見られる。両親を大切にし、主人の立身を助けるというなど、対廣池の大事なツボを心得ている。これらからも分かるように、廣池は同世代の女性から異性としての評判はよく、縁談も多かった。地域の信頼も厚い熱血教師に、いいお嬢さんを紹介したいという世話焼きが次々と現れている。

結婚の話が怒濤のように舞い込んでくるようになったのは、両親の次のような考えも一因と見られる。かつて廣池は、東京遊学を申し出たこともあり、中津を飛び出してしまいそうな予兆が、ありありと見て取れた。そこで、長男を地元に置いておきたいと願っていた両親は、まず家庭を持たせて落ち着かせようと目論んだのである。

その意を受けた児島源二は、候補者探しに乗り出し、廣池に「妻を娶り父母を安んずべき」と、やはり親の心情を口実に説得を試みた。しかし、「これより児島君、また頻《しき》りにその人物を予に指示して撰ばしむれども、一《ひとつ》も予の意を満足せしむるものなし」（「履歴第三号」）と、世話人がせっせと花嫁候補を持ってきても、廣池の条件に見合う女性は一人もいない。もともと結婚に乗り気でなかったから、廣池は条件を相当高く設定していたようで、次のような一文がある。

容貌十人並《なみ》にして、才気はやや人に勝れ、普通の読書等をなし、縫裁・製糸の術に通じ、精神確固として婦徳を備へ、親切にして他人に愛せらるるの相を具《そな》へ、質朴にして勉強忍耐、実業を営むも敢へてこれを疾《や》まざるごとき人物を好むが故、これに相当する候補者、極めて少なきなり　（同）

この一文は、後日の回想であり、春子との結婚の後に書かれている点が興味深い。まず容貌は並でいいという。しかし、「読書等」により相当の学力を持ち、裁縫や養蚕などの実業をこなすこと、しかも精神が強固で女子の徳義を備えた人物像を、理想として提示した。しかし、この条件に適う候補者はきわめて少ないという。

自分がウンと言った相手は、これに適《かな》う人物であったのだ、という自負もあったのだろうか。いずれにしても、春子に対する期待感がうかがえる。

春子の手記『思ひ出』と次女・富の『父 廣池千九郎』の記述を総合すると、春子を知った廣池側が、大変気に入り、猛アタックをかけたことが分かる。

実際に春子は、廣池が逝去する時まで、生活難の連続の中、ある一点を除き、夫の志を信じて支え続け、重要な役割を果たした。「ある一点」については後に述べる。妻選びがいかに重要な選択であり、人生を左右するものであるか、そして廣池の選択がいかなる結果だったのかは、廣池自身の臨終間際、人生最後の発言の中に集約されていくことになる。

では、妻春子はどのような人物だったのか。本人が晩年に書いた手記『思ひ出』から見ていこう。

私は、大分県中津市、奥平十万石の藩士、二百石取、角半衛《すみはんえ》の長女として、明治三年十一月《（ママ）》に生まれました。丁度、徳川家が十五代将軍を以て没落し、武家は改易となつて、角家も二百石の格式から解放されましたので、それからの両親の苦労は一方ならず、中津の邸宅を引き払つて、山国川を南に一里半、宇野村といふ農村に在宅して、一家をたてることとなりました。養蚕と茶の製造、野山の開墾には人を頼み、なれぬ生業に苦労はしながらも、次々と生まれた三人の弟達と楽しく成長致しました。〔戸籍上の誕生日は明治三年十月二十七日〕

角家は士族であった。さきに述べた中津藩の身分構成の中では、上士の伴番《ともばん》に位置し、比較的家格が高い。しかも、ここに福澤諭吉が「士族の授産は養蚕・製糸を第一とす」と唱えたことの実例が見られる。角家は、藩における家職の解消後、養蚕を手掛けるようになっていた。

しかし、現実は厳しい。「楽しく成長した」と回想しているものの、角家の「授産」は不調であり、家運は傾きつつあった。養蚕だけでは生活が成り立たなかったので、製茶等も営んでいたことが見られ、実はほかにも色々手を出していた。後年、春子が語ったところによると、父の半衛は、人をまねて養鶏をやってみたところ、鶏を盗まれ、野犬に食べられて失敗し、また人に勧められて流行のオモト（万年青）を栽培してみたら、すでに流行遅れで売れずに失敗する等々、受難続きであった（廣池富『父 廣池千九郎』）。

苦境に陥る両親を見兼ねた春子は、家計を支えようと、裁縫に勤《いそ》しんだ。事業に失敗する父の姿を見て、その子たる自分にも商才のないことを悟り、技術職を志向したとのことである。そして、そのまま一生両親のもとにいるつもりで「十六歳よりぼつぼつある縁談」も断っていたというほど、家に対する思いを強く持っていた。

ところが、すでに裁縫で二十四、五人の弟子を抱えるようになっていた十八歳の春、嫁に行く気のなかった春子の首をはじめて縦に振らせる案件が浮上した。それが、裁縫の師匠が持ってきた廣池との縁談である。

師匠は殿町校の教員・今泉彦四郎の夫人である。その師匠がいうには「将来有望の珍しき勉強家」だとのこと。廣池家の内情が複雑であることを両親は心配していたが、春子は「本人さへ見込みがあれば」と、彼の将来性に心を動かされたという。

結婚式は、明治二十二年（一八八九）七月十八日、今泉夫妻を媒酌人として執り行われた。千九郎二十三歳、春子十八歳のことである。

父権の強い武家の家風で育った春子には、「主婦が全権を持つ」農家のあり方は衝撃的だった。「姑《しうと》（りゑ）は六人の子持ちとして、全権をにぎつて居りました」と驚きをもって記している。春子は「朝は五時前に起きて、弟三人妹二人、大人五人の十人の食事ごしらへ、弟妹の弁当ごしらへ、両親、祖母の朝のつとめに忙しく、自分が朝飯の箸を取るのは、漸く九時頃でした」（『思ひ出』）と、嫁として過酷な日々を送っていたが、「土曜毎に帰宅する優しい良人《おっと》の言葉に励まされ、手をとり目に涙で暮らすうち」、一人前の百姓仕事が務まるようになった（同）。

廣池は、春子に甘える弟たちを叱り飛ばすなど、妻を守るよい夫だったようである。ほとんど家に帰らないことを除けば、であるが。当時は、新婚でありながら小学校の寄宿舎に泊まり込み、週に一度帰宅するような生活だった。

そんな春子に転機が訪れる。廣池が夫婦二人で新居を構え、実家から離れようと言い出して、結婚一年後の明治二十三年（一八九〇）十二月、中津の市街地、金谷に家を借りたのである。しかし、月給七円のうち、三円を実家に仕送りするという厳しい条件であり、そのため下宿生を二名住まわせて、なんとかやりくりしていた。

6 『中津歴史』の完成

教育における歴史

「履歴第三号」の明治二十一年に、「十一月よりは、『新撰中津興廃記』の著述にかかる」と見られる。『新編小学修身用書』の刊行を目前にして、早くも、初め「中津興廃記」と称していた『中津歴史』（明治二十四年刊）の執筆に取りかかっていた。

この頃、歴史研究に本格的に取り組み始めたといえる。中津高等小学校に赴任したばかりの時期で、主な務めは道徳教育だった。しかし、同校へ転勤した理由の一つに、「歴史」があったことが次の一文（履歴書）から推察される。

明治二十年以降、更に野々口隆正《ののぐちたかまさ》の高弟渡辺玄包《わたなべげんぽう》に従ひ国学を修め、かつ同時に旧藩主奥平家の旧学館（進修館と云ふ）の書庫（二個に貯へて現存せり）に就き国書を閲覧す。この間、およそ満六ケ年に及ぶ。

藩校進修館の蔵書が保管されていたのは、中津高等小学校の書庫だった。同校へ赴任を希望したのは、蔵書を閲覧したいためであった節がある。かつて「予は明治十九年冬より、頻りに著述に従事せり。材料の乏しきと朋友のなきとに困却しをれり」（「履歴第二号」）と記す通り、孤独な著述を重ねつつ、資料が乏しいことに困って、その宝庫がここにあることに思い至ったのであろう。書庫の渉猟が進むにつれ、歴史の著述も着々と進行している。

これ以降、『中津歴史』を経て歴史関係の著述が続いていくことになる。その特色を知るため、まず「履歴第三号」における次の一文を見ておきたい。

○決心／明治二十二年七月

昨冬以来、決心していはく、永く教育一途に心身を委ね、他に心をふらざること。教育を離るる時は農業につくこと。

中津高等小学校において教育の成果を着々と上げつつあった頃、教育一筋に生きていくことを誓っている。特筆したこの「決心」は、その後の歴史に関する著述でも変わることがなかった。

『小学歴史歌』

廣池が最初に刊行した歴史関係の書籍は、明治二十二年（一八八九）十一月の『小学歴史歌』である。その「緒言」は次のような言葉から始まっている。

本書は、小学の生徒諸子をして、遊戯の間に本邦歴史の一班を窺《うかが》はしめ、併せて忠君・愛国の情を発起せしめんがため、文体を西洋の poetry に倣ひて作りたるものなり。

「歴史の一班」をうかがわせることと「忠君・愛国の情」を起こさせることを同列に論じ、「文学（学問）広しと雖《いえど》も、歴史の如き楽しきものは未だ嘗《かつ》てあらざるなり」と、歴史が実は楽しいものであることを強調する。

歴史を楽しく学び、記憶にもよく留まるようにと、本書は日本通史を五七調の歌として、リズミカルに覚えやすいよう工夫されている。しかも、その教育的な意義について次のように述べる。

歴史は、啻《ただ》に人事社会各時代の有様を知るのみならず、これによりて先人の言行に鑑《かんが》み、大にしては国家を経綸《けいりん》し、小にしては一身を世に処するの鑑戒《かんかい》とせざるべからず。

歴史は、国家の統治から個人の修養に至るまで、真実を映し出す鏡とすべきものだという。教育的な観点から歴史に入っていったことは、『新編小学修身用書』とも路線を同じくするものであり、歴史から人のあり方を学ぼうとする。さらに、修身のところで述べたように、身近な歴史を扱うことが、より効果的であるとみなしていた。地元中津の歴史を扱う『中津歴史』は、このような考えの延長線上にあったのである。

先人の顕彰

廣池が地域の養蚕業の振興に力を尽くしていたことは先に述べた。それと並行して、養蚕業の発展に貢献した地域の先人の顕彰にも努めている。

明治二十一年、「履歴第三号」に「これより前、予は上池永村無告窮民西幸二郎のため、その履歴を調査して有志を募り金円を施与せしにより、県庁より褒詞を受く」とあり、西幸二郎という困窮した老人のために募財をして生活を助け、その結果表彰も受けたという。

このころ生活に困るようになっていた西は、実は、中津における養蚕業を育成した地域の功労者だった。廣池はその功績を発掘し顕彰したのである。

『新編小学修身用書』巻之二には、「己を利せんと欲せば先づ人を利すべし」というテーマにおいて、西の功績が詳しく述べられている。中津が「今日関西養蚕の首場と呼ばるゝに至りしは幸二郎の力与《あずか》りて多きに居る」とのことで、「明治二十年地方の有志者金数十円を拠出し幸二郎に養老金として贈れり」という。こうして、功労者が報われるべきことを説いているが、その人を見つけ出して「有志」の主唱者となったのも、廣池自身だった。

『中津歴史』においても、西の記事は詳細である。西の事績はその後、『中津歴史』から『中津史

『中津歴史』

談』（昭和十四年一月号）に引かれ、それがさらに『大分県蚕糸業史』（昭和四十三年）の典拠となった。『大分県蚕糸業史』には、西について「養蚕指導は誠にていねいで、しかも誠意をもって奥平藩の養蚕奨励に貢献している」と称えているが、廣池が西を顕彰しなければ、この記事は存在しなかったのである。

『中津歴史』の「例言」冒頭には、「地方歴史の効用、二あり」として、「国史編纂の材料に供すること」に続いて「その地方人民特別の経歴を知るを得べきこと」を挙げている。

廣池にとって、教育に力を尽くすことと、先人を顕彰することと、歴史教育は、人を育て幸福に導くという一本の線に結ばれたものであった。中津における教育者としての廣池の最後の到達点が、そしてこの時代の集約点が、『中津歴史』であったのはこのような所以によると言ってよいであろう。

しかし、中津における史料の収集は容易ではなかった。維新期の混乱は、この地方の文書類を著しく散逸させていた。廣池は『中津歴史』執筆中に、文書類の保管の重要性を痛感し、それを本書中に「西洋各国にては英語に「アーカイブ」と称するものありて、この「アーカイブ」に、悉皆《しっかい》公文書類を保存するなり。然るに、我が国にて往時は勿論、今日猶《なお》かかる組織なきは嘆ずべきことならずや」と記している。このことはのちに、「アーカイブズ」を日本へ最初に紹介したもの、と評価されている（安藤正人・青山英幸編著『記録史料の管理と文書館』）。

歴史に法則を

『中津歴史』における編纂方針のもう一つの特徴は、歴史に法則性を見出そうとしたことである。この史観は啓蒙史学と称され、「近代史学の基礎をなす潮流」として、史学史の中で早くから論評されてきた。「歴史の発展における一定の「理路」・「定則」または「定法」、いいかえれば歴史における法則の認識を歴史学の第一義的な任務」として掲げていたとされる（歴史学研究会・日本史研究会編『日本歴史講座　第八巻　日本史学史』）。

廣池も高く評価している田口卯吉《たぐちうきち》の『日本開化小史』（明治十五年）には、「社会に一定の理ありて、種々の制度の下に種々の作用を為すことを解するに難からざるべきなり」と述べられている。また、嵯峨正作の『日本史綱』（明治二十一年）「例言」の冒頭にも、「歴史は社会に関係ある人為の事跡を会蒐して、その源因結果を明らかにし、以て宇宙間に人事に関して一定動す可《べか》らざるの法則あるを示すものなり」という。廣池の『中津歴史』の表現は、『日本史綱』に倣ったものと考えられている。

この点について、『中津歴史』「例言」の記述を見てみよう。

> 真正の歴史とは、年代記・伝記・系図等をその材料に供し、地理学・原語学・人類学等の学理をこれに応用して、人事・社会の変遷・栄枯に関する事実の系統を明らかにし、以てその複雑紛糾を極むる人類の行跡に就て、一定不動の法則あるを示すもの…。

これを、これまでの廣池の著述と合わせてみると、歴史を学ぶこととは、人類の行跡に一定不動の法則を見出して、国家の経綸から個人の修養に至るまで指針を得ていくものだといえるであろう。さらに、西洋人の言を用い、「人類は自然力をして、自然の法則に従ひ、使用するの能力を有するもの」といい、廣池が後に展開する「自然の法則」に対する言及も見える。

同じく『中津歴史』には、「社会進歩の景状は、恰も潮の満つるが如く一進一退、幾回の小波瀾を起すも、畢竟《ひっきょう》その大勢に至ては一大進歩の運にある」といい、人類の進化を焦点とするところが、すでにこの頃に形成されていたのである。

「例言」は続けていう。

本書の如き編年体の記録は、只歴史の材料となすべきのみにして、未だ直ちにこれを以て真の歴史と称するを得ざれども、然れども前条既に述ぶるが如く、今日は未だ我が中津地方歴史の材料甚だ不足なるときなれば、寧《むし》ろ不完全なる材料を基本として鹵莽《ろもう》の偽史を作るよりは、却《かえっ》て学術的に事実を批評審査して、これを年月の順序に排列するの優れたるを感じたるが故、敢て本書の史体を斯《か》くの如く致せるなり。

中津においては、史料が甚だ不足するので、この段階では、本書のような編年体の記録にとどめざるを得ないが、これは依然として「真の歴史」ではないとする。そして、「真正の史は、これを他日に譲らんのみ」と将来を期したのだった。

第二章　歴史研究から東洋法制史の開拓へ

1　京都で『史学普及雑誌』創刊

京都へ出る

『中津歴史』の成功に自信を得た廣池は、歴史家として世に出ることを志す。目指した地は京都だった。周辺では、福澤諭吉を頼って慶應義塾のある東京へ行き、研究を続けるように勧める声もあったらしい。しかし廣池は、「初めは東京に出づる筈でありましたが、それはやめまして」、「京都は、桓武天皇以来の日本の旧都で、あらゆる歴史の材料がここにありますからと云ふ事からして、京都に出て来たのであります」と語っている（『皇室奉仕の事蹟』）。

「小川先生の遺志」を継ぎ、「正しい学問」（同）をするため京都へ出ることにしたのである。自著『新編小学修身用書』や『中津歴史』では、地域に密着して生きた歴史を捉え、そこから教訓を引き出したが、それをさらに事例の豊富な京都で目指そうとしたのであろう。

そこで、『中津歴史』によって得た利益の百五十円を元手に出版社を起して、歴史雑誌を創刊するという。無謀ともいえるこのプランに、妻の春子は、「良人の成功のためならば何処で暮すも同じ」と、妊娠三カ月の身重ながら、気丈に従っている（『思ひ出』）。

意気軒昂な計画であるが、実際はどうだったのだろうか。のちに廣池は「うまく行けば、自活の代が得られると同時に、自分の研究の結果を発表してゆくことができるから、一挙両得だと考へたのです。けれども、この考えはすッかり外れてしまひました」（「私が博士になつたのは妻のお蔭」『婦人世界』第八巻二号、大正二年）と語っている。実際、あてがはずれ、これから夫婦の生活は次の『回顧録』に見られる通り、困窮を極めることになる。

当時は、日清戦争以前で、社会の状態は今日と雲泥の相違にて、白米一升は五銭弱で、私は家賃一円の家におり、一か月八円あればどうにか下等の生活はできると申しますのに、私の収入は、著作料と寺院などから少々の礼物が入るだけで、それが始終不足がちでありました。

そこで、この困難を見かねて、京都地方裁判所の判事某君が、私を十五円の裁判書記に推薦してくださりましたことがあります。また奈良県庁に推薦してくださったお方もあります。しかし、私の考えでは、朝九時から午後四時・五時まで出勤して公務に従うたならば、とうてい大業はできぬと考へまして、みなこれをお断り申しました。

そこで、明治二十七年は困難の極みにて、私も妻も、食事は粥でも食べましたが、さて倹約は風呂のほかないので、ほとんど一年中風呂にも入らず、冷水を浴びて通しました。

このような「困難の極み」であった京都における暮らしぶりを、これから順に辿っていこう。

独力で『史学普及雑誌』を創刊

明治二十五年（一八九二）八月十五日、京都へ着くと、さっそく市内に家を借り、印刷所と発売所を決めた。発売所は、現在も営業している便利堂である。そして同年九月二十一日に、早くも『史学普及雑誌』（以下『雑誌』と略す）第一号を発行する。これが可能になったのは、中津における種々の経験があり、すでに第三号までの原稿をほぼそろえた段階で郷里を出てきたからであろう。

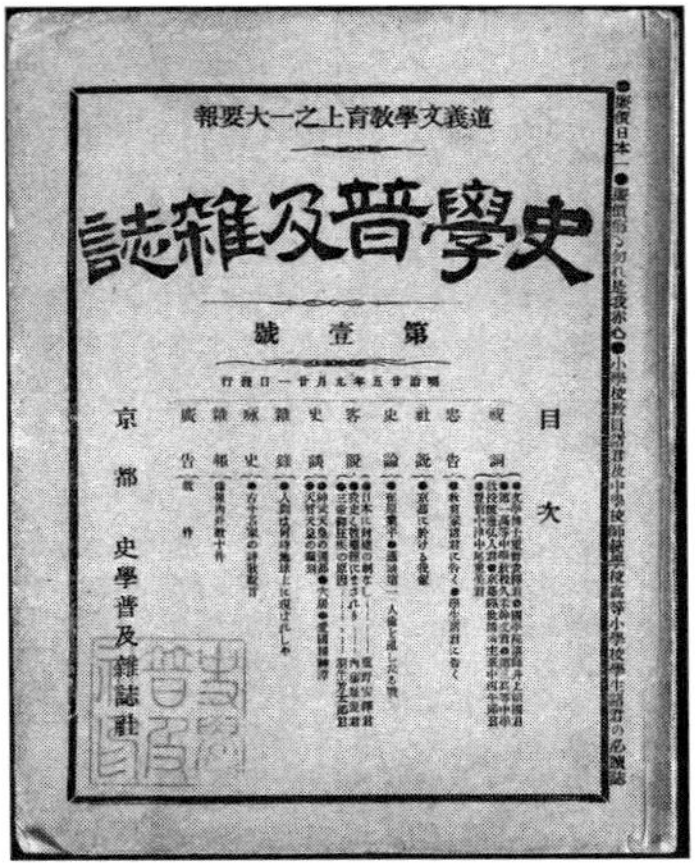

『史学普及雑誌』創刊号
（明治25年９月）

それにしても突然やってきた二十六歳の青年の求めを、発売所と印刷所がよくぞすんなりと引き受けてくれたものである。それには、持参したと思われる『中津歴史』などの出来に納得したということもあるだろうが、創刊号原稿に顔を並べる歴史家たちが信用された決め手と見られる。

巻頭には、井上頼圀《よりくに》（国学者、宮内省御用掛《かかり》）をはじめ、重野安繹《しげのやすつぐ》（国史学者、東大教授）、久米《くめ》幹文《もとふみ》（国文学者、一高教授）、中西牛郎《なかにしうしお》（思想家、扶桑教大教正）の祝詞が掲げられ、新たな歴史雑誌の創刊を賑わせている。

このうちの井上は、その後の廣池にとって格別な存在となる。四人の師のうちの、小川含章に続く二人目が井上頼圀である。

廣池は、中津にいたころから、井上に文通で指導を受けていた記録がある。井上はすでに学界の重鎮であったが、見ず知らずの小学校教員からの問いに対して、丁寧に答えている。その上、雑誌の創刊を聞くと、井上は自ら筆を執り、懇ろな祝詞を寄せたのである。井上による自筆の原稿とそれに添えられた書簡が現存する。

本誌創刊号の表紙裏に記された「史学普及雑誌発行例言」には、刊行の主旨と、主筆であった廣池の歴史思想がよく表されている。八箇条のうち、最初の二条を掲げよう。

一　本誌は、確実正大なる内外歴史上の学説を掲げ、広く日本人民一般の史学思想を養成するを第一の目的となし、傍ら天下学者と史学研究をなすの機関に供するが為め、発行す。

一　本誌は、自由に史学上の学説を記載論述すと雖《いえど》も、固《もと》と学説の所要は、これを実事に応用して社会の福祉を増進するにあるものなれば、今余輩は、妄《みだ》りに空論奇説を掲げて時好に投ぜんとするものに非ず。その期する所は、読者をして、人類の行跡《ぎょうせき》には一定不動の法則ある事を悟らしめ、是によりて各自に立身処世・治国済民の良法を発明せしむるにあるのみならず、窃《ひそ》かに時弊を救正して大いに風教を振興し、以て国体を鞏固《きょうこ》にし、兼ねて国光を発揚せんとするの微意をも存するなり。

一年前の『中津歴史』に引き続き、人類の歴史・行いの背景には因果関係を表す「一定不動の法則」があることを掲げている。読者は、それを悟ることによって、個人の成功や幸福から国を治めて民を救うまでに至る良法を知ることになるという。さらに、世の道徳性を高め、それによって国がより発展するということを企図している。「民を化し国家を利する」ことを詠んだ麗澤館時代からの教育思想が、ここにも息づいているといえよう。次の四箇条目には、廣池における「史学」が「教育」の中から生まれてきたことを示す。

一　我が国には、現今、史学専門の雑誌二三種あるのみならず、これに関係の雑誌もまた少なしとせず。さりながら、専門の雑誌は何れも高尚に過ぎ、また主義に偏し、その他は蕪雑に失するの憂あれば、共々一般人の読むに適せざるものなりければ、本誌の如き教育的史学雑誌は目下の日本に必要なるを信ず。〔傍点は原文のまま〕

ここに、廣池史学の出自と特色が明白にうかがえる。廣池の学問には、人の知と徳を育成する、ということが思想の根本に据えられ、これこそが小川含章から継承した学統の骨髄であり、『中津歴史』が世に出た理由でもある。本誌は、その発展形にほかならない。

創刊号は、「例言」「注意」および諸家の「祝詞」と続いた後、廣池主筆による最初の論説として、「教育家諸君に告ぐ」を掲げ、下記のように述べている。

我が皇国の教育は、その淵源を歴史に発するものなれば、従って皇国の学文〔問〕は、国史を以て土台とせざるべからず。故に皇国の教育家たるものは、先づ国史を講じて、然る後に諸般の学科を研究せざるべからず。国史に通ぜざる教育家は、その教育を国性に基かしむる事能《あた》はざれば、その養成する処の学生をして、我が日本民族の特色たる勇敢・義烈・敏警・優美の傑性を開発して、以て祖先の遺風を顕彰せしめ、これをして、上《かみ》は万世無窮の皇運を扶翼し奉り、由りて金甌《きんおう》無欠の国体を護持せしむる事能はざるべし。

そもそも教育は、歴史に淵源するから、教育者にとって歴史がいかに重要であるかを説き、教育家たるものは、まず自国の歴史に通じた上でそれぞれの学科を修めるべきだ、との持論を展開している。

『日本史学新説』の刊行

『雑誌』発行と並行して、歴史関係の単行本も次々に刊行し始めた。最初に出したのは、『雑誌』第二号の刊行後で、タイトルを『日本史学新説』という。その緒言に、本書編集の目的は「普及の精神を貫徹せんが為の一方便にして、素より予輩が将来事業中の涓滴《けんてき》に過ぎざれども」と前置きし、次のように強調する。

> 書中載する処は、明治年間の史学者がその以前に於ける国史上の定論中、誤謬の点を指斥せる新奇の論説を網羅せる一新歴史なれば、方《まさ》に学文教育に従事するものの一読せざるべからざる要書なり。

歴史研究における近代化を印象づけ、叙事詩や軍記物語を鵜呑みにしたような「歴史」を、実証的な研究成果に基づく「歴史」学に転換し、その普及を図ろうとするものである。

全一四二頁のうち、短編の史論として二十二氏による六十一項目を集めている。そのうち、廣池自身の執筆によるものは二編のみで、あとは他人の説を転載するか、抄録により収めており、廣池の著書というより編纂物に近い。

その論説は、東大教授の重野安繹と久米《くめ》邦武《くにたけ》のものが多く、三上《みかみ》参次《さんじ》や内藤《ないとう》耻叟《ちそう》ら官学アカデミズムの成果を中心としている。内容的には、これまで廣池自身が学んできた先行研究の内容および研究方法に、一区切りつけたものといってよい。

また、集められている人や内容によって、編者廣池の史観や研究方針を知ることができるとともに、当時どのような点が問題とされていたのかをうかがうこともできる。「倭と日本は昔二国たり」、「卑弥呼は神功皇后に非ず」（ともに飯田《いいだ》武郷《たけさと》）、「武烈天皇、暴君に非ず」（落合《おちあい》直文《なおぶみ》）など、その後も論争が長引くテーマについて、廣池がいかなる立場に与《くみ》しているかが分かる。

購読者の減少と経済の困窮

『雑誌』の出足は好調であり、第一号と第二号は再販するほどだった。しかし、まもなく売れ行きが悪くなる。

『中津歴史』のところでも述べたが、当時は史論が流行し、本誌のほかにも、田口卯吉の『史海《しかい》』などが好評を博していた。廣池は内容に自信を持っていたが、だからといって一般の人々が買ってくれるとは限らない。

廣池としては、挿絵を増やしたり、明治維新の特集を組んだりと、誌面の刷新を図っている。また歴代将軍の人気投票を行うなど、現代にも見られる読者の参加型企画も打ったりした。それでも部数が改善しないので、経費節減のため、印刷所を滋賀県に移している。

しかし、時流には逆らえない。史論の流行は一段落し、新鮮味が失われていく。追い打ちをかけるように、日清戦争の危機が迫ると、一般読者の間では、史論どころではなくなってくる。これがとどめとなり、有力な歴史雑誌が次々と廃刊を余儀なくされた。

とはいえ、東大を中心とする『史学会雑誌』などの学会誌は順調に号を重ね、また文芸誌も、二十六年一月創刊の『文学界』などは、日清戦争中でも一定の読者を得ていた。

超人的な日常生活

明治二十六年（一八九三）二月二十五日、廣池夫妻に長男の千英《ちぶさ》が誕生した。やがて廣池の跡を継ぎ、道徳科学研究所の所長・麗澤大学の初代学長となる人物である。

その名付け親は、父の廣池ではなく、そのころ京都府立第一高等小学校校長だった永松木長《ながまつぼくちょう》だった。永松は、大分師範学校の第一期卒業生で、廣池が京都に到着早々、家探しをしているとき、偶然会っている。その後も永松には何かと世話になっており、未知の土地での同郷人に、命名を願うほど信頼を寄せたのであろう。

春子の実家の両親が、孫の顔が見たいので、写真を送るようにといってきた。そこで親子三人で写真屋に出かけたところ、その帰り道、廣池は「二時間損した、二時間損した」と「それのみ云ひ通し帰宅致しました」(『思ひ出』)という。春子が語るこのエピソードは、廣池がいかに時間を大切にしたかという文脈で語られ、門人たちにもよく伝わったが、見様によっては、いかに家族を蔑《ないがし》ろにしたかという意図せぬ方向へと聞こえる。

寒い雪の日、窓から雪が吹き込み、自分の周囲に積もっても、研究に夢中で気がつかなかった(『経歴』)こともあるくらいで、周りのことを完全に忘れている。このほかにも、明け方に帰ってきた廣池が、心配して一睡もせずに待つ妻に対して、「財布を落とし汽車賃がないので、歩いて帰ってきた」と、平然というようなこともあった。のちに春子は、「成功の外は何事も考へず、妻子のある事さへ忘れてゐるやうな有様でした」とあきれながらも、一心不乱に励む廣池について次のように記している。

千英誕生記念(明治26年4月)

毎朝五時に共に起き、水を浴びて冷水まさつ、

富岡鉄斎

それから本を読み、夜十二時まで勉強、暑い時は、昼外出して用事をすませ、朝夕涼しい間に本を読み、寒気強き時は、朝夕寒い間に外出して用事をなし、朝十時から午後四時まで本を読み、筆を取つて一心に勉強を重ねる内、その頃から有名な南画の大家富岡鉄斎《とみおかてっさい》先生に紹介されました。（『思ひ出』）

富岡鉄斎父子との親交

猛勉強を重ねるうちに、富岡鉄斎（一八三六〜一九二四）の知遇を得たことは、京都在住時代の最大の収穫となった。廣池は京都において、人に飢えていたことが、

『経歴』には次のように見られる。

博士、京都に著《ちゃく》して、その研究の方法を講ずるや、忽《たちま》ちにして旧都に来りし事を後悔せり。即ち当時の京都は、旧家既に没落して、その学校は只同志社と第三高等学校とあるのみにして、更に学者の頼るべき者一人もこれ無し。

この頃の廣池にとって、鉄斎とその子の謙三《けんぞう》との交流は、水を得た魚のような喜びであったにちがいない。廣池を鉄斎に紹介したのは、おそらく『京都日出新聞』記者の金子錦二《かねこきんじ》か、永松木長か、中津時代の廣池の国学の師の渡辺玄包あたりとみられる。

鉄斎の書画は、京都の美術品を総覧した『京都美術のしるべ』にも取り上げられており、金子はその編纂者であった。『雑誌』には、本書の広告がたびたび掲載されている。この縁から、仲をとりもった可能性がある。

また永松は、前述のように廣池の同郷人で、京都では廣池家に何かと便宜を図るばかりでなく、『雑誌』の「詠史」欄にしばしば漢詩を寄稿する文人でもあった。さらに渡辺玄包は、大国隆正の門弟であり、同じく大国に国学を学んだ鉄斎と同門であった。

鉄斎は、『雑誌』第六号（明治二十六年二月号）の「詠史」欄に、その妻春子とともに登場する（鉄斎の妻も春子）。鉄斎の作品「土佐の古き国府を過ぎ、紀朝臣の遺跡を観、感有りて長句を賦《ふ》す。高陽人の詩韻を用ふ」と題する漢詩、また春子のは和歌一首である。続いて十二号（同年八月）にも、自らの絵「花扇の図」を提供している。

鉄斎は、現在画家としての評価が高い。けれども、最初に頭角を現したのは『孫呉約説』を著した学者としてである。中国明末の董其昌《とうきしょう》の言葉「万巻の書を読み、万里の路を行く」を座右の銘とし、古書の収集に努め、優れた蔵書を構築していた。

富岡鉄斎「花扇の図」
（『史学普及雑誌』12号所収）

鉄斎は、蔵書をなかなか人に見せなかったらしいが、廣池は例外だった。「万里の路」を行く鉄斎は、旅に出ると長い。その年は一カ月あまり出かけたが、夜の留守番を廣池に依頼して、その間、蔵書を好きなだけ読んでよいといってくれた。それを春子が次のように記している。

天の与へ、これ幸ひ、と良人も打ち喜び、我が家に乳のみ児かかへた私独りを残して、夕食後には一条近くの富岡先生御るす宅へ歩いて参り、また朝食前に帰宅して参ります。一ヶ月余り無事におるす番を果し、夜半にかけて思ふ存分、沢山の御本を拝見、勉強が出来ましたので大喜び、富岡奥様よりは、今に成功なさる方よ、とほめられ信用を得ました。

一カ月以上にわたって富岡鉄斎の書斎に籠り、その蔵書を自由に使って研究できたというのは、歴史家の廣池にとって、まさに至福の時であったことだろう。

鉄斎の妻春子は、廣池の妻春子とも親しかった。廣池一家が京都を離れたのちも、富岡春子は廣池春子あてにしばしば手紙を出している。たとえば「つのるお咄《はな》し山々申し上げたく、折々思ひ出しては御なつかしく存じ上げ候。只今は私事、寸宅少々家もひろく相成り候へば、御とまり遊ばされ候てもさしつかへも御座なく、何とぞ何とぞ御越しのほど待ち上げ候。申し上げ度き事はやまやまに候へども、筆まはりかね申しのこし居り候」と記している。

鉄斎も後年、書簡で廣池について、「近時、人情浮薄流行の際、その許、旧誼《きゅうぎ》を忘れず、益々御懇意に成し下され候義、実に感服の至りなり。人生の養徳に於けるは、蓋《けだ》しここに在るなり。更に感服致し候間《あいだ》、鄙言《ひげん》を憚らず申し述べ候」と書き送っている。人情の薄い昨今の世の中で、廣池は古くからの交誼を忘れないでいることに感心し、それは人徳を養成するに重要なことだという。

富岡の子の謙三も「紫明庵主《しめいあんしゅ》」というペンネームで『雑誌』に度々寄稿していた。謙三はその後も廣池を「兄」と慕い、廣池の「古代法典研究会」に自宅を提供したり、正倉院御物の拝観にも同行したことがある。

廣池は、正倉院の拝観が容易でないことを、『雑誌』十二号に、次のように記している。

今や聖世千載の一遇に際し、毎年夏期、御曝涼《ばくりょう》の日に当りては、高等官幷《なら》びに華族以上及び各種著名の専門家は、出願に従って拝観を得るの規定となれり。然れども、その専門家の如きは所謂天下知名の人物に限られたれば、年々出願者の多きに拘はらず、その栄に預るものは実に僅々《きんきん》の数なりと云ふ。以てその容易ならざるを知るべし。

十三号以降には、三回にわたって正倉院宝物を図説し、誌面の充実に活用している。

『皇室野史』の刊行

富岡邸における史籍の渉猟は、廣池にとって大きな弾みとなった。その成果が、明治二十六年（一八九三）五月刊行の『皇室野史《こうしつやし》』となって現れる。『雑誌』第九号（明治二十六年五月）の広告には、本書発行の事情を、次のように述べている。

我が邦には、未《いまだ》神明的の論断を除きて、事実上より皇室の事を説きたる書一つもなし。殊に武家時代の皇室の状を説きたるもの更になく、応仁乱後の大惨状の詳密なる皇室の状況、及び徳川時代の皇室の御内情に至りては、これを知るもの天下に一人もなしと云ふて可なり。

当時、皇室に関する文献は、物語的な書物はあったにせよ、近代科学の批判に耐えうるほど実証的なものが存在しない。とりわけ武家政権時代における皇室の実情については、知る人が誰もいないという。このような状況のもと、本書は、応仁の乱（一四六七〜七七）から江戸末期まで四百年間、皇室が最も衰退した時期に、織田・豊臣・徳川らの武将が、皇室に対してどのような態度をとったか、また、皇室と人民とのつながりが深く、いかに苦楽をともにしてきたかを論じている。

発行のねらいは、事実を述べることによって、国民に皇室尊重の精神——大義名分——を喚起することにあった。廣池は、本書を皇室に関する歴史書としながらも、時代をほぼ武家政権期に限定している。このことからも、皇室の歴史を通史的に述べることではなく、皇室の衰微した武家時代を取り上げることによって、皇室と国民の関係を明確にすることができると見ていたことが分かる。

ちなみに、本書は『雑誌』の第七・八号に発行予告を出した時点でのタイトルは、『皇室御史』であったが、同九号の広告によると、「其筋《そのすじ》」からの忠告があって、発行直前に『皇室野史』と改められている。「御史」では公的な正史の意味に受けとられかねないため、個人が書く私的なものとして「野史」とされた。

武家時代における皇室の実情

その第一章は、応仁の乱以降、戦乱によって衰えた皇室の惨状から説き起こしている。史書や古文書・説話などを駆使して考証を行い、日々の生活にも事欠いていた皇室の困窮ぶりを明らかにした。そして、このような状況にあっても、なお「天下の人心は全く皇室を忘れず、動《やや》もすればこれに近き忠節を尽して、その威風の下に立たんとする」有力者たちが存在したことを紹介し、衰微しつつも人民からの敬慕を失わなかった皇室の権威を導き出している。

従来、皇室論者の多くが、建国の偉業や華やかな王朝文化などの理想像に関心を向けてきた。そんな中で、あえて最悪の状況に着目し、そういう時期にこそ真の姿が分かる、と見ていたところに廣池の史眼が光るといえよう。

次に第二章（上）では、徳川氏が皇室に対してどのような政策をとっていたかを紹介し、それらが皇室を圧迫するものであり、不忠・不徳であると、これを厳しく批判している。

徳川幕府が皇室・朝廷の勢力を弱めるために出した法令などを細かく分析する一方、具体的な事例として、古老を尋ねた口碑（言い伝え）も重用した。たとえば、西国大名から公卿に嫁いだ女性が、新居のみすぼらしさに驚愕して悲嘆に暮れたという伝承などを、朝廷方の困窮ぶりを証する「確実なる珍話」として紹介している。

さらに第二章（下）では、前記のような政策から、徳川期に皇室尊重の伝統が廃れていたことを嘆きながら、同時に、この時代には大義名分が最もよく説かれたことに注目している。徳川光圀《みつくに》の『大《だい》日本史《にほんし》』をはじめ、曲亭馬琴《きょくていばきん》の『里見八犬伝』などのような物語も、皇室尊重の精神を導くことに役立ったと評価する。そのおかげで、やがて「王政復古の機」が熟し、「幕府失権の大原因」が兆してきたという。幕府の皇室圧迫政策が、かえって志ある者たちの尊王心を高めた、という因果関係を立論したことになろう。

そして最後の第三章では、『皇室野史』以後に展開する廣池の皇室論が垣間見える。「皇室は人民の宗家」であり、それゆえに歴代の天皇はみな「父母の愛」を以って天下に臨んできた。にもかかわらず、幕府などの権門は、天皇と国民との円満な親子関係に近い間柄を隔てた、と批判している。それのみならず「皇室の栄えたる時、人民楽しみ、皇室の衰へし時、人民苦しみたり」と、皇室と人民との密接な関係を述べ、さらに皇室を尊ぶか否かによって、人民の幸福が左右されたとまで述べている。

なお、本章の末尾には、歴代天皇の仁恵を示す御製《ぎょせい》(和歌)三十二首を掲げて、「只皇室が神明の統を享《う》け給ふが故に、人民のこれに従ふは勿論なり、などとの命令的の偏見を去り、日常心をこの皇室と人民との関係せし歴史に注きて、衷心皇室の繁栄を企図すべきなり」と結んでいる。皇室を尊ぶ根拠を、神話的な説明によるのではなく歴史を考察することに求め、理由を挙げた上で、皇室を尊重するようにと訴えている。

本書の意義　このような姿勢は、廣池の生涯に一貫した皇室観である。伊勢神宮の神聖を科学的に説明しようとした『伊勢神宮』や、道徳実行の効果を証明することによって道徳を奨励した『道徳科学の論文』等、その後の研究成果にそれが継承されている。

皇室を尊ぶ大義名分論は、本書によってその基礎が形成され、「国家伝統の尊重」という最高道徳論へと展開していくことになる。

本書出版の当時、歴史研究は大いに流行しており、廣池の研究・出版活動もその時流に乗るものであった。しかし、史論の書物は多数出ているものの、皇室を正面に据えた歴史書は稀にしかなかった。それから百年以上経った現代においてすら、「戦国大名の研究は盛大であるが、大名と天皇との関係を正面から扱った論考はほとんど出ていない」（今谷明『戦国大名と天皇』）状況であるから、廣池の先見性をうかがうことができる。しかし、発行部数を示す記録は残っておらず、また学界に対してどのような影響を及ぼしたかなど、不明な点も多い書物である。

ちなみに、本書の売り上げは、史学普及雑誌社の業績を好転するほどではなかった。『雑誌』の広告に、

発行以来忽《たちま》ち江湖の嘆賞に預り、『皇室野史』は今や殆《ほと》んど売り尽し、甚だ品少となれり。入用の諸君は、速かに申し込まなければ品切となるに至るべし。

とあり、好評のために在庫切れ間近であるからお早めに注文をとPRに努めているが、こんな広告を二十七年二月から二十八年四月まで（第二十号を除く）十四カ月も続けている。

なお、刊行と同年の十一月十五日、廣池は深草《ふかくさ》の法華堂《ほっけどう》（深草北陵）に詣でた。ここは、第八十九代後深草天皇から第一〇七代後陽成《ごようぜい》天皇までの、北朝を含む十二名の天皇が、小さなお堂一箇所に祀《まつ》

られている。『皇室野史』に記していた皇室の衰微した時代の跡を目の当たりにして、「一目見奉るも、涙の種ならざるなし」と、のちに記している。

『史学俗説弁』の刊行

ついで、同二十六年九月に『史学俗説弁』を刊行している。先の『日本史学新説』と同じく、著書というより編纂物である。「例言」にこう記す。

本書は、井沢長秀《いざわながひで》翁の『公益俗説弁』を基礎として、曲亭馬琴・新井白石等の諸説を斟酌編輯《しんしゃくへんしゅう》せしものなり。歴史・文学に志あるもの、多く雅俗の諸説を渉猟して、これに通ぜざれば、事に当りて誤錯を免れず。本書は聊《いささ》かこれに応ずるの微意を存す。

廣池は焦っていた。京都は確かに歴史資料に恵まれ、富岡鉄斎父子など文人や研究仲間もいないではない。史学の普及という目的も、雑誌の発行によって着々と遂げつつある。しかしながら、これらの単行本からは、近代アカデミズムへの渇望のようなものが感じられる。歴史の実証的な研究は、良質の文献によるほかない。雑誌への寄稿依頼によって、東京の学者たちとの接触はあったが、それでは飽き足らない。最前線の研究環境への想いがますます募っていたのである。

それともう一つ、そのころ歴史学だけでなく、さらに研究の幅を広げようとする動きが見られる。

2　経済的な苦境と新分野への模索

法制史研究の萌芽

廣池が後に専攻する「法制史」に注目し始めたのは、京都に出て一年ほど経った明治二十六年の夏頃である。法学への転向について、次のように語っていた。

私は段々と見識が高くなりまして、歴史家位では、とても前途、我が国の思想を善導して我が国体を維持すると云ふ事に貢献して行くと云ふ事は出来ない。これは歴史家は歴史家でよいが、歴史の上に法律学者・政治学者・財政学者・経済学者となるのみならず、更に実際の政治家と為つて、さうして自ら日本国民を指導し提撕《ていせい》して、日本を善い方に振り廻はして行かうと決心したのであります。それから始めて法律学に志したのであります。

（『皇室奉仕の事蹟』）

このように、国民の思想を善導して国体を護持するという目的のためには、「歴史」だけでは足りないと思い、法律を志したという。その直接的なきっかけとなったのは、穂積陳重《ほづみのぶしげ》の論文との出会いである。

その頃、古書店で『法学協会雑誌』（明治十七年三月刊）に掲載された穂積陳重の「法律五大族之説」を読んだ。十年近く前に刊行された古い法学の雑誌を手に取ったのは、この時点で法学に関心があったからであろう。ともかく、この論文との出会いは、廣池の人生を大きく決定づけることになったと、のちに次のように語っている（『近世思想近世文明の由来と将来』）。

当時、我が国法律学の泰斗《たいと》であらせらるる所の穂積陳重先生と申します御方の御話と申しますものを伝承しますれば、大体、世界には法律の系統が五つあると云ふことでした、然るに、その内の四つ迄は、欧州の学者が開拓致して居りますが、その内一つ支那《しな》の法律及び法理に関しては、欧州の学者もこれを研究闡明《せんめい》する事は六《む》つかしいので、これだけは日本の法律学者の任務であると申すのでありましたから、然らば我が輩、たとひ浅学不才なりと雖《いえど》も、幸ひに少々漢学の素養と法律学の端緒を窺《うかが》うた事とがありますから、これを基礎として進んで見ようと云ふので、支那法制史の研究と云ふ新学問の開拓に取りかかりました。これが抑《そもそ》も私の苦労の始りで御座りました。

穂積のいう法律の五系統とは、ローマ法・インド法・イスラム法・イギリス法および支那（中国）法の五つである。ただ「法律五大族之説」では、世界の法律系統をこの五つに分類しているものの、廣池が言うような、中国法系の研究が未開拓で日本の研究者を待つ、というような表現は見当たらない。おそらく廣池は、穂積論文を読んで、中国法系が未開拓であることに気づいたのであろう。

律令研究との出会い

法制史に関するものが文字として最初に現れるのは、明治二十六年十一月、『雑誌』における「古代法典研究会」の開催予告である。

吾が輩、相謀りて、来一月より毎水曜日〈午後六時より同十時まで〉室町一条南入の富岡謙三宅に於て、これを開会す。極めて着実に斯学《しがく》に志ある諸君は、史学普及雑誌社に御申し込みあれ。協議の上、諾否の回答を仕《つかまつ》るべく候
主唱者　識《しるす》（『雑誌』十五号）

そして同年十二月、行きつけの鹿田書店で古書『唐律疏議《とうりつそぎ》』を購入した。この買い物は、律令研究史の転換点を成す出来事である。後に詳しく述べるが、本書について簡単に触れておこう。

本書は、文化二年に刊行された官板だが、そこに戸田保遠《とだやすとお》（明治二十二年歿）の書き込みがあり、「和漢合律疏」の題名が付されている。戸田は上賀茂神社の社家に生まれ、優れた律令研究者でもあり、唐と日本の「律」を対照させて、唐律に日本律の逸文《いつぶん》を書き込んでいた。その遺著は、上賀茂神社と戸田家に保存されたが、本書はその没後まもなく大阪の古書店に渡っていた。廣池はそれを奮発して入手し、直ちに中国と日本の律を比較する研究に取り組み、原本に大幅な補正を加えて作成したのが、後述の廣池編『倭漢比較律疏《わかんひかくりっそ》』である。

新しい研究方法の紹介

廣池は京都在住時に日記を書いていない。その代り月々に刊行した『雑誌』が、廣池の動きを知る有力な史料ともなっている。たとえば、そのころ有職故実《ゆうそくこじつ》について六角博通《ろっかくひろみち》（一八三五～一九〇〇）から指導を受け、『雑誌』の第十六号（明治二十六年十二月）に六角の論考「昇殿と半昇殿と地下《ぢげ》」を載せている。

このように廣池は、『雑誌』に原稿を依頼することとうまく兼ね合わせて、識者との交流の幅を広

げ深めていった。それらを見ると、学問・思想の体系を作り上げていく過程がよく分かる。『雑誌』第十七号（明治二十七年二月）には、自身の論説「日本沿革図志」を載せ、ヨーロッパから移入した歴史研究の方法について、長所を述べている。

泰西《ヨーロッパ》に於ける近世の思想を以て、我が国史を研究せんとするには、その主なる史料の一つとして、先《ま》づ地志の研究をなさざるべからず。蓋《けだ》し、従来我が国の洋学者流が我が史学界に取り次ぐ処の史論なるものは、多く抽象的の理論のみにして、これが為め、我が国人に飽かぬ思ひをなさしむると雖《いえど》も、これ我が洋学者の罪にして、彼の地には、夙《つと》に歴史研究の方法を講明する学文、具《つぶ》さに備はりて、近くは近来有名なる独逸《ドイツ》のエルンスト・ベルンハイム氏の説を観るも、史料蒐集《しゅうしゅう》論あり、批判論あり、解釈論ありて、その編纂法の完備は云はずもがな、史料の取り扱ひに於ても、従来我が国人のなせしが如き漠然たるものに非ず。

殊に地学〈地志をも含むものと見做すべし〉の如きは、十分の発達をなして、歴史家が主にこれを歴史に応用するは勿論、かの英のバックル氏の如きは、モンテスキウを祖述して、地文学上の知識を歴史に応用し、人類の自由意志を拒絶して、人類は全く天然法に支配せらるるものとなせり。この説は甚だ偏僻《へんぺき》に亘れども、歴史に天然法の関係を引き入るる事に於ては、現今彼の地の史学界にて異存なき事となれり。

長い引用となったが、いくつも注目すべき内容が見られる。その一つは、地誌の重視である。地誌とは「ある地域の地名・位置・地形・気候・集落・交通・産物・風俗・習慣・伝承などについての記録」(『国史大辞典』)を指す。これは、かつて廣池が『中津歴史』を執筆する理由の一つに挙げた、国史編纂のための地方史研究に該当する。

もう一つは、ここに「天然法」なる表記が見える。これはその後「自然法」と称され、廣池は穂積陳重を通じてこの概念を修得するが、この時すでに認識していたことが分かる。

ここで紹介したベルンハイムの『史学研究法』は、ほどなくその内容を『雑誌』に掲載しようとしていたが、翻訳の難渋により遅れていた。阿部守太郎からの四月二日付書簡に、次のような一節がある。

> 度々御申し越しに相成り候『史学研究法』一件、始終心掛け致し居り候へ共、彼此《あれこれ》多忙の折柄、ベルンハイム原著は、中々難渋の独乙《ドイツ》文にして、専門の史学科生徒さへ、熟読致し居り候ものは一人もこれなく、皆坪井《つぼい》九馬三《くめぞう》博士の教場講義に汲々として、奮つて該著を咀嚼《そしゃく》するものは更に聞き及ばざる有様に候程なれば、それが為め甚だ遅延致し、雑誌整理上、御差し支へも生ぜしならん、と恐縮致し居り候。

廣池は、阿部にベルンハイムの『史学研究法』の翻訳を依頼していたが、遅れたので何度も催促していたらしい。この書簡からは、本書の内容がまだ日本に浸透していないことのほか、当時の帝国大学における修学の様子も見て取れる。坪井九馬三《くめぞう》（一八五九～一九三六）は、欧州諸国に留学して西洋史学と史学理論を修め、帰国後、帝国大学文科大学教授となって歴史地理学を講じていたが、当時の帝大生すら「汲々」とするハードなものであったという。

翻訳の内容が『雑誌』に掲載されたのは、翌年一月の第二十六号である。解説によれば、坪井がその大意を帝大で教授しているものの、原文は非常に難渋で、日本にはいまだ翻訳した者がいない。しかしながら「苟《いやしく》も史学のことを云はんには、先づこの書を知らざるべからざるを以て」、その序文を翻訳して掲載するに至った。これが先に阿部に依頼していた翻訳である。翻訳の延引に対する阿部のお詫びから、さらに半年以上経っていた。

廣池としては、次号以降も翻訳の続きを掲載していくつもりであったが、結局本号の序文のみで終わってしまった。その理由は後に述べよう。

『大日本志』編纂の構想

明治二十七年（一八九四）にもどる。このころ廣池は、『大日本志』の編纂を企図していた。井上頼圀に宛てた書簡の中で、すでにそれを書き始め、畿内については来る三、四月頃までに仕上がる予定と述べている。それに関して井上への問い合わせ事項は、次の二点である。

まず一点目は、この地誌の観点を入れたような日本史編纂を考え、すでに取り掛かっている人物や組織が東京にないか、と尋ねている。「既に東京辺にて着手致し居り候ものにこれあり候はば、双方の為めにならず、と愚衷を以て存じ居り候」と、日本ではまだこの種の歴史書が存在しないため、自ら筆を起こしたけれども、すでに同類の取り組みがあるのかどうか、気懸りだったのであろう。
ついで二点目は、内容に関して意見を求めている。

本書の書き方は、普通の志体に倣《なら》ふて、一ケ所毎の沿革を記し、その尾に従来の志と異り、一寸《ちょっと》短き議論相加へ、かつまた気候・風土等、地文上の関係をも記載する儀に御座候。この儀如何や、何卒然るべく御指図御願ひ申し上げたく候。

廣池の計画では、一般的な志体（「志」は部門別の歴史形式）にならって、地域ごとの沿革を記すほか、新たな試みとしてそこに議論を加え、さらに気候・風土等の自然環境を付する。これは、ベルンハイムの『史学研究法』やバックルの「天然法」概念を取り入れたものといえよう。

このように構想は熟していたが、『大日本志』は結局未完に終わる。しかし、ここで培った手法は後年活かされていく。地志の手法は、『平安通志《へいあんつうし》』や『古事類苑』の編纂に参画して応用され、歴史に自然環境を取り入れる考えは、後に穂積陳重と通ずる重要な観点となる。

金沢庄三郎との交流

このころ金沢庄三郎《かなざわしょうざぶろう》（一八七二～一九六七。言語学者。『広辞林』の編者として知られる）との交友も始まっている。先に触れた明治二十七年四月三日付の阿部守太郎からの書簡は、金沢との連名となっており、廣池の質問に対する金沢の回答が丁寧に記されている。

金沢が帝国大学（明治三十年から東京帝国大学）に入学したのは、明治二十六年の九月であり、それ以前は京都の第三高等中学校にいたので、そのころ京都で接触を始めた可能性が高い。阿部と金沢は、同い年の親友であり、第三高等中学校から帝国大学へ同期で卒業・入学しているので、阿部を介したつながりと見られる。

書簡はあいさつの後、「御問ひ合せの漢文科の事、左に陳述致し候」と続くので、廣池から帝国大学の漢文科のカリキュラムに関して問い合わせたと見られる。金沢は、まず本科と選科の違い、教授陣などを丁寧に説明しており、当時の帝大の様子がうかがえる好史料である。

興味深いのは、その後に述べられた金沢の漢文修学に対する見解である。外国語を学び外国の哲学を修め、「兼ねて修学せし漢学の力もて支那哲学の深きを極め、東洋哲学を西洋哲学とならび立たしめむ」必要があることを述べている。また、現在の乱れた漢文訓読を正し、漢文を学んだせいで日本語を誤ることが起きないようにすることも「快事業」だと推奨している。

これらは、後に廣池が進んだ路線と重なる。漢学の素養を活かして、日本と中国双方の歴史・制度と「哲学の深きを極め」、比較研究して「東洋法制史」を打ち立てる。しかも、その過程で漢文訓読の歴史的な転換点となる文法書『支那文典《しなぶんてん》』も世に送ることになった。

3　妙雲院の時代

鴨川東の妙雲院へ転居

このように廣池は、史学の研究を精力的に進めていた。しかし、経済的に困窮を深めて、とうとう家賃も払えなくなり、引っ越しを余儀なくされている。『思ひ出』に、「生活は益々苦しく、五円の家賃にも困るようになりましたので、下宿人を断り、川東にある長（頂）妙寺の下寺の六畳一室を一円五十銭で借り、親子三人で引っ越しました」とある。そこは鴨川の東、頂妙寺の末寺の一つ、「妙雲院」の一室だった。この六畳一間が廣池家親子三人の住まいであり、史学普及雑誌社の社屋でもあった。

引っ越しの時期は、『雑誌』第二十一号（明治二十七年五月二十日）巻末に「本社移転広告／上京区仁王門通四十九番戸第五号地に移る」とあり、前号（四月十八日）は旧住所なので、この間のことであろう。この明治二十七年（一八九四）は、延暦十三年（七九四）、桓武天皇の平安遷都から千百年にあたっていた。そこで、明治維新後、皇居が東京へ移って著しく衰退した京都を何とか盛り上げようとして、記念に京都で政府主催の「内国勧業博覧会」開催と官幣《かんぺい》大社「平安神宮」の創建計画が進められていた（実施は翌二十八年）。

廣池はその取材も兼ねて、会場予定地へ何度も足を運んだことであろう。妙雲院が面する仁王門通は、以前の住所から会場へと向かうルートにあたる。

廣池の住居は、中津の生家と最晩年の公宅を除き、現存しているのは、この部屋のみである。ここが保存されてきたのは、寺院の一室であったことによるところが大きい。庭には、廣池夫妻が風呂の代わりに水を浴びて済ませた井戸や、眺めたであろう植木が当時のまま、青年時代の生活の雰囲気を今に伝えている。

史論ブーム去る

同じ明治二十七年六月には、『新説日本史談』を刊行する。この頃になると、経済的な事情が出版物の内容にも反映されてくる。研究成果を世に問う余裕がなく、実用的な書籍を続けて出すようになったのである。『雑誌』第二十一号の広告には、この『新説日本史談』は「尋常小学三年級以上より中学の生徒までが、家庭の伴侶として適当なるを信ず」とあり、「少年教育」と銘打っている通り、子供向けの歴史書である。その特徴として、ほぼ全頁にわたって図版を用いるなど、興味を引き、飽きさせない工夫が随所に見られる。

また巻末に載せる「日本歴史問答」は、「高等小学生徒試験用」「尋常中学及び師範学校試験用」「尋常小学校準教員試験用」に分け、「左に掲ぐるものは、皆この後、所々の学校にて用ゆる問題なり。故に早く記憶すべし」と、試験対策用に、問題と解答例まで収めており、なるほどこれは便利で面白い。たとえば、「神武東征の原因如何」とか、「大和武尊《やまとたけるのみこと》の功を記せ」「仏法渡来の利害」「元寇の原因」「徳川氏の朝廷に対しし政略」など、現代人が読んでも勉強になろう。

廣池の出版者としての商才や編集者としての才覚が、これらに遺憾なく発揮されている。しかし、抗《あらが》いきれない時代の波に直面していた。明治二十八年の新年号（二十六号）の社説「新年の辞」に、明治二十年代の史学界の動向と『雑誌』の状況が、次のように記されている。

当時、我が国、酔欧主義の反動として、国家的観念の大いに勃興せし劈頭《へきとう》にして、国民皆祖先の遺徳を歌ひ、上下翕然《しゅうぜん》として訪古の情に堪へず。斯学《しがく》、従つて大いに世に歓迎せられ、史学雑誌の如き、実に一時七、八個を生ずるに至れり。我が「史学普及雑誌」も、またその中の一つなりき。ここに於てか、天下の新聞・雑誌、争ふて史学界の顕象を報告するに、一に流行の二字を以てせり。

史学・史論の隆盛は、「流行」だった。しかし、まもなく流行は去る。

然るに、星移り物変り、大学にては修史業の停止となり、民間にては史学雑誌の廃刊となり、田口兄の『史海』の如きも、また兄が一たび手足を政海〔界〕に投ぜしが為、遂に昨夏を以て、これを廃するの已《や》むべからざるに至れるものの如し。而して、現今存する所は、海内独り「史学会雑誌」「好古叢誌」及び我が「史学普及雑誌」のみ。

ここにいう「修史業の停止」とは、明治二十六年、帝国大学における「大日本編年史」の編纂事業が、文部大臣井上毅《いのうえこわし》の指示によって中止されたことを指す。そして編集長の重野安繹も教壇を去り、また前年、久米邦武も「神道は祭天の古俗」と論じた事件で帝大を追われていた。廣池が『日本史学新説』において最も多くの論説を引いていた両者が、相次いで失脚したのである。

住吉大社で五ヶ条の誓い

こうしていよいよ立ち浮かなくなりつつあった。明治二十七年の七月三十一日、販路を開拓するため大阪の書店を回ったが、道頓堀の鹿田書店で、はっきりこう言われてしまう。「歴史の本では売れませんよ。今は清国と戦争が始まろうとしている時です。戦争ものでなくては売れません」（松浦香『不朽の教え』）。日清両国の戦闘はすでに始まっており、翌八月一日が正に宣戦布告の日であった。ただ、堺の知人の本屋なら買うかもしれないと紹介されたので、その足で堺へ向かった。

しかし、堺の書店では、主人が留守で会うことができず、電車賃も得ることができなかった。そのため廣池は、真夏の炎天下、雑誌を包んだ風呂敷包を担いで、約十二キロもの道のりを歩いて帰る。その途中、住吉大社（官幣大社住吉神社）の木陰で休憩しているときだった。もともと海上交通の守り神なだけあって、当時は神社から海岸が近い。そこから海岸を眺めると、老若男女が海中に入り遊んでいる。また陸上に目を移せば、旅館や料理屋から三味線に歌声と笑い声が混じって喧しい。このとき、遊んでいる彼らと自分の惨憺たる状況とを見比べ、「実に感慨無量にして、心ひそかに考へた」という。

この転倒せる社会の現象を見聞する者は、世に神もなく仏もなしと思ふのは、無理の無いことである。故に道徳を行ふ者もなく、国家もしくは人類のために努力する者も漸次に減じていくのは、無理のないことである。故にこの社会の現象を詛《のろ》ひ、つひに反社会的思想を抱くもの、もしくは悪事をなす者を生ずるに至るのである。（『回顧録』）

廣池は、人が苦境に陥ったとき、遊んで暮らす人々を呪い、社会を恨む心理に傾くこともあると理解を示す。あるいはこのとき、自身も一瞬傾きかけたのかもしれない。しかし、廣池の場合、それとは反対側に向かった。このとき廣池は、自らを一層鼓舞し、「およそ何人《なんぴと》にても、人間の至誠の精神及び行為は、必ず神の受納すること疑ひなし」と心中に確言する。そして神前に進むと、熱血教師時代と同じく次のような五ヶ条の誓いを新たに立てた（『日記』②）。

一、国のため天子のためには、生命を失ふも厭わず。
二、親孝心。
三、嘘を言はず、正直を旨とす。
四、人を愛す。
五、住吉神社の御恩を忘れず参拝。

最初の二ヶ条は、廣池の原動力ともいうべき、小川含章の感化と両親の恩恵によるものだと分かる。三つ目は、大分にいた頃の誓いの中にも見られ、道徳の研究・実践者として一貫する信念であるが、ここではより意味を増している。というのも、京都時代の廣池は、正直であろうとしても、そうはいかない、背に腹を代えられぬ状況もあった。困窮のあまりに、誇大広告や、やらせなどを不本意ながら行っていた。この状況から早く脱したかったに違いない。四についても、中津時代から続くものと見てよい。

さらに最後の「住吉神社の御恩」であるが、これは何を意味するのだろうか。その時の廣池は、危機的な精神状況だったはずである。会社はすでに致命傷を負った状態にある。起死回生の商談は、相手に会うことすらできず、帰りの電車賃もなく、炎天下を重い荷物を背負って何キロも歩いてきた。心身ともに疲労困憊し、呆然自失していてもおかしくない。しかし、この誓いには、前向きの決意がみなぎっている。

危機に陥っても、自分は反社会的な行動に走らない。のみならず、至誠がいずれ神明に通じるという確信を深め、ますます志を磨き上げることができた。このような精神的な躍進の機会を与えてくれたのは、住吉大社の神徳にほかならない。

しかも、自身が社会に反しないでおられた要因は、「学問知識」に加えて「先天の徳」が存在することに意識が及び、親・祖先に対する感謝の念が引き出された。それを導いた住吉大社の恩恵は絶大だと実感して、ここに「御恩を忘れず」という言葉になったのである。

廣池は後年、この省察が運命の岐路になった重要事だと何度も言及している。晩年に至るまで、書き記したものは五カ所以上あり、文言に若干の異同が見られるものの、内容はほぼ一致している。よほど印象的だったのであろう。ただし、書かれたものの初出は、この参拝から二十三年後の大正六年（一九一七）である。その頃に何があったのかは後で述べることにしよう。

住吉大社から再び歩き始めた廣池は、大阪の鹿田書店へ辿り着く。そこで、京都までの汽車賃その他の費用五十銭を借り、梅田駅で三銭の寿司を一皿食べて京都へ向かった。帰宅したとき、神明の照覧を得た廣池は、疲れを忘れて晴れ晴れとしていたことであろう。

このとき廣池を見た春子は、きっと雑誌が売れたのだと早合点し、胸を躍らせて成果のほどを聞いたに違いない。それに対して廣池が、嬉しそうな顔で「住吉神社に参拝してきたぞ。実によかった」とだけ答え、春子はまさかそれだけかと唖然とする、そんな両者の姿が目に浮かぶ。

ところがこの後、廣池に言わせれば、神の御加護に違いない事態が立て続けに起きた。堺から帰ったこの日「京都市役所より編纂物の依頼が参って居った」（『回顧録』）のである。「編纂物」とは『平安通志』のことで、その報酬は三百円、借金を一掃してなお余る。廣池は「これ天の与ふる所なり」（『経歴』）と感じ入った。またもや神明への誓いに連動して、運命の転換を経験したことになる。

『平安通志』

京都では、平安遷都から千百年を迎えるにあたり、京都市参事会が「平安通志編纂委員会」を設けて、主事に湯本文彦《ゆもとふみひこ》を置き、編纂員に増田于信《ますだうしん》・和田英松《わだひでまつ》・中野太郎・佐藤球《さとうきゅう》ら壮々たる学者を集めると、湯本は、明治二十六年（一八九三）十二月に起稿し、わずか一年半後の同二十八年六月に『平安通志』を成稿している。

この編纂事業に加わった廣池が、いかなる関与をなしえたかを示す史料は限られているが、その内の一つ、廣池の履歴書の写しには、次のように記されている。

(明治)二十七年八月一日より、京都府主管の記念祭事務所編纂物『平安通志』編纂員となり、同書編纂に従事し、その全四編中第三編は、大抵皆これを編し、注を入る。第二編は文学志・風俗志・宗教志及び美術志・寺志・法制志の一部を記す。かつ同書付属『観光要覧』〈即『案内記』なり〉中、大和・河内・摂津三国に関する記事を編纂す。

これを読むと、かなりの貢献があったように見られ、特に第三編については中心的な役割を果たしたかのような印象を受ける。しかし、『平安通志』の後記には、湯本をはじめ編纂員および補助員十五名の名前を掲げているが、そこに「廣池千九郎」の名前は存在しない。

『平安通志』は、前記「履歴書」にも書いているように、全四編から構成され、六十巻、二十冊の大著である。昭和五十二年刊行の復刻版における角田文衛《つのだぶんえい》の解説によると、主事の湯本は、社寺・名勝旧跡の実地調査における評価が高く、大内裏の造営等に関する第一編では、湯本のそれまでの学殖が大いに活かされている。

しかし、「事件を中心に述べた京都の歴史」を記載する第三編には、なかなか湯本の手が回らず、編纂事業の途中、明治二十七年八月から、緊急の応援を頼まれた廣池が、集中的に執筆して原稿を提供したのであろう。報酬が高額であったことも、時間的な制約と仕事の量を表していると思われる。

廣池側の動きでは、同年八月は『雑誌』を休刊しており、翌月「去八月は主筆多忙にて休刊せしなり」と断っていることから、この仕事に労力の多くを割いたことがうかがえる。角田は、これほどの大著が一年半で仕上がったことに感歎しているが、速成は廣池の得意とするところであった。

廣池の名前が掲載されていない要因は、当時まだ無名に近い一編纂員であり、主体的な関わりをすることができなかったからであろう。

しかし廣池については、たとえば雑誌『文芸講壇』の「人の噂」欄に、「彼は当時、雑誌の傍ら『平安通志』編纂の下請負をやツて居た」（第二号、大正二年一月）と書かれており、ある程度周知されていたようである。ちなみに、「彼の仕事は拙速たるを免れない」とも評されている。

なお、『平安通志』と並行して刊行された『京華要誌《けいかようし》』については、執筆した痕跡が明確に残っている。本書収載の「三宅《みやけ》八幡宮」に関する廣池自筆の草稿が残されており、そこには同神社から紀念祭事務所編纂部へ宛てられた書簡が一緒に綴じられている。『京華要誌』は観光案内書であり、「履歴書」に記された『観光要覧』がこれに当たると思われる。

ところで、近年『平安通志』に関する研究が進み、これは日本で最初の「自治体史」であり、とくに第三編は京都の初めての「通史」に当たることが明確にされている（小林丈広編著『京都における歴史学の誕生』。本書は、関係者一覧の「その他」に廣池を載せる）。

今のところ、第一編と二編については、編纂者が「起稿」「再稿」「初修」「再修」それぞれに、校閲者と最後の裁訂者湯本に至るまでが明らかにされているものの、第三編については「起稿」から

井上頼圀

「再修」までが依然空白のままである。しかし、この第三編は「京都という地域を主題とした初めての通史」（同）と評価されており、日本で最初の「自治体史」における最初の「通史」を起草したのは廣池であったといえるかもしれない。

＊本項成稿の後、櫻井良樹が『平安通志附録編纂始末』調査した結果、廣池の第三編関与がより明らかにされている。

井上頼圀来たる

運命の転換はさらに続く。井上頼圀の訪問を受けた。『経歴』には、「日本古典学の大家たる井上頼圀翁、偶々《たまたま》宮内省の調査事務を帯びて京都に来れるの序《ついで》を以て、博士（廣池）の家を訪問せらる」と書かれており、続けて「博士、狂喜してこれを迎へ…」とあるから、突然現れたのかもしれない。

このとき廣池まだ二十八歳、井上はすでに五十五歳、しかも令名の高い国学の第一人者であり、当時の廣池にとって雲の上の人であった。それが突然「ごめんください」と現れたのだから、廣池の非常な喜びようは想像に難くない。数時間に及ぶ論談の末、廣池は東京に出て、法制史の研究を大成したい意向を井上に伝えている。

このとき井上は、「宮内省の調査事務」と別に、もう一つの目的を持っていた。それは翌年、神宮司庁の所管で再開することになっていた『古事類苑』の編纂事業を担当できる人材を求めることであった。井上は「学力・手腕兼備の若手学者を物色中であるから、貴方が来てくれれば双方共に好都合である」（『皇室奉仕の事蹟』）と話したという。

『中津歴史』等の著述があり、独力で出版社を起して、月刊の歴史雑誌を世に送り出す廣池を、井上は早くから評価していた。そこで、このとき実際に会って人物を見定め、編纂事業への協力を求めたのである。

後日、『古事類苑』編纂員に内定する通知が届く。そのタイミングもまた、住吉の大神たちの恵みと解されたことであろう。それは、廣池が中津から両親を招き、親孝行に努めていたまさにその時であった。小学校の教員免許を得ただけで、歓天喜地《かんてんきち》の喜びを爆発させた両親である。国家プロジェクト参画の辞令を受けた息子に、どんな表情を見せたか、まさに「筆紙の尽くす能はざるところ」（「初忘録」）である。

両親を招いて京都案内

妻の春子は、廣池が没してからも十五年間健在だった。戦後のある時、廣池のことを評して、「どんなに偉いかは、私には分かりません。ただ、徹底した親孝行な人でございました」（『廣池春子夫人』）と語っている。春子の目には、廣池の業績が何であれ、その親孝行についてはまぎれもなく本物だった。

『平安通志』編纂従事の報酬は三百円、それは月々の生活費が八円であった廣池家にとって、いかに大金であったか分かる。史学普及雑誌社の負債を一掃してなお、手元にいくらか残った。春子はこれを東京への移転費用などに充てられる、とほっとしていたが、そこに廣池から提案があった。「この金を使って、中津の両親を京都へ招き、京都見物をさせたい。一生の頼みだ」と。春子は愕然とする。

余りと云へば余りの勝手、別居までして、自分達は四年間まだ一ヶ所の見物もせず、それに今、国元から両親をよびよせ見物とは何事かと、思へば腹は立つ、涙は落ちる。（『思ひ出』）

なんと春子自身は、結婚以来一度も「見物」なるものをしたことがない。その上、金が無いから、自分たち妻子を京都に置いて、廣池は一人で上京するという。しかし、「さりとて乳《ち》のみ児《ご》かかへて出て行くわけにもゆかず、仰せに従ふ外なく」、ここはぐっとこらえて提案に従った。廣池の「勝手」と春子の「立腹」との軋轢が表面化するのは、もう少し先のことである。

この十四日間にわたる京都滞在で、本願寺詣りから名所旧跡巡りを満喫した両親は、もちろん大いに満足し、それに対して廣池も喜色満面であっただろう。その上『古事類苑』編纂に従事する辞令まで受ける。春子は今回の一件を「両親は打ち喜び帰国致しました」（『思ひ出』）と書き留めている。

こうして廣池は、一家の移転費用を使い果たしてしまい、家族を残して単身上京する。

京都に残したもの

『史学普及雑誌』は、明治二十八年（一八九五）四月刊行の第二十七号を最後に廃刊された。原因は購読者数の減少もあったが、直接的には、社長の廣池が職を転じて東京へ移ったことにある。では、この二年八カ月で残しえたものは何だったのだろうか。

廣池の京都在住時代は、事業的には失敗続きであり、後世に残る仕事としては、むしろ中津時代の方が充実している。しかし、決して成果がなかったわけではない。

まず研究環境は、一見不十分であったが、富岡鉄斎の蔵書や出入りした社寺の文書類を読みあさり、さらに旧跡等の実地調査などで多くの史料に触れることができた。また、雑誌の原稿のやりとりなどを通じて著名な歴史学者との交流を深め、井上頼圀や黒川真頼《くろかわまより》・内藤耻叟《ちそう》等の人脈を広げた。その上、雑誌にかける情熱と実力を評価され、『古事類苑』編纂員にスカウトされるという結果を導き出したのである。

史学普及雑誌社の社屋と廣池家の住居を兼ねた妙雲院の六畳間には、現在、内田智雄（同志社大学教授）の記した次のような一文が掲げられている。

明治二十五（一八九二）年、時ニ先生二十五歳、青雲ノ志ヲ懐キ、入洛シテコノ処ニ寓シ、窮乏ニ克《た》エテ研鑽ニコレ努メ、以テ大ヲ成スノ素地ヲ作《な》セリ。
茲《ここ》ニ一碑ヲ建テテ、ユカリノ地タルコトヲ誌《しる》ス。
内田智雄　書

京都における生活は惨憺たるものであったが、人生全体からすれば、成功の一部と見ることができる。ここは確かに、後に事を成す「素地」を作った時と場所であった。

明治二十八年五月七日、廣池は一人で東京へ旅立った。それから四カ月後の九月六日、春子も千英を連れてようやく上京する。夏休みに中津へ帰省していた当時帝大生の阿部守太郎が、東京へ戻る途次、京都から同行してくれた。さすがに廣池も新橋まで迎えに来ている。

春子のやつれ果てた姿を東京で見た実母は、驚いて、「肺病患者と思ひ込み、心配致して物も云はず打ち伏してしまひました」（『思ひ出』）という。春子は自身が病気ではないことを説明しなければならなかったほどだった。

4 『古事類苑』の編纂

『古事類苑』に参画

『古事類苑』は、明治から大正にかけて編纂された我が国最大の百科史料事典である。全一千巻、和装本三百五十冊、洋装本五十冊に及ぶ。明治十二年（一八七九）、文部大書紀官の西村茂樹による建白を受け、文部省において編纂が開始された。のち東京学士会院から皇典講究所へと引き継がれ、最終的に神宮司庁の管轄に移された。

この間、編纂事業は困難を極め、官制改革や財政難もあって、延引・頓挫を繰り返した。しかし、神宮司庁時代には、財源の安定と人を得て大いに進捗し、明治四十年（一九〇七）十一月に完成する。目録・索引までそろい、完全に終了するのは大正三年（一九一四）三月のことである。「中国の類書、西洋の百科事典に劣らない日本の百科事典を作ろうとする近代国家の文化事業」（『国史大辞典』）と高く評価されている。

この大事業と廣池の関わりについては、詳細に調査した西川順土が、次のように述べている。

廣池博士が手がけた原稿の量は、次にあげるように相当広範囲で、しかも大量である。『古事類苑』

刊本奥書に編者として博士の名前を掲げている部門は三十部門のうち二十六部門であり、原稿受領簿で調査した範囲内で、原稿編纂の明らかな部分は二十一部門で、一千巻のうち二百三十二巻と、一巻の一部分の項目を編纂されたものは十六巻である。

（「『古事類苑』と廣池博士」『生誕百年　廣池博士記念論集』）

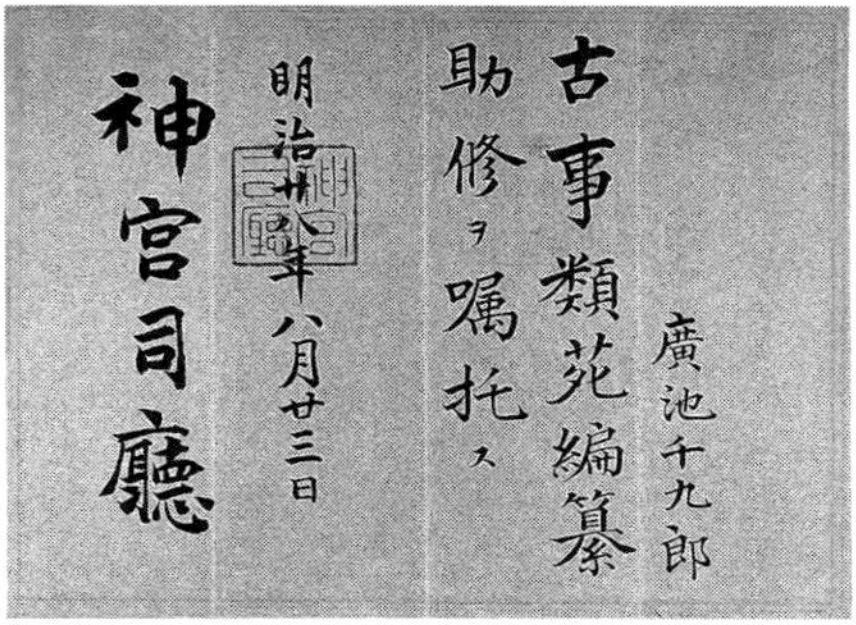
廣池千九郎
古事類苑編纂
助修ヲ囑托ス
明治廿八年八月廿三日
神宮司廳

『古事類苑』編纂助修委囑辞令

廣池は「政治部」「宗教部」「文学部」「方技部」「外交部」「神祇部」などを中心的に手がけている。編纂員のうちで最も多い、全体の約四分の一を執筆したことになる。西川は、廣池の担当した項目をすべて精査した上で、「このように項目を列挙してみれば、如何なる該博な学識を持っておられたか、また編纂の間に得られた学殖を駆使された博士の後年を理解することができる」（同）という。

最初の自己反省

東京へ出た廣池は、とりあえず英国公使館横の下宿屋に月六円で下宿した。そしてさっそく『古事類苑』編纂所へ挨拶に行こうと思ったが、手土産を買う金がない。そこで、そのころ國學院に在学していた弟の長吉《ちょうきち》に頼み、その時計と袴を質に入れて一円五十銭を借り、土産を買って編纂所へ行くと、「それでは明日から来てください」と言われた。

そこで廣池は、翌日から仕事に取りかかり、直ちにうまく要領をつかんでしまう。

翌日行ってみると、一枚六十銭で百枚やれば六十円といふ話なので、これは一人でやってをってはいかんと思ひ、書生を一枚二銭で五人頼んで、上野の図書館に行って、私が計画を立てて手際よく仕事をやっていくと、どしどし金になる。その編纂には五十人からの人がかかってをった。みな儲けることだけに一生懸命努力してゐる。私も、なんでも金が儲かればよいといふので、どんどん仕事をやった。ほかの人もみな、金を儲けさへすればよいのである。私が、その張本人であった。

（『回顧録』）


この編纂事業は、歩合制であったから、書けば書くほど金になる。ということで、廣池は写字生まで雇って、原稿の大量生産に走ったのである。

しかし、編集長の佐藤誠実《じょうじつ》は、こうして書かれた質の悪い原稿を見抜いて、なかなか通過させない。すると、原稿の乱発を聞きつけた井上頼圀から呼び出しがあり、「非常のおしかり」を受けた。

努力してをるのはよいが、実に粗製で、これでは困る。他の編纂員は、学問がない。問題にならんが、あんたの学力、あんたの努力をもって、着実にやっていったならば、実に大したことである。

なぜ粗製をするのであるか。

京都にいた頃、あまりにも窮乏していたので、貧乏性が骨身に染みついてしまい、「急に金を儲けたくて」粗製乱造して枚数を稼いでいたのである。しかし、井上に叱られて目が覚めた。（同）

廣池は「実に申し訳ありません」と井上に詫びると、しだいに「懺悔心」が沸きあがってきた。といっても「井上先生から言はれたときは、そうでもなかったが、のちになって真に懺悔した」というから、井上に言われた時点では十分認識できておらず、よほどの拝金中毒だったのであろう。その解毒には時間を要したが、後にこう振り返る。「私は神に向こうて自己反省いたしました。これが私の初めての〝慈悲寛大自己反省〟であります」と（同）。

「自己反省」の意味とは

廣池は、生涯にわたって深浅様々な「反省」を繰り返しながら、人間を磨いていく。それとともに、この「反省」の概念を深め、ついにこの「慈悲寛大自己反省」を最高道徳の根本精神とするまでに昇華させる。

この井上とのエピソードを語ったのは、約四十年後の昭和十年（一九三五）十一月、その年に開設された「道徳科学専攻塾」（現在の麗澤大学）の大講堂で開催された「祖先祭」における記念講演の時である。相当に重要な機会であり、晩年に至る廣池の根本思想を成す「慈悲寛大自己反省」の発生を語ったのであるから、なおさら重要である。

それにしては、反省の内容自体が軽いのではないか、と思われるかもしれない。金儲けがしたくて原稿を粗製乱造したところ、それを上司に咎められ改めたと、表面上はこれだけであり、廣池もそれ以上は語っていない。しかし、これは生業そのものの意識を根本的に改める重大な「反省」であり、廣池の著述はこの前と後とで根本的に相違する。

明治二十七年に住吉大社で立てた五ヶ条の誓いを見ると、三つ目に「正直」のことがあった。これには、京都時代の廣池にとって悲痛な思いが込められていたに違いない。「正直」の語は、以前から見られるが、それは正直な人間がなお正直を求めるような性格のものであった。しかし、住吉におけるそれは、正直でありたいけれどもそうすることが難しい苦境にあったのである。

京都における廣池は、研究は着実に進めていたが、著述に関してはまさに「粗製乱造」であった。背に腹は代えられず、ともかく安く作って多く売ろうとしている。『皇室野史』にしても、高邁な着想に比べて史料の扱いが杜撰《ずさん》であり、『中津歴史』と同じ著者の作品とは思えないほどである。また無断転載や誇大広告、挙句に書評を自分で作った疑いもある。その癖が東京へ移ってからも抜けなかったのであろう。

「文部省の仕事をするのにこんな精神で、天下の有用なる人間にはなれん」――講演で語ったこの言葉の背景には、誠を尽くすことへの根本的な問いがあったのである。

佐藤のところへ行き、詫びたところ、佐藤は非常に喜んで、「よいところに気がついてくださった。どうか一生懸命やってください」と逆に励ましてくれた。廣池は今まで書いた原稿を全部返してもらい、徹底的にやり直して再提出したところ、佐藤の校閲をすべて通過した。

その結果、執筆の量も格段に伸びることとなった。それまで粗製乱造して増やしたかった収入も、それをやめたら、却って増えている。「月に二・三百円や五百円くらいの金は儲かるやうになった。そのころの三百円・四百円といふと、県知事でも月二百円くらいだから、大臣や次官くらいの金は、毎月はいるやうになったわけである」(『回顧録』)と後にいう通り、これで廣池家は経済的な困窮を脱したのである。

しかし、その暮らしぶりは京都にいた頃とそれほど変わっていなかった。収入の増えた分を、ほとんど書籍の購入に充ててしまい、生活費に残すのは相変わらず僅かであったから、春子の苦労は減っていない。しかも後年、爪に火を点すような生活を続けて買い集めた膨大な蔵書を、廣池はすべて寄贈してしまうことになる。春子の心痛は察するに余りある。

「大学教授の教授」佐藤誠実

廣池を立ち直らせた佐藤誠実は、天保十年(一八三九)、江戸浅草正行寺の第十一世住職である佐藤誠慶《じょうけい》の次男に生まれ、九歳で得度する。幼いころから学問に秀でて、仏教はもとより国学・漢学にも通じ、文法・考証学にも長じていた。

やがて文部省の編集寮、元老院の書記生を経て、明治十三年(一八八〇)、『古事類苑』の編輯掛となった。その後、帝国大学の古典科講師や東京音楽学校教授を歴任し、同二十八年、『古事類苑』の編纂事業が神宮司庁に移された際、編修長(当時の名称は編修)に就任している。

「文学博士佐藤誠実先生小伝」(『國學院雑誌』十四巻四号)によれば、「先生の人をして感激せしむる所のものは、実に諄々《じゅんじゅん》として後進を指導誘掖《ゆうえき》するに在り。故に一たび先生の謦咳《けいがい》に接するものは、皆楽しんでその命に服せんことを希《ねが》はざるはなし」「先生の学識、一世に卓越して、徳望の能《よ》く人をして心服せしむるものあるに由らずんばあらず」とあり、その学識ばかりでなく、指導者としての人徳が高く評価されていた。また、「天は古事類苑を完成せしめるためにこの人を下した」（同）といわれるほどに、『古事類苑』における功績が大きく、後々まで称えられている。廣池も、明治二十五年の『日本史学新説』に佐藤を引いており、その学識を早くから認識していたが、後年、佐藤こそが真の学者であると仰ぎ、「この人は大学教授の教授なり」（『経歴』）と評している。

編纂事業への不満

廣池は、井上・佐藤の信頼を回復して、一年ほどすると編纂員の首席となるまでに評価されていた。しかし、収入が安定し地位も得ると、やがて「不平」が噴出するようになる。そして、神のごとき恩師に引き合わされた天職ともいうべき編纂事業を去ろうと思い始めた。それはなぜなのか。

佐藤の校閲は、きわめて公平であり、完全を期して一切妥協しなかった。編纂員たちは、この厳しさに堪えかねて、途中でやめた者も少なくない。校閲を通過しないと賃金が支払われず、困窮することになる。それを見ているうちに、廣池は「大いに佐藤博士の態度を快とせず、密かに職業を他に転ぜむと欲し、或は陰《ひそか》に某書店と結びて出版業を起さむとし、或は一躍して実業界に投ぜむ」としていたという（『経歴』）。

そのころ明治二十九年（一八九六）七月十五日付で、佐藤から廣池に宛てた書簡が残っている。廣池は体調を崩し、転地療法を兼ねて館山浜通の玉泉館へ湯治に出ていたが、その見舞状である。

貴書は、昨日午後六時ごろ拝見仕り候。朶雲《だうん》拝読仕り候。転地御入浴の趣、仰せ越され、定めて不日御全癒これあるべく待ち上げ奉り候。誠実も神祇部に取り掛り、甚だ多忙にこれあり。兼ねて御図の分は未だ拝見仕らず。併し少しにても手明き次第、早速拝見仕るべく心得に御座候。尚、仰せの趣は逐一承知仕り候。追々暑気相加へ候事故、何卒摂生の上、御注意相成り、少しも早く御全快御帰京これある様、殊に『古事類苑』のために至願に堪へず候。餘は後便に又々申し上ぐべく候。

草々拝復

七月十五日

廣池先生　侍史御中

ここには、「神祇部」の編纂に時間をとられ、廣池の原稿の校閲に手が回っていないことを述べ、手が空き次第取り掛かることを伝えている。「仰せの趣は逐一承知」とあるので、廣池から何らかの意見を呈していたと思われる。

佐藤は、この文面からも分かる通り、編纂員たちの原稿を校閲するだけでなく、自ら原稿の執筆も行っていた。そのうえ校閲が厳しく、なかなか原稿を通過させないために渋滞が起き、編纂員が何人も辞めていく。廣池はこの事態に対して何らかの批判めいたことを申し上げていたらしく、佐藤も気を遣い、このような親書を書き送ってきたのである。

佐藤はきっと、廣池が体調不良に気も病んで、温泉地で焦燥に駆られながら専心療養に努めていると思っていたのだろう。ところが、当の廣池は、恩師の心配をよそに、東京の編纂所から身も心も離れ、自分の個人研究を着々と進めていた。中国法制史の予備学問として、古典中国語の文法を整理する作業に勤しんでいたのである。佐藤は廣池を「先生」と宛名書きするほど尊重し、「ことに『古事類苑』のために、至願に堪えず」とまで言って頼みとし、平癒を切に願っていた。両者の間の溝は、廣池側から掘られたものだった。

では、実際に、ひそかに転職し、あるいは出版業を起業しようとした件について見てみよう。

「文学普及会」の設立と失敗

文学普及会は、明治三十年（一八九七）三月一日、井口基二《いぐちもとじ》を代表に立て、共同で東京市麹町区飯田町に設立された。ここから刊行された書籍は、現在確認できるところでは、『文学概論』と『在原業平《ありわらのなりひら》』の二冊がある。そのうち、『文学概論』の巻末に、次のような「文学普及会設立の趣旨」が掲載されている。

文学者と共に文学を談じ、歴史家と共に歴史を究むるは、当然の事なれども、本会の特別なる主意は、文学者の外に文学を談ずるの友を求め、歴史家の外に歴史を嗜《たしな》む所の人を尋ねて、与《とも》に共にその趣味を解せんとするにあるものなれば、本会は寧《むし》ろ、学者の会員を得んよりは、一般普通の有志者を会員に得ん事を欲するものなり。即ち世に所謂《いわゆる》平民的文学会とは本会の事なり。乞ふ、世の志あらん人は、来りて本会の志を賛助せられんことを。

これに続いて「文学普及会々則適用」が掲げられる。この「趣旨」も「会則」も、史学普及雑誌社のそれときわめて似通っている。また広告に出されているのは、廣池の『皇室野史』と『在原業平』の二冊のみだから、廣池は名前を出していないが、本会と深く関わっていたことは間違いない。『在原業平』は『文学概論』と同じ月、明治三十年三月に刊行された。廣池のペンネーム「鵬南《ほうなん》」で書かれた在原業平の伝記である。すでに『史学普及雑誌』第一号に業平に関する論説を書いていたから、その拡大版といえよう。本書については『早稲田学報』第二号に紹介があり、「『風流三昧に耽《ふけ》れども、悲歌慷慨の跡を遺し』たる在原業平の一代記なり」「総体より見るに、すべて穏当なる立論なり」と評されている。

しかし、文学普及会は、この二冊を刊行するのみで活動を終えてしまった。そのうち、一方は原著者名を記さず、他方はペンネームとし、廣池の名前を伏せているのは、会社設立が主な目的であり、古事類苑編纂所との兼ね合いで自重したものと思われる。

さらに廣池は、別の会社の設立も企図していた。弟の又治と長吉を役員として、自分が社長となり、「中央政教社」という出版社を設立し、ここから『国語読本大字典』を出版する計画を立てていたが、実現には至っていない。

自らの使命に目覚める

いずれにせよ、『古事類苑』を辞めて他へ転じようとした計画は、すべて失敗に終わる。それで目が覚めた顚末を、『経歴』は次のように記している。

皆その結果の遂に望み少き事を観破し、茲《ここ》に退いて更に自己の使命の『古事類苑』の編纂に在る事を自覚し、翻然悔悟して、一日、天照皇大神を祀る所の自家の神棚の前に平伏し、大いに自己の精神の利己的なる所を陳謝し、今後、如何なる難事も佐藤博士の命令に従ふのみならず、佐藤博士の心を我が心と為して、この事業を完成せしむべしとの事を大御神に誓ひ奉り、その翌日より一切自己の利益を念頭に置かず、ただ当該編纂事業の善美を目的と為し、泰然として真の研究に没頭するに至れり。

これによれば、失敗の衝撃がきっかけとなって、『古事類苑』の編纂こそ世を益するものであり、そして自分の使命がこの事業の完遂にあること、とりわけ佐藤の意を体することにあることを悟ったのだった。

『古事類苑』にすべてを賭けるだけでなく、佐藤に対して一身を捧げるような思いになったのは、佐藤からの深い慈愛を伴う信頼のありがたさに目が覚め、それに対して不義理をした自分を厳しく反省したことによるのであろう。

かつて自ら袂《たもと》を分かってしまった師匠の小川含章との一件も、心のどこかにあったかもしれない。「その心を心とする」、師の心に完全に帰一するという精神に廣池を覚醒させたのは、佐藤の学徳と教育愛であった。

さらにこの精神が、道義的な面だけでなく、実利もあることを知るに至った。後にこの件につき、

「只今から回顧して見ますれば、これが私の出世の緒《いとぐち》でありました」（『新科学モラロジー及び最高道徳の特質』）と、この反省が出世につながったと率直に述べている。この件については、昭和五年初版の『新科学モラロジー及び最高道徳の特質』よりもずっと早い、大正七年の中津中学校における講演で、「今日、科学の実験により帰納すべきもの」という文脈の中で語られている。

佐藤誠実博士は、学徳高き人にて、頗《すこぶ》る公平にて検閲中々厳重なりしかば、原稿は容易に通過せず、五十人の編輯員ボツボツ他に転ずるに至りしも、余は独り確信を以て十三年の久しき佐藤博士の下に在りて、忠実にその業を取り、竟《つい》によく大成せしむるに至れり。余ここに於て、絶対服従は順応同化となり、また幸福を得る所以《ゆえん》なるを悟れり。

（『校友会雑誌』第三十七号）

ここでは、幾人もの編纂員たちが脱落していく中、自分は忠実にその業をとり、ついに大成したとある。途中で自身も辞めようとしたことは省略して、最終的に「絶対服従」は「順応同化」となり、幸福を得ることを強調している。

道徳的に優れた相手に絶対服従するということは、それに順応同化する、つまりその精神を継承・体得することになり、その結果、優れた性質を獲得して事を成すことができ、幸福享受となるという考え方である。「順応同化絶対服従」は、昭和三年の『道徳科学の論文』において展開された概念であるが、三十年ほど前のこの経験によって、すでに着想を得ており、それを理論化し、実地に試して、さらに帰納したものにほかならない。

すでに見た通り、廣池はこの失敗と反省を何度も振り返っている。それが自己を飛躍させる上でも、道徳論の形成においても、非常に重要な一件だったからであろう。

それ以来、佐藤の信用を一層高めて、廣池に対する検閲は「特に緩やか」となり、その成績がさらに高まった。そして佐藤は、編纂の最も困難な箇所は廣池に任せ、廣池もまた喜んでこれに服したので、『古事類苑』の難所の多くは、廣池の手によるものとなったのである。

佐藤の薫陶

『古事類苑』の出来栄えは、部門によって多少のばらつきが見られる。法制史家の瀧川政次郎によれば、「法律部」の評価が高いのは、その多くが佐藤自ら筆を執ったからだという。確かに「法律部」は、その多くが佐藤によると思われるが、一巻「法律総載」や十三巻「訴訟」等は廣池が執筆しており、佐藤の執筆部分も廣池の協力（下書き）によるものが少なくないと見られる。

この編纂事業に加わった初めの頃、「神祇部」でも廣池の担当箇所は最も多く、また「政治部」や「方技部」は、そのほとんどを廣池が執筆している。最たるものは「宗教部」で、これは、もともと「釈教部」と称され、基督教は一部分であり、ほとんどが仏教に関するものであった。飛鳥時代の聖徳太子から平安時代の最澄・空海を経て鎌倉時代の新興仏教を網羅し、門跡《もんぜき》制度や全国の諸寺院、そして浩瀚《こうかん》な経典類も含めて、『古事類苑』はそのほとんどをカバーしている。普通に考えれば、当時の著名な仏教学者を総動員していても容易でない広範な内容を、廣池はほぼすべて一人で編纂した。

このような大仕事を任せたのは、編集長の佐藤である。国学者として有名な佐藤であるが、もともとは仏門の出である。その佐藤が、宗教部の編纂を廣池一人に託した意味は大きい。

さらに佐藤は、『古事類苑』に全力を投ずる廣池に対して、別の課題も与えて一層の育成を図っている。自らの著書『日本教育史』を改訂増補する仕事である。帆足万里もそうであったが、弟子の志向や適性を見抜いて課題を与える、師匠の姿が見える。佐藤は、廣池の学問が教育活動の中から芽生え、開花しつつあることを十分に承知していたからこそ、指名したのであろう。その改訂版の緒言に「この改正増補の挙に就きては、廣池千九郎氏の力を籍《かり》ること多しとす」と明記されている。

5　国学者の群像

井上頼圀との関係

廣池は、佐藤とは一時関係が難しくなったが、井上頼圀とは一度も拗《こじ》れた痕跡がなく、良好な間柄が続いていた。明治二十九年（一八九六）九月十三日、井上の塾「神習舎」の門人帳に廣池も名を連ね、正式に井上の門人となった。紹介者は、『古事類苑』で共に働く和田英松であった。和田は『平安通志』の編纂者でもあったから、同門の中では縁が長い。

廣池は、『古事類苑』に従事したころから国学者と見なされつつあったが、これによって決定的となり、『大日本人名辞書』の「国学者伝統系譜」にも、井上の下に系統づけられている。

廣池自身も、井上の門人であることを折に触れて強調していた。たとえば、「私なども此処《ここ》に御列席の井上先生の感化を受けた一人であります」(「神道の性質」『全国神職会々報』一三五号)といい、自身を「井上頼圀翁の門人であつて、随て四大人の学統を承けたものである」(「予が信仰」同、一四七号)と自負している。また井上も、廣池の著書『伊勢神宮』へ寄せた序文に「皇国の学は、予の門に入りて、四大人の正しき道を伝へ」と認めている。

ここにいう「四大人」とは、荷田春満《かだのあずままろ》・賀茂真淵《かものまぶち》・本居宣長《もとおりのりなが》・平田篤胤《ひらたあつたね》を指し、国学の大先達であるから、井上に師事するのはその門流に連なることを意味した。そもそも廣池が中津を出た目的は、日本の国柄や皇室の伝統など、いわゆる「国体」を明らかにして、それを教育することによって国家に貢献することであった。この後に展開する研究方法は、穂積陳重に学ぶところが大きいけれども、穂積自身、祖父の代から国学を奉じている。国学の学統を承けることは、国体の研究における正当性に大きな意味があったのである。廣池の研究テーマや人脈の構成に、井上の存在はきわめて重要な役割を果たしている。

明治三十年、廣池は井上から、その後の人生を決定的に方向づける重大な研究課題を託される。京都にいた頃、住吉大社での誓いの時もそうであったが、廣池は、何か大きな誓いや反省をすると、まもなく大きな飛躍のチャンスを迎えている。今回も、佐藤との一件を大いに反省して、一つの脱皮を終えた直後に訪れた。

万世一系の探求

それは、日本皇室の「万世一系」(一つの家系がずっと続くこと)について原因を探求するという大きなテーマである。廣池は主著『道徳科学の論文』第一緒言第二条で、次のように述べている。

今回公にせる所の新科学モラロヂーは、私が今より三十余年前、畏れ多くも日本皇室の万世一系の研究を開始せるに、その端緒を発したものであります。(中略)かくて私は、永き年月を経る間に、日本国体の研究より進んでモラロヂーの建設を思ひ立つ事と為つたのでありますから、その間の沿革は極めて複雑であります。故に、具体的にその沿革を述ぶる事は不可能なれど、大凡《おおよそ》の経過は、第一が、明治三十年ごろに於ける日本国体の研究の開始、第二が、明治四十一年の『伊勢神宮』の編纂、第三が、明治四十二年ごろに於ける私の精神生活の変化より、次第にモラロヂーの建設に向かつてその範囲を拡張せる事、

これ以下、第四・第五と続き、第六の「モラロヂーの根本原理を発表するに至りし事」すなわち『道徳科学の論文』の刊行に至っている。

ここにいう第一の「日本国体の研究」は、日本の皇室が万世一系である原因の究明を、師の井上頼圀に勧められたものであり、後年、その原因は、皇室(歴代天皇)の道徳性の高さにあったことを史的に実証することに結実する。しかも、このことが道徳実行の効果を科学的に証明する、というモラロヂーの命題の根幹を成す理論となったのである。それを最初に発表した書籍が、沿革の第二にいう「明治四十一年の『伊勢神宮』」であった。井上とのやりとりは、次のように回顧されている。

明治三十年のころ、一日、先輩井上頼圀先生が私に向かって、「いま日本において学者の従事すべきもっとも重大なる研究が一つ残ってをる。それは、日本国体の研究である。これにつきて、先年山田顕義伯《やまだあきよし》が、世界中の君主は数代もしくは数十代にして滅亡するのに、日本の皇室のみは何故に万世一系であるか、といふことを国学者に質問せしに、一人として明確なる答へをなした者がなかったさうであります。（中略）

そこで、君は年若くして法律に通じ、和漢の学に秀で、かつことのほか敬神家であるから、この大事業を徹底的に研究してはいかがであるか。自分は年老いかつ多忙であるから、一人の手ではできぬが、できるだけのことは指導の労を惜しまぬ」というお話があったのです。（『回顧録』）

井上は、宮内省御系譜掛・図書寮御系譜課長等を歴任し、著書に『皇統略記』もある。皇室の系譜を正しく考証することに精力を傾け、皇統が連綿と続くことには並々ならぬ関心を寄せていた。その井上が、大勢いる弟子の中から、このように重要な研究テーマを廣池に託したのである。

『皇室野史』の末尾に、「他日、再び比叡の山頭よりも堆《うずたか》き京都の珍しき材料にて大部のものを編纂し奉るべし」と記しており、いずれ本格的な「皇室史」を自ら編纂しようとする意志を持っていた。それを井上は承知していたのであろう。

廣池はこの要請を承けてから、早速いくつか構想を練り、関係史料の編纂に着手している。

「歴代御伝」の構想と試作

明治三十一年（一八九八）四月四日、廣池は宮内大臣田中光顕《たなかみつあき》に対して、宮内省の所蔵する文書の閲覧を乞う書簡を出している。

私儀、御歴代天皇幷《なら》びに皇后・皇子・皇女等御方々の御伝記編纂仕りたく候に付、御省に於いて特別の御保護成し下さるる省中御所蔵の図書閲覧は勿論、内閣記録・帝国大学・博物館等の図書閲覧方、併せて御取計ひ下されたく、この段御願ひ申し上げ候。（下略）

これによれば、廣池は歴代天皇および皇族方の伝記を編纂するため、その関係資料を拝見できるようにしていただきたいと願い出ている。そして、十月一日、格調の高い「歴代御伝編纂主意書」をまとめた。「草莽布衣《そうもうふい》の儒生《じゅせい》廣池千九郎、頓首《とんしゅ》再拝、謹んで歴代御伝の挙を発表す」に始まる比較的長い文章の中で、次のようにいう。

太政官に修史局の開設あり、次に文部省に『古事類苑』の編纂起り、而して右の二大事業は、今や甲は帝国大学史料編纂掛となりて編年史（『大日本史料』と称す）の編纂をなし、乙は伊勢神宮司庁管轄の古事類苑となりて紀事本末史の編纂を為し、その成績大いに観るべきものありて存す。

それ歴史の本体は、東西古今その説多しと雖も、要するに紀年以て各事実の順序を弁じ、記事以て各事実の終始を詳《つまびら》かにし、紀伝以て人物の動作を明かにするにあることは、争ふべからざる確説なり。

続いて『神皇正統記《じんのうしょうとうき》』や『大日本史』など、過去の史書の功績を挙げながら、なお不足な点を指摘し、「故に今や、確実精詳なる歴代御伝の編纂を要するや、実に甚だ切なり」と強調する。

こうして歴史研究に必要な三者のうち、「紀年」と「記事」は好成績を上げているものの、第三の「紀伝」については緒にすらついていないので、これから着手すべきであるが、自分は『中津歴史』以来の修史経験があり、その創業精神を発揮して、起稿を志したという。「これ実に非常の大事業にして、数年の星霜、数千の資金、以て能く成功すべきものにあらず」とその困難さを自覚しながら、一日も等閑に付すべきではないとして、「歴代御伝」の編纂を発意した。

また、この編纂意義について、「支那は孔孟の説を以て国家を経し、泰西《ヨーロッパ》は基督《キリスト》の教を以て人心を正す」と、中国とヨーロッパが儒教とキリスト教を国民教育の基幹としていることを例示した上で、次のように説いている。

我が国は然らず。皇祖皇宗《こうそこうそう》の垂訓によりて、上に万世一系の皇統を戴き、人心皆一《いっ》にこれに嚮《むか》ひて統合するが故に、儒教・仏教・基督教の如きものは、只聖化の万一を補翼して、時に人心の一部を支配するに過ぎざるなり。

すなわち、我が国は中国や西洋と異なり、皇祖以来の歴代天皇により示された教訓がその役割を果たしてきた。これは、かつて伊藤博文が憲法草案の審議に際して、欧州は「宗教なる者ありて、これが機軸を為し、深く人心に浸潤して人心これに帰一せり」とする一方、日本では宗教の力が弱く、「一つも国家の機軸たるべきものなし」とみなし、「我が国に在て機軸とすべきは、独り皇室あるのみ」（『枢密院会議議事録』一）とした考えと軌を一にする。

皇室史の究明は、歴史家・国学者の取り組むテーマであるばかりでなく、道徳教育上の根幹に関わる重大な課題であった。ここには、教師から歴史家に身を転じても、中津の教員時代に「永く教育一途に心身を委ね、他に心をふらざること」（「履歴第三号」。本書八二頁）と決心した思いが生きており、廣池の学問はあくまで道徳を推進する教育意識を基底に置くものであったといえよう。

そこで廣池は、明治三十二年（一八九九）一月四日、「改定皇室史」の編纂に着手し、その「覚書」に次のように記している。

> 公務の余暇を以て、先年京都にて発行せし皇室野史を大成せんと欲し、数年前より索引目録の調製に着手し、既に昨年中、見本数冊出来して、知友先輩幷びに或る辺の意見を求めしに、何れも賛成せられし…。

さらに、廣池は「歴代御伝」の具体例として、平安時代の『醍醐天皇御伝』と『村上天皇御伝』を試作した。その草稿が現存しており、なかなかよくできている。しかし、歴代にわたることは個人でなしえないとみて、その編纂を宮内省に進言したが、聞き届けられなかったことを、後に次のように記している。

御歴代の「御聖徳記」を編纂したならば、いかがであらうかと云ふ事を、当時の宮内大臣の田中光顕さんに云ふた事もあるが、これはその時には採用されなかつた。それは、田中さんもいけないと云ふ事は云はれぬ、実にそれは良い事であると云はれ、だが色々な点で直ぐに実行は出来ないと云ふやうな御話で、それは事やめになりました。

(『皇室奉仕の事蹟』)

ところが、田中の宮内大臣任期中に、宮内省内において類似の事業が始められている。明治四十一年(一九〇八)五月二十七日、図書頭が起案し、同六月十一日、宮内大臣が決裁した文書に「天皇実録義例」がある。これが基になって大正四年(一九一五)から着手され、昭和十一年(一九三六)に完成した歴代の『天皇・皇族実録』(全二八六冊)である。

廣池の提案はそれよりも十年早かった。画期的ではあったが、時期尚早だったようである。

雲照律師に教えを乞う

廣池は『古事類苑』の編纂に主力を注ぎ、井上頼圀に師事して国学者の仲間入りした。とはいえ、仏教に熱心な父半六のことは常に念頭にあった。明治二十九年(一八九六)八月七日付で、半六は廣池へ次のように書き送っている。

御名号様を朝晩、二度のお礼はしてくだされ。忘れんやうにお頼みを申します。長命がしたいなら、弥陀を頼んで御念仏を唱へなされ。念仏を唱ふれば、必ず必ず長命をする。このことばかりは、二親共に手をさげて頼みまする。かへすがへすも、御名号様を大切になされて拝みなされ。

このように中津の父は、息子の健康を気遣って、熱心に念仏を勧めている。それに対して、廣池が仏教に無関心でいるわけがない。『古事類苑』の「宗教部」を編纂するため、あらゆる仏教の史料を博捜したが、それだけでなく、自らの意思で仏教の真髄を究めようと、雲照《うんしょう》律師の門を叩いた。

雲照（一八二七～一九〇九）は、釈迦の真髄を求める廣池に対して、「法華経」の方便品《ほうべんぼん》第二から、「仏種従縁起　是故説一乗」（仏種縁に従って起る。是の故に一乗を説く）と書き与えた。廣池は、この教えから多大な精神的触発を得ており、後で次のように語っている。まずその人物について、

> 雲照律師と申すは、私の仏教の先生であつて、京都仁和寺の第三十三代の門跡に為つた方であります。（中略）雲照律師は明治初年の名僧であつて、我が国に於ては弘法大師以来の大人格者であつて、全く聖人の再来とも申すべき方であります。

雲照律師

と、雲照を「聖人の再来」とまで称えている。そして、「仏の種は縁、即ち原因または刺戟《しげき》によつて起ると云ふ」と因果の観点から、「仏の種、即ち善または最高道徳は原因によつて生ずる」と、高度な道徳の発生を読み解く。さらに「一乗とは仏に為る道、究竟《きゅうきょう》の道」と見て、最高道徳へ至る道だとした（昭和十年四月、塾長講話）。

こうして、晩年の著書では、次のようにまとめている。

私は、これによりて、釈迦の真意と仏教究極の真理とに悟入する事が出来たのであります。かくて世界諸聖人の正統の教説と、異端の教説とに就きて、画然たる区別を明らかにする事を得、遂に自己の安心立命を得、更に真理研究の方針、幷びに人心開発もしくは救済の方法を確定する事を得たのであります。

（『モラロジー教育に関する基礎的重要書類』昭和十一年）

このように雲照の教化によって、自身の安心立命ばかりでなく、真理研究の方針と人心開発・救済の方法まで得たというのだから、雲照を介して仏教から得た「道」はきわめて重要というほかない。これも『古事類苑』「宗教部」編纂を通じて得た、仏教に関する浩瀚な知識の土壌があってこその展開である。かつて中村元《なかむらはじめ》が、廣池の『道徳科学の論文』を読み、「道徳的な意味における、因果律、応報の観念を、東西にわたってこれほど詳しく検討した論文を、わたくしは知らない」（『比較思想の先駆者たち』）と評していることからもうかがえる。

京都人脈のその後

廣池は京都を去ってからも、旧友などとの文通を続けていた。その一つ、猪熊《いのくま》浅麻呂《あさまろ》からの明治二十九年二月十一日付書簡によって、当時の京都における学界の様子が分かる。

当地の学問上の景況は、相も変らず緩々慢々、共に語るは富岡・山本など両三輩のみ。謙三君は、正月より非常の勉強、酒も煙草《たばこ》も止め〈但し二、三ヶ月かもしれず〉ての大ふん発に候。下拙も漸《ようやく》に語学史の筆を取り初め申し候。文典の方は七・八分大成仕り候。

話し相手になるのが富岡と山本の二人くらいしかいないという。富岡は謙三に違いないが、山本は、書家の山本行範《ゆきのり》のことだろうか。続いて、翌年に控えた京都帝国大学の設立について「大きに楽しみに御座候」という。

また、「上田学士の住所、御序《ついで》の節御一報下されたく候」とある。「上田学士」は、言語学研究の流れで出てきているので、上田万年《うえだかずとし》のことであろう。その後、廣池と上田の交流が明らかになるが、すでにこのころからの知己だったようである。

猪熊は、のちに有職故実家として名を成し、「登極令《とうきょくれい》」（明治四十二年公布）の制定や、賀茂・石清水・春日の三勅祭の保存等にも尽力した。廣池は、『古事類苑』で三勅祭の項をすべて執筆しているので、研究の上でも後々まで協力関係にあったと見られる。

ここで名前の挙がった富岡謙三からの書簡も突き合わせてみると、さらに雰囲気が分かって面白い。明治三十一年（一八九八）十月八日の来信であるが、二十九年正月に開始した「大奮発」の勉強を持続していたようである。

私も近来は、ますます実学修行の必要を感じ、月俸の過半は購書の資にあて、忙裏閑《ぼうりかん》の偸《たの》しみ研究致しをり候。まづ国史・律令式格を一通にても通読致さむと存じ候。かねて兄の御説のごとく、律令を読みても、国史につきて当時の実際の情態を尋繹《じんえき》せざれば、空しく法文の研究にとどまりて、史学としての益なく候へば、国史と律令式格とを参照しつつ、講究致しをり候。

かねてから廣池が主張してきた研究法に同調し、法制史の研究には当時の時代状況への広範な認識が必要だという。前述のように、富岡は廣池のことを「兄」と呼び、特に信頼を寄せていた。残された書簡類から、二人の深い交友を知ることができる。

たとえば、明治三十一年三月二十六日の富岡の書簡に、「本郷春木町大火の節、罹災者御救恤《きゅうじゅつ》の美挙、新聞にて拝見、今に始まらぬことながら、兄の義侠心の篤きには敬服致し候」とある。東京本郷において発生した大火事の際、廣池が被災者を救援したという記事を見て、おなじみの「義侠心」に敬服したという。この件について、当時の新聞を調べてみると、確かに、『時事新報』（明治三十一年三月二十四日）に「本郷大火新聞」があり、ほぼ一面にわたって大火事の様子が報じられ、そこに

「廣地《(ママ)》千九郎氏は握飯一本《(斗)》を寄付せり」とある。本人の回想によれば、朝から午後に至るまで、一升炊き釜で十回ほど、炊き出しをしたとのことである（『回顧録』）。

明治三十一年ともなると、『古事類苑』の編纂法もすっかり体得して、少し余裕が出てきた。このころから、史料の校訂の依頼を受けている。

史料編纂の仕事

『史料大観』は、黒川真頼・小杉榲邨《すぎむら》・栗田寛・井上頼圀ら四人による校閲のもと、廣池が校正を担当している。明治三十一年から三十三年までに、哲学書院より刊行されたのは、『台記《たいき》』（藤原頼長）、『台記別記』、『宇槐記抄《うかいきしょう》』（三条西公条抄）、『台記抄《たいきしょう》』（除目抄）、『扶桑名画伝《ふそうめいがでん》』（堀直格編）、『槐記《かいき》』（近衛家熙述・山科道安記）である。

本書の刊行では、廣池の義憤が噴出したエピソードが伝わる。廣池は『史学会雑誌』（九編六号、明治三十一年）に「史料大観『台記』解題の弁解」を寄稿し、自分は『台記』の解題を『史料大観』に書いたが、出版社側でそれを改竄し、本文の校正も一回のみであったために、誤植が多く、その箇所を指摘して「実に、予の痛恨措《お》く能《あた》はざる所なり」と嘆いている。また、この編纂に関わったはずの内藤耻叟の名前が掲載されていないことに対しても、怒りを露わにして憚らない。やはり、もうこの頃には、金のために書けばよいとしていた拙速の廣池は影をひそめ、著述に対して厳格な本来の姿が復活強化されている。

さらに、『国史大系《こくしたいけい》』と『群書類従《ぐんしょるいじゅう》』の校訂にも携わっている。明治三十一年三月六日付の井上頼圀からの書簡に、「黒板氏の事業、御引き受け候趣、一段好都合に存じ候」とある。黒板氏とは東京帝国大学教授の黒板勝美《くろいたかつみ》であり、その事業は『国史大系』と『群書類従』シリーズを校訂して出版することである。井上は、『古事類苑』以外に廣池の仕事が増えることにも好意的に受け取っていた。

版元の経済雑誌社から送られた支払証が残っている。『国史大系』第七巻、四〇一より五〇八まで一〇八頁、同八巻、二四九より三三〇まで八二頁、合計一九〇頁分の校正料、一頁弐銭。『群書類従』第二輯二〇一より二四八まで、四八頁分校正料、一円二銭等々と続き、二十四円五十銭だった。

一世一代の花見

この頃の廣池は、精神的・時間的にゆとりができていた。その最も象徴的な出来事に触れておこう。かつて、家族写真を一枚撮りに行ったことに「二時間損した」と言い続けていたような人間が、驚くべきことに、家族を伴って花見に行こうと言い出した。明治三十三年四月のことである。

留守番を隣のおばあさんに頼むと、夫婦と子供三人で、朝八時に家を出て、本郷から電車で吾妻橋、そこから人力車で向島の言問橋《ことといばし》まで出かけ、言問団子《だんご》を一串ずつ食べて、午前十一時に帰宅した。

やはり、花見といってもここは廣池流だった。見ればそれでよしというものである。あまりに早く帰ってきたので、留守番のおばあさんは驚いて、何かあったのかと聞くと、春子は「どうもしない、言問まで行つて帰りました」という。確かに、行って（見て）帰ったのである。おばあさんは「へえ！」と驚き、お昼くらい食べてくるものだというと、春子も「へえ！」と思ったという。「ともかくも一世一代、只の一度、妻子をつれて僅か三時間、花見として遊びました。一生をかへり見て、楽しかった思ひ出の花見です」と綴っている（『思ひ出』）。廣池側の回想を見ると、貧乏とはいひながら、年に二千円以上の収入があるやうになつたのですから、裕福な暮らしをしようと思へば、できないことはなかつたのです。それでも、妻は、京都にゐた時と同じやうな生活に満足して、一度でも不満足らしい口吻《こうふん》を洩らしたことはありませんでした。

と、収入が増えたにもかかわらず、極貧の京都時代と変わらない生活に満足している春子を称えており、「芝居や、寄席や、活動写真などに行つたことは一度もありません」とのことである（「私が博士になつたのは妻のお蔭」『婦人世界』八巻二号、大正二年）。

その当時、廣池家には長女とよ、次男千巻も生まれ、春子は「漸く家庭らしく楽しくなり、良人も時には笑顔を見せるやうになりました」と、つつましい中にも、やっと訪れた家庭的な雰囲気が身に染みていたのだった。のちに、以前にも増す波瀾が訪れる夫婦にとって、臨終直前の時間を除けば、安らかな時間は、確かにこの時をおいてほかになかったようである（『思ひ出』）。

高等女子教育用の教材

明治三十三年（一九〇〇）は、八月に『倭漢比較律疏』の自序文を書き、同じころ『大唐六典《だいとうりくてん》』の研究に着手している。法制史の研究が本格化し始めたのである。

それと並行して、教育者廣池千九郎としても生き続けている。この時期に、『古事類苑』関係者の理解と協力を得て、学校用の教材を刊行した。数年前『古事類苑』に背を向けて走ったときとは状況がまったく異なる。

たとえば、『高等女学読本』（明治三十三年十月十三日刊行）には、華族女学校長の細川潤次郎《ほそかわじゅんじろう》に校閲を頼んだ。細川は『古事類苑』編纂所の総裁である。また、「友人和田信二郎君の熱心なる賛助を受け」（『高等女学読本参考書』）刊行に至っている。

当時の状況は、明治三十二年（一八九九）に、「高等女学校令」が公布され、下田歌子《しもだうたこ》が実践女学校を設立、翌三十三年には津田梅子《つだうめこ》が女子英学塾を設立、さらに翌三十四年には成瀬仁蔵《なるせじんぞう》が日本女子大学校を設立するという女子教育の隆盛期を迎えつつあった。しかし、制度の進行に現場が追いついていない状況にあり、特に適切な教材が不足していた。

そこで廣池は、当時の高等女学校用の読本が「文体および材料の選択において不完全を極むる」との認識を持ち、文体や材料は、高尚な古文を追うのではなく、現実の生徒に適した「実際的なもの」「処世に必要なるもの」を選んでいる。また「時文」（現代文）であることも重視した。

その全十冊におよぶ読本の内容は、相当に豊富である。当代一流の人物から文章を執り、国家的な観点では、井上哲次郎「国体」、栗田寛「臣民の任」、岩倉具視「大嘗会《だいじょうえ》と新嘗祭《にいなめさい》」、上田万年「国家の釈義」等があり、また国民道徳の点では、西村茂樹「道徳の勢力」等、さらに本書に前後して取り組んでいた皇室における道徳の関連では、近藤芳樹「聖徳」、「後光明天皇の御仁徳」等を挙げている。「小児の品行は、その母に関係す」、「記憶を忽《ゆるが》せにすべからざる事」、「衣服は身の表なり」といった女性の身だしなみに関する項目もあり、かなり現実に即応した内容であったといえよう。「洋学」「絵画発達の順序」などの教養、下田歌子による「書簡の文章及び字句」に見る実務、さらに「徒然草」「神皇正統記」「太平記」等の古典などもあり、実に幅広い。

なお、京都時代の『皇室野史』の頃で取り上げた「深草法華堂に詣づる記」は、本書の巻の二に収められたものである。詣でるという臨場感によって、皇室の歴史を身近に感じてもらおうとする工夫が見られる。

翌明治三十四年（一九〇一）には『女流文学叢書』を刊行した。これなどは、完全に『古事類苑』メンバーの合作であって、「校訂標註」は、代表に廣池千九郎、そして山本信哉・和田信二郎・村尾節三の四名が加わっている。

6　『支那文典』の完成

漢文に文法を

中国の古典文法に関する近代的な研究書は、そのころ中国にも日本にも依然として存在しなかった。近代科学としての言語学は、法制史と同じく、まだそこまで及んでいなかったのである。そのため、この分野に関する一定の水準を満たした研究書は、西洋人によるものとなり、廣池が調べたところ、ドイツのウイルヘルム・ショットの『支那語辞典』と、ガベレンツの『支那文典』くらいである。『伝記』には、「ガベレンツの『支那文典』はすぐに入手できたが、ショットの『支那語辞典』はなかなか手に入らなかった」とあるが、ガベレンツでも入手は簡単ではなかった。

金沢庄三郎は、明治三十五年一月十八日付の書簡で、ガベレンツについて次のように述べている。

拝啓　昨日は罷り出て、大いに御馳走、折角の御相談に対しては、何等の御参考とさへ相立たず、赧顔《たんがん》の至りに存じ奉り候。さて、カベレンツ先生のヒネージッシュ文典の儀、大学図書館以外には心当たりもこれ無く、かつ随分大部にもこれあり候へば、一寸翻訳させる事も困難かと存じ候。暫し御辛抱なされ、外国より御取り寄せなされ候方、宜しかるべく、その上は及ばずながら大意位は、小生より御読み申し上ぐべく候。匆々

三百頁位は確かにこれありと存候。もっとも小生の手より一寸は大学の図書館より借り出で、御目に掛け候事は出来候〈但し来二月初旬より以後〉。右、御返事まで申し上げ候（下略）。

金沢は廣池から、ガベレンツ本の入手について相談を受け、東大の図書館以外では手に取ることも困難であるから、いっそ外国から取り寄せた方がよいと言っている。またショットの本は、湯島の書店と協議して、ロンドン・ベルリン等の新聞に広告を出し、約二年後、ようやく手に入れている。定価一円か二円の本書を入手するのに、百円以上を使ったという（『経歴』）。

『支那文典』

廣池の研究は多岐にわたった。ここで、そのうちの一つであり、一時代を築いた文法の研究について見ておこう。

廣池の著作物のうち、後に完成するモラロジー関係書以外で、最も広くそして長く読まれたものは、おそらく漢文の文法書『支那文典』であろう。

本書は、明治三十八年（一九〇五）に初版が刊行されて以来、昭和二年の第六版まで版を重ねるロングセラーであり、長く漢文法学習の基本文献として存在し続けた。『経歴』には次のようにある。

博士、上京後、欧州に於ける幾多の法制史に関する書籍を閲読せしに、真の法律はその国民の精神に淵源し、而してその国民の概念、即ち言語に依りて漸次に大成せられたるものなる事を発見せり。特に独逸のグリム（Jakob Grimm）、サヴィニー（Friedrich Karl von Savigny）、モムゼン（Theodor Mommsen）等の如き、皆古語研究の素養ある事を知り、一日、帝大図書館にグリムの独逸文法書を閲覧せしに、尨然《ぼうぜん》たる八冊の大冊にして、語学の専門家と雖も成し能はざる所の名著なり。

博士、一見大いに感奮し、ここに支那に於ける古語の研究を思ひ立ち、先づ『説文解字《せつもんかいじ》』を繙いて、縦横にこれを研鑽して得る所多し。而して、古語の蘊奥を究むるには、支那文章の構造を科学的に明かにせざるべからざる事を発見し、支那法開拓の大事業の前に於て、その時間を割く事は頗る惜むべきに似たれども、その専門学大成に必要なる資格を具備する事は、更に偉大なる事業たらずんばあらず。

ヨーロッパの法制史家たちは語学に通じており、言語学の専門家でも成し得ないほどの言語に関する大著を残している。廣池も古代の言語を習得する必要性を痛感したわけだが、漢文に文法を立てることは古くから考えていたということを次のように述べている。

予は、昔日、小川含章の門〈含章は、帆足万里の高弟にして、塾名を麗澤館といふ〉に在る時より、支那の文章に、文法を立てたらば、如何に便利ならむかとの念、頻りに起り、久しく思考を費したる結果、漸次にその方法を案出して、明治二十九年より専らこれに従事する事となり、明治三十一年の比《ころ》には、略《ほぼ》その大体の組織を了せり。当時、予は始めて Gabelentz の文法書の事を聞き、それより、これを一読したしと思ひ立ち、当時本郷元町二丁目に在りし夜間の教授を主とせる独逸《ドイツ》語学校に入学して、アー・べー・チェーより始め、凡そ一ヶ年余り通学し、それより Gabelentz の文法書を携へて、同じく元町二丁目に独逸語の教授をなせる某氏の門に入りて、これを読むこと更にまた約一ヶ年、遂にその功を畢《お》へて、得る所も少なからず。

（『増訂支那文典』巻末）

漢文法研究の趨勢

『支那文典』には、上田万年の序文が寄せられている。上田は、すでに当時における国語学界の権威であり、その序文は、当時の新聞雑誌等に掲載された書評に取り込まれており、岡井慎吾の『日本漢字学史』にもそのまま引用されていることなどから、評価の定番といってよいだろう。ただ画期的だと持ち上げるのではなく、内容をよく読み込んだうえで、そう述べていることが分かる。

単語・熟語の区別に関する支那古来の謬見を排し、代名詞に於て、人代名詞を、強制的・自由的に分ち、接続代名詞を所の字一字となして、者の字は、これを英文法の Antecedent に当て、動詞に於て、被動調に関する規則を明かにして、従来の誤謬を正し、又、自動詞の有の字の用法に関する規則を定め、自ら、先年、諸学士の、帝国文学誌上に争論せし総主論に解決を与へ…

と、注目点を次々に挙げている。このあともまだまだ続くが、現在ではよほど言語学史に通じている人でないと私を含め理解が難しいと思われるので、次の一文を加えてあとは割愛したい。

和漢比較研究の結果として、アストン、チェンバレン等、諸名家の説に一歩を進めて、古来、日本文法上、テニヲハと称せし一類の語に、精密なる研究を加へたるが如きは、学問上、甚だ注目すべき有用の事業にして、日本文法上に、特筆すべき価値あるを見る。

日中の言語を比較した研究成果は、日本文法研究においても特筆すべきものがあると言っている。廣池は『支那文典』の三カ月前に『てにをは廃止論』(後に『日本文法てにをはの研究』と改称)という書籍も刊行しており、日本語文法も研究していた。旧来の日本語の用法「てにをは」を他の言語と共通の品詞に再構成しようとするものである。ここにも普遍性や法則性を求める学的志向が見られる。

ところで『経歴』に、「東大文科語学専門の教授某氏は、きわめて寛弘偉大の精神を以て博士の

『支那文典』を東大文科に推薦せり」と書かれている中の「某氏」とは、上田万年のことである。上田は『支那文典』を東大に紹介しようとした。しかし、当時東大の中国古典学の教授は、原稿を一覧すると、「これ支那文章の構造を破壊する所の乱臣賊子なり」と称して排斥してしまったという。欧米移入の言語学の手法を用い、品詞に分解する方法は、これまでの漢文訓読の流れからすれば、確かに「破壊」であった。

ただ、この時の廣池の対応は、これまでとは少し違う。多少の憤慨はあったと思われるが、今回の一件で日本の漢文法における学界の「趨勢」を知ると、抗うでもなく普及に努めるでもなく、早々に方向転換に動いていた。日本がだめなら、アメリカで発表しようという。もともとヨーロッパの研究を取り入れたものなので、自身の漢文研究が欧米でも共有できる手法であることへの自負があったようである。

早稲田大学での講義

そこで、さっそく準備を進め、口頭発表のために、神田の正則英語学校へ通い英会話を習い始めた。しかし、この計画は実行されていない。日本国内において発表の場が提供されたからである。それが早稲田大学であった。早稲田はちょうどその頃、専門学校から大学へと変わろうとしており、研究者を求めていたのである。

後に語られたところによると、大隈重信のもとで実務にあたっていた高田早苗《たかださなえ》（後の総長）は、「昔の学問をした者は、新しい学問を知らない。新しい学問をした者は、昔の学問を知らない。これでは日本を背負っていく青年を教育していくことができない。そこで両方に通じた学者がほしいが、だれかいないものか」(松浦香『不朽の教え』上)と人材を求めていた。

早稲田の種村宗八《たねむらそうはち》は、学校の意向を受け、適任者を探していたが、あるとき上田の研究室を尋ねたところ、「それは廣池先生だ」(同)ということになった。

種村はさっそく廣池を訪ねて原稿の閲覧を求め、見ると、その精緻な分析に驚嘆する。原稿の一部を借りて高田に見せると、高田はただちに廣池に会いたいという。そして、「支那の学問を科学的に研究せられた方は、外にないからぜひ講師になって頂きたい」(「予の歩みこし道」『社教』二十五号)。会うなりそう言われると、廣池は就任を承諾し、その流れで校長の大隈重信(当時伯爵)にも面会することになった。

そのとき廣池は、大隈の真摯な姿勢に感銘を受ける。大隈は「学者の出身学閥等を眼中に置かず」「新知識を学校に注入する事」(『経歴』)を喜びとしていた。未だ無名の若い学者たる廣池に対して「先生よく来た、実に感謝にたえません」といい、義足の脚で椅子を立って歓待したという。

大隈に触発されて、廣池はあらためて自分の使命を自覚するとともに、早稲田大学に対して恩義を感じた。その後、廣池の学術書を次々に世に送るのも、早稲田大学出版部だった。廣池は、後に次のように記している。

研究の発表を予に促し、始めてこれを広く天下に紹介し、以て予をして予の抱負を発揮するを得しめしものは、実に早稲田大学なりき。これを以て早稲田大学は予が学問上の恩人にして、予が学問

上の慈母なり。また学問上の第二の故郷なりと謂《い》ふべし、

（『支那文典』第四版の緒言）

明治三十八年（一九〇五）二月頃の遺稿にも、「将来、学位を得てもワセダのみに働く事」との記述が見られ、第二の故郷たる早稲田大学に、当時は骨を埋める気でいたらしい。

7 東洋法制史の開拓

穂積陳重

上田万年が廣池の『支那文典』を東大に紹介し、それに反対する教授から「乱臣賊子」と評されてしまったことに関連して、もう一つ重要な転機が訪れた。それが廣池の四人の師の最後にあたる、穂積陳重との出会いにほかならない。

穂積陳重（一八五五〜一九二六）は、日本初の法学博士の一人であり、日本の法学の基礎を築いた学界の第一人者である。宮崎道三郎・中田薫らとともに、西洋の法制史学を取り入れた「比較法制史学的な法制史学の花形」（瀧川政次郎『日本法制史研究』）とも評されている。さらに穂積は、法典調査会の主査となり、民法・戸籍法などの編纂に中心的役割を果たした。帝国大学の法科大学長・帝国学士院の院長、枢密院の議長、臨時法制審議会の総裁も務めている。

廣池の学問は、郷里の大分在住時に修めた帆足万里の系統を引く漢学が基礎にある。ついで、井上頼圀と佐藤誠実の薫陶を受けて国学が積み上げられ、『古事類苑』の編纂によって大いに深められた。

ただ、その方法論については、穂積陳重に学んだところが大きい。廣池が立脚した「科学的」研究法も、自ら開拓して専門とした東洋法制史学の体系化も、穂積の指導なくしてはありえない。

しかし、四人の師のうち、これまでの三人とは様相が異なり、師事するまでに最も障害が大きかった。そのあたりの経緯について、廣池は後年、次のように語っている。

『古事類苑』の編纂法が一通り自分の腹に入つて来ましたから、愈々《いよいよ》法律哲学の方を進ませる事に致しました時に、穂積陳重先生――この先生は日本で西洋の法律学を輸入した泰西法学の元祖の一人でありまして、当時比ぶもののない大学者であり、而して今日に於ては「法律進化論」の著者として全世界の法律学界に有名なる大学者であるのですが――私はこの先生の門に入つて内弟子として先生から法律学の御指導を受けたのであります。

（『皇室奉仕の事蹟』）

穂積陳重

また、春子は次のように回想している。

偶然の機会に大学生の紹介にて、法学博士穂積陳重先生を御訪問申上げ、それ以来、色々と先生のご意見を承り、出版致しました『支那文典』をお目にかけなど致しておりましたが、その後先生より法科の研究をすすめられ、いろいろと材料を取揃へて居りますうち、明治三十九年となりまして『古事類苑』が完成致しました。(『思ひ出』)

廣池のいう『古事類苑』の編纂法が一通り腹に入った時期とは、『伝記』等にあるように、従事して三年目の明治三十年頃と考えるのが確かに妥当なところである。ただ、紹介者が「大学生」だったとは考えにくい。

内田銀蔵の関与

そこで、長男の廣池千英が昭和四十一年の講演をもとに著した「父の人間像」の記述を見てみよう。ここには、廣池が早くから文学博士の学位取得を希望しており、そのことについて上田万年に相談したところ「まだ早い」と諭されたとある。廣池は当初『支那文典』によって学位取得することを企図していたので、前述した原稿を「乱臣賊子」と酷評されたことと重なる。そして次のように続く。

その時、父は非常に失望落胆をいたしました。ところが、後で当時、京都大学の教授であった内田銀蔵博士に相談をしましたところ、文科では派閥があってなかなかむずかしい。君の研究は法科がいいということで、法科の穂積陳重先生に紹介するから、穂積先生の門をたたいて、そこで法制についてもっと勉強することの方がいいのではないかと、こういうようなお勧めをいただきました。

(廣池千英『父の人間像』)

その当時(明治三十五年)、千英はまだ九歳であり、ここには必ずしも正確ではない伝聞が含まれている。たとえば、内田はこのころ京大ではなく東大の講師であり、内田の方が廣池より年少なので「君の」というような表現はしないであろう。

しかし、内田は明治三十五年（一九〇二）、論文「我国中古の班田収授法及び近時まで本邦中所々に存在せし田地定期割替の慣行に就きて」と「徳川時代特に其中世以後に於ける外国金銀の輸入」を提出し、同年十月、文学博士の学位を授与されている。その関係で、廣池は学位に関する苦労や注意点を内田に尋ねた可能性がある。

内田と廣池は研究仲間であり、その頃二人に交流があったことは確実で、同年一月十日、内田は廣池に礼状を送っている。そこには、廣池が自身の論説「直訴者の処分を論ず」を載せた『法律新聞』を内田に送ったことに対する礼が、元日に挨拶に来てくれたことも併せて述べられている。「直訴」とは田中正造に関するもので、古代からの史料を挙げて批判しており、内田にとっても有用だったと思われる。

明治三十六年一月二十六日付の内田の『日本近世史』の「序」では、学友として原勝郎・黒板勝美らとともに廣池も名を挙げて「恵を蒙れること頗る大なりとす」と謝辞を述べている。また廣池も、同書の書評を『國學院雑誌』（第九巻第六号）に載せ、「日本近世史の修輯その物は、上古史・中古史のそれよりも、特に経済的史眼を要する事最も多く、いな殆ど経済学的史眼なきものの容喙《ようかい》すべき権利なき時代の事なれば、博士が思ひをここに致しし所以、実に斯学の為めに賀すべき事なり」と、経済史に力点を置く内田の近世史研究を称揚している。

穂積の指導を受ける

このような内田との関係を鑑みると、内田の紹介により、廣池が穂積との最初の面会を実現したのは、明治三十五年頃と見られる。ただ、紹介があっても穂積はなかなか会ってくれなかった。ようやく実現したわずかな面会時間で、廣池はこれまでの研究経過と関心事を申し述べたところ、穂積は「法律学を学ぶと云ふ事は、法律哲学を学ばねば為らぬが、貴方は田舎に居つてよくそんな処に気がついたなあ。さて私の出来るだけは指導してつかはす」と答え、「まづ比較法学・歴史法学を実証的にやるがよい」（『皇室奉仕の事蹟』）と助言している。

また穂積は、「今後、法律学を科学的に造り上ぐるには、自然科学の力に待たねば為らぬ事が多い」（同）とも言う。さっそく廣池はこの言葉に従い、坪井正五郎・元良《もとら》勇次郎《ゆうじろう》らの指導を受けることにした。坪井との関連についてはいまのところ不明であるが、元良の心理学については、「これは、その当時大変なもので、実験心理学と云ふものが輸入された直後の事でした」（同）という印象もあってか、かなり力を入れている。

『哲学雑誌』の記事によると、廣池は、心理学会例会に、明治三十七年（一九〇四）十二月十七日、翌三十八年の三月十八日と四月十五日に出席し、六月十七日には同会において「支那文学に於ける心理的概念」と題する講演を行っている。同誌に、「来会の一人松本博士曰く、この種の研究は未だ見ざる新方面研究にして、殊に昨今欧米心理学者の務めて知らんと欲する所なれば、頗る価値ある研究題目なりと。由りて請ふて、その全文を本誌に掲ぐることとせり」とあるように、好評だったので、全文が掲載されている。

廣池は、この講演の中で、東洋法制史を研究する上で、「非常に哲学的方面の智識を要する次第で、殊に、心理学にありては、心理学者の所謂人類心理学（Folk psychology）といふものの如きは、甚だ必要の事であるやうに思ふ」と述べている。

歴史法学および比較法学については、いよいよこれを駆使し、東洋法制史の開拓へと実を結んでいく。

『東洋法制史序論』の刊行

明治三十八年（一九〇五）十二月、廣池は『東洋法制史序論』を刊行した。本書は、副題に「東洋に於ける法律と云ふ語の意義の研究」とある通り、「法律」という言葉の意味および根源の探求を主眼とし、日本と中国における「法律」の根本を比較・検討することを方法としている。導き出された結論は、「法の根源」が、中国では「中正・平均」であるのに対して、日本は「主権者のノリ（命令）」がそれにあたるという。

また、両国を比較する過程で、その国柄や崇拝対象の差異が明らかとなってくる。中国では「天」を最高の崇拝対象とするが、日本では「祖先」とりわけ「大祖先」たる皇祖神の天照大神《あまてらすおおみかみ》を崇拝対象とするという。くわえて、日本の「法」を大和言葉で「ノリ」ということから、日本の最も根源的な「ノリ」は、『古事記』・『日本書紀』における天照大神の「神勅」にあたるため、この観点からも天照大神の「神徳」に注目することとなった。やがてこのことが、皇室の万世一系の謎を解くカギとなっていくのである。

本書の刊行にあたって、穂積陳重は重厚な序文を寄せ、「余は、常に著者と相往来して、著者の熱誠と苦心とを識《し》る者なり、今や、著者がその精励刻苦の結果を公にするに至るを観て、欣喜《きんき》の情に耐へず。蓋《けだ》し、学者がその著書を公にするは、無形の子を挙ぐるに均し。その喜び亦《ま》た有形の子を挙ぐるに優るものあり」と、弟子の成果を喜び称えている。

本書に掲げられた「東洋法制史」という名称は、廣池が初めて使用した用語であり、まさに廣池の開拓した分野であった。早稲田大学ではさっそく廣池による「東洋法制史」の講義が開始され、これもまた、この分野における最初の講義と見られている。

『東洋法制史序論』は、廣池の苦心が実り、学界から歓迎され、数多くの書評も、その先駆的な業績として評価した。これによって学界における廣池の地位は高まったが、その人生においても重要な画期となっている。

後年、内田智雄は、廣池の全人生における「東洋法制史」を位置づけ、「先生の道徳学説とか、あるいは最高道徳とかといわれるものは、東洋法制史家としての先生の卓越した見識なくしては、生れ出でがたいものではなかったかと考えます」。「今日の道徳科学は、博士の東洋法制史の研究から醞《うん》醸《じょう》醱酵《はっこう》されたものでありまして、その意味では、博士の東洋法制史研究は、モラロジーの土壌であり、またその酵母であったということができるかと思います」(『先学のあしあと』)と述べている。

本書の刊行は、法制史家としての廣池の立場を確立すると同時に、その後の日本国体論や道徳科学の研究における視点や手法の獲得を意味するものだった。

『倭漢比較律疏』と『大唐六典』

廣池は、法の根源を探求する以前から、日本と中国の律令を比較するという「東洋法制史」の研究を手掛けていた。前述の、明治二十六年、『唐律疏議』を購入して、中国の唐の「律」に、復元した日本の「律」を併記するという比較研究である。本書の原稿は、明治三十三年頃、『倭漢比較律疏』と題して、一応のまとまりを得ていたが、刊行されず、長らく眠ったままであった。

ところが、律研究の利光三津夫は、本書の価値を発見し、解題を付して昭和五十五年に刊行した。そして、「もし、この研究が明治三十年代に公表されていれば、日本の律令学は、少なくとも今より三十年は進歩していたであろう」「その当時（明治三十年代）に発表されておれば、廣池博士が近代律令学を日本で初めて基礎づけた人として永遠に律令研究史上に、不滅の光を放つことになったのに、まことに残念」（大澤俊夫「廣池千九郎編『倭漢比較律疏』の出版をめぐって」『社教』七十七号）と惜しんだが、後に廣池の方法は、律令研究会編『譯註日本律令』へと受け継がれた。

『倭漢比較律疏』が刊行されなかった理由の一つは、廣池の関心が法制史から他へ移ってしまったことにある。

近代律令学を基礎づけた瀧川政次郎は、昭和の初年に一度廣池と会っているが、「廣池博士は、律条文復元の業に関しては何事も語らず、専らモーラル・サイエンス（道徳科学）の成立の可能なることについて熱弁を振つた」という（利光三津夫『続　律令制とその周辺』）。

同じように、廣池の、優れた法制史研究でありながら日の目を見なかったものに『大唐六典』があ

『古事類苑』編纂終了記念
前列左から２人目が佐藤，後列右から２人目が廣池。

る。本書は、『倭漢比較律疏』に取り組んでいたのと同じ頃、近衛本『大唐六典』全巻にわたって句読、訓点を施し、また所々に注記や文字の書き入れを施して全巻が解読できるようにしたものである。これも長年公刊されずにいたが、「後年を益することの甚大さは、他に比を見ない」と評した内田智雄によって補訂され、昭和四十八年（一九七三）、出版されることになった。現在では、廣池本『大唐六典』と称され、東洋法制史研究の定番として広く活用されている。

このように廣池は、東洋法制史から日本の精神文化へと徐々に関心を移していく。そして、明治四十年（一九〇七）十一月九日の『古事類苑』完成式の時にはすでに、東京をも離れ次の赴任地伊勢へと拠点を移していた。

しかし、完成式の日、佐藤誠実から記念に与えられた秘蔵の『故唐律疏議』全十巻については、廣池はこの後いかなる状況にあっても手元から離すことなく、最期まで大切に保持し続けていた。

第三章　神道の研究と信仰

1　神宮皇學館

神宮皇學館
教授に就任

神宮皇學館《じんぐうこうがっかん》は、明治十五年（一八八二）、神宮祭主久邇宮朝彦親王《くにのみやあさひこしんのう》の令達《れいたつ》により、伊勢の神宮に奉仕する神官の子弟等を対象とする教育機関として、林崎《はやしざき》文庫内に開かれた。その後、拡充を重ねて、明治二十九年（一八九六）、宇治館《うぢたち》町に移転し、三十六年（一九〇三）、神宮皇學館官制が公布され内務省所管の専門学校となった。その課程は、本科四年と専科三年の二種があった。当時の専門学校は、今日の専門学校とは系統が異なり、単科大学の意味に近く、その多くは現在の大学の前身にあたる。神宮皇學館も中学校の教員資格が得られるなど、今の大学に相当する高等教育を担っていた。明治三十三年（一九〇〇）、神宮祭主賀陽宮邦憲王《かやのみやくにのり》から賜った令旨《りょうじ》「神宮皇學館教育の旨趣は、皇国の道義を講じ、皇国の文学を修め、之を実際に運用せしめ、以て倫常を厚うし、文明を

「神宮皇學館全図」（横地長重筆）（皇學館大学蔵）

補はんとするに在り（以下略）」を建学の精神として、現在の皇學館大学（私立）にまで受け継がれている。

明治四十年（一九〇七）六月、廣池は、神宮皇學館教授に就任のため伊勢へ向かった。中津の教員時代以来の単身赴任である。

廣池自身は赴任理由について、「予が特に皇學館に赴きしは、年来敬神の念甚だ深かりしより、神宮よりの懇請ありし故なり」と遺稿に記している。春子によると、「この（古事類苑）編纂に従事した方々が、良人《おっと》のやうな真面目な努力家を教師として迎へたならば、伊勢神宮皇學館の学生も、元気を出して勉強するやうになるかも知れぬ故、皇學館へ勤めてはくれぬかと、二、三人より頼まれました」（『思ひ出』）という。この「二、三人」のうちの二人が、桑原芳樹《よしき》と木村春太郎だと思われる。

神宮皇學館館長の桑原は、神宮の少宮司を兼ねていた。『古事類苑』には皇典講究所時代から編纂事務主任として関わり、廣池が参画した神宮司庁時代には理事を務めていた。また木村も、神宮皇學館に籍を置きつつ、同じく理事であった。廣池は皇學館を辞職してからも、木村のことを「年来同志の親友」（『日記』①）と称しており、交流は晩年までつづく。

赴任するかどうかについては、穂積陳重にも相談した。春子によると、

「そこで第一に穂積博士に御相談申上げました処、お考への上任官されるがよろしい。任官の手続上全部の著書を内務省に提出なさい、官閥・学閥は無いより有る方が学位を取るにも都合がよろしい」（『思ひ出』）と賛意を示しており、これが決め手となった。廣池が教授就任の辞令を受けたのは、明治四十年（一九〇七）六月十二日のことである。

廣池教授の抱負　廣池の遺稿の中に「廣池教授新任の辞」と題する文書がある。雑誌『館友』十六号に収録する予定で、廣池に校正まで依頼したが、何らかの理由によって、そのまま廣池の手許にとどまり、『館友』に掲載されなかったものと思われる。一時間にわたる演説を、原稿用紙四枚半ほどに縮約されたものだが、そこからいくつか論点を挙げていきたい。

廣池は、「本館の主義は何であるか。敬神・忠君・愛国がこれである」という。帝国大学・早稲田・慶応・日本など、当時の主要な学校を挙げ、「麗しき忠君愛国主義を有する学校は、本館を措いては皆無である」と強調したあと、國學院について、「設立の主旨の如き」は本館に「全然同一と言ふ可きであろう」が、「勢力は衰えてその主義は忘れられてしまった」と嘆く。國學院は私立だったが、皇學館と同じ明治十五年に設立され、趣旨も似通っていた。

そして、その主義を実践するため、下記のように修学の重要性を説いている。

自分は、東京博覧会を見るに当たり、各宗教家の熱心なる大道演説を聞いた。中に神道家があって、熱心にこの麗しき忠君・愛国・敬神の主義を説いて居るのを見た。しかし、彼らは悲しいかな力量がない。仏教には各宗ことごとく大学がある。キリスト教にもある。神道にはこれがあるか、また神道家として大学を出たものがあるか、洋行したものがあるか。吾人はわが国のため悲しまざるを得ないのである。（中略）

ここにおいてか、自分は力量あるこの主義の執行者として、諸子を推すのである。しからば、力量はいかにして得べきか。畢竟《ひっきょう》するに、これは教育に待たねばならぬ。学問に因らねばならぬ。

各宗教家の中に「神道家」を数え、その説くところを「敬神・忠君・愛国」とする一方、神道家に力量がなく神道が不振であることを慨嘆している。そして、この状況を打開するためには、学問によって力量を身につけなければならないという。

教員たちと担当科目

廣池着任の翌年にあたるが、明治四十一年四月当時の教員は、館長桑原芳樹をはじめ、教授は神宮の禰宜《ねぎ》を兼ねる木野戸勝隆《きのとかつたか》、専従の矢島錦蔵《やじまきんぞう》・尾崎八束《やつか》・湯浅廉孫《れんそん》・安藤正次《まさつぐ》・廣池千九郎・矢野万太郎（神宮禰宜）・井上頼文《よりふみ》・中西健郎《たけお》・橋村正環（神宮権禰宜《ごん》）、また助教授に岡田正・宇仁儀一・金剛幸之助・三東義邦など（『神宮皇學館史料』上）であり、のちに館長となる森田実は留学中であった。

教授就任後の廣池が担当した科目は、初めは専門の「法制史」が中心である。現存する廣池の講義録の中で最も古い時期を明示するものは、「現行法　憲法、本科第四年級、（明治）四十年六月第二土曜（八日）開講」である。任官辞令の六月十二日よりも早く開講したことになる。

初期の担当科目として、他に「古代法制」（本科三年）、「東洋家族制度」（本科二年）、「帝国憲法」（本科四年）、「東洋史地誌篇」（本科一年）、「国史（太古史）」（本科二年）、「歴史研究法」（本科三年）、「支那民族史」（本科三年）、「日本上古史」等がある。法制史と共に歴史学が多い。

さらに、明治四十三年入学の久保田早苗の回想によると、廣池は自著『支那文典』を用いて、漢文法を精力的に講じたらしい。久保田は廣池の担当を「支那古代史と東洋法制史」といっているので、このいずれか、もしくは両方で『支那文典』を補助的に援用したものと見られる（『社教』三十八号）。

清国調査旅行

神宮皇學館へ赴任して最初の春休みを利用し、廣池は清国へ調査旅行に訪れた。明治四十一年（一九〇八）三月十六日から四月二十三日、約四十日間の旅程である。この時期が選ばれたのは、東洋法制史の文献研究が一息ついたこともあったが、当時、従弟の阿部守太郎が北京の公使館に一等書記官として在官中であり、現地調査をすべきだと、熱心に渡清を勧めていたことも大きい（廣池富『父 廣池千九郎』）。次男の千巻の病状が思わしくないので、廣池は渡航を躊躇していたが、次の回想に見るように、春子の後押しによって出発を決意した。

その時、二男は二月から心臓を煩つて臥せつてをりましたが、私が出発する時は、危篤だといふくらゐでした。私は、丁度よい時期だと思つたのですが、子供があまり悪いので、妻に頼んでゆくのもどうかと迷つてゐると、妻は、「時期が時期だから行つていらしやい。この時期を外したら、今度は何時行けるかわかりません。あとは私がお引き受けします。決して決して御心配なさいますな」と勧めてくれましたので、もし不幸にして死ぬやうなことがあつたらばと、後後のことまで詳しくいひおいて出発しました。

（「私が博士になつたのは妻のお蔭」『婦人世界』第八巻二号）

千巻は、明治四十年、十歳のときにチブスを患い、その影響で心臓弁膜症を発症していた。それ以来、学校へも通えず寝たきりの生活となっていた。

廣池はのちに、「渡清調査報告書」を早稲田大学へ、「支那における文字教授法視察報告書」を文部大臣へ提出しており、それらによると、調査の目的は主に二つ、「憲法・刑法・民法、殊に民法中の重大なる疑義を決定し、併せて商法に関する商慣習調査の方法に就きて、その方針を定めん」とすること、および「支那における文字教育法を調査」することだった。

清国では、廣池は行く先々で大歓迎され、連日招宴が催された。その様子は『燕塵』『順天時報』『満州時報』など現地のメディアで報じられ、『順天時報』（四月五日）には、当地での廣池の挨拶が掲載されている。「貴国の法制は、その源を遠く唐虞《とうぐ》の時代に発しており、倫理道徳をもって立法の原則としております。その淵源の悠久なる事、これを世界各国の法律に求めても、殆んど匹敵すべきものを見出す事ができません。その立法の原則に至っては、これをヨーロッパ各国の法律に比較してみるに、甚だ人類生存の目的に適っております」（原文は中国文・意訳）などと述べていた。

四月九日には、北京の修訂法律館を訪問した。ここは清朝が、列強による浸食と国内の革命勢力の破壊運動に対処して、近代的法体系を構築しようと、沈家本《しんかほん》を大臣に据えて特設した組織である。廣

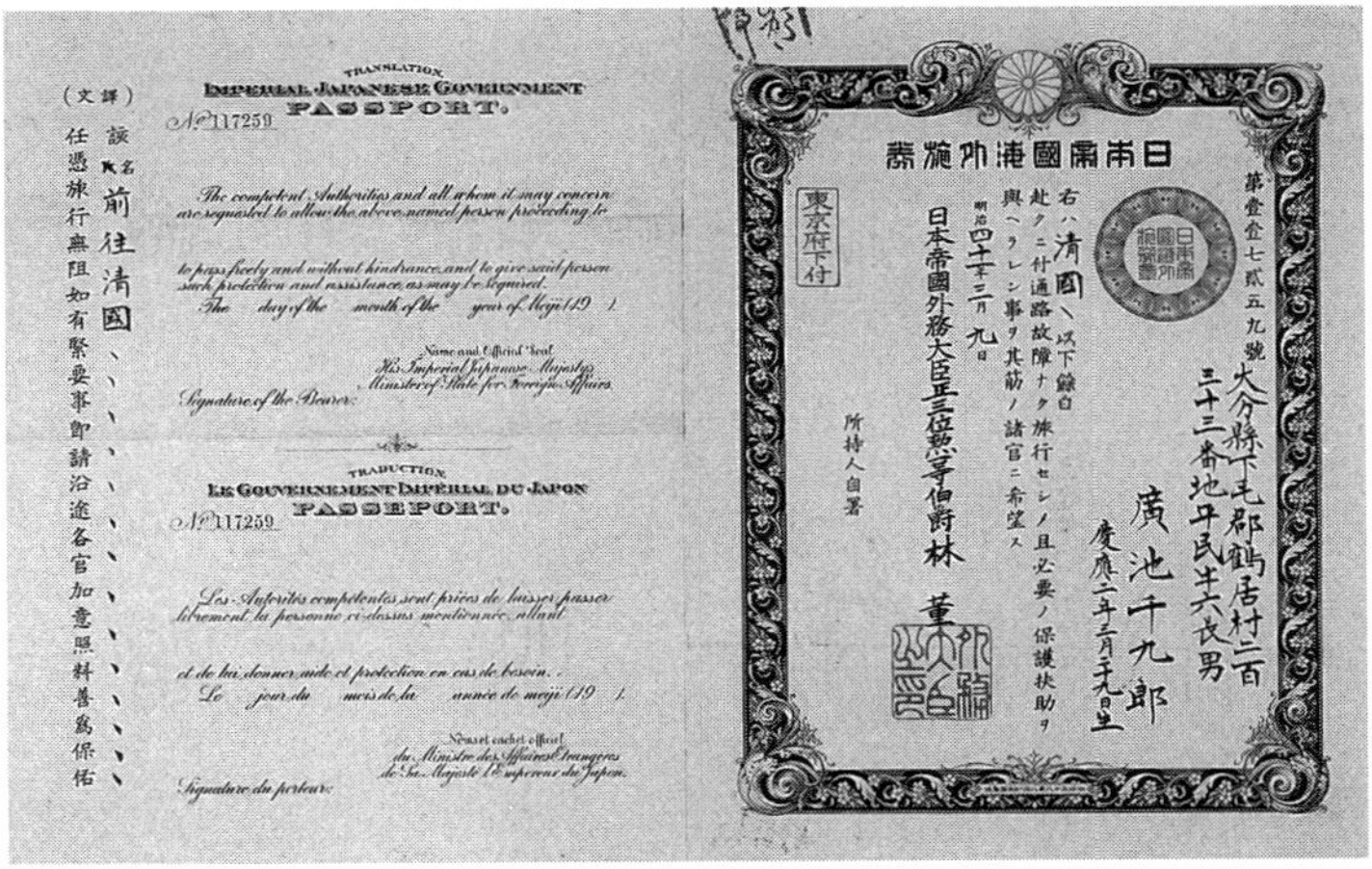
日本帝國海外旅券

第壹壹七貳五九號

大分縣下毛郡鶴居村二百三十三番地平民半六長男

廣池千九郎

慶應二年三月二十九日生

右ハ清國ヘ以下餘白赴クニ付通路故障ナク旅行セシメ且必要ノ保護扶助ヲ與ヘラレン事ヲ其筋ノ諸官ニ希望ス

明治四十一年三月九日

日本帝國外務大臣正三位勲一等伯爵林董

所持人自署

東京府下付

（譯文）

該名前往清國、、、、、、、、、、、、、、、

任憑旅行無阻如有緊要事即請沿途各官加意照料善爲保佑

TRANSLATION

IMPERIAL JAPANESE GOVERNMENT

PASSPORT.

No. 117259

The competent Authorities and all whom it may concern are requested to allow the above named person proceeding to

to pass freely and without hindrance, and to give said person such protection and assistance as may be required.

The day of the month of the year of Meiji (19).

Name and Official Seal
His Imperial Japanese Majesty's
Minister of State for Foreign Affairs

Signature of the Bearer:

TRADUCTION

LE GOUVERNEMENT IMPÉRIAL DU JAPON

PASSEPORT.

No. 117259

Les Autorités compétentes sont priées de laisser passer librement la personne ci-dessus mentionnée, allant

et de lui donner aide et protection en cas de besoin.

Le jour du mois de la année de meiji (19).

Nom et cachet officiel
du Ministre des Affaires Étrangères
de Sa Majesté l'Empereur du Japon.

Signature du porteur:

清国旅行パスポート

池は、この日の歓迎会における演説で、大臣らを前に、清朝が日本の真似をして立法しようとしていることに警鐘を鳴らし次のように述べている。

貴国の法典には、貴国の民族性に通有する一の根本観念と云ふものがあるので、この根本観念に戻《もと》りたる法律を造る時は、民族性に反する法典として決して実際に行はれざるものなり。是また深く留意すへき事と思ふ。而してその貴国の民族性に通有する一の根本観念とは何ぞや。これ堯舜禹湯文武周公孔子その他聖賢人の夙《つと》に唱へられ、また実行せられたる「中庸《ちゅうよう》」、中正平均平等の観念これなり。

中国においては「天」の意思に通じた聖賢たちが唱え、かつ実行した「道徳」の存在を前提とし、法は「人類生存の目的」に適うよう定められてきたという。天（神）と道徳・法と人との関係性が示されており、研究の方向がよく見てとれる。

廣池は、現地の要人や教育機関も精力的に訪問した。法律館と同じ日、清朝の皇族・粛親王《しゅくしんのう》家の家庭学校を視察した記録もある。教師の成田芳子によると、これまでの日本人訪問客には例を見ない歓待だったという。

粛家の当主は、清国の立憲君主化を目指す愛新覚羅善耆《あいしんかくらぜんき》だった。同国の伝統を尊重し、自主自律を唱える廣池のことを、親王は深く信頼したものと思われる。愛蔵する西太后《せいたいごう》（同治帝の母で清末期の権力者）の書を廣池に進呈して、その親愛の情を示したのだった。

西太后の書は、帰国後、廣池から早稲田大学の高田早苗に贈られたと伝えられている。廣池は今回の旅行に多くの資金援助を受けており、時価千円したというこの書はその返礼だった。春子が「そんな千円もするものをみやげに持っていくのは惜しい」というと、廣池は「人の書いたものが千円するといって、喜んでいるよりは、わしの書いたものが千円するようになるほうがいいではないか」とたしなめている（中田中『必要なときに必要なものが』）。ちなみに、当時、廣池の神宮皇學館からの年給は千百円だった。廣池の言うこともっともだが、春子の気持ちも分からないでもない。

今回の渡清には、予想外の収穫もあった。北京の孔子廟《こうしびょう》を訪れた際、孔子とその高弟顔回《がんかい》らの家系が現在にまで続き、人々から尊重されている事実を確かめられたことである。このことは、皇室の万世一系の原因は、その道徳性にあるとすることの有力な傍証となっていく。

後年、この旅行について、『経歴』には次のように記されている。

孔子の廟を拝し、更に深くその事蹟を探り、かつ支那古今の変遷を見て感慨特に深し。而して日本皇室の御祖先たる天照大神の御聖徳と日本国体の淵源の宏遠なる事とに就きて、一層その感を深くし、帰国第一に本書を著はしてこれを公にし、以て日本国民を警醒す。是れ即ち今日のモラロヂーに於ける最高道徳の発見の端緒なりとす。

それまでの研究によって、中国における信仰と道徳、および法の概念が明らかになっていることは、前述の現地における挨拶にも見た通りだが、現地を巡ることによって、深い感慨となり、翻って日本の国体（国柄）の淵源に想到して、著述に表れた。それが後述する『伊勢神宮』であり、「最高道徳の発見の端緒」であるという。

以上のように、この時期に清国へ渡ったことの意味は実に大きかったが、帰国すると、千巻の病状は非常に悪く、廣池の旅行中、春子は毎晩、二時間半おきに氷嚢を取り替えていたことを聞かされ、これには廣池も涙をこぼして謝したという。

当時の「神道」の研究状況

廣池は神宮皇學館において「神道」の担当教員となる。その経緯は、講義録「神道講義」の緒言に詳しい。「神道講義」は、皇學館卒業生を中心とする関係者の要望に応えて、明治四十一年（一九〇八）八月二十一日から十日間にわたり同館において開催された講習会のうち、廣池の担当した科目である。

ここで廣池は、明治四十一年四月発行の『神社協会雑誌』における前神社局長水野錬太郎の「神社に就いて」という講演録を挙げ、水野が「日本には神道を研究する人が無い。随て一冊の著書も無い。故に神道の事は皆目知らない。そこで如何にこれを研究せんか、吾輩は西洋人の著書に就いて見るより外は無い」といった問題提起をしていたという。

同雑誌を見ると、水野は、実際には「神社が今日どういふ制度になつて居るかといふことは、甚だ失礼であるが、相当の教育を受けて居る人でも知らぬ人が随分多い」、「神社のことを『システマチック』に書いたものはないやうに考へる。近年新しい学者の方面にも、またこれに関する完全なる著述はない。故に、却つて、欧羅巴《ヨーロッパ》人が『システマチック』の頭を以て書いた書物が参考になることがある」といっており、主眼を「神道」というより「神社」に置いていることが分かる。

しかし、「随分、神社並びに『シントイズム』のことについて研究して居る外国人がある。例へば、アストンの『シンドウ・イン・ジャッパン』とか、或は、ルボン（仏人）の『シントイズム』とか、ハーンの神道及び神社といふやふな書物が随分ある」といっているように、挙げている外国人の著述は「神社」を含む広い意味での「神道」を対象にしたものだった。それゆえに廣池は、水野が神道について語ったものとみなしたと思われる。

廣池はこれを読んで、「少からず慨嘆致した次第」であり、「成る程、日本には、神道に就きて完備せる著書が無い。所謂四大人《したいじん》、特に平田翁の熱烈なる著書は多けれども、それは十九世紀の前半に在りて、今日の日本の時勢とは大に遠ざかりたる書なり。今日には不適当なる書なり。今日一般の人をして神道を知らしむるには、極めて不適当なる書なり。これ水野局長の神道の書無しという所以《ゆえん》にして、妥当なる説と思はる」と、近代化した日本に適した神道に関する書物が存在しないということに同感の意を表したのである。

神宮皇學館における「神道」

廣池の「神道講義」は続けて、「この時に当りて、皇學館有志の中に神道講習会の希望を学館に申込む方」があったという。日本人による神道の研究が遅れていることに危機感を持ち、神道を体系的に学びたいという思いが、皇學館関係者の中に少なからずあったことがうかがえる。田中義能《たなかよしとう》が東大で神道に関する講演および著述を始めたのも、ちょうどこの頃であり、「神道」を語る学者の登場が「是非とも望まれるもの」であった（磯前順一『近代日本の宗教言説とその系譜――宗教・国家・神道』）。

このような考えは、明治三十年頃、すでに皇學館の学生の中にもあった。安藤正次ほか本科生十九名の連署をもって、館長に要望を呈した「開陳書」（全六ヶ条）には、次のように記されている。

> 五、神道科をおくこと。
> 神道は、われわれの攻究すべき好箇の題目なり。就中《なかんづく》、国学者の最も注意すべきものなり。然るに、従来之を等閑に附せられたるは、生等の深く怪しむところなり、願はくは、自今この一課をおきて専らこれが攻究を計られむことを。
> （『館友』二八九号）

その後も「神道」を求める学生の意向を示す記録が見られるけれども、ある事情によって、果たせなかった。次の文章は明治四十一年のことを語っている。

学科課程に神道といふ科目がないので、学生間の有志が相談の上、現在靖国神社の高原権宮司や、厳島の野坂禰宜、(神宮)神部《かんべ》署長の野上君、それから鈴鹿郡から来てゐた加茂氏宣君などと共に、神道研究会を企てたのである。先生方の側では、廣池千九郎教授を始め、木村春太郎・熊谷小太郎の諸先生がそれを後援して下さつて、同志二十人程も集まつたらうか、最初、神道十三派の研究をして神社神道の補助にしやふとしたのである。ところがその事の可否が教授会の問題になり、大激論が闘はされた。とうとう桑原館長が仲裁に入られ、祭式研究会ならばよろしいといふ事になり、実際は神道十三派の研究などを相互に発表した。(古川左京「桑原先生の事ども」『館友』四〇九号)

「神道研究会」は、廣池教授らの後援があったものの、学校として認められるものではなかった。その状態は大正に入ってからも変わっていない。高原美忠は、「大正三年・四年にわたつて、私も河合正則等と謀つて神道研究会を作ろうとしたが、皇道研究会とすべきだと命ぜられたことがある」(「神宮皇學館」『神宮・明治百年史』下巻)と回想している。

以上のいきさつは、不審に思われるかもしれない。神宮皇學館は「神道」を建学の理念として設立されたのであるから、「神道」は必修科目の筆頭に掲げられて然るべき科目であり、学生有志によってもさかんに研究されていたと思われて当然であろう。しかし、実情は大いに異なっていた。

明治四十年、廣池が就任当時の神宮皇學館には、「神道」という学科目は設置されていない。当時の課程表を見ると、学科目は、「倫理」「歴史（国史・外国史）」「法制」「文学（国文・漢文・英文）」「哲学」「礼式」「体操」以上である。

明治四年の太政官布告（二三四号）は、「神社の儀は、国家の宗祀《そうし》にて一人一家の私有にすべきに非ざるは勿論《もちろん》の事」とし、神社は、私的な宗教とは異なる公的な存在として、管轄する役所も神社局と宗教局に分かれていた。国家が非宗教と認識していた「神社」に対置して、「神道」なる言葉からは、「教派神道」が連想され、宗教的意味合いが強く感じられていた。

「教派神道」とは、明治時代に政府から公認された「神道」の宗教団体であり、十三の教派があった。神道大教《しんとうたいきょう》、神道修成派《しゅうせい》、黒住教《くろずみ》、出雲大社教《おおやしろ》、扶桑教《ふそう》、実行教《じっこう》、神道大成教《たいせい》、禊教《みそぎ》、神習教《しんしゅう》、御嶽教《おんたけ》、神理教《しんり》、金光教《こんこう》、天理教、以上の十三派である。当時の宗教政策により、宗教団体は、神道系、仏教系、キリスト教系のいずれかに属する必要があり、幕末の創唱宗教や山岳信仰など、さまざまな形態の教団が「神道」で括られていた。

当の廣池も、「今日では単に神道と云へば即ちこの教会を以て神道と云ふのであります」「世人が神道と云へば、必ずこの教会の神道学派を指すと云ふことは当然の次第」としている（「神道の性質」『全国神職会々報』一三五号、明治四十三年）。

このように、官立専門学校としての神宮皇學館では、政教分離（政治と宗教を分ける）の観点から、「神道」の語を避ける傾向にあった。皇學館において「神道」の学科目が正式に登場するのは、大正十五年のことである。

「神道講義」の講師就任

このような状況下で講じられた廣池の「神道講義」には、講師の人選についての経緯が次のように述べられている。

ここに於て桑原館長は、この開会に就きて、講義は如何にして如何なる人に嘱託するかと考えられた。私（廣池）が五月、支那（清国）漫遊して帰りた時に、館長が訪問せられて彼様かやう如何に処置したら宜しいか、神道の講義を為し得る人を考へて知らせよとの事で、それから人物を調査して聞き合せたが、何れも回答が不充分なり。今日、倫理学を修めたる人が神道に容喙する者二三散見せらる。その主義が皆西洋人の糟粕《そうはく》を嘗《な》めて居る、我が歴史・語学・東洋の歴史・法律制度の学力に欠乏せるありて、当抵〔到底〕嘱託するに十分なる結果が挙りて居らぬ。日本神道の講義を嘱託して容易に得る事は難かるべし、といふ事に為りた。然る時は、神宮部内にて撰定するとして、それは廣池に担当せしめよ、といふ事に為りた。

卒業生らによる「神道講義」開講の要望を受けた桑原館長は、担当者の人選について廣池に意見を求めた。ここに見える「倫理学を修めたる人」は、井上哲次郎と田中義能の師弟あたりであろうか。いずれにしても、廣池の求める研究方法および専攻分野を充たしているとはみなされていなかったのである。そこで廣池が「該当者無し」と答えると、桑原は廣池自身に担当を求めた。廣池は躊躇するものの、次のように考えて承諾するに至っている。

私は、神道専門家では無い、専門として世に立つのではない。他に然るべき人も有らんものをと考へた。要する処、試みに引き受けて見よとのことで、熟考して遂にお引き受けを致した次第であります。私が、この神道の講師がこの日本に適当なる人無き故に、よんどころなく引き受けたのは、実に縁故あるなり。近年、東洋法制史を著述せんとして、即ち、支那を中心として日本・朝鮮・安南《ベトナム》などの法律の歴史を研究する目的なり。

自分は神道家でもなく神道の専門家でもないが、ほかに人がいないならば仕方がないという事情と、東洋法制史の研究に益するものがあるという理由から引き受けた、というのである。しかし、この表現はかなり謙遜しているというべきであろう。

廣池は、『古事類苑』神祇部四十三・四の「神道」上・下を（佐藤誠実による大幅な修訂を受けつつも）すべて一人で編纂している。実際「神道」に関する知識は十分に蓄えており、『古事類苑』に精通する桑原館長は、それを承知で廣池を推したと思われる。こうして、神宮皇學館における最初の本格的な神道講義は、廣池によって開かれた。

「神道講義」の内容

講義内容は、講習生の手によって清書され、全容が記録されている。一頁およそ三〇〇字、全部で一三〇余頁を数える。目次は、次の通りである。

緒　言
第一章　神道の名義
第二章　神道研究の主義
第三章　世界各国における各宗教の初期の状態
第四章　神道といふ名称の初見
第五章　神道の起原并びに発生
第六章　神道の性質
第七章　普遍教と祖先教
第八章　神道と祖先教
第九章　諸外国の家族的宗教と我が日本の神道
第十章　日本の家族宗教の発展、即ち国民的崇拝
第十一章　日本の家族制度の前途と国民的崇拝の前途
第十二章　神道と我が国体
第十三章　神道と神社
第十四章　古代日本人の宗教的観念と神道（宗教のコトヲ云フ事）
第十五章　日本固有神道の変化

この講義で廣池は、近代の歴史学および法理学の手法を用いて神道を分析することにより、導き出された神道の起原説に立脚点を設け、そこを基点に、宗教と道徳、日本と他国とを対置して、神道の性質を明らかにしようとしている。

神道の起源については、諸外国における宗教の初期状態をラボックら西洋人の研究成果を援用して略述した上で、「日本民族の発生と同時」といい、さらに絞って「天照大神が天孫《てんそん》に下し玉ひし詔《みことのり》」にあるという。

そして、神道の起源を前記のように言えるならばと仮定した上で、神道は倫理・道徳であり、その中心は祖先崇拝にあるとした。これは神道の内容を端的に示しており、水野神社局長の求めた「システマチック」な研究に応えた成果とみなすこともできる。

なかでも、日中両国の「祖先崇拝」の相違点を明らかにした点は、顕著な業績といえよう。この論旨は、本講義において初めて公にされたものであり、著作物では明治四十一年十二月刊の私家版『伊勢神宮』に発表され、廣池の日中国体比較研究の中核をなしていくことになる。

以上のように、神宮皇學館における廣池の「神道講義」は、「神道といふものに就いて一体に無智」（田中義能『神道本義』明治四十三年）といわれていた当時の日本国内において、近代科学的な神道研究の先駆的位置にあることが評価できる。しかも、それが、井上頼圀らをとおして国学の系譜に連なり、「我が歴史・語学・東洋の歴史・法律制度」（神道講義緒言）に通じる者によって論じられたことが、皇學館における「神道」の、他と比較して特筆すべきところといえる。

しかし、いくつかの課題も残した。科学的研究によって、神道の合理性を指摘することに注意が傾けられていたため、神道の倫理的な面が強調され、自然崇拝などの古来の信仰が軽んじられる結果となっている。廣池はその後、研究領域を広げることによってこうした課題を解決していった。それは、当時の学者たちが研究対象としてほとんど関心を示さなかった教派神道にいち早く注目し、神道史の本流に位置づけるという、これもまた独特な研究によるものである。廣池は、こうした研究成果を神宮皇學館における学生対象の講義「神道史」においても展開していく。これについては後で改めて詳しく論じることとしよう。

2 『伊勢神宮』と神道史講義

『伊勢神宮』刊行の経緯

明治四十一年(一九〇八)十二月の『伊勢神宮』刊行は、著者廣池にとっても、神道学史上においても、また道徳教育にとっても、一つの転換点だったといえる。

前章の「皇室の万世一系の原因」研究のところで触れた『道徳科学の論文』第一緒言の第二条では、モラロジーの形成過程について、第一段階が「万世一系の研究」であり、第二段階に「『伊勢神宮』の編纂」があったことを思い出していただきたい。廣池は、皇室の万世一系の原因究明を、師・井上頼圀に勧められ、後年、その原因が道徳性の高さにあったことを史的に述べることに結実したことは、前述の通りである。それを最初に発表した書籍が、沿革の第二にいうこの「明治四十一年の『伊勢神宮』」にほかならない。

廣池の道徳論形成において、このように重要な位置にある本書については、これまでも多くの論者が言及し、刊行の意味が強調されてきた。井出元によれば、廣池にとって「日本国体の研究」は、「自己の思想の淵源」（井出元「日本の伝統文化と廣池千九郎の道徳思想」『モラロジー研究』三十一号）なのであって、『伊勢神宮』は「廣池の道徳思想の根柢をなす」ものなのである（同『廣池千九郎の思想と生涯』ほか）。

本書発行までの経緯は、再版以降の版元である早稲田大学出版部が配布した「伊勢神宮公布に就き稟告」に詳しい。それによると、本書のような書籍は、本来、神宮司庁などの公的機関が出版すべきものであるが、その編纂が難航していてさらに何年もかかりそうだった。そのために、学校教育の現場でも、神宮に関する教育はまともに行われておらず、一般国民は神宮の実態を正しく知ることができない状況だったという。実際、官撰による概説書の神宮司庁編『神宮大綱』が出版されたのは、廣池の『伊勢神宮』に遅れること四年の明治四十五年（一九一二）まで持ち越されている。

日本の中心である神社の実態がよく分からない、という国体教育にとって憂慮すべき事態のもと、白羽の矢を立てられたのが神宮皇學館の「憲法並《ならび》に古代法制及び神道史の教授」廣池千九郎だった。廣池自身も、日本人の神宮観・国体観が、感性に頼るばかりで研究が不十分であり、偏見を持った外国人により書かれた本で国民が惑わされてしまうことを問題視し、合理的な考察によって神宮と国体の尊厳を説く必要を感じているところであった。

廣池は、明治四十一年（一九〇八）十二月、まず私家版として二百部を印刷し、内閣の諸大臣ならびに朝野の学者・教育者などに贈呈して率直な批評を求めたところ、おおむね好評を博し、ついには天覧（天皇が御覧になる）にまで達する光栄に浴している。そして、先輩・知人のいずれも、出版社を定めて公刊することを勧めるので、出版を早稲田大学出版部に依頼し、諸氏の批評も取り入れて、増訂再版という形で四十二年（一九〇九）三月に公刊した。

「万世一系」の原因

廣池は、前述のように、『伊勢神宮』の発行を万世一系研究の成果としても位置づけている。すでに専門の東洋法制史を研究する過程で、伊勢神宮の祭神である天照大神の徳性の高さに注目していた。しかも、清国調査旅行の結果、孔子や顔回などの高徳な人物の子孫が、現在まで脈々と続いている現実を確認することができた。

それらをこれまでの歴史研究と『古事類苑』で得た該博な知識に加えることによって、すぐれた道徳実行の結果、「万世一系」となるという因果関係を導き出したのである。皇室が万世一系である理由も、皇室の祖先神たる天照大神の徳性と、それを継承し実行した歴代天皇の道徳に求めることができたという。

井上頼圀も本書に序文を寄せて、「神宮と我が国体との関係を論ずる章の如きは、まことに前人未発の論文」であり、「予の年来言はむと欲する所を言ひ、予の年来論ぜむと欲する所を論じて遺憾なし」とするなど、その成果を称えている。

本書は、「緒言第一」にいう通り、「国体の淵源を論述し、併《あわ》せて神宮の歴史・沿革・現状を記載」

する内容となっている。「国体の淵源」は第一章で展開し、わが国における「君民同祖」（君主と国民が同じ祖先を持つ）の事実、天祖天照大神の聖徳、天祖の大詔《たいしょう》、歴代天皇が天祖の宏謨《こうぼ》に従って国民をわが子のごとく愛された聖徳、祖先崇拝の国風、天祖に対する国民的崇拝などを分析することにより懇切に説いている。

祖先崇拝については、日本と中国では根底に大きな違いがあることを指摘している。日本では、最終的に国民全体の大祖先である天照大神を崇拝するとし、一方の中国においては、民族の絶対的崇拝物は祖先ではなくて「天道」であるという。このように、他国との比較の方法を用いて、日本の国体（国柄）、とりわけ道徳性を明らかにしているところが、本書の特徴としてよく表れている。

第二章以下では、皇大神宮ならびに豊受大神宮の創立された理由や、両者の比較、内外宮と中国の宗廟《そうびょう》・社稷《しゃしょく》、神殿の建築法、神宮の御威徳と教育事業、神宮の大祭典と皇室および国民、神宮の神聖、歴代天皇および明治天皇の神宮御崇敬、神宮と学校教育ならびに軍隊教育へと続いている。

『伊勢神宮』に対する反響

本書は、私家版の発行当時から大きな反響を呼んでいた。「天覧の栄を辱うせる先人未発の一大快著」（『参宮新報』明治四十二年五月十五日）とか、「純学問上、また国民教育上、多大の貢献をなすべきものなり」（『国学院雑誌』十五巻二号）などの賛辞を送られているが、明治四十二年秋、本書はさらに注目を集めることになる。

そのきっかけは何といっても、この明治四十二年（一九〇九）の十月、わが国最大の祭典たる神宮式年遷宮が催行されたことにある。これに際して文部省は、全国の小中学校など各種学校に対して、式年遷宮の当日、生徒に神宮に関する講話を行うよう、突然の通達をした。そこで焦ったのは全国の先生たちである。その多くは、講話ができるほど神宮の知識を持っていない。そんな折、利用できる手ごろな参考図書として、廣池の『伊勢神宮』が現れたのである。長谷外余男は「『伊勢神宮』の批評について」で次のように記している。

この著に依て、世人が神宮を知り、神祇を知り、国体を知ることを得たこと（神宮御遷宮当日、各学校その他に於ける遙拝式《ようはい》に際し講演者が皆争うて、この著に憑《よ》つた如きは手近い実例である）、及び荊棘《けいきょく》多き斯道の闡明《せんめい》に有力なる参考となり、楷梯《かいてい》となり、やがて組織的研究の端を開き、大著述の基礎を造られたこと等、著者の功績は実に没すべからざるものだと信ずる。

（『館友』十八号、明治四十二年十一月）

学校における講演者たちが、争って本書に依拠したという。もともと廣池は、教育者を読者の中心に想定しており、販売状況の記録を見ると、全国の学校に備え付けることを前提とした流通が主流となっていた。やはりここにも、「教育」を出自とする廣池の研究態度が反映されている。

「伊勢神宮増訂出版の緒言第二」には、「普通教育の要は、その国民固有の性格を保存発達せしめ、その国家の基礎を鞏固《きょうこ》にし、併《あわ》せてその国家の進歩発展を期するに在り」といい、また国民固有の精神文化については、「自然に放置して可なり、これを証明するに及ばず」とすることを批判した。そして、中国や西洋諸国における実践を例に挙げ、固有の精神文化も放置せず、盛んに研究して大いに教育へ取り入れるべきだとの観点から、次のように主張している。

我が日本は如何。曰く、我には我が固有の大道の存するありて、我が国民の精神界を支配し、我が国家の基礎となれるなり。果たして然らば、これを研究し、これを保存し、またこれを発育して、以て大いに我が国家の発展に資する事は、これ学者・政治家・教育家等の如き社会の木鐸《ぼくたく》たる人の任務にあらずや。而して所謂真正の教育とは、即ちかくの如き大業を完成するの謂《いい》にあらずや、これ予の鞠躬如《きっきゅうじょ》として本書を著したる所以なり。

我が国には「固有の大道」があり、これを育成することが教育の任であるという。こうした論調は、学校教育の関係者たちに好意的に受け入れられていった。この翌年、修身の教科書に初めて「神宮」のことが記載され、授業で取り上げられるようになったが、神宮に関する教育が浸透する過程で、廣池の『伊勢神宮』はその前提となる地ならしの役割を果たしたといえよう。

本書の反響として注目すべきもう一方は、猛烈な反発を受けたことである。反発する人の中には、神宮に対して「一片半句も研究的言辞を用いてはならぬ」といい、ただありがたさを感じるべきであり、どのような神徳があり、なぜありがたいかなど、理屈を述べるべきではないといったものや、単純に「けしからんことが書いてある」というものなど、神宮の神聖さに対して理論による分析の手を入れたことへの憤慨が多く見られた（『館友』や関係者談）。

こうした反発を見ると、神宮に関する著述がなかなか現れなかった理由もよく分かる。しかし、廣池が挑戦したことは、まさにこの「なぜ」に答える理論の構築だったのである。

学生対象の「神道史」開講

先に述べた明治四十一年八月の卒業生を対象とする「神道講義」の終了後、今度は学生を対象とした「神道」の講義が開始された。まず、講義開設の経緯について明らかにしたい。

この講義が開設された時期は明確ではないが、遺稿から推測して、卒業生対象の「神道講義」の直後くらいだと思われる。講義ノートと思しき遺稿の内容を見てみよう。

予は神道家にあらず、宗教学者にあらず、一箇の法律学者を以て自任するものなり。而して神道を講ずるは如何との疑もあらんが、その理由は前に講習会講義の緒言に云へるに明らかならん。然り而して、神道の性質が偶々純然たる宗教の部分のみにてなくして、その本質が倫理的・法律的であるから、予の専門学を以て之を解決するに尤も適して居る。もしそれ仏教の如き、キリスト教の講義の如きは、専門の宗教学者ならでは十分ならずと思考す。

神道の性質が、「宗教の部分」だけでなくて、「倫理的・法律的」であるから、自分の専門が最も適しているという。講習会のときの、門外であることで遠慮があった頃からすると、神道に意識がかなり接近しているように思われ、くわえて、仏教やキリスト教については、「専門の宗教学者」でないと講義できないが、神道はそうでもないとしていることから、神道は研究対象として専門性が未形成であるとみなしていたことになろう。

次に示す史料は「神道及び神道史」と題された講義ノートである。清書されており内容もよく整えられている。冒頭の「緒言」において、「神道」に関する講義が何故に開講されたかが丁寧に述べられているから、学生に対する講義の最初期のものと推測される。

最初に、明治三十三年（一九〇〇）の神宮祭主賀陽宮邦憲王の「令旨」の前半部分（前出）を掲げて、その趣旨と実現に向けての皇學館における神道教育の課題を次のように述べている。

ここに所謂皇国の道義を講ずると云ふ事は、単に学問として倫理学を講ずると言ふ事にあらず。また各国の道徳法を講ずる事にあらず。全く我が日本固有の道徳法を講明するに外ならざるものと信ず。果して然る時は、我が皇學館に於て、今日、歴史の内に神祇史なる一科目あるのみにて、果して宮殿下の御令旨に副ひ奉り得べきか。何人の眼より見るも、宮殿下の御令旨に副ひ奉る方法としては、日本固有の道徳を学習する一科を置かざるべからざる事は、明かに見ゆる所なり。

「皇国の道義」を講ずるということは、日本固有の道徳法を講明することであるが、学科目の「歴史」の一部に「神祇史」があるのみでは、「令旨」に副うことは不可能である。「神祇史」は、神社や祭祀などに関する歴史であり、内容は法令等の形式が中心だった。よって、道徳のために専門の一科を置くべきであるという。さらに続けて、

但し、所謂神祇史を広義に解釈するときは、神道并びに神道史の如きものをもこの内にも含有すとも云はれざるにあらざれども、そは甚だ迂遠の事にして、別に直ちに所謂皇国の道義の一科目を表示することの甚だ適当なるに如かざるなり。所謂皇国の道義とは、我が日本民族の間に発達せる道徳法と云ふことに外ならざるべく、而して所謂日本民族間に発達せる道徳法とは、余の考を以てする時は神道に外ならざるべきことを確信す。

〔欄外 ※引用者註〕神道は、日本の道徳法なり、皇国の道義なり。

と、「皇国の道義」とは「日本民族の間に発達せる道徳法」であり、それは「神道」だという。そして次のように述べている。

今回、神祇史の時間を割きて神道并びに神道史の講義を開くに至りし理由は、即ち以上述ぶる所の如し。なほその時間、甚だ僅少なるが故に、十分の研究講義をなす事能はずと雖も、諸君は深く今日この講義を本館に開くに至れる理由を体認して、本講義が本館設立の趣旨により、祭主宮の御令旨に基きて記せるものなることを知り、重大なる一科として之を視るのみならず、本館が特に我が

国の諸学校中に於て、一種の主義を保有する事を確信し、各自の社会に対する責任の容易ならざる事を確信し、卒業後に至りても、深くこの趣意を体してその責任を全うせられん事を望む。

ここで注目すべきは、「神道及び神道史」の講義が、「神祇史」の時間を割いて設けられたとするところであろう。「神道」の講義が行われていたにもかかわらず、学科目の中にその語が見えなかったのは、表向き「神祇史」だったからなのである。

以上のような次第で、学生に対する神道および神道史の講義が開講されるに至った。かつて漢学塾に学び、『新編小学修身用書』を著して道徳教育を推進していた廣池が、東洋法制史研究を挟み、今度は、「日本固有の道徳法」によって道徳教育の現場に帰ってきたのだった。

宗教としての神道

廣池は、明治四十二年（一九〇九）に「神道史」と題する講義を行ったらしく、その講義ノートが残されている。四十一年の「神道講義」（卒業生対象の講習会）および「神道及び神道史」と、この「神道史」との間には、教派神道の研究を挟んで内容に抜本的な変化が起きているので、その経緯についても触れておきたい。廣池は、「神道史を教へて行く間に、どうしても現代の神道を研究しなくてはならないと感じ」「――学問上より――爾来現在の十三派の神道の研究を始めたのである」といっている（「予が信仰」『全国神職会々報』一四七号、明治四十四年一月）。神道史を講じながら、段階的に教派神道の研究を深めていたのである。廣池は、神道の宗教的側面に研究の範囲を広げ、さらに教派神道を神道史の流れの本流に位置づけていった。

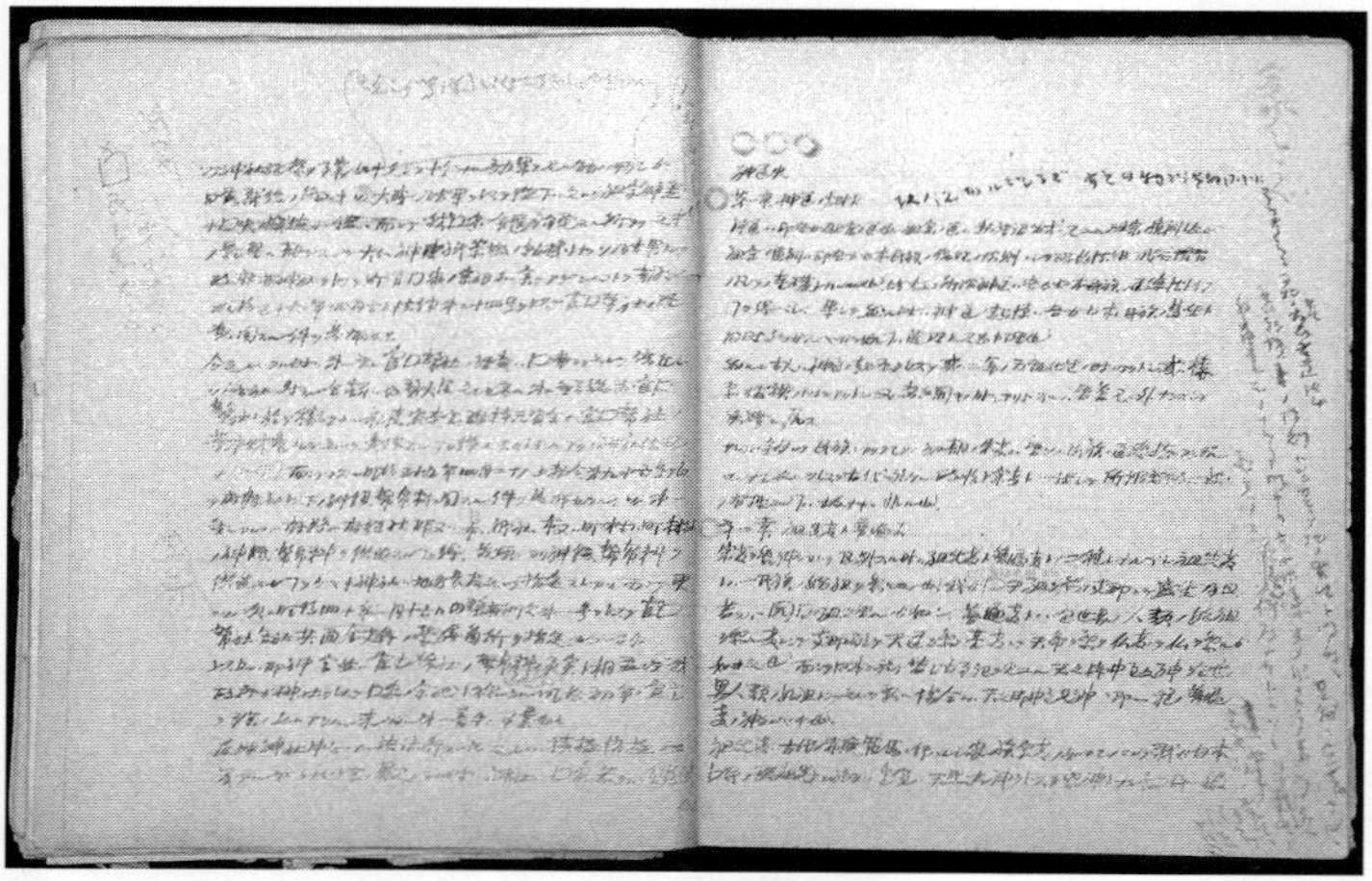

「神道史」講義ノート

では「神道史」の内容を見ていこう。第一章「神道の起原」は、これまでとあまり変わりがない。ところが第二章「祖先教と普遍教」を見ると、タイトルはこれまでに出てきた通りだが、内容に相違がある。

我が国は、祖先教の国なりと雖も、所謂神道なるものが宗教として認めらるるに及び、その神道は、自ら純然たる祖先教あり、または純然たる普遍教あり、或は祖先教と普遍教とを兼ねたる如きものありて、区区一定せず。

以前は、神道は祖先教であり道徳教であるとしていたところを、ここでは「祖先教」「普遍教」「祖先教と普遍教とを兼ねたる如きもの」に三分類するに至っている。さらに例を挙げ、次のような分類を提示する。

現在存在する十三派神道に就てこれを観察するに、扶桑教の如きは造化の三神を祭り、金光教は天地金乃神《てんちかねのかみ》なる神を祭り、これらの神は天帝・仏等と同じく、天地人類創造の神なるが故に、これらは純然たる普遍教と称する得べきに似たり。而してその他の各派は、皆歴史上の神たる具体的の神を祭神とするものなれば、これらは祖先教に近きものといふべきに似たり。

而してその中に於て、天理教の如きは、日本紀〔日本書紀〕に於ける国常立尊《くにのとこたちのみこと》以下十柱《はしら》の神をその祭神とするが故に、こは一方に於ては祖先教の形を備ふれども、然しながらまた一方にはこの十柱の神を総合して天理王命《てんりおうのみこと》もしくは天理王神と称して、十柱の神の御霊とはたらきとを抽象的に呼ぶことあるが故に、この場合に於ては所謂天理王命は普遍教の祭神たる性質を具《そな》ふるものと見るを得べきに似たり。

このように「扶桑教」と「金光教」を普遍教に充て、それ以外の各派を祖先教とし、「天理教」については両者を兼ねるものに位置づける。こうして本章の多くを、教派神道の分類と比較に割いている。

第三章「宗教としての神道の目的」になると、タイトルの通り、もはや神道の中核は宗教となっている。まず、宗教の目的は「個人の霊の救済」にあるという。さらに「現世に於ける個人の心を救済して、これに安心立命を与へ、その個人をして神もしくば仏と一致せしむるにあるなり。換言すれば、宗教は神もしくは仏が最初人類に与へたる本性に復することを命ずるものなり」と意味づけたのである。

そして、これまで再三にわたって神道を表してきた中核は「敬神・忠君・愛国」であったが、ここに至って「神道は、敬神・忠君・愛国・明倫を教ふるを以て目的となす如きものあるは、大なる誤なり」とまで否定されている。「敬神・忠君・愛国・明倫」を教えることを目的にするのは「政治・教育・道徳」であって、「宗教としての神道」の目的ではないというのである。では「宗教としての神道」との関係はいかなるものか。

そは救済せられたる霊を有する個人は、当然必至の結果として、自ら敬神・忠君・愛国・明倫の人となり、家に在りては孝弟、国にありては従順の民となり、期せずして教育勅語・戊申《ぼしん》詔書などの御主旨に適ふ如き人となるものなり。

それは目的でなく、結果なのである。なぜそうなるのかは、「神道と他の外国教とのこの点に関する差異」によって説明する。

神道は、我が皇室の御祖神并びに国民の祖神を信仰の対象となし、もしくはたとへ造化三神の如き、天地金乃神の如き、多少普遍教の祭神に近き神を祭るにして、その神は自ら我が歴史上の神と縁故を有するの神なりとの理由あり。信仰の結果は、当然敬神・忠君・愛国の人となるべしといへども、外国教を信仰するものは、その祭神が日本の歴史と関係を有せざる神なるが故に、その信仰の当然の結果は、個人として善人となるに止まつて、我々の所謂敬神・忠君・愛国といふ如き事は、只その宗教の自存上の必要より形式的に之を行ふに過ぎざるなり。

神道は「日本の歴史と関係」を有する神を信仰するがゆえに、信仰の結果「敬神・忠君・愛国」になるという。ここで皇室および国民の祖神に、教派神道の祀る神々を併記しているところからも、「神道」概念の中に「教派神道」が相当のウェイトを占めていることが分かる。

さらに、神道における宗教史的な研究についても考察が深まっている。たとえば、大祓《おおはらえ》の詞《ことば》を例に挙げ、

大祓の詞の中に、種々の疾病及び天然・人為の災害をもつて、皆人々の心の汚れによりて生ずる所なりとなし、これを神に謝罪して、その罪悪を再びせざる事を誓えるを見るべし。

と、両部《りょうぶ》神道から伊勢神道・垂加《すいか》神道へと連なる祓の効能や、心身の清浄を尊ぶ観念などを検討に加えている。廣池は、前述した卒業生対象の「神道講義」において、これらの神道思想を「学問として研究する価値なし」と軽く見ていたが、結果的にそこで説かれている内容を評価するに至った。そして、神道の信仰を得たものの特性を、次のように概括している。

死に至るまで己れの心を改良し、過去の罪悪を去り行を正しくして、家業世務に努力し、而して余力あれば、何程にても人を愛し世を益することを為さんとし、その精神、常に活気をもつて満たされ、如何なる不幸の境遇にあつても満足と歓喜とをもつて愉快にその日を送り以て一生を感謝の間に終らんことをつとむるなり。

神道者としての生き方にかなり踏み込んだ内容であるといえよう。そして、次のように古代と現代を結んでいる。

これ即ち、仏教伝来以前の日本民族が、活発にして雄大の気象に富み、遠征・探検・開拓の事業に服して着々成功せし所以にして、また現代に於ける善良なる二三の神道教派の信者が、等しく邁往《まいおう》進取の気象に富む所以なり。

このように、仏教伝来以前の古神道的な日本人の気質と、現代における教派神道信者のそれとを連続するものとして関連づけているのである。と同時に、信仰を持つということが、道徳性を高めることにいかに有効であるかを「神道」を軸に説くのであった。

「神道の性質」

このように講義内容の特色をみれば、廣池が神道の宗教的側面に深く切り込み、とりわけ教派神道を「現代の神道」という観点から神道史の展開の本流に位置づけていたことが理解されるであろう。廣池のこうした観点は、『全国神職会々報』(一三五号、明治四十三年一月)掲載の「神道の性質」で端的に述べられている。ここでは、神道を三つに分類する。

一、固有神道、日本のごく古代よりあつたところの所謂原始的神道
二、四大人の唱へられたところの神道、神道は即ち皇道と云ふやうな意味を持たせて居る神道
三、現今、宗教として行はれて居るところの神道、即ち大社教とか或は黒住教とか天理教とか大成教とか云ふやうな教会的神道

このうち、三の「教会的神道」つまり教派神道は、一の「原始的神道」の宗教面が、中世・近世の各神道を経て現代に展開したものと位置づけている。一方、二つ目の「神道は即ち皇道」の内容は、「敬神・忠君・愛国」であり、「宗教としては不備なる点がある」として、次のようにいう。

これは一つの日本国民としての倫理、日本国民としての特殊の倫理を示したものであり、道徳を教へたものであると云ふやうな風のものでありまして、是は宗教としてはまだ形をなして居らぬからであるのです、これを真の宗教として仏教・基督《キリスト》教に対する立場から云へば、神道これ皇道だけの教へでは足らぬのであります、それに付いては、どうしても所謂教会の神道と云ふものが必要であるのであります、

このように必要性を説いた上で、さらに教派神道は「神徳を国民に知らしめて、救世済人の大事業に当らねばならぬ地位に居る」と、その存在意義を強調している。開講初期の頃に、神道とは「敬神・忠君・愛国」のこととしていた頃から一年程度で、いかに神道観が大きく進展しているかが知られよう。

このように教派神道を扱う神道論は、他の研究者に比べると時期的に格段に早く、また独特のものであった。井上順孝は、戦前の教派神道研究について次のように述べている。

大正時代から昭和の初期にかけては、神道学者が教派神道に言及する場合は、これを本来の神道からすると、傍流ないし異端的と位置づけるものもあり、神道史全体から見れば、教派神道は近代に至ってあらわれたごく特殊な神道の形態という観点から、手短に処理されている場合がほとんどであった。（『教派神道の形成』）

戦前は、このような状況だったのであり、しかも本格的な研究は、昭和を過ぎた頃にならないとはじまらないという。それに対して廣池は、明治の末の段階で、すでに教派神道を正面から論じており、「黒住教と金光教」と題する論考の連載なども行っている（『参宮新報』明治四十三年十一月六・九〜十三日）。

また廣池は、教派神道の研究に際して、文献の分析だけでなく、関心を深めた教団については、後述するように、信徒の家に住み込み、教会に通い詰めるなどまでして、実態調査に努めている。「戦前においてほとんど展開を見せなかった」といわれてきた「社会学的視点及び人類学的視点」（井上順孝「神道系教団に関する終戦前の研究状況について」『國學院大學日本文化研究所紀要』第五十一輯）を、積極的に用いた研究を展開していたことになろう。

研究成果の背景

廣池の神道に関する研究教育の特色は、おおよそ以上の通りである。このような展開を見せた背景として次のような諸要因が考えられる。

まず、「神道史」開講以前から、中世より近世に至る神道思想史および教派神道について、『古事類苑』神祇部四十三・四十四の「神道」上・下を編纂した経験によって、ある程度の知識を有していたことである。

ついで、伊勢における下宿先の従業員など、敬虔篤実な天理教徒との接触があり、早くから実例に対して良好な関係を持っていたことが挙げられる。廣池は、たとえば言語研究においても「車夫馬丁の片言も、ゆるがせには聞かない」（井上頼寿「神宮皇學館時代の廣池博士――廣池さんの思い出」『社教』三十二号）など、庶民の日常について強い関心をもっていた。こうした民俗学的な見地から、信徒の言動に対して鋭い観察眼が開かれていたのである。また、皇學館の学生たちからも、天理教の情報が寄せられていた（『回顧録』）。

さらに、もともと神道の門外という自覚があったため、従来の学説に囚われず、神道の本流・亜流への先入観が希薄であった。これらのさまざまな要因が考えられるが、最も決定的であったのは、科学性や公平さを重んずる学者としての良心であろう。廣池は、天理教の調査をまとめて出版する計画があったことを、遺稿で次のように記している。

かくの如き社会に誤解せられつつある新興の宗教に関して、先《ま》づ筆を染むる如きは自重の道にあらずと称して、予を沮《はば》みたる親友ありしと雖も、予は学者の徳義として真理発揮の為め、奮然この壮挙を敢てするものなれば、希《ねがわ》くば読者はこれを精読して、予の本編発表の偶然ならざるを悟られ、併せて予の記事を確かむ可く、該教者に就きてその信仰の状態を調査せられむ事を。

（「天理教の真相・天理教調査大要」）

当時、教派神道は蔑まれる傾向にあり、それを研究対象にすることは避けるべきと、友人から忠告があった。しかし廣池は、そのような誤解を解いていくことも学者の「徳義」として重視し、真理を明らかにしようとするとともに、他者に対しても、そのような態度を推奨していたのである。

神道の教育的な効果

次に、教育に関する論点もいくつか見ておきたい。廣池は、著書『伊勢神宮』の中で、精神教育の重要性について次のように述べている。

智的教育に於ては、天下到る所、その隆盛を極むと雖も、精神教育の事業に至りては、闃然《げきぜん》またこれを見聞するを得ず。これ豈《あ》に憂懼《ゆうく》すべき現象にあらずや。それ、我が固有の民族性を発揮し、我が金甌無欠《きんおうむけつ》の国体を維持せむとするには、必ずや特に力を精神教育に尽さざるべからざるに、而《しか》も、文部省の如き、その費用限りありて、十分にこの種の教育費用を支出すること能はず、これを以て、神宮の如き、神聖にして、世俗の上に超然たる方面の官衙に在りて、特別の費用を、国家并びに国民に求め、以てこの方面教育事業を営む事は、我が国目下の急務と謂はざるべからざるなり。

知的教育についてはどこでも行われているが、神宮皇學館こそは、精神教育の拠点であるべきことを説いている。ここでいう「精神」は、邦憲王の「令旨」のいわゆる「皇国の道義」と重なるものとみてよいであろう。これを実現するために、廣池は「日本固有の道徳法」を講明する「神道」を開講し、「敬神・忠君・愛国」を掲げ、さらには人心の救済まで説いてきたのである。

このことがある程度実現していたであろうことは、次の『参宮新報』における廣池への言及によっても知ることができる。

皇學館の教壇に立って、神祇史を教ふる間に、氏、特有の神道を説き、進んでは現実神道をも講説すると云へば、知識の啓発さるる事は、従来の比ではない、皇學館出身者は、他に超絶した宗教の力を得られるのであるから、少なくも「信仰の幸福」を頒《わか》たれる筈《はず》である（明治四十三年十一月六日）

廣池は「神道史」の中で、神道の信仰を得て救済された者は、当然の結果として、敬神・忠君・愛国・明倫の人となると講じていた。この理論からすれば、「他に超絶した宗教の力」を得たならば、おのずから皇国の道義、つまり日本人の道徳を実践躬行《きゅうこう》することになるものと解されたのである。

学生たちの印象

卒業生たちが講義の印象を語っているので、それらにも触れておきたい。

明治四十五年、神宮皇學館へ入学した高原美忠（のち皇學館大学学長）と西村為示（のち多賀大社宮司）が、廣池の講義に関する記録を残している。廣池は大正二年二月に退官しているので、二人とも講義を受けたのは一年にも満たず、「神道史」の講義は受けていない。しかし、一年次において廣池から自著『伊勢神宮』を教科書とした授業を受けたとする点で、二人は一致する見解を持つ。

まず西村は、「先生の著書でありまする『伊勢神宮と我国体』（ママ）と云う書物も習ったかと思っておりましたが、それは直接学科としてはなかった様であります」（講演録「神宮皇學館に於ける廣池博士を思ふ」昭和三十一年九月二日）といっていることから、正課ではない可能性がある。高原によれば、「（『伊勢神宮』を）一学期の間に全部講義なさいました」（「神宮皇學館教授時代の廣池先生」『社教』四十七号）との回想からして、相当量の時間が費やされていたことが分かる。

また、明治四十三年入学の久保田早苗にも『伊勢神宮』への言及がある。久保田によると、廣池は、「入学時の第一時間目」に、本書第一章序説を「新入生を前に、虔《つつま》しく朗々と読み上げられた」という。さらに、「粛然、襟を正して傾聴」した学生たちが、「後日は暗誦して、何かの席上皆でこれを唱和した」と回想している（「恩師廣池千九郎先生の思い出」『社教』三十八号）。このことから、明治四十三年度の新入生が最初に受けた授業において、廣池の『伊勢神宮』が講ぜられ、学生に鮮烈な印象が残るとともに、皆で唱和したというほどであるから、その神宮論が広く浸透していたと見られる。

さらに久保田は、廣池らの日常についても記録を残している。「教官室の付近、廊下のあたりを偶々通ると、先生方はそこに屯《たむろ》して、お行儀の悪い姿勢で、何か議論をやり合っておられるのをしばしば目撃した」という。そして、「そんな時の一方の旗頭は廣池先生で、他が湯浅先生」であり、「お二人とも同じ支那学で、侃々諤々《かんかんがくがく》渡りあったであらうこと」を、両者が教室でも時々、「湯浅が…」とか、「廣池が…」と口走ることから推察し、「その都度、私等は下を向いてクスクス笑った」という。皇學館における教員間の盛んな学際的交流をうかがわせる一幕である。

次に、もう少し、高原の回想に触れておこう。高原は廣池の講義を喩《たと》えて「優れた料理人が目の前で新鮮な食物をそのまま調理してすぐ食べさせてくれる」、そのような印象だったといい、「生きた学問というのは、こういうものか」と思ったという。そして「学問の仕方というものを身をもって教えられた」と深く学恩に感じている。さらに、「私のこのような考えは、後になってひょっと思い出してみると、昔、廣池先生が言っておられた、ああいうお心が、私の胸のどこかに残っておって、ふとそれを思い出させていた」と、自身の思考の中に溶け込んだ廣池を評していた。そして後年、そうした印象を、後進の研究者たちにも語って聞かせている（所功『古希随想』）。

明治四十五年、神宮皇學館の創立三十周年記念式典における講演で、上田万年は「世間に学校で神社宗教に関する智識は、皇學館以上に進んで居るものはない」「神道の精神を教育に入れるのはどんな風にしたらよいかなどといふ様なことは、この学館の方々が日本に於て最権威を有するといふて差し支へない」（『勢陽学報』第一号）と評した。上田のいう神宮皇學館における「知識」と「教育」は、旧知の廣池によるものを指していた。しかもそれは、皇學館内部における教育ばかりでなく、『伊勢神宮』による対外的な普及をも評していたといえる。

3　求道者への歩み

『全国神職会々会報』の廣池談「予が信仰」によると、廣池は教派神道の研究を進めるに従い、次のような心境に至って神道の信仰を得ることとなったという。

信仰の念

今回、実地に就いて、その真面目を深く研究をなしとげた結果、現代の神道の宗教的価値並びに信仰者の状態の、意外に立派であるといふことを知り、而してその教理の高尚・純潔なるところに感動して、思はず信仰の念が起こるやうになつたのである、これが先づ、我が輩が神道の信仰に入つた径路の概略である。

「現代の神道」つまり教派神道は、研究対象としての存在が先にあり、研究の結果「高尚・純潔」であることに感動して信仰の念が起こったという。

廣池は、教派神道十三派のうち、複数の教派を評価し親しみを持っていたが、その中からさらに選択されたのは天理教だった。このことは、当時の皇學館学生にも明瞭に認知されており、「廣池先生は天理教を研究してゐられる間に、ほんとうに天理教信者になつてしまつた」と端的に記録されている（古川左京「桑原先生の事ども」『館友』四〇九号）。

このような経路にも、廣池の神道観が表れている。次の「本部へ」と題された遺稿を見ておこう。

予は当春、学術上のとして「御教《みおしえ》」取り調べに参り、爾来、研究の末、更に実地取り調べのため、信者〈古市服部〉の宅に同居致し、傍ら川崎分教会へ参り、度々御教教理を聴聞致し、かつ各地御教信者行動調査致し候処、予が将来信ずべき神道は（固有神道は今日にも既に堅く信ず）御教なるべき事を発見するに至れり。

「将来信ずべき神道」は「御教」（天理教）であり、「固有神道」は既に堅く信じているから、固有神道への信仰を土台として、その上さらに現代の神道としての天理教を重ねて信仰するという態度である。「予が信仰」にも、「予の信仰は、その根底が古代神道にあるので、現代の、一二神道の教義にのみによつたのではない」と断っている。学説ばかりでなく、自身の信仰においても、教派神道は日本古来の固有神道を継承し、現代に展開するものだという認識に立っていた。

以上のように廣池は、「神道史」講義の中で説いていた神道を、自ら行動する求道者としての道を歩み始めていた。

ただ、当時の一般的な認識では、教派神道が日本古来の神道精神を継承するものであるとして、積極的に信仰するという人は少数派であった。廣池が、天理教団からの依頼を受けて、精力的に活動を始めたころ、「出張して講義をお願いしたいとか、お助けを頼むとか、いろいろの要請・依頼が次々とあって忙しいが、一方、皇學館の教授仲間からは、冷たく白眼視され、批判される」（廣池富『父廣池千九郎』）と、同僚たちからの不評についてこぼしている。

さらに、教え子からも憂慮の声があがっていた。加茂氏宣は、廣池に送った書簡の中で、ある天理教徒から「廣池様が、天理教の経典は教育・戊申の両勅語と一致し居り候由述べられ、今後大いに同教の為に尽力せむとて、現今上京中なり」と聞いたことに疑念を抱き、次のように述べている。


先生が個人として天理教に御尽力相成るは、誠に結構にこれあり候へども、御承知の神道と宗教とは大に趣を異にし、或る点に於ては両者相容れざる事も少なからずと存じ候。殊に、先生が皇學館御教授の御身を以て天理教に御尽力遊ばさるるは、さなきだに両者を混同する世人は、一層誤解を招く事あらむかと、心窃かに心痛致し居り候。（明治四十三年一月二日付）

加茂といえば在学中、古川左京らとともに「神道研究会」の立ち上げを企て、学校側の反対に遭いながら「祭式研究会」と名を変えつつも、廣池らの協力を得て教派神道を研究していたメンバーの一人である。その人ですら、廣池の方針には賛同できていない。しかも、書簡中の「神道」は、宗教と大いに趣が異なるというから、神道を倫理・道徳もしくは宗教を超越するものとする思想に拠っており、廣池のその後の神道観の進展に追い付いていないことが分かる。

『全国神職会々会報』（一三六号）掲載の、「予の神社並びに神道に対する主義態度を明かにす（明治四十三年一月五日或人の問に答へし草案）」は、この加茂の書簡に対する返答である。ここで廣池はまた、「予は神徳を伝へ、神道を普及する上に於て、神道各派の教育を重く見る者」との持論を重ねて述べる必要があった。

しかも、当時天理教は、奥谷文智が「近世勃興した宗教は多数であるが、その中で天理教ほど世間の疑問を受けて嘲笑せられ罵詈せられ、非難せられた宗教は、他にその比較を見いだすことが出来ない」（『天理教解疑』）というように、世間からは厳しい視線にさらされていたのである。一方廣池は、風評を別にして、自らの研究成果にもとづき、

この信仰は、(1)全然進化の理法に一致し、(2)人類発展の歴史に一致し、(3)また能く近世の科学哲学の主義に一致し、(4)又今日の国家教育主義にも一致するものにして、(5)しかも我が日本固有の神道とは、正に符節を合はすが如くに一致するを見る。

（「余の天理教教育部に入りし理由」『道の友』二五六号）

と述べ、天理教の信仰は、合理的である上に、日本の国体および固有神道に合致する、まことに結構なものと考えていたのである。これまで何度か出てきた「固有神道」は、廣池自身の定義では「神道の性質」における「日本の極く古代よりあつたところの所謂原始的神道」と、ごく簡単に述べられたのみであって、具体的な内容が説明されていない。この段階でははっきりと述べられていないが、第一章で触れた「敬虔思想」、それから「万世一系」の日本国体の核心にある、きわめて重要な理念が存在することを、この時点でおおよそ摑んでいたことは確かであろう。それを廣池は、自らの神道信仰を深めることにより、これから明確な言葉として表現していくことになる。

矢納幸吉の手引き

では、廣池が信仰を深めていく経緯をもう少し詳しく見ておこう。前記にいう信者の服部とは、廣池が滞在していた旅館の女中の天理教徒で、名をテイといった。この女性は非常によく気がつき、真心のこもった接客をしていた。それが天理教の信仰から来ているということに、廣池は強く関心を持ったのである。テイの娘・杉森ウメが後年次のように語っている。

先生は、一時、二見の吸霞園《きゅうかえん》におられたが、旅館の部屋ではあまり勉強ができないし、私の母が古市の自分の方でよかったらお世話しましょうと言った。さうしたら生徒さんか誰か知らんが、「先生、あんなところへ行ったらいかん。天理教の信者だから」と先生を止めた。ところが、「天理教の信者であったら、なお結構だ」といって来て下さった。

こうして廣池は、生活の便と天理教の実態調査を兼ね、服部テイの自宅に下宿することになった。皇學館の教授たちは「ミイラ取りがミイラにならぬように」（廣池富『父 廣池千九郎』）と心配していたが、徹底的に調査せずにはおられなかったのであろう。

廣池は、服部に天理教について色々質問している。しかし、内容が難しいので、服部は難儀し、自身の所属する勢山《せいざん》支教会の会長の矢納幸吉《やのうこうきち》を紹介した。この人物が廣池を信仰の高みへと誘《いざな》ったのである。廣池は矢納会長について後年、次のように語っている。

勢山支教会の矢納会長は、天性はなはだ才知に富み、多少学問上の素養もあり、儒教の端緒を窺ひ、かつ深く心学道話に通じてをったのであります。しかうして、その信仰に至っては、実に深淵雄大にして、しかも極めて常識に富んでをったのでありますから、他の天理教会とは全くその趣を異にしてをったのであります。（『回顧録』）

矢納の優れた資質により、廣池の天理教理解は格段に進んだ。日記にこう記している。

我れを育てた勢山会長。予の付〔着〕くや、驚喜して歓迎してくれた。毎日毎日通ふ。飯までよばるる。病中、ひるは御馳走に骨折り、夜は御話をしてくれる。

元来、人を育てる精神が充実してをる。食堂せまき時は、自分はただ一人、あとにのこる。会長であるからとて先にくわ《〔食〕》ぬ。天理教は親を大切するなれど、親が子を育てるためには、かく苦心せねばならぬ。

（「廣池信仰日記」）

実は、廣池が服部テイの家に下宿するようになったのも、矢納のはからいであった。服部が廣池のことについて相談すると、「さういふエライ学者は、将来神様の用木になるお方だから、お前さんの家でお世話して上げなさい」（「奥谷文智資料」）と勧めていた。服部は、そのとき学生を五人下宿させていたが、彼らをすべて退去させてまでして、廣池を迎えたのである。こうして廣池は、矢納の勢山支教会に信徒として名を連ねることとなった。時期ははっきりしないが、明治四十二年の晩秋から初冬の頃と考えられる。

「誠の体験」

廣池は、日本の道徳の根本に「誠」という概念を置き、この語を、英語のTruth・Sincerity・Benevolenceという三語を合わせた以上の高度なものと考えていた。明治四十三年二月頃、廣池は矢納に、「誠」の精神の体得方法について尋ねている。すると矢納は、「実際に人を助けてみれば分かります」と語り、二《ふた》見《み》今《いま》一《い》色《しき》の講社へ案内した。その時のことを後年、廣池は次のように語っている。

その次に出でたる病人は、三十七歳の婦人にて、三か年半の間、全身不随にして臥してをったのを助けよといふのであります。ここにおいて、私は真に当惑したのであります。その理由は、物質的治療の方法すでに尽きて、ただ死を待つばかりの病人に、道徳心を注入して、その精神を改造し、これを更生せしめ、併せてその肉体の病を自発的に除去せしめようとするのでありますから、当惑するのは当然でありませう。

すなはち、この場合に当たっては、私の学力も、私の信仰上における勇気も、その仕事に比して実に微弱なることを自覚したのであります。ここにおいて私は、知らず知らずの間に、神様のお力に縋ったのであります。（『回顧録』）

重病人を前にして、なす術のない己の無力さを悟るとともに、その人を救いたい一心となり、自《おの》ずから神に縋り、その力への信頼が生じた。自己のはからいを超えた、広大な神の心に触れたのである。廣池の「誠」は、確かに伝わっている。その病人は、二カ月後に手足が動くようになり、その後さらに自分で立って歩けるまでになった。このケースは、現代ならば、心身医学によって患者の精神が改まり、それが自身の健康状態に好い影響を与えて治癒に至ったと説明されるであろう。しかしながら、他人の精神を転換させることなどは容易にできることではない。まずは己を捨て、神意を伴った真の誠に至って、初めて生ずる感化力といえる。

廣池は、この「誠の体験」から、「誠といふ語の真髄」は、「神の慈悲心に合することであって、神の慈悲心とは物質的救助でなく、精神的に人心を救済することにある」のであり、「苦労は我これをなし、その結果たる幸福は、これを他人に与ふるといふことにある」と理解する。そしてこれが「真に神の慈悲心に合することである」との認識となった（『回顧録』）。後に次のように回想している。

元来、私は若年のころより、好んで儒教・仏教及びキリスト教の経典を耽読《たんどく》してをって、モラロジーにいはゆる最高道徳の要諦はこれを理論的には体得してをったれど、これを日常生活に実現する具体的方法は、いまだこれを十分に理解してをらなかったのであります。しかるに、私は親しく今回、天理教教祖の実行とその信徒の実行とを見て、はじめて世界諸聖人の教説を人間の精神作用及び行為に即して、これを実現することの可能性を悟ったので、私は全く暗夜に灯を得た感があったのであります。（『回顧録』）

早くから儒学・国学を修め、仏教をはじめ諸宗教に通じていた廣池は、聖人と呼ばれる人々の高い精神性を理論的に理解はしていた。しかしここで、現実の救済の場に直面し、自ら体験することによって、理論と実践が統合され、新しい地平が開かれていくことになったのである。

『天理教普通教理』の作成　廣池はこうした成果について、さらに研究を深め教育へと展開していく。「廣池信仰日記」明治四十四年（一九一一）に、次のような記述がある。

四月十日、甲賀《こうが》に頼みに行く。この時の心は、天理教はこちらでするのである、ただでするのであるから、礼は先方の心により受けずともよろし、こちらよりたのむなり。実地にためすために学生来る。

十月、三人ともかえる。

「甲賀」とは、滋賀県甲賀市に所在する天理教甲賀大教会のことである。廣池が所属したのは、甲賀大教会の下の蒲生《がもう》分教会に属する勢山支教会であった。頼みに行ったのは、同教会の初代会長山田太右衛門だったが、何を頼んだのだろうか。

「学生来る」の学生とは、天理中学校の卒業生三人である。廣池は、これまで研究し研鑽してきた天理教の教理を、学生に指導する場で還元し、さらにその内容を磨くことを企図しており、その学生を派遣することを頼んだという形になっている。しかし実際には、廣池は「天理中学出身有志学生の請あるを機として、年来の研究と愚見とを発表して、もって社会に問はんとせるものなり」（遺稿）と書いている通り、学生側から請われて始まったものである。

この三人はいかなる学生であったか。その三人から廣池に寄せられた「我々の感想」によれば、三人とも天理教徒の家に生まれ、自らも信仰を持ち、将来もこれを指針に生きていこうとしていた。しかし、家庭で聞いてきた信仰の話と、学校で習う科学や社会の内容とが食い違い、その両立に苦慮しており、次のように記している。

段々と教育を受け、日一日と常識が高まるや、我々は遂に直覚的信仰をもって満足する事ができず、浅薄ながらも中学校において授けられたる科学、その他の思想を基礎とせる智識と、従来自分の持ち来たった単純なる天理教の信仰とは、互ひに相ひ容れられざるやうになったのである。我々は、もとより神の有無を信ぜざる者にあらず。また天理教の奇蹟を見ざるにもあらず。然れども、これを科学その他の思想をもって説明するを得ずしては、朝夕神に祈り、祈りて漸く姑息の安心を保つに過ぎぬのであって、真正の安心ではないのである。（「我々の感想」）

明治末から大正初め頃、中学校への進学率は、一〇パーセント台を推移していた。明治三十二年（一八九九）勅令第二十八号「中学校令」では、「中学校は男子に須要なる高等普通教育を為すを以て目的とし、特に国民道徳の養成に力むべきものとす」とあり、改正前の「中学校は実業に就かんと欲し、または高等の学校に入らんと欲するものに須要なる教育を為す」とされていたころ以上の、より「高等」な教育すなわちエリートコースを歩む者に対する教育へとシフトしていた。というのもこの頃には、同じ年代にあたる実業学校が充実してきており、中学校は、高等教育へと進むインテリへの道という認識が強かったのである。

このような教育下にあった彼らの目には、一般の天理教徒の言行が非科学的に映り、そのままを実践するわけにはいかなくなっていたのであろう。さりとて、それを捨て去って科学思想に走れるかというとそうでもなく、その間で揺れ動いていた。そして、この問題に答えてくれる「宗教家」もしくは「学者」を求めていたところ、廣池の名を聞きつけ、教えを乞うことになったのである。三人は、

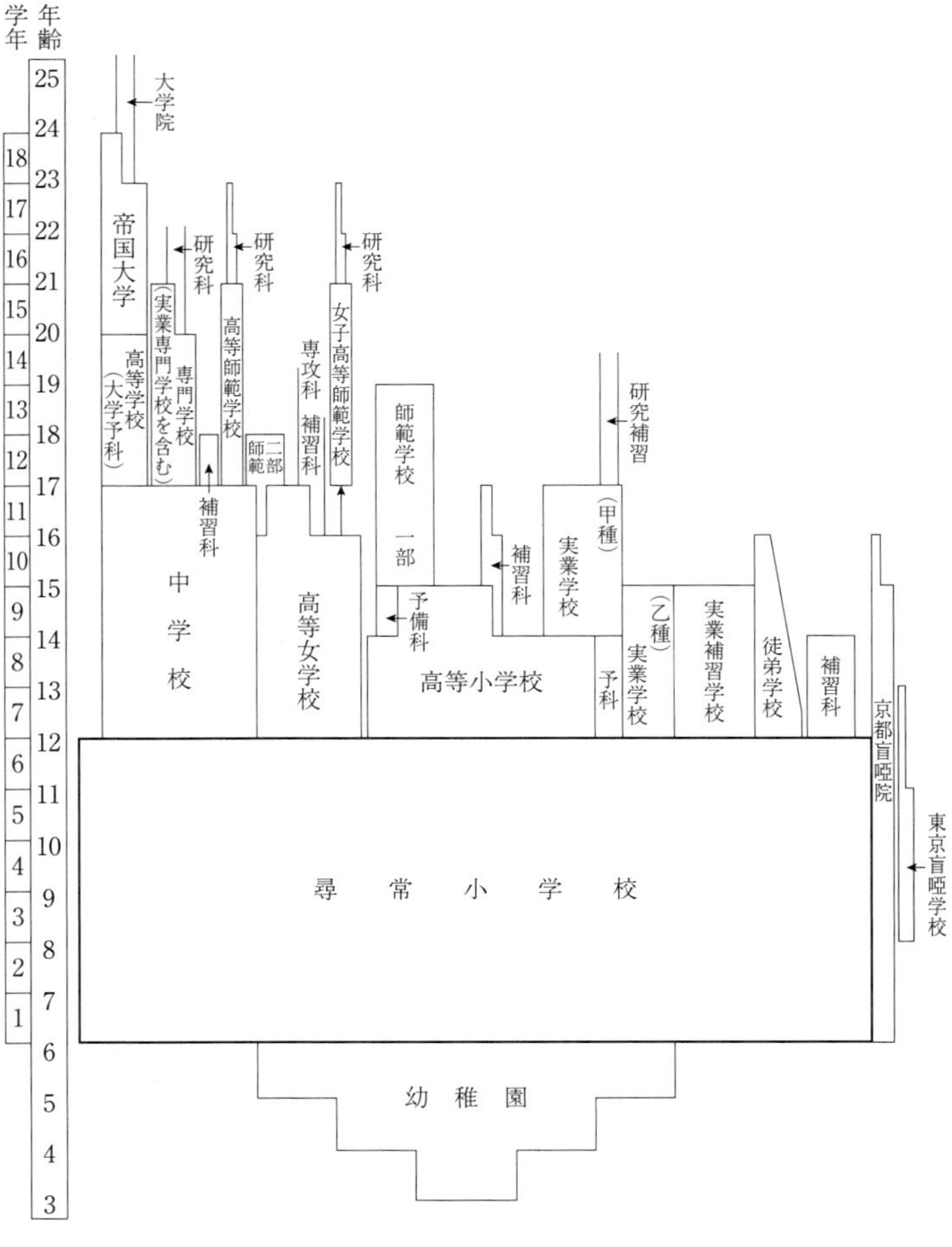

学校系統図（『学制百年史』より）

勢山支教会に居を移し、五月から半年間、百数十回にわたる講義を廣池から受けている。

このときの原稿が何度か訂正され『天理教普通教理』という、かなりまとまった稿本となった。これは副題に「日本固有神道の教理と現代神道の教理との比較研究論」とあり、現代神道たる天理教を古代の原始的神道と比較しつつ、幅広く論じている。

明治四十四年（一九一一）十一月十日、廣池は『天理教普通教理』を天理教本部へ献納した。これが中山真之亮《しんのすけ》管長《かんちょう》の目に止まることとなり、翌年一月四日、中山管長と会うことになったのである。

管長との面会と教理結集

教派神道の教団を代表する役職を「管長」という。天理教初代管長の中山真之亮は、教祖中山みきの三女はるの三男として慶応二年（一八六六）に生まれ、明治二十一年管長に就任し、明治四十一年の一派独立や天理教校および天理中学校の開設などに尽力していた。

「廣池信仰日記」には、今回の面会について「初めて管長公に面謁、三月休みに教理結集の約をなす」とある。この「初めて」という言葉の意味は考えさせられる。実のところ、廣池は以前に一度、中山管長と面談を行っているが、それを数えていない。これはなぜかというと、前回の面談は、神宮皇學館教授として、教派神道の調査の一環として会っていたにすぎない。今回は、信徒として会った。その感慨深さがこの言葉に表れていると思われる。

そしてこのとき、廣池は管長に対して、「大いに教理の根本を極めたい」と申し出た。それを聞いて、管長も大いに喜び、三月下旬の天理教本部における第一回教理結集を開く運びになったのである。

明治四十五年（一九一二）三月二十六日から三十一日にかけて、中山管長をはじめ、山沢為造《やまざわためぞう》・松《まつ》村吉太郎《むらきちたろう》ほか、教団の中核メンバーが毎夜集り、車座になって廣池の質問に答えた。こうして、廣池は中山管長との約束を果たすため、教理書の編纂に尽力する。

当時、天理教では、『御筆先《おふでさき》』『御神楽歌《みかぐらうた》』『御指図《おさしず》』などの原典類が公開されておらず、教典としては、『天理教教典』（いわゆる『明治教典』）一冊があるのみであった。これは、一　敬神、二　尊王、三　愛国、四　明倫、五　修徳、六　祓除、七　立教、八　神恩、九　神楽、十　安心、以上の十章からなる小冊子である。一見して分かる通り、国民道徳が中心的内容であり、信仰の側面も著しく一般的神道に引きつけたものである。

『明治教典』は、天理教の一派独立運動の一環で、国家に公認されるために便宜的に編纂されたものであり、井上頼圀ら国学者が編纂に携わっている。天理教の公的性格を表すには役立ったが、信仰の指導原理書としての役割は果たしていなかった。廣池はこの教典をもとに、天理教が日本人として修めるべき道徳をよく体現しているとする評価と、教祖の真精神が著されていないという批判との両面の印象を持っていた。このことが廣池の天理教徒の接近と乖離、両者のもととなったのだった。

また、のちに廣池は、管長から教祖（中山みき）の伝記執筆を依頼され、「信仰日記」には、「謹みてこれを受く」と記している。

明治末期の「三教会同」　第二次西園寺公望内閣の内務次官床次竹二郎《とこなみたけじろう》の起案により、明治四十五年（一九一二）二月二十五日、各宗派の代表者、神道（十三人）・仏教（五十一人）・キリスト教（七人）が華族会館に集まった。

床次は『欧米小感』の中で、欧米文明の真相は宗教的信念にあり、日本にはその皮相の部分のみが文明として輸入されているということを喝破していた。日露戦争後、不況が重なり退嬰的となった風潮に対して、宗教界から国民道徳の振興と社会風教の改善を推進すべく、三教会同《さんきょうかいどう》へ期待するものは大きかった。

翌二十六日には、「一、吾等は各々その教義を発揮し皇運を扶翼し、益々国民道徳の振興を図らんことを期す。一、吾等は当局者が宗教を尊重し、政治・宗教及び教育の間を融和し、国運の伸張に資せられんことを望む」という決議を行っている。

天理教団はこのような三教会同の動きに対して、積極的に応じた。『三教会同と天理教』という書籍を二万部発行し、大正元年には宣教員の講習会を開いている。廣池は、三教会同への対応について教団から相談を受け、『三教会同と天理教』の草稿をまとめるなどに関与した。

「三教会同」は期待したほど進展せず、それ以降に会合が開かれることはなかった。けれども、その後の活動の布石としての意味は、後述するように決して小さくない。

4 大病から生還まで

明治四十五年(一九一二)七月三十日、明治天皇が崩御された。廣池は、七月上旬に上京し、平癒を祈願している。崩御の報に接すると、直ちに筆を起こして、

『我国体の精華』という小冊子を、御大喪の翌々日（九月十五日）に刊行した。その緒言に、「本書は、明治天皇御大喪の記念として、我が国体の精華、道徳の淵源に就きて、謹んで鄙見《ひけん》を述べたるもの」とある。ついで第一章「敬神尊祖の国風」、第二章「列聖仁慈の宏謨」、第三章「国民公私道徳の本義」と、小規模ながら、当時の国民道徳の指針を廣池の観点からよく映し出している。

明治という時代は、まさに明治天皇とともにあり、その崩御とともに幕を閉じた。ちょうどこの頃、廣池の人生も大きな転換を迎えることになる。

前から体調のすぐれないことの多かった廣池であるが、大正元年の病状は、格別に悪かった。床に就くことも多く、十月二日、「今日以後、病状日誌を付けて見ようと決心する」と記して日記を書き始める。

廣池は、中津の頃の「初忘録」から昭和十三年の最晩年に至るまで、日常を記録しており、現在それらが、『廣池千九郎日記』全六冊となって刊行されている。しかし、その間の、京都に出てから『古事類苑』編纂期を経て大正元年に至る二十年間には、日記は書かれていなかった。この大正元年に書き始めたものは、日記の再開ということになり、これから死に至るまで、途切れることなく人生を書き綴っていくことになる。

この時期の日記は、すでに何度か引用していることから分かる通り、明治四十二年までさかのぼって書いており、名称も「病状日誌」ではなく「廣池信仰日記」とされている。廣池の病状は、信仰に関係する心の動きに大きく左右されており、「病状」と「信仰」は動きがシンクロしている。名称は違っても、書くことは同じであった。

「大正元年の大患」始まる

その夏、三教会同の講習会に出て、二週間にわたり講義をした疲労が響いた。「信仰日記」には、八月二十八日には「日々、発熱疲労甚だし」とあり、その後持ち直したが、九月「二十日ごろより、ついに風邪となる」と記している。ここから十二月末までの数カ月、死線をさまようところまで悪化していく。のちに「大正元年の大患《たいかん》」と呼ぶようになるこの危うい体験の間、廣池は信仰を深め、懺悔と誓いを繰り返し、精神の大転換を遂げていく。

「信仰日記」には、たとえば十月十一日に「ただただ、今後一つでも多く人を助くることをさせてもらいたし。その代はりとして、苦労を与へて下さるやうに願ふのみ」と、救済への誓いを繰り返していく。また、十月十三日には、左記のように人生を省みる。

> 昔は、生計と出世とのために苦しみて、春の花、秋の月の楽しみもせず。今は職業の方は右のごとく軽くなり、楽になりしも、病にて苦しみ、つまり予の一生は苦をもって始まり、苦をもって了る有様なり。
>
> しかし、ここが即ち立命の要点なり。出世のために苦しみたればこそ、その結果、今日世上の用に立つやうになりたれ。かつまた、その苦のために身体弱りたればこそ、御道を聴きて今日の安心を得るなれ。而して、また今日、この病あればこそ、我が心を改めて、今後純然たる世のための働きをする決心を固むることを得るなれ。

貧苦に耐えて奮励していたころからを振り返り、現在は仕事が楽になったけれども、今度は病苦に苛まれている。自分の人生は苦労続きであるが、そのおかげで信仰を得て安心立命し、純粋に「世のための働き」をする決意を得られたと感謝する。そして、苦労するからこそ、過去の悪い因縁を切ることができ、神の働きと一致することにもなるとするが、この後それさえも「かく思ふは高慢なり」と懺悔し「感謝、感謝」と繰り返している。

十一月九日には、矢納幸吉から言われたことについて、次のように記している。

会長いはく、廣池千九郎をば殺してしまはねばならぬ、云々。重ね重ね、このことは服膺《ふくよう》して居ります。区々たる学問才智、神の前では児戯です。

真の「誠」に至るためには、自我を超え、神の心に合一しなくてはならない。廣池が自負してやまなかった学力も、神の次元からすれば、子供の遊びに過ぎないことになる。

十一月十二日には、「先日来治定《じじょう》」として、「無我の愛といふは、己れをすつ〔捨〕ることなり。己れをすつるとは、己れの生命・財産・自由をすてて、人類の幸福に資することなり」という。「治定」とは、心を定め誓いを立てるといった意味であり、「心定め」とほぼ同義である。この時点で、人類のためにすべてを捨てる覚悟が見られる。そして次の一文が注目される。

「正午、日光浴を取る。その際、天地自然の状態を観察し、顧みて宇宙の真理に想到す」。

のどかに日光浴をしながら、景色を眺めていたのだろうか。そこから宇宙の真理に想いが至ったという。この後、以下のように述べている。

つらつら天地自然の現象を観よ。花あり、月あり、山川草木の景色あり。実に美なり。稲の穂、大根の葉、蒸々《じょうじょう》とし熟成す。真に善なり。しかし、その間に糞土あり、曲道経路あり、不毛の地あり、朽枯《きゅうこ》せる草木あり。しかも、これらの糞土や、曲道径路や、不毛の地や朽枯せる草木は、やはり自然の美をあやどりて、我が心を楽しましむる材料となり、またこれが善美の現象を生成する原動力となるものなり。

美しいと思うものは、必ずしも花鳥風月だけではない。畑の土や枯れ草、さらに曲がった道に不毛の地までもが、心を楽しませるという。すでに何か達観したものを備えているといえよう。また、

見よ、神はこの森羅万象を包括して喜憂することなく、自然の法則は攸々《ゆうゆう》として迫らず。何事を見聞しても憂ふるなかれ、悲しむなかれ、怒るなかれ、怨むなかれ、不足をつむなかれ。その必要は決してこれなし。悪をなす人には殃《わざわい》の理巡り来り、善をなす人には幸福あり。皆こちらよりやきもきせずとも、天理循環、因縁の理は一糸紊《みだ》れず、必ずそれぞれに報ゐあり。その心をもって万人万事に臨み、ただ己れの心を研き、己れの本分を尽くし、日の寄進を忘れずば、心広大にして快活

なり。正に大宇宙と一致して、心界繊塵《せんじん》なからむ。
神の心を自然の法則と考え、その観点からものを見ている感がある。因果の法則は一糸乱れず、その動きに何ら迷いを生じないという、天の理《ことわり》に全幅の信を置く安心立命境地に至っている。こうして廣池は、最大の試練を迎える精神を形成していった。

絶体絶命の病状

病状のピークは、大正元年十二月六日から七日の間に迎える。この両日も、廣池は筆をとっていた。「全身不快。よって御くすりをもやめ、静臥《せいが》し専ら天命を俟《ま》つ」（「容体書」）と記している（日記は、十一月二十八日から「容体書」と称した手帳に替わった）。ただ静かに臥し、天命に従う廣池であったが、さすがに、危篤状態の中、自らを客観的に詳しく書く余裕はない。このときの詳細は、後日の回想に見える。

十二月六日の夕刻には、ほとんど両目に物を見ることができぬまで衰弱したのであります。病状は、多年過労の結果、強度の全身的衰弱であるので、内臓の神経まで衰弱してしまったので、肺臓のごときも、肺量計にて計るに平素の半分より昇らず、心臓の働きも、半分くらいににぶり、胃腸のごときは、全く消化力を失ふて、おもゆもしくは牛乳のごとき流動物を消化する力もなく、視神経・聴神経・触官神経及び歯齦《はぐき》の間にあるところの神経まで衰弱して、五官ことごとくその用をなさぬやうになってきたのであります。

その結果、強気咽喉カタルを生じて、咳嗽《せき》・喀痰《かくたん》のはなはだしきがゆゑに、見聞するものみな、肺結核と思はぬ者はなかったのであります。ことに胸部より両左右の肋《あばら》のいはゆる肋間神経痛を併発せしをもって、自分ながらこれを肺病なるべしと思ふたのであります。かくのごとき重態に陥り、物質的治療において全く窮まったので、ただ死を待つのほかなかったのであります。（『回顧録』）

自覚する症状からして、もう助からないという意識があった。しかし、廣池はこれまで述べてきたように、生きて聖人の道に従うことを望み、あらためて次のように誓っている。

今日の大患にては、とうてい生命のあるはづなけれど、もし神様が私に一年の生命を貸してくださったならば、人心救済に関する世界諸聖人の真の教訓に本づくところ、前人未踏の真理を書き遺しておきませう。もしまた、さらにこれより永き生命をお貸しくだされますならば、当年一月四日、お地場にて誓ひしごとくに、私の学問・名誉及び社会の地位全部を神様に献納し、生きたるままに神前の犠牲となって、人心救済をさして頂き、全人類の安心・幸福及び人類社会永遠の平和の実現に努力さして頂きませう。（『回顧録』）

もし自分にあと一年の命が授けられたなら、真理を書き残し、さらに寿命（後に二十年と設定）を延ばしてもらえたら、人類社会永遠の平和実現に努力するという。

このように延命を乞い人心救済を誓ったところ、病状は快方に向かい始め、廣池は奇跡的に命をとりとめた。精神の転換により救われたのだと確信して、これ以降、誓いの履行へと邁進することになる。年が明けて、大正二年一月八日の「治定」では、次のようにいう。

すてたからだだ、自分の希望は何物もない。神様がせよと仰せらるることをすればよし。一切心配もせず、工夫もせず、願ひ望むこともなし。

法学博士の学位授与

時間を少しさかのぼるが、廣池は明治四十三年（一九一〇）十一月、学位論文を提出していた。提出の意向自体は、三十九年の暮れに、穂積陳重から勧められて固め、伊勢に移るころから構想を練り、満を持していた。病人の救済に通っていたころは、忙しい論文執筆の時期と重なっていたのである。

その論題は、「支那古代親族法の研究」である。これを主論文とし、「支那喪服制度の研究」と「韓国親族法親等制度の研究」の二部を副論文としている（三論文とも『東洋法制史本論』に収録）。なぜ廣池の危篤と生還のときに、学位の件に触れるかというと、学位授与決定の知らせを文部省から受電したのが、まさにその時、大正元年（一九一二）十二月七日だったからである。

当時、日本の学位は、明治二十年（一八八七）の学位令（勅令第十三号）によって規定され、法学・医学・工学・文学・理学の五種の博士号が文部大臣から授与されることになっていた。各大学から授与される欧米と異なり、優れた学力を持つことを国家（文部大臣）が認定するもので、爵位と同様に、その人の名に冠されるため、現在とは比較にならぬほどの高い権威があった。

ちなみに、日本でも現在のように各大学から授与されるようになったのは、大正九年の勅令第二〇〇号により学位令が改正されて以降のことである。

このような栄誉を授かる知らせを受けたのは、まさに死線をさまよい、将来の希望が絶たれようとする中、すべての地位・名誉を捨てて、救済の世界に生きようと決意したその時だった。

『官報』（大正元年十二月十二日）の「学位記」には、次のようにある。

案ずるに、支那法制史の研究は、本邦の法律学者の宜しく当るべき所にして、而かもこれに従事する者甚だ少く、その全部を通して今尚ほとんど全く未墾の原野の如し。独り本論文の著者は、多年、支那法制史研究に志し、これに関する既成の論著少からず。本論文もまたその研究の一部を為すものにして、普く群籍を渉猟し、而して之を判断するに、近代法律学の思想を以てし、よく秩序を正し、系統を立て、広漠なる原野の一部に付き初めて開拓の功を為せるものなり。その下せる所の断案の尽く当を得たりや否やは、今遽にこれを断定するを得ずと雖も、少くとも、この種の研究に於て、前人の未だ為さゞる所を為し、学界に裨益を与ふるの鮮少ならざることは疑ひを容れざる所なり。

以上の理由に因り、本論文の著者は、法学博士の学位を授くるに適当なる学力あるものと認定す。

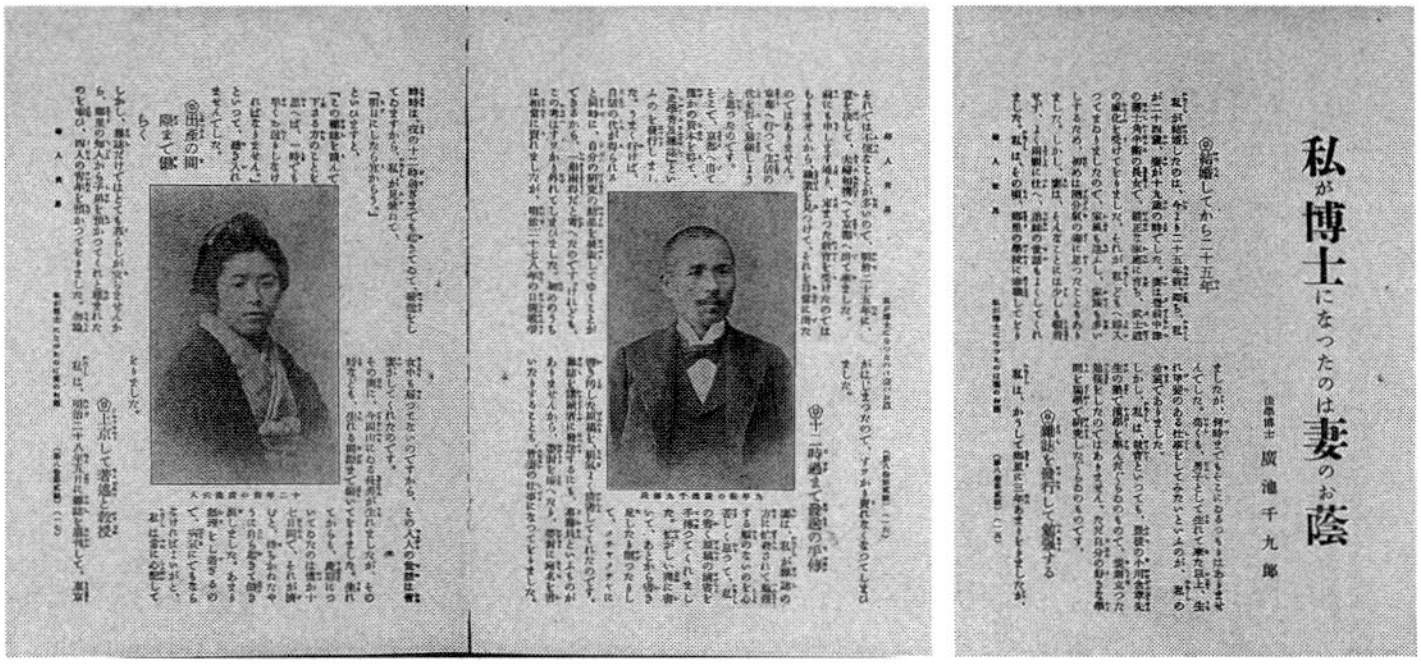
私が博士になつたのは妻のお蔭
法学博士　廣池千九郎

「私が博士になつたのは妻のお蔭」（『婦人世界』大正２年２月号）

新聞の動きは速い。すでに『官報』発表の前日、十二月十一日には報道されている。『読売新聞』には、「苦学　奮闘の二十年」と題して紙面を割き、廣池の略伝に続き、本人の言葉として、「私が今日あるを得たのは、先輩の指導・誘掖・薫陶・奨励に因ることは勿論であるが、また実に荊妻の内助が与《あずか》つて力あるのである」などという本人の言葉を紹介し、特に春子について「模範的夫人」と賛辞を送っている。

また、阿部守太郎の談話は、「悲壮なる一路」と題し、「彼は別に学校らしい学校に学んだ事もない全く独学で、国を出てより二十余年間の悪戦苦闘と来たら、筆にも言葉にも尽くされぬ」と評するのみならず、彼もまた「廣池の今日あるは、春子夫人の内助の効大〔ママ〕なりと云はねばならぬ」と称えている。

一方、春子は、学位授与のことを、自宅に押し寄せた報道陣から初めて知らされた。そのときのことを『思ひ出』に、こう記している。

> 結婚してから二十五年間、今日あるを期して、着物一枚求

めず、芝居の絵看板一つ見ず、良人の希望に添つて一心不乱、苦労を苦労と思はず、我が子の養育教育に努力しつづけて来た私は、新聞記者から博士になられたと聞かされた時には、無意識に東を拝み、西を拝み、気も狂はんばかり、有がたい、忝《かたじけ》ない、と伏し拝みました。

これまでの苦労が報われる時が来たから、これでようやく普通の家庭的な生活ができるという喜びに浸っていたのであろう。ところが、ひと月もしないうちに春子は、失意の底へ突き落とされることになる。

天理教本部への招聘

大正元年（一九一二）十二月二十八日、中山管長の代理として、松村吉太郎が廣池のもとを訪ねてきた。天理教本部への招き、つまり教団幹部への招聘だったのである。『回顧録』には次のように記されている。

勢山の会長役員も大いに喜ばれ、私も人心救済を為すには、適当の場所であらうと考へまして、即時に本部に入る事を承諾し、同時に神宮に辞表を出したのであります。

廣池は、教団幹部となり、宗教者として生きることが、神との約束を果たすのにふさわしいと考えて、その要請を即座に聞き入れ、神宮皇學館の教授職を捨て去ってしまったのである。

明けて大正二年（一九一三）、新年早々、廣池は、関係者への説明に忙しくなる。まず「容体書」には、一月二日、春子から「本部行きに付き、大反対の手紙」が来たとある。春子は、夫の教団入りを何とか思いとどまらせようと必死になり、迅速かつ徹底的に手を打った。

まず、岡山の第六高等学校に在学中の千英を伊勢に立ち寄らせたが、効果がない。すると、自ら伊勢へ赴き、引き留めに出た。これは春子の人生初の一人旅である。「容体書」によれば、翌三日、「妻来訪あり。予は専ら予の健康の状態を説き、重々あやまり入りて賛成を求む」。四日、「妻は木村氏訪問。同氏には、予より委曲志を告げおきたれば、色々になだめくる。夜間に至りて、承知の旨を答へてくれたり。始めて安心せり」。五日「妻帰京す」とある。

「容体書」にはこれだけしか書かれていないが、その後の回想によれば、このときの壮絶な状況が明らかになる。廣池と春子と、双方の回想があり、両者の視点それぞれから見ると、その間にいかに深い溝があったかを知ることができる。

「容体書」には、木村春太郎の名前が見える。彼は本章冒頭で触れた通り、廣池を神宮皇學館に招聘した人物であり、伊勢における廣池の最もよき理解者であった。春子は、それを知っていたから、木村に説得を頼みに行ったのであろう。しかし、廣池はあらかじめ木村に自身の考えを伝えてあり、木村が妻をなだめてくれたので、妻も納得してくれたと書いている。

ところが、木村は廣池の考えに納得したわけではなく、春子にこう告げている。「友人たちはもちろん、あらゆる事情、あらゆる利害関係を話して引き止めたが、なんとしても聞いてはもらえなかった。あれだけの学者を、誠に誠に遺憾千万、奥様には、重々ご同情申し上げる」（廣池富『父廣池千九郎』）と。木村も、廣池の説得に失敗し、春子には同情するしかなかったのである。廣池が受け取った春子の「承知の旨」は、木村がすでに陥落していることを知って諦めたということを意味した。

のちの廣池による回想を見てみよう。春子の伊勢滞在中のやり取りが詳しい。

東京に居た家内は、私の先輩たちに種々運動して何でも私の天理教本部に入ることを思ひ止まらせようと種々方寸を定めて、大正二年一月三日に伊勢へと遣《や》つてきたのです。そして「二、三十年の長い間、色々と苦労を見せて置きながら、今勝手に本部に入るなどとは誠に心外だ」といつて、私の定めた心を翻そうと種々説きますので、私は「私が一人出世することは、私一人の出世に止まるが、天理教本部に入つてお道とならば、万人の助けが出来るのであるから」など、種々諭しましたが、中々承知して呉《く》れませぬ、遂には「学問をして、その上で身体が壮健でないと言ふことなれば、死んでも本望ぢやありませんか、それが武士道です、学者の本望です」などと中々議論を立てて思ひ止まらせようと極力かかりますので、私の友人の神部署長（木村）を頼んで、だんだんと家内に話して貰ふと言ふ様な始末で、二晩か三晩も続きましたが、遂に泣き別れで家内は東京に帰り、先輩にその経過を報告したのであります。

（山本千代蔵編『廣池博士講演集』大正八年）

やはり春子は武家の娘である。学者が学問に斃《たお》れるのは誉れとし、延命のためにもがくのは恥であり、死んでも本望であるとまで言っている。春子は、これまで廣池の方針に反したことはなかったが、それはただ盲目的に従っていたのではなかったことが分かる。夫の学問と教育を支えるため主体的に努めていたのであって、新宗教教団で働くというのは、春子の主義に反していた。『思ひ出』には、次のように記している。

たまりかねて、一人旅をしたことのない私が、伊勢まで迎へに出かけまして、いろいろと事情を話し、利害を話し、早稲田大学・慶応大学、どこでも就職できるからと帰京をすすめましたが頑としてきき入れません。学者として最高の栄誉をになひながら、心は既に天理教信仰の一途に深く入り込んでゐるのでした。我が家・我が子の姿も目に入らぬ有様、三日三晩、語りつづけましたが、遂に呼びかへす術もつき、力なく別れて、淋しく帰京致しました。

春子は、力尽きて帰京したのだった。

廣池としても、春子のいうように家族が目に入らない状態になっていたわけではないであろうが、両者の認識のズレは著しい。春子は説得に力尽き、呆然自失していたのに対して、廣池には、妻の理解が得られたように見えていたのである。

春子は、帰宅するとすぐに手紙を書いた（その手紙は残っていない）ところ、廣池は返信で、「憂ふることも悲しむ事もいらず候。阿部の如き、わけの分かりしものは、小生説明さへすれば、すぐに合点致しくれ候事、疑ひなく候」といい、「小生は、決して決して学者の態度を失はず、専門学の大成を期し、かつは真理擁護の為に、いのちがけの働きを致させもらひ申すべく候」と、春子を安心させ、宗教活動とは別に、学者としての立場を堅持し、専門学（「東洋法制史」から「道徳科学」）の大成を期すことを申し送っていた。

しかし、廣池の想定はあっさり崩れる。「すぐに合点」してくれると期待していた阿部守太郎からも、「えらい反対のこと」（「容体書」）が申し来った。

春子は、穂積陳重を二度訪れ相談している。このことを後で聞いた廣池によれば、「穂積先生は実に偉かった。家内が相談に行くと、これには何か子細がありませうと言はれました。また二度目に家内が相談に参りますと、廣池さんに間違ひが有ったならば、私が責任を持ちますから安心しなさい、と申されたのであります」という。また『回顧録』にも次のように書いている。

穂積先生は、一両年中に、東洋法制史の講座を設くるように尽力するから帰京せよ、高田博士は早稲田大学にて働いてもらひたいと申され、鎌田学長は慶応義塾に私のために一つの新しき学科（東洋法制史）を設けませうと申され、さらに従弟阿部守太郎氏（ときに外務省政務局長）は中国政府に推薦するから（これは前々より話のあったことです）ひとまず上京すべしとのことでありました。引き続きて白鳥博士は、南満鉄道の岡松博士の従事してをる中国法制に関する取り調べの主任に推薦してくだされたのであります。

（『回顧録』）

しかし、廣池は、これらの誘いをすべて断った。恩師の穂積すらも廣池を連れ戻すことができなかったのである。

5 天理教本部時代

本部に到着

廣池が正式に本部入りしたのは、大正二年（一九一三）一月二十五日である。住居は養徳院《ようとくいん》の一室を充てられた。養徳院とは、天理教団における児童養護施設であり、現在も存続している。

一月二十五日、本部に到着した日、廣池はさっそく中山真之亮管長から夕食に招かれた。管長がいうには、「私が十六歳になつた時、御教祖に私を東京へやつて学問をさして下さい、とお願した処、教祖は学問はお前がしなくとも、世界から学者が御本部に這入《はい》つて来ると仰せになりましたが、今日の有様です」（『廣池博士講演集』）とのこと。管長は、かつて教祖の中山みきに対して学問をしたいと申し出たところ、いずれ神様が教団に学者を連れてくるから、その必要はないといわれていたが、その予言どおり今日ここに、廣池を迎えることができたというのである。

廣池はこれを聞いて感激し、「今後は如何なる事があつても、御教祖を奉じてやらして貰ほふと心が定まつた」という（同）。

天理教内では、長らく「学者・金持ち、後回し」といい習わされてきた。それが教祖の方針であり、教えを広め、まず救うべきは社会の「谷底」で喘ぐ貧しい人々であった。そのため教団にはインテリ層には人脈が限られ、神宮皇學館教授の法学博士である廣池の本部入りは、驚きをもって迎えられている。教団の雑誌『道の友』にも、次のように書かれていた。

博士は、現時、我が国第一流の学識・名望・人格を有し、這般《しゃはん》、断然決意して、純天理教徒となり、公然天下にこれを告白せられたるは、本教に於ける空前の一大壮挙となすを得べく、「高山」信仰の道路は、全く博士によりて、初めて開拓せられたるの観あり。

（「廣池博士を歓迎す」〈二五六号、大正二年三月〉）

「高山」とは、「学識・名望・地位」を有する者たちのことで、「谷底」の対極である。「高山」への道のりは、廣池により初めて開かれたという。また前記の、教祖が学者廣池の登場を予言していたという話は、「学者をひとり神様は呼び出された。それが法学博士の廣池千九郎先生だ」（中西史郎『片山好造私史』）などのように、教団内の各所で語られている。

それに応じて、廣池側も意気揚々であった。そのころ大隈重信に宛てた次のような書簡からも、教団内にある教育機関の拡充について、すでに壮大な構想を抱いていたことが分かる。

天理教に於ける小生の事業は、該教信徒の子弟中、中学生全部〈追々二万人以上になり申すべし〉を

収容すべき大規模の中学を設立すると、その上に専門学校を建設する等の事にて、非常に大業にこれあり候

（「大隈関係文書」大正二年五月二十一日、早稲田大学蔵）

本部における廣池の役職は、教団の「教育顧問」と「天理中学校長」であった。

天理中学校の校長

天理教の本部における仕事始めは、大正二年二月十四日、天理教校の卒業式での演説である。続いて十八日、天理中学職員に対して就任の挨拶として、約一時間半の演説を行い、翌十九日には、天理教教育顧問・天理中学校長の辞令を受け、中学校の職員へ晩餐会を催している。

三月八日には、「余の天理教教育部に入りし理由」を『道の友』誌に発表した。これは、自身の来歴から、信仰を深め現在の役職に就くまでのことや、廣池の天理教観が端的に述べられており、天理教サイドからも、相当の歓迎を受けたようである。廣池が天理教本部を離れて二十五年後の昭和十五年に刊行された『道友五十年』にも、この一篇は「当時の教内に素晴しき讃嘆と異常なる感激とを呼び、博士の入信の事実を以て、教内は頓《とみ》に肩幅の広き思ひをなした」と記されている。

廣池は、三月十日「天理中学生徒の訓育に関する希望」、四月一日「天理中学生徒の心得に関する訓諭」等、矢継ぎ早に指針を発表した。これは、教員向けと生徒向けとで対になっており、廣池の教育観をよく表している。これらは、「天理中学職員生徒神拝の心得」「夏季休業心得」等を加えた上で、まとめられ『天理教教育主義』という題で刊行されている。

本書には、「正式参拝には、先づ陛下の御玉体《ぎょくたい》及び国家の安全を祈るものなれば、天理教未信者の子弟と雖も、これを拒むを得ず」との一文がある。これが

『天理教教育主義』

書かれたのは、次のような事情が背景にあった。

本部に入って廣池がすぐに感じたのは、「高等の教育ある人」で天理教本部に入ってきた者に、天理教の真の信仰を有する者がほとんどいないということである。天理中学の職員にしても、職業的に教職を務めるものが大半を占めていた。中山管長としては、職員生徒全員に毎朝神殿に参拝させたいところであったが、職員の中に反対者が多く、それができていない。私立学校であっても、宗教行為を一律に求めることは難しい状況だったのである。

そこで廣池は、さっそく職員を集めて、「毎朝の参拝は、われわれ日本の臣民が、わが自然宗教の精神に本づきて、陛下の御安泰を宇宙根本唯一の神に祈願するのでありますから、その参拝を学校の正式参拝とすることは、あへて不合理なことはない」と説き、翌朝から全職員と全校生徒の参拝を制度化した（『回顧録』）。ここにも、廣池の一宗一派を超えた信仰観と、日本の国民道徳に重ね合わせる神道としての天理教観がよく表れている。

その際、廣池自身は、毎朝四時ごろから神殿に参拝し、生徒と一緒に掃除し、別席（説教所）の便所掃除も行った。これも当初は、天理中学の生徒が参加しておらず、ついてきたのは天理教校の方の生徒であったが、中学の生徒も後々合流している。

教団内にも、温度差があった。「天理教校」とは、主に布教師を育成する学校であり、やはり宗教

的意識は高い。それに対して「天理中学」は、『天理教普通教理』のところで述べたように、「中学校令」にもとづく普通の中学校でもあったから、宗教性が比較的薄かった。しかし、廣池校長の率先垂範により、生徒たちがこぞって参加するようになったのである。

この掃除は、教徒にとって重要な「行」でもある。松浦香の回想によると、「教員室の便所は、校長である博士自らお掃除なさるので、生徒の便所も、当番はきめてなくても生徒が率先して掃除をしておりました」(「大正時代の廣池博士」)という。

こうした廣池の日常について、中山管長は、「あなたは毎朝神殿より便所の掃除をなされてをるといふことを聴いて、(中略)あなたの信仰とあなたのお心とはよく分かりました。すべて人間は、みなおのおの定まれる職務がありますから、もはやあなたは掃除などはなされずともよろしゅうござります。あなたの御実行は、真に天理教のすべての信徒を感動さすることができるので、実に感謝いたしてをります」(『回顧録』)といい、廣池に掃除を控えるよう諭したほどである。

なお、天理中学は、明治四十一年、五年制の中学校となっていた。大正二年、廣池が就任した頃、定員が四百名から五百名に増えている(「天理中学校の発展」『道の友』二五六号)。

教員と生徒　明けて大正三年(一九一四)二月七日、『日記』には、「中学職員五年受け持ちのものへ喩す」内容を、次のように書きとめている。

(一)天才によって専門学をやった諸君が、すべての生徒を見て、己れのごとくになれとてこれを十分に思はぬのは、世界の事情を知らぬといふものなり。故に大抵のところにて大目に見られたし。
(二)試験の問題を、普遍的・必要的のものにしたし。特殊のことを出すは不可なり。
(三)採点の標準、ただ高きのみにては不可なり。
(四)操行の進むやうに生徒に訓戒したれば、今回は大抵甲に願ふ。
(五)試験の題は六題以上とし、その半分は最近二週間に教へし内より願ふ。
(六)右のごとくにして、他の生徒の心の弛む憂ひあらば、小生これを引き受くべし。

五年・四年生に訓示の要旨。
(一)借物は仕方なし。天才は借物なり。
(二)心一つは我れの理なれば、心にて出来ることをせられたし。心にてでくることは努力なり。
(1) 修学の努力／(2) 出席の努力／(3) 操行の努力
右正しくやれば、何とかまたなることあるべし。

このように、廣池は教員たちに対して、慈悲の心となり生徒の実情に寄り添い、なるべく易しい指導を行うよう訓示するのみならず、もしそのせいで生徒たちの士気が下がるようなら、校長自ら生徒に督励するという。

ここに出てくる「借り物」とは、天理教における重要な概念である。身体は神から借りたものであり、人間は神の意思（自然の摂理）によって生かされている存在と考える。そして、神から借りた身体を使わせていただくという、謙虚な精神を指す。「天才」とは、ここでは天から与えられた才能といった意味であろう。生徒たちには、天才は借り物なので、神の意思に任せ、自分は自分の持ち物である「心」で為しうることに専念するよう説いている。

春子の理解

こうした指導により、教員も生徒もその態度が目に見えて「一変」したという。

大正二年四月、ひどい発熱に苦しんでいた廣池は、甲賀大教会の山田太右衛門より帰京するよう勧められた。その経緯が廣池から春子宛て書簡に記されている。

（山田の）察する処、「これはあなたが半年余りも一回も家へかへらず、奥さんの心を痛めて居る上に、又候、今回かへるのを伸ばしたるより、奥さんの心に瞋恚《しんい》の焔がもえ上り居るから、その心のほとりの理がようてきて、あなたのからだに大ねつが発したものと見える。されば、速やかにこれをざんげしなされた上に、少々わるくても、今度は一寸でも東京へはやく一度おかへりになるやうにしなさい」、との事であったから、（廣池も）成程と感心いたし、すぐに神様に向て、私がわるう御座りました、妻子の心配を思はず、すっかりよくなるまでと思ひしは誤りでした、すこしよくなればすぐ一度かへります、とざんげしました。処が、ふしぎにも昨夜十時すぎよりねつが俄かに下がりて、今朝は三十七度二・三分になりました。（下略）

春子は、この書簡を読んで心を動かされた。そばで見ていた富によると、「父の純粋さに母は胸をつかれた思いがした。あれだけの学者が、これほど深く素直な気持ちで信仰に入れたかと思うと、頭の下がるような思いがした」(『父　廣池千九郎』)と語っている。

春子の心理も穏やかになっていた。春子は廣池の誘いに応じて、六月には夫の様子を見に天理教本部を訪れている。このとき松村吉太郎らの歓待を受け、移住を勧められたが、それは丁重に断り、比較的健康な廣池の姿を見てから安心して帰京した。その年の十月には、春子は二度目の天理訪問をしている。

天理教は十月二十六日が秋季大祭である。天保九年(一八三八)のこの日に立教されたことに由来する。廣池はこの盛儀を見せたいと思い、呼び寄せたところ、春子は素直に従い、何かと面倒を見てくれる教団に感謝して、七日間、自らも接待係として奉仕している。春子は、廣池の信仰の真実味と、教団の真摯な活動に理解を示し始めたが、自身が信仰を持つには至っていない。娘の富によれば、「母は神仏を尊敬し、数多い新宗教に敬意を表したが、ひとつの宗教に凝り固まることはできなかった。それでも安心立命していた」(『父　廣池千九郎』)という。

学位授与の祝賀会

廣池は四月の帰省の際、阿部守太郎をはじめ、先輩・知友たちから「ともかくも恩師に対して感謝の意を表し、祝賀披露の宴も催すべきだ」と諭されている。そこで、阿部が先頭に立って準備を進め、上野精養軒において廣池の学位授与を祝賀する会が四月二十八日、開催されることとなった(『父　廣池千九郎』)。

祝賀会には、穂積陳重と上田万年・井上頼圀の三博士をはじめ、二十人が参会した。挨拶には主賓の穂積が立っている。穂積は年長の井上がいることに配慮して、論文提出を勧めた関係上お話しすると断りつつ、廣池の篤学を語り、「かかる学者に学問上の名誉を負はする事は学界の慶事であり、また学問上の奨励になる事であると思ふ所から、私は先年論文御提出の事を御主人に御勧めした」という。そして、その論文は「空前の大部なものであつて、而して其内容は考証精覈《せいかく》、議論著実、飽くまで研究の態度が真摯」であり、「教授会の投票は全部白票であつたと云ふ事は学界未曽有の事」とその成果を称えた（『経歴』）。

このときの穂積の井上に対する態度に感銘を受け、廣池はこう書き残している。

> 穂積先生は当夜の主賓なるが故に一同の御来賓を代表して立たれたるなり。しかし穂積先生は当時世界の法学界に名声を博せらるる碩学なると同時に、人格一世に超絶して慈悲寛大真理を愛し、これがために後進生中、有為の材と見ればこれを誘掖して学問上の貢献をなさしめ、しこうしてその人の発達するやこれを待つに友人をもってし、謙遜の態度ほとんど人をして感泣せしむるものあり。かくのごとき御方なるが故に当夜の年長者井上頼圀先生に対してかくのごとく御あいさつありし次第なり。

学位取得の記念撮影

穂積が大学者であるということばかりでなく、後進を育てる優れた教育者であるとともに、謙譲の美徳を備えた人格者であることを強調し、穂積に対する尊敬の念を表したのだった。

祝賀会の歓談の中で、当然のことながら天理教の話題が出ている。それに対して廣池は逐次答えていたが、やはり穂積の番になると様相が異なった。廣池はこう記している。

殊に穂積博士より精密なる質問あり。予は一々これに答弁し、一同皆之を聴かれたり。かくの如く天下第一流の学者の集会にて、「御道」の事をかやうにして、真面目なる態度にて聴取らせられし事は、蓋《けだ》し未曾有の事ならん。これ偏《ひと》へに神様、御教祖様の御力は申すまでもなき事なるが、管長閣下の熱心なる本教教理普及の誠心誠意の発露の結果と思はれて、感謝に堪えず。

つまり、本会の主役と主賓の問答は、当代有数の信仰と知性の交差路であり、出席者たちが聴衆となり、法理から教理への展開談義を清聴したというのである。

確かに、出席者たちの水準を考えると、天理教のみならず、教派神道に対して、一流の学者達が真摯に耳を傾けたのは、これが初めてのことかもしれない。神観念や信仰と道徳の関係などといった事象を学者に対して客観的に説明するというこの機会は、のちの帰一協会での講演や研究活動への布石となっている。

本部入り以前のことに関して、区切りをつけたものにはもう一つ、神宮皇學館への告別がある。大正二年六月三日、廣池は神宮皇學館を訪れ、あらためて挨拶した。その原稿を見ると、大宮司以下から慰留されたことに謝しながら、長期病欠することも忍びず、加えて健康のため人類の幸福のため、宗教の道に生きることを述べている。そして「天理教は我が国体に合致し、兼ねて博愛主義にて、かつ生きて生命を持ってをるので、国家の為、人類の為に、この教の発展は利益する所があると云ふ私の見込です。何れ追々著書や言論にて説明致しませう」と、改めて神道的天理教観を述べて結んでいる。

春子たちが廣池の講演を聴講

大正二年夏、春子と子供たち四人は、千巻の転地療養を兼ねて平塚海岸に滞在していた。そのとき、たまたま廣池が平塚で講演することになり、妻子たちがそれを聴講した。以下『父 廣池千九郎』を手がかりに見ていこう。

平塚あたりでは、「とても偉い博士が見えて、この不景気を吹き飛ばしてくれるさうだ」と噂が立ち、講演は盛況だった。当時は、「博士」が町にやってきたというだけで人が集まった。講演はそうした期待に応えてか、「不景気だから、怒りっぽくなってけんかばかりしていると、貧乏神は大喜びで、その家ばかり目がけて集まってくる」などと、笑いを誘うなどしながら、景気のいい話題で場を盛り上げたようである。

終了後、春子が感想を述べた。

「今日のお話はだれにもわかるよいお話でした。怒るな、働け、働ける健康を神さまに感謝しなさい、とおっしゃいましたから、だれでも、そうだ、そうだと思いましたよ」

「でも、あなたのお話は、経済界の革命とか、十八世紀の末期など言葉が難しくて、学問のエキスばかりたくさんお出しになるので、もったいないと思ひました。ひとつのエキスだけを取り上げて、やさしく説明してあげないと、わからないのではありませんかしら」

対して廣池は、「ほんにそうじゃなあ。これからはそうしよう。母さんはいいことを言ってくれる」と答えた。

この年、廣池は重要な講演が続く。その際、一つのテーマに的を絞って成功している。反響が大きく、本人のその後の研究にも発展する画期となった。この時の春子のアドバイスは、かなり効果的だったといえよう。

このように、平穏な日々を取り戻しつつあった廣池家だが、それも束の間、ある事件により再び暗雲が立ち込める。国家の命運を暗転させた隣国との外交問題が、一家族にも深刻な影響を及ぼしたのである。

隣国の騒擾

廣池家が平塚で家庭的な時間を過ごしていた頃、中国においては第二革命の真っ最中であった。

時間を少しさかのぼる。一九一一年（明治四十四）の辛亥革命によって清朝が倒れ、翌年、中華民国が成立した。しかし、その後の政権基盤は容易に安定しない。孫文らは革命遂行のため妥協せざるを得ず、清朝の実力者であった袁世凱を大総統へと推した。といっても対立は続く。孫文は宋教仁らと国民党を立て、翌年に国会選挙が実施されると大勝し、袁世凱に対抗する姿勢をとった。それに危機感を抱いた袁は、上海において宋を暗殺してしまう。

孫文ら国民党側は、ついに武力で袁を倒すことを決意する。一九一三年（大正二）七月、李烈鈞《りれつきん》の江西省における蜂起を皮切りに、次々と戦端を開くが、準備不足は否めず、各地の結束も弱かったことから、軍事的には簡単に敗北してしまった。八月には、残った孫文らは日本に亡命し、第二革命は幕を閉じている。

この革命の渦中で日本の世論を沸騰させる三つの不祥事が起きた。八月五日、袞州における川崎大尉監禁事件、八月十一日、漢口における西村少尉拘禁事件、そして九月一日、南京における日本人に対する殺害および略奪事件である。

阿部守太郎暗殺

大正二年（一九一三）九月五日、阿部守太郎は、清国から帰国した前駐清公使の伊集院彦吉を新橋駅まで出迎えに来ていた。阿部は外務省政務局長として、対中国問題の実質的責任者であった。そして同じく、現地の指揮をとっていたのが伊集院という間柄である。新橋駅ではお互いの苦心をねぎらい、「落ち着いたら外務大臣の牧野信顕を交えて、ゆっくりと対清政策を語り合おう」（清原芳治『外務省政務局長　阿部守太郎』）と言葉を交わして別れた。

その帰り道、赤坂霊南坂の自宅前で、阿部は二人の暴徒に襲撃され命を落とす。前述の南京における日本人惨殺事件に処する阿部の対中融和政策が、強硬派の憤激に遭ったのである。

同年の外務省の「支那に関する外交政策の綱領」は、阿部の起草によるものであった。中国の歴史と国民性を学術的に知る立場から、廣池は中国問題において阿部と議論を重ね、二人の対中観・世界

阿部守太郎

観には共鳴するものがあった。「綱領」は、大陸における日本の利権伸張を志向しながらも、国際協調と共存共栄を基調とし、軍部の抑制を求める内容だったのは、両者の交流を考えれば自然な帰結といえる。

廣池は阿部の理性的な国策論に期待を寄せるとともに、中国関連の調査研究において最も頼りとしていた。このような生涯の協力を誓い合った親族でもあり親友であった阿部を、暗殺という形で失った廣池の失望と怒りは尋常でなかった。

「大バカ者、大バカ者」を繰り返した。「なんたる不忠者。ああ無念じゃったらう、無念じゃったらう…。惜しい人間を失ったものだ。国家的大損害じゃ」「日本になくてはならぬ人物じゃった。阿部の理論がわからぬかぎり、これからの国家の方針がどのやうに曲がっていくか、怖いのう。この先、日本はえらいことになるぞ」「ああなんたることか。阿部のごとき勇気ある外交官を失ふとは…。痛ましいのう」（廣池富『父　廣池千九郎』）。よほどの悲痛だったにちがいない。

九月九日の『ロンドンタイムス』は、社説でこの件を論評し、その翻訳が、翌々日の『読売新聞』に次のように掲載された。

阿部氏暗殺事件は、南京虐殺事件よりも遙かに恨事たるべきものなり。何となれば、日本政府は頗《すこぶ》る冷静なる態度を示し居れりと雖も、暗殺の動機は、明かに現時の民心が明治時代よりも制御し能はざるものあるに至れることを表明するものと思惟せらるればなり。（以下略）

ここでいう「南京虐殺」の被害者は日本人であるが、その事件よりも阿部の暗殺の方が「恨事」であるという。こののち、軍部の独走が加速し、そのことが戦後非難されるが、軍部といっても単独で独走できるものではない。そこには「民心」の軍部支持があった。制御できない「民心」の手によって、かろうじて軍部を制御しうる気骨の行政官を失ったのである。当時の報道によれば、阿部は「精力主義の権化」であり、「道理の為には一歩も仮借することなかりし傾きあり」といわれる剛直な人物であった（『東京朝日新聞』九月七日）。

こうして阿部は半途にして斃《たお》れたが、阿部と抱いた外交戦略は、この後も廣池の中で生き続け、のちに昭和に入ってから、大陸政策に対する献策へとつながっていく。

二つの重要な講演

阿部を失った事件の後、廣池は重要な講演を二度行っている。まず九月二十八日の、東京帝国大学における講演、ついで十月一日の、帰一協会における講演である。両者は、廣池にとっても天理教団にとっても、画期となる重要な講演であった。

明治四十一年の一派独立から数年を経て、盛んに教勢を拡大しつつあった天理教団であるが、依然として世間からは特異な集団と見られていた。その中で、教団の学者幹部によって、知識階級に対して紹介されたことは前例がない。それだけに、話す方も聞く方も期待が高かった。

このとき廣池は、テーマを天理教における「天啓」に特化している。このことは、七月に春子から受けた「ひとつのエキスだけを取り上げる」という助言に対して、「これからはそうしよう」とした点を実行したものともいえる。

東大での講演は、「印度哲学会・宗教学会連合会」のために開催された。姉崎正治《あねざきまさはる》の文科大学宗教学研究室が主導したことが、当時姉崎の副手だった今岡信一良（のちの正則学院校長）から廣池に宛てた葉書（九月二十五日）より分かる。今岡が「天理教に関する講演は、小生等の最も聞かんと欲する所」と書いていることからも、天理教の学術的解明に対する宗教学界の関心の高さがうかがえる。講演の質疑では、誰の発言かは分からないが「天啓の事実は之を隠蔽し、もしくは天啓の信仰は之を阻害すべきにあらず」（『道の友』二六四号）と、「天啓」とそれにもとづく信仰に対して賛意があったり、それなりに好評だったと見られる。しかし、廣池にとっては、こちらより、その後の帰一協会における講演の方が比重が高かったようである。

「帰一協会」での講演

「帰一協会」は、明治四十五年（一九一二）六月、渋沢栄一を会長とし、服部《はっとり》宇之吉《うのきち》・姉崎正治・成瀬仁蔵ら当代一流の学者・実業家によって設立された組織である。「帰一」とは、あらゆるものは一つに帰するという意味であり、「階級・国民・人種・宗教の帰一」を謳い、「堅実なる思潮を作りて一国の文明に資す」（渋沢研究会『公益の追求者・渋沢栄一』）ことを目的としている。

この帰一協会には、前述の「三教会同」を計画した床次竹二郎も発起人に加わっており、単発で終わった三教会同の理念の受け皿ともなっていた。明治末期は経済的には不況であり、社会主義や無政府主義などが勢力を強め、思想の動揺が見られる中で、主義信条に偏らず、普遍的な立場から解決策を見出していこうとしたのである。活動は主に講演と出版であり、月々の例会を開き、『帰一協会会報』を半年ごとに頒布していた。

廣池の講演に対する会員たちの期待感は高く、渋沢はこの日、前橋にいてそのまま宿泊の予定であったのを、わざわざ変更し参加している。『帰一協会会報』（第三）を見ても、

廣池氏の講演に対する質問、批評及び添田氏の談話（アメリカにおける排日問題について）に対する質問・批評等続出し、殊に家族制度に尽きて、阪谷・菊池両男爵、塩沢・廣池両博士の間に論戦盛んなりき。

とあり、かなり議論が白熱した様子がうかがえる。ことに「家族制度」だったのは、廣池が東洋法制史上の「親族法」で学位を取ったことも関係していたのであろう。

しかし、講演の本題はそれではない。阪谷芳郎もこの日のことを、日記に「帰一協会、法学博士廣池千九郎氏の天理教に付て談話あり」とのみ記しており、やはり天理教および天啓の内容が主であった。

講演の反響

この時、添田寿一《そえだじゅいち》は、廣池の講演に対して、日系移民の問題の観点から、「今日、米国に在留する同胞は、宗教の素養がない為めに、不品行に陥り、従つて米国の風紀を紊《みだ》ると云ふ事と、今一つは、偏狭なる攘夷的精神を鼓吹する宗教家あり。これ等の為めに、米人より排斥せられつつあるのであります。この点より云ふも、善良なる宗教の海外移民にとつて必要な事は一通りではない」(『道の友』二六四号)と、アメリカにおける日系移民排斥の理由に、その宗教的素養と宗教家の質を課題に挙げている。そして、廣池が天理教教義は進化論に一致するとした点に対しては、「只今述べられた通りの教理であるならば」と条件をつけた上で、「進化論と全く同一」と賛意を示した。そして、廣池のいう義務先行説について、次のようにコメントした。

天理教々理は、法律上の権利は、自から主張せずして、他より与へられ、他人から心服せられて始めて成立つものであるとの御話でありましたが、私の宿論もその通りであります。人間は、義務を果たすによつて、他よりこれに伴ふ権利を与へらるるものであると云ふ考へであります。(同)

この点に強い関心を示し、最も熱心に質問を繰り返したのは渋沢である。渋沢は三年後の大正五年、『論語と算盤』を著し「富を成す根源は何かと云へば、仁義道徳」(同書)と述べるに至るが、商才の根底に道徳を置くにつけて、今夜の話には我が意を得たものと見える。

渋沢は『論語と算盤』において、次のように述べている。

事柄に対し如何にせば道理に契《かな》ふかを先づ考へ、而してその道理に契つた遣り方をすれば、国家社会の利益となるかを考へ、更にかくすれば自己の為にもなるかと考へる、そう考へて見た時、もしそれが自己の為にはならぬが、道理にも契ひ、国家社会をも利益するといふことなら、余は断然、自己を捨て、道理のある所に従ふ積りである。

「人間は天命に従って行動せねばならぬ」といい、「不自然な行動をすれば、必ず悪い結果を身の上に受けねばならぬ」（同）とする渋沢には、廣池の説く自然主義の系統を引く理論によって、東洋と日本の歴史的信仰を体系化することは、膝を打つものであったにちがいない。

廣池は、渋沢が逝去した翌年、「成功者の行動は知らず識らずに自然の法則に近き事をなした人である」（『日記』④）と、その人生を評している。

服部宇之吉も、後年このときの講演を振り返ると、「天道といっても人道といっても、大なる修養の結果、聖人君子が発見したもの」であって、「天理教祖の天啓のごときも、やはり修養の結果のごとく思われる」（「奥谷文智資料」）と語っている。修養によって徳性を高めた結果、天道の発見に至った聖人と同様に、天理教祖も修養の結果、天の啓示を受けたというように、両者を同列に扱う、廣池と同じ見解が見られる。

このように今回の講演は、廣池および天理教団にとって、著名人たちに天理教の中身を伝える絶好の機会となり、その目的は大いに遂げられたといえよう。

教理研究の実態

ところで、この段階まで来ると、疑問を挟む余地があるといわざるを得ない状況となっている。これまで見てきた廣池の説く天理教は、はたしてその実像を忠実に現したものであっただろうかと。前述のように、天理教団にはこの当時、まとまった教典は『天理教教典』しか存在せず、これは天理教信仰の実態をほとんど反映していない。あとは教祖から受け継いだ神事と断片的な言葉があるだけであり、信徒たちは熱心に「陽気ぐらし」と呼ばれる純粋な信仰生活を送っていた。

かつて神宮皇學館教授時代に、「神道」から合理的側面を取り出し、道徳および祖先崇拝としての「神道」を説いたように、廣池は天理教に対しても、独自の論理の網をかけ、それにかかる部分を抽出して合理的説明をしていたということは、否定しがたくなっている。日本の国柄に合致するといい、「進化論と全く同一」といい、権利に義務が先行するといってきたことは、公認のための建前であったり、教祖の言葉の類推の域を出ないものであったりして、必ずしも教理を総合的に代弁するものではなかった。こうした実像とのズレは、後々種々の場面で段階的に露呈することになる。

廣池は後年、この帰一協会での講演を「義務先行説」の発表であり、モラルサイエンス研究の一つの段階と位置づけているが、これにしても、中津時代から唱えていた道徳実行の結果報われるという理論を、天啓を得たというケースに当てはめたものであった。

中山真之亮管長との親交　廣池は本部入り以来、いかなる要件であっても、外出するときには出入りの際、神様と教祖および本席の霊前に礼拝し、次に管長に挨拶した。管長も、廣池が講演等に出かける時には、必ず見送り、帰ると必ずその状況を詳らかに聞いた。廣池はのちに、「その間における両者の情は、ただ感激と感謝とに満ちておったのであります。かくのごとくにして管長が私を信ずることは、日々にますます深く一日本部に出でざれば電話を掛けて呼び寄せ、相互ともにもっぱら教理の研究に余念なき有様でありました」（『回顧録』）と語っている。

管長の廣池に対する信頼はきわめて厚かった。大正二年十一月十六日、管長は「今日はあなたに内々わが天理教にて重大なる品をお目にかけたいと思ひます」と、廣池を案内し、教祖の写真と、その自筆の御筆先とを見せている。管長が「これは本部役員にても三、四人のほか、拝見をゆるしたことはない貴重なものでありますが、あなたは将来天理教の教理を作る本部の役員でありますから、一日も速やかにこれをお目にかけておきたいと考へて、今日かくのごとくいたしたのであります」（『回顧録』）と説明した。廣池はこの日のことを『日記』にこう記している。

管長閣下の、かくのごとく信用せらるるは、皆予が無我の状態にて御道のために日夜働くによる。その誠のあらわれしものと思はる。

なお本日、管長閣下は、予に向かいて、もはやあなたの身上《みじょう》は大丈夫です、段々よくなりて長生き致しますと御詞あり。閣下は神様と思はるれば、神様の保証も同様なり。ありがたきことなり。

願はくは今日の心事を失はじ。

また、廣池は後年、次のようにも語っている。

平生は御本部においていただく時には、大抵毎日午前か午後か、夜分に一度は御伺ひを致したのですが、午後に伺へば、夕飯をくださつて十時頃までも御教理の御仕込みをして下され、夜分伺へば夜の十二時は勿論のこと、だんだんと色々な深い御話し、古い御苦労の御話しにて、さしもの冬の夜の永き時すらも只つかのまの如くに思はれて、果てしもなく十二時ごろになれば奥様よりその折々の果物か、又はあり合せの御くわし《菓子》を小さな皿に盛りて御出し下さるのが例でしたが、それを御相伴さしていただいて、それからまただんだんと御話がつづき、午前二時・三時より或は四時にも及び鶏鳴近くにも為り、時には御教祖の御苦労より明治十四・五年以後二十年までの間、官憲の迫害甚だしく、管長様は夜も帯紐解かずに長椅子に横りて仮寝の夢を御結びになりし幾多の御艱難を御咄《はなし》下さる時には、管長様も泣かれ私も泣きました。こんなことが幾度あつたか分からぬほど沢山ありました。

（『道の友』三三二四号）

教理研究に時間の経つのも忘れ、苦労話となれば互いに涙し、夜が明けるのもしばしばであったという。二人の親交は知的にも精神的にも、真に固い絆で結ばれていた。孤独に苦心を重ねてきた管長が、想いを分かち合える友を得たことは、教団としても喜ばしいことであったと思われる。しかし、こうした両者の深い結びつきは、徐々に教団内に不協和音を生む原因ともなった。

『陽気』編修主任の出町《いづりまち》信義の語るところによると、「初代管長は、廣池博士を絶対的に信頼していた。そのため他の幹部は、管長の言葉は皆博士から出た言葉だとしてねたみ、管長が朝寝坊をすれば、昨夜廣池が晩《おそ》くまで話し込んだからだといっては中傷した。管長からの篤い信頼が、かえって同僚からの反感となってかえってきた」という。このことも後に発生する事件の火種の一つとなっていく。

中山管長の急逝と追悼講演

大正三年（一九一四）十二月三十一日、中山真之亮管長は、四十九歳の若さで急逝した。教団の動揺は大きく、最大の理解者を失った廣池のショックも計り知れない。しかし廣池は、今こそ、意気消沈する信徒たちを励ますべきときだと考え、翌大正四年（一九一五）一月十二日の追悼講演では、あえて教団の将来像について力強く構想を披露した。教団の制度・教育・教典などについて、亡き管長と温めてきた将来像を、五時間、三十五項目にわたり、熱く語ったのである。その甲斐あって、この講演は信者に勇気を与え、教団の将来に大きな希望を抱かせたといわれている（『天理教青年会史』）。

しかし、そのうちの第九「教理研究」が問題となった。講演原稿によると、次のような内容である。

私は教典を以て不完全と見て居ります、大和舞も有難く思はず、祭式ものりとも今の物は将来全く改良を要するものと思ふ、又教導職も追ては御道には入らず、御助には不用と思ふ。しかし、過渡時代の制度として、今日は素よりこれを不用のものとは思ひません。決して排斥は致しません、時を待つ。後には、心の誠と、形の上には御手振と神楽と御授とあれば宜しいと思ひます。すべて今日まで、真の教理の研究が十分でありません。今一つ深く教祖の御心御行ひを御研究なし下されたし。

ここで、「教典」を不完全と称したことが、天理教校教頭大宮兵馬を中心に、大川真澄（同校講師）、稲村真理（同校講師）等、内務省関係者の逆鱗に触れたのである。

黙して退く

大宮たちは、以前から廣池のことをよく思っておらず、敵意を懐いて動静をうかがっていた。そもそも、廣池と大宮は考え方が違っている。「大宮兵馬とは、その学問的立場を異にする博士は、ことごとに対立し、それまでにもいまにも立ち向かひ喧嘩をしさうになる程の議論をしたことが二度もあった。真にけんけんがくがく、相共に自己の立場を強張して譲るところがない間柄であった」（奥谷文智談）という。

その上、前述のように、廣池の亡き管長との深い関係も悪く見られており、管長を失った今は、廣池攻撃の絶好のチャンスでもあった。この点で、廣池には大宮側に対して悪意も敵意も無かったが、振り返ると、やはり相手に対して配慮が不十分であったと言わざるをえない。大宮たちは、天理教に対する信仰や忠誠心は薄かったが、明治四十一年の教団の一派独立においては骨を折った功労者なのである。それに比べれば廣池は、教理の理解や管長の信任が厚くても、苦労した時代を経験しておらず、歴史も浅い新参者だった。また、教団内における廣池の活動は、何かと評判となり目についた。

たとえば高野友治によると、廣池の講演は信者たちを魅了し、「殊に学生たちは博士の講演があると聞くと、みんな聞きに出かけた」という。学生がみな廣池のもとへ走り、誰もいなくなった状態を見た他の講師たちが面白く思わないのは、容易に察しがつく。

追悼講演での廣池の発言は、こうした一部の幹部たちに対して、格好の攻撃材料を与えてしまったのである。『明治教典』の批判がなぜいけなかったかについては、このように語られている。

大宮一派の廣池批判は、「天理教は『明治教典』によつて一派独立を達成した。『明治教典』はいわば一派独立のためのお墨付きである。そのお墨付きを、天理教教育顧問たるものが批判するとは何事ぞ。恐れ多くも上は国体の尊厳を無視する言辞ではないか…」。今日の感覚からはとうてい想像もすることもできないような論理上の大飛躍でありますが、当時は国家の宗教行政も内務省の管轄下におかれていて、信教の自由などの唱えられない時代でした。（出町信義「合掌」五一『天理時報』）

この問題は外部にまで波及し、前宗教局長斯波淳六郎《しばじゅんろくろう》には、天理教本部幹事の松村吉太郎に対して「廣池氏を逐はずんば、本部独立取消し運動をなし、かつ貴殿の一身上に容易ならざること出来《しゅったい》致すべし」（『日記』①）とまで言わしめている。

これに対して廣池は、年来陶治してきた神道精神を今こそ実践すべき時と考え、「予は一切懺悔致したり。かつ悪きものを、かねてわるしと思ふ心使ひの甚だ不可なりしことを懺悔致し、敵を愛する心、敵を救済せんとする偉大なる慈悲心を起して、神様に懺悔せり」（同）と、先方を一切批判せず、自己の精神・行為を深く反省し、慈悲心を起すとともに「黙して退く」（同）という行動に出た。このことによって廣池は、「豁然大悟《かつぜんだいご》」するに至る。

告別の実情

廣池は、大正四年（一九一五）四月二十七日、天理中学校長および天理教教育顧問を辞職した。四月三十日、天理中学における廣池校長の「告別式」開催がその当日、突然告知されたところ、驚愕した最上級生の五年生たちは、廣池を留任させるべく画策を始め、式をボイコットするに至った。するとそこへ、式場にいるはずの廣池が現れ、彼らを諄々と諭していく。その時のことは当時五年生の橋本正治の『日誌』に詳細に記されている。

廣池は、血気に逸る生徒たちに、相手と戦えば勝てないこともないが、ここは教祖の足跡に倣い、争うことなく、自ら身を退くという自身の意図を語る。橋本の『日誌』には、

> 満場せき〔寂〕として一声をすら発するものなく、折りからススリナキの声さへ聞へたりき。誠に余の鈍筆を以てその悲しみの情の万分の一をもうつす事能《あた》はず。嗚呼《ああ》何たる悲惨事ぞ〳〵〳〵
> （天理図書館蔵）

と、「悲惨」な様子が綴られている。そして生徒らは、廣池の考えに従って態度を改め、粛然と式場に参列したのだった。「悲痛極まる告別式」（同）が終わり、引き留めが叶わぬと悟ると、生徒たちは

せめて記念の写真をと廣池に撮影を求めた。

廣池は、争わずに身を退くこと、一切弁明しないことを生徒たちに明かしていたが、その具体的内容については『日記』に次のように記している。

世には平和を唱えながら、その実現のために争う人がいる。争う両者の成否は、その時、外から見る人々には判別できない。そのため、たとえ正義がこちら側にあったとしても、それは一つの争いとしか見られない。自ら争っては平和を唱導する指導者となることはできず、その主義によって人を感化することもできないのである。そして「すべていかなる事も、これを自己に反省し、謝罪し、感謝してこそ、人格の力は強大なるものなれ。かくてこそ始めて人心を救済することは出来るなれ」と、自らの思考をまた一段、深めたのだった。

辞職に際しての記念写真（養徳院玄関前）

　二年前、廣池の天理教入りを揶揄していた新聞や雑誌は、辞職するとなるとまた盛んに報じ、「策略主義に出た大宮党と、信仰主義に基く廣池派とは、互に相扞格《かんかく》して末長く争はねばならない」（安藤枯山

「天理教会の内訌」『新公論』三十巻五号）などと、両者の対立を煽った。しかし廣池は、相手方を一切批判せず、執拗に続く攻撃にも迎え撃つことはなかった。廣池を支持する幹部も少なくなく、大勢の信徒は廣池に信服しており、確かに、戦う意思さえあれば勝算はあった。しかし、立つことはなかったのである。もしここで争えば、教団を二分する大闘争になってしまったであろう。そうなれば、ただでさえ冷ややかだった教団に対する世間の目はさらに厳しくなり、教祖や亡き管長の苦労さえ水泡に帰しかねない。もし勝ったとしても教団の損失は計り知れないところだった。この判断は、自らの命を救ってくれた大恩ある天理教を守ることでもあったのである。

慈悲寛大自己反省　廣池は、極力沈黙を守った。報道各紙には、「廣池博士談」などと載せているものもあるが、それらのほとんどは本人に取材していない作り話である。しかし、一部の取材には応じていた。廣池は『中外日報』のことは信用し、その求めに対して寄稿して答えた。左記はその一部である。

予は爾来《じらい》、日夜神明に懺悔して本部は勿論、大宮・三橋二君に対しても却て予をして一段信念を向上せしめたる恩人として、感謝し居る次第なり、豈《あに》敢てこれを怨むなどの事あらんや。況《いわん》やまた予と何等《なんら》関係なき当時の関係者に於てをや。

（「問題中の天理教」大正四年七月十日）

また続けて、「他に誤解せられて災難を蒙る事せめての罪亡《つみほろぼ》しなり」といい、「感謝の外これなし」

ともいう。これまでの修養によって培われてきた品性が実地に試され、自然の法則に対する信頼に裏打ちされた、自己の不徳への反省と他者の許容が見られる。こうした心境を廣池は、「慈悲寛大自己反省」という八字に表し重要な徳目として掲げ、自らの指針としていく。

そしてさらに今回の覚醒により、年来の研究課題における最終的な答えを導き出すことになる。それは、皇室の万世一系の原因である「道徳」の根源に存在する皇祖神（天祖）天照大神に顕現した「慈悲寛大自己反省」であった。

廣池はこの結論をもとにただちに筆を起こし、著書『伊勢神宮』に加筆して『伊勢神宮と我国体』と書名を改めて発表した。

『伊勢神宮と我国体』

『伊勢神宮と我国体』（日月社）は、明治四十二年の『伊勢神宮』に「神宮中心国体論」と題する二十二ページの一文を冒頭に加筆したもので、大正四年（一九一五）九月に刊行された。ここで廣池は、日本国体発生の真原因として、日本神話における天祖《てんそ》・天照大神の「慈悲寛大自己反省」について次のように述べている（以下『古事記』に関する言及の際は「天照大御神」。通常は『日本書紀』の「天照大神」）。

天照大御神は、弟の須佐之男《すさのお》命《のみこと》の度重なる乱暴狼藉《ろうぜき》に対して、その度に善意に解釈して赦《ゆる》していた。そして、「その迫害の極まるや天祖は恐れ多くもこれを以て朕《ちん》の不徳の致す所として御謹慎の御心を以て所謂天の岩戸《いわと》に御こもり遊ばしたものと推し考へらる丶のである」と、相手からの危害が極まったところで、自らの不徳を省みて岩戸（洞窟）に籠ったという。

続けて、下記のように考察した。

かくて反対に立ち迫害を加へらる、敵に対して、慈悲寛大の御心にてこれを愛し、これを許され、敵の暴行を以て却《かえっ》て自己の不徳の致す所なりと御思召《おぼしめ》させ給うて、自己反省の御心使ひを遊ばす所の天祖の御聖徳の偉大なることは、古今東西その匹儔《ひっちゅう》を見奉る事も出来ぬので、即ち所謂宇宙根本神霊の御霊徳と同一と見奉る外なく、また根本神霊の吾人人類救済の為めに御再現ましませるものと為し奉るべきものと思考し奉るのである。

このときにおける天照大御神の「慈悲寛大自己反省」は、「宇宙根本の神」の霊徳と同一、すなわち最高の精神であって、人類救済に通ずるものであるという。

さらに、日本人全体の道徳性を高く評価し、「天祖の御心事と御行為、即ち御聖徳の現はれは畏《おそ》れ多けれど、吾人日本人の国民性と云ふ事が出来る」として、「慈悲寛大自己反省」の効力は大きく、以下のように、

忠孝、貞節、博愛、義勇、勤倹、和楽等はこの根本なる天祖の御偉徳の発露に外ならぬので、この天祖の御聖徳たる慈悲寛大、自己反省の根本的道徳心の涵養さへ国民の間に確定したならば他の諸徳は自然に具備するに至る。

と、忠孝以下、多くの徳目の根本に据えられるものであった。

次に掲げる一文は、日本人の民族性と道徳の関係を考える上で非常に重要である。廣池は日本人の道徳の基礎にあたるものを二点、神道に関わる要素から挙げている。

日本民族の道徳の基礎的精神は第一は、心身の汚穢塵埃《おわいじんあい》等を祓攘《(はらう)》して、執着心と妄想とを去り、八面玲瓏《れいろう》玉の如く、温和・円満・崇高・至純の心事心術を涵養して至高道徳の域に達する時には、自然の理法と一致して、如何なる疾病も、如何なる不幸災難も除かれまた如何なる大業も成功すべしとの事に在るを知るべく、二尊の行はせ給へる御禊《みそぎ》の効果はこれを証明したるものと申し奉つても宜しいやうである。また第二は慈悲寛大、自己反省の自覚とこれに起因する所の犠牲的観念・没我的心事は正に悠久なる大自然の法則に合致するものにして、天理人事此処《ここ》に極り正大汪洋《おうよう》宇宙の秘を尽すものと謂《い》ふべく、天祖、天の岩戸の御修養の効果はこれを証明したるものと申し奉つて宜しいやうである。

「二尊」とは、日本神話におけるイザナギ尊《のみこと》・イザナミ尊《のみこと》の夫婦のことで、禊祓《みそぎはらえ》の結果、天照大神を誕生させたとされる。廣池は、この禊祓というものに重大な意味を持たせた。心身の穢れを取り除くのみでなく、さらに高い精神的次元に至る修養的要素を加えている。また、「慈悲寛大自己反省」は大自然の法則に合致する、最も高度な次元にある精神だともいう。

こうした認識は、神話の解釈としては一つの見識といえるものだが、この段階では「禊祓」の心理的影響や「慈悲寛大自己反省」の効用などについては合理的説明がなされたとはいえまい。廣池自身も、宗教的信仰を持ったからこそ到達した境地であったと述べている。それを得たことによって初めて「天祖の天の岩戸籠りの御時に於ける御心事状態は、正しく慈悲寛大自己反省の宗教的大聖徳の御発現たりし事を発見」したとしている。廣池はこの後、合理的説明へと研究を進めていくのだが、まずその存在そのものを確信するためには、宗教的覚醒による曇りなき「八面玲瓏《れいろう》」の境地が必要だったのである。

先人と学友における「岩戸籠り」

ただ、こうした岩戸籠りを天照大神の修行と見る見方は、廣池が第一発見者ではなく、かなり前から禊教《みそぎきょう》の教祖井上正鉄《まさかね》（一七九〇～一八四九）の『唯一問答書』に示されていた。廣池は以前からそのことを知っていたのだが、「当初は宗教心と云ふものがなく唯単に敬神尊王愛国の道を知つて居つた丈《だけ》の純然たる愛国主義的の学者に過ぎなかつた」ため、軽々に看過していたのだという。神宮皇學館における「神道講義」の頃の廣池がまさにそうであった。

それが、「宗教上の信念と云ふものを深く心に獲得する事が出来た為に、忽然として右の正鉄翁の説をも想起しここに我国体の淵源に関して一つの大きな発見をさしていたゞく事が出来た」という結果に至ったのだった。

さらにいうと、岩戸籠りを天照大神の修養と見る見方は多くはないにしろ、近代においても廣池だけのものではない。次のように、法学者筧克彦《かけいかつひこ》（一八七二～一九六一）にも見られた。

乱行を遊ばし建速《たけはや》須佐之男神様をお咎《とが》めになることなく、大御神様は御自身の御修養の足らざる所と思し召し給ひ、全責任を御自身に御引受け遊ばして、清明心の御修養を為さるために天石屋にお入りになりました

（筧克彦『神ながらの道』大正十五年）

また別の個所で、「国民の中に如何なる不心得者《ふこころえもの》があつても皆、我が徳の足らぬ処《ところ》であると天子様が罪を一身に御引受け遊ばすと同じ本質に基くことでございます」（同）とも言っていた。

筧がこの見解に至るために、廣池と同じような宗教的覚醒が必要であったかはわからないが、そもそも筧の天照大神観は「天照大御神様とは進化論の唱ふる如き意味で人間の祖先を指して申すのではなく、宇宙の大生命と御一体たる『人間に普く人間の本源たる弥栄のいのち』」（同）というように信仰的要素が強かった。そのことが関係しているのかもしれない。また、筧は『神ながらの道』発表のずっと以前、明治期から廣池と交流があり、共同研究などももちかけている（明治四十年三月二十七日書簡）ので、廣池との間で議論が交わされていた可能性が高い。特に天照大神の「慈悲寛大自己反省」については、廣池が上記の事件の渦中にあるときに二人は会っているので、体験をふまえた説明を受けていたと考えられる。

廣池の『日記』には、大正四年四月十六日夕方、筧に偶然会い、十八日夜「筧博士の宅にて夕飯に

招かれ、一件のこと同氏同情あり。かつ国体のこと、神社のことにて研究す」とある。さらに、この十八日の面会のために用意したものであろうか、廣池には、四月十七日付で宛名を覚にした長文の意見書があった。

この書には、

借物の教理は、我日本固有神道の本義なり。故に実行教、金光教等皆これを説かざるなし。我建国の精神正にこれに存す。また我が欽定憲法の法理の淵源する所なり。生命、財産、自由は神のもの也。神のものなれば陛下のものなり。国家のものなり。是れ天理教の尊皇愛国の道義の本づく所なり。また箇人修養の由て起る所なり。

というように、固有神道を基盤として、教派神道の信仰と国民道徳が通ずるという、廣池が従来から説く内容からはじまり、さらに、

されば今回の事の如き、理非全く分り切りたる事にても、小生は一言も申訳をせず、却つて自ら謝罪致しておる次第也。自ら善しと思ふ事を努力し、これに故障起れば、時節の未だ致らざる故と自分の不徳の致す所として、自己反省を為して謹慎す。かくて始めて平和を来たすべし。

この低き謙遜の心使ひ、やさしき慈悲寛大の心使ひあるを以て、天理教を信ずるものが病も直り、

寿命も得られ、不幸も遂に回復するといふ信仰なり。またすべての公徳皆、個人の心霊の救済せられたる所より出発するもの也。真正なる尊王愛国心の如き、公共心の如きは、右の如くに救済せられたる人格にして、始めて的確に実現し得べしとの信仰なり。故にその箇人道徳及び国民道徳の基礎共に確実なり。

といい、今回の事件に言及し、自らの「自己反省」の実践と「慈悲寛大」の効用および、それらの精神によって救済された者による尊王愛国心の実現を解説している。また、病が治るなどの救済は、単に天理教の信仰によって齎《もたら》されるものではなく、「謙遜」「慈悲寛大」の心使いを修得していればこそであるという。ここには天照大神への言及は見られないが、これに先立つ大正四年四月十一日の『日記』に、廣池は「我が特殊国体成立の理由」に続いて、「偉大なる二尊の宗教的信念の結果（みそぎ）」と「偉大なる天祖の宗教的信念の結果（いわ戸こもり）」をすでに記しているので、会話の中で天照大神の岩戸籠りにおける「慈悲寛大自己反省」に言及していてもおかしくない。

以上述べてきたように、廣池の解釈によれば、岩戸籠りと禊祓は、日本国体の根本にあたるとともに、宇宙もしくは自然の法則を介して、最高度の道徳的次元を表すものとなる。それは、先人の説を敷衍したものであり、同時代の学者とも共有される神話論でもあった。大正四年のこの見解は、大正期をとおして廣池により科学的検証を受けつつ温められ、やがて道徳科学の体系に組み込まれ、普遍的道徳の一角を成すこととなる。その過程については次章において詳しく述べよう。

廣池の天理教観

廣池は、大正四年四月十一日の『日記』の「天理教の尊皇愛国観と予の天理教を信ぜし理由」に、「天理教は予の宗教的理想に合せしゆえなり」といい、自らの信仰する宗教には「⑴国体　⑵科学　⑶生命、三要素を要す」①と記していた。当時、信徒たちは活気にあふれ、教勢を大いに拡大していた天理教団は、確かに「生命」のある宗教であった。しかし、「国体」と「科学」については、合理的神道観の立場からの廣池独特の解釈であったといわざるをえない。先に触れた筧克彦あての文書に、「生命・財産・自由」は神のものであり、神のものならば（天皇）陛下のものだとしたのも、根本神の精神を、天照大神を経由して天皇が正しく体現しているからとする、独自の天理教理観だった。

明治末年の『天理教普通教理』においてすでに、「その教理の最も完全にして古代神道の教理そのままを継承しているのは天理教にて、天照大神の御行為そのままを行なったのは天理教の教理であるように考える」といっており、やはり「古代神道」と「天照大神」のそのままというのは、日本神話に引きつけた廣池の独自の観点というほかない。

『天理教普通教理』に引用している「信徒参拝心得」を見てみよう。当時、本部をはじめ全国の教会の神殿に掲げられていたもので、

一、参拝の時は、容儀を正し挙動を慎み、至誠を以て、先づ神恩を謝し奉るべし。

一、祈願の意を陳ぶるには、必ず先づ宝祚の長久国家の安穏を祈り奉り、次に一身一家の幸福を祈

るべし。

一、一身一家の幸福を祈るにも、無理なる願ひをせぬやうに心掛け、己が本分を尽して、安心の地を得むことを期すべし。

右三箇条の旨意《しい》可相守《あいまもるべき》もの也

以上の三カ条である。天理教は、自分の願望をかなえるための浅薄な「拝み信心」ではなく、真に救われる「救済教の実がある」ということを示すために引用したものである。くわえて、二カ条目に天皇と国家の安泰をまず祈るとしていることから、天理教が日本の国体に合致すると見ていたのだった。

ところが戦後、国家の拘束がなくなると、「信徒参拝心得」は「天理教独自の教理によるものではなく、天理教一派独立の必要から採用されたもの」（『天理教事典』）であるので、本来の教えたる「よりづよ八首」に取り換えられている。同じように、『明治教典』も、「独立請願のための添付書類に過ぎなかった」（同）ので、「復元」された教えにもとづく『天理教教典』が新たに編纂されて役目を終えている。

廣池は元の両者を、優れた信仰と、日本の国民性を体現するものとして重宝していた。『明治教典』については、これを否定するのではなく、補強する形で、教祖の真精神を取り入れた新しい教典を造ろうとしていたのだった。結果的に、その呼びかけが裏目に出て教団を去ることになったのは、前述の通りである。

教理書編纂のその後

既に述べたように、廣池は、追われる形で教団を去った。しかし、最後まで天理教に敵対することはなく、また、教団側も、一部の幹部を除いて廣池に対しては好意的であり、両者は良好な関係を保っていた。本章の最後に、そのあたりの事情について、後年のことも含めて触れておきたい。

詳細は次章で述べるが、教団幹部を辞職後、廣池は従来から温めていた道徳科学研究の構想の実現に向けて本腰を入れていく。しかし、それと同時に、天理教教理書の編纂も継続していた。この教理書が最終的に完成して、教団本部へ献納し、自らの役目を果たし終えたと認識したのは、辞職後九年を経た大正十三年（一九二四）五月のことである。

教理書編纂は、前管長の悲願であり、廣池に直接依頼し、教団を挙げて協力してきたものだった。廣池もそれに応え、力を尽くして完成させた教理書だったが、後々まで教団に正式採用されることはなかった。その主な理由は、教団首脳と廣池との天理教観における認識のズレにあるといえる。

このあたりを、教理書草稿に対する教団側による添削から読み解いてみたい。次の文書は、校閲の窓口となった松村吉太郎から送られてきた訂正依頼である。廣池の書いた本文に附箋が貼られている。

にほん《〔日本〕》み《〔見〕》よちいさ《〔小〕》いようにおも《〔思〕》たれど　ね《〔根〕》があらわ《〔現〕》ればおそれ《〔恐〕》いるぞや

と申されてあります。①此の日本の根と申すは、即ち天照大神の御聖徳でありましてこの御聖徳の結果が万世一系の皇室と御為り遊ばして居るのであります。②「そこで日本の皇室には日本の根が存在して居れど、国民全体には日本の根が存在して居らぬのです。即ち皇室の御祖先とこれを輔佐せる若干の神々の御子孫は、古今変りなく皇室と共に今日迄存在して居れど、一般民衆の家は起仆盛衰朝夕変化して来て居るのです。」然るに今回天理教の人心救済によって③天祖の御聖徳に一致する天理の教へが、日本国民の心中に扶植されて来て上下和合国内一致し、人毎家毎に平和と幸福とが出来たならば、日本の根が現は〔以下なし〕。

〔付箋①〕左のごとく改むべし。

この日本の根と申すは、即ち天つ神のことでありまして、天つ神の御思召が万世一系の天皇と御為り遊ばして居るのであります。

〔付箋②〕「　」の間は削るべし。

〔付箋③〕天祖以下左のごとく改む。

天つ神の御思し召しが日本国民の心中に扶植されて

便宜的に傍線と附箋それぞれに対応する番号をつけた。冒頭の五七調のかな文は、「おふでさき」という数ある教祖直々の言葉の一つで、廣池はこれをもって天理教祖は日本の国体を非常に尊重しているとみなしていた。あとに続くのは廣池の解釈であり、従来からの主張通り、固有神道（天祖の御聖徳）に天理教が一致しているというものである。

松村による修正依頼は、「天照大神」という日本固有の神を、「天つ神」という幅を持たせた神に改めるものであり、「日本の皇室」を特色づけたところは削除を要請するものである。

このことは、天理教は日本国体に合致し、固有神道の伝統を引くものとする廣池に対して、教団側は、天理教は日本国体や固有神道とは別次元の、普遍的な独自の宗教を志向していることをうかがわせ、事実、現在の天理教のあり方はこの延長線上にある。

また廣池は、天理教の教えを特徴的に表す言葉として、「絶対服従」を再三用いてきた。しかし、これについても、松村から否定されている。『日記』には、「絶対服従につきて幹事はこれを否定す」（大正七年十月二十九日、『日記』②）とあり、それに対し廣池は反論するが、松村幹事もさらに反論し、結局平行線をたどった。

「絶対服従」は、廣池によって『古事類苑』編纂時代に、佐藤誠実に師事する中で体得され、概念化されたものであり、天理教から読み取られたのではなく、廣池自身が持っていた概念によって、天理教を解釈したものだったのである。

このような廣池の物の見方に関連して、内田智雄は早い段階から、廣池の論理展開について次のような指摘をしていた。『東洋法制史序論』では、中国における法律の概念を「中正・平均」とし、日本との本質的な差異を明らかにすることが目的であったが、「これは私は東洋の法律の概念というものを、先生が論理的に分析し、追求していかれた結果、日本の法と違うということをいわれたものじゃなしに、初めからそういう一つのシェーマがあって、そしてかなり強引にそういう方向へもっていかれたものだと私は考えております」（『先学のあしあと』）という。廣池の研究には「シェーマ」（図式）があらかじめ存在し、博引旁証ではあるけれども、史料をそれに引きつける形で使用しているとのことである。

このあたりについては、かつて仁井田陞も『中国法制史』の中で廣池の『東洋法制史序論』における主張を「ドグマ的教説的」であると指摘していた。また、『近代日本哲学思想家辞典』（中村元ほか）では、廣池の「中正・平均」説について、「このように、きわめて、倫理的・道義的な法律観を廣池は抱いていた。そしてかかる法律観は、『伊勢神宮と我国体』に代表される国体の研究へと廣池を向けることにおいて何らの支障をきたすものではなく、かれにおいては、法制史研究と国体研究とが一体のものとして追求されたのである」と、廣池の法律観は「倫理的・道義的」であると同時に、国体研究に通ずるものがあることを示唆していた。

このような観点を踏まえると、廣池の教理書編纂に象徴される天理教教理研究においても、「倫理的・道義的」な教理観を抱いていて、教理研究と国体研究とが「一体のものとして追求された」とみなされるところであろう。しかも研究の主軸は、廣池の人生に底流し続けていたこの国体研究の方に限りなく近い位置にあったといえる。

天理教とその後の関係

教団側と廣池側の教理の考え方に以上のような乖離があったとはいえ、教理書が完成して大正十三年に献納された際には、「摂行者《せっこうしゃ》、松村殿ともに御喜びあり」（『日記』③）とあり、円満な結末だったようである。「摂行者」とは、故前管長中山真之亮の遺児・正善《しょうぜん》が未成年であったため、成人するまで管長職を代行した山沢為造のことで、山沢・松村という教団を代表する二人とも好ましい関係が続いた。

『日記』等の記録には、正善の進路や教育事業のことなど色々と教団から相談を受けている形跡も見られる。廣池も、教理研究と道徳科学研究を別々に並行して進めることを律儀に報告し、了解を得るなど、筋を通していた。

また、廣池は報恩のためにと、大正二年、本部員となった際に蔵書をすべて（佐藤誠実から授かった『故唐律疏議』を除く）献納していたが、辞職した関係で、教団側は「預かっている」という認識となっていた。それを改めて大正十五年（一九二六）に、「寄贈」という形をとっている（『日記』③）。

何より、廣池にとって天理教は、命を救ってくれた恩人なのであり、不義理をするはずはなく、継続的に報恩は続けられ、神饌《しんせん》の献納は亡くなる前年まで行われていた（『日記』⑥）。

ただ、詳しくは次章に述べるが、廣池は大正四年に教団を辞職したことを契機に、宗教者としての立場を元の学者に戻し、従前の法制史と国体の研究を拡大して「道徳科学」の研究を中心課題とし、やがてそれにもとづく学校を建設する。

このことは当時の新聞等を見ても、法制史から国体の研究、そして教団幹部就任から辞職、道徳科学（モラロジー）の教育活動、学校建設、隠棲、逝去とが端的に述べられ、研究・教育活動と宗教家時代は別々のものとして整理されている。

俗な見方だが、『古事類苑』や東洋法制史で知られていた神宮皇學館の廣池が、教団側に学識と経験を期待され、中に入って改革を試みたがうまくいかず、もとの鞘《さや》（学者生活）に収まったというのが、当時の一般的な認識だった。

しかし戦後になると、研究者の中には、廣池の道徳研究および教育活動のルーツを、法制史や国体研究などではなく、天理教に結びつけるケースが見られるようになる。

このような混線が起きた背景には、詳しくは本書終章で詳論する通り、戦後日本社会では、一時期「道徳」に対する否定的な風潮が高まり、廣池も、世間一般からは、法制史や国体研究の業績もろとも忘れられた存在となっていたことが挙げられる。研究に供せられる情報が断片的となり、全体像や前後関係の把握が困難となっていたのである。くわえて、新宗教をとりまく次のような事情があった。

新宗教教団、とりわけ天理教においては、教団内の指導的立場であった人物が、教団と袂を分かち、一派独立して新しい教団を立てるというケースが多く見られる。例えば、天理教の宣教所長であった大西愛治郎が独立して新宗教「ほんみち」を創始したケースなどで、それらを系統づけることが新宗教研究の一つの方法として有効な手段であった。この構造は一部の修養団体の創始者たちにも当てはまるものがあり、さらにそれを事情の異なる廣池にまで及ぼしたのであった。

廣池は、天理教における宗教体験を経て、命を助けられたことによる恩恵を終生忘れず、感謝し続けていた。こうした人生上の「救済・報恩」との関係と、道徳科学に展開する「理論・教育」との関係とは別々の問題なのだが、混乱しがちなので整理して見ていかねばならない。

次章では、廣池が最終的にいかなる形でその道徳論をまとめ、教育に展開していくかについて述べる。それは、さきに内田智雄によって指摘されたシェーマ（図式）へと、これまでの研究・教育遍歴が収斂されていく過程である。小学校教員時代における処女作『新編小学修身用書』から、主著『道徳科学の論文』と学校建設へと結ぶ「道徳」という一本の線の、一方の端がいよいよ見えてくる。

第四章　「道徳科学」の確立と展開

1　「道徳科学」の萌芽

法制史から道徳科学へ　教団辞職による騒動の最中にも、著述は盛んに行われていた。大正四年の間に、廣池は『東洋法制史本論』（三月）、『神社崇敬と宗教』（八月）、『伊勢神宮と我国体』（九月）を次々と著していく。

『東洋法制史本論』は、かつて早稲田大学講師時代に同出版部から刊行した「序論」に対する「本論」である。「本論」の内容は、学位論文の「支那古代親族法の研究」と「支那喪服制度の研究」「韓国親族法に於ける親等制度の研究」であり、学位請求の際に提出した論文三本をそのまま収録した構成となっている。

これらはいずれも明治四十年代に完成したものであり、学位授与からも三年を経過していた。しかもテーマが「家族法」のみであって、刑法などの公法を扱っておらず、廣池の法制史研究の全体像からするとほんの一部であり、「本論」と称するのはふさわしくないとの指摘がある（内田智雄「廣池博士の思想学問の曲折と揺籃の時代」『廣池千九郎とモラロジー』）。廣池はそれを十分承知の上で、形式的に首尾を整合させ、法制史研究は中途であったが、ここで一応の決着をつけたものと見られる。「序論」と

このことは、新たな課題に本格的に取り組み始めようとしていたことを意味する。そして廣池は、教団における職を退いたことで、本来の学者としての立場に専念することとなっていた。その際、研究課題に設定されたのが「道徳科学（モラルサイエンス）」にほかならない。中津時代から教育の根幹に据えていた「道徳」であったが、その「道徳」から「道徳科学」としたのは次のような経緯による。

最初私は、前記の動機によりて全世界の人心を宗教的に救済しようかとも思ひ立ちましたが、それはすでに各宗教の歴史及び経験に徴してその目的を達し得るものでないということを考へまして――素《もと》より種々の原因はありましたが――これを一言に約していへば、私が前々より研究を続けてきてゐるところの日本国体論の研究の範囲を拡張して、当該モラル・サイエンスの研究をなすことにいたしたのであります。（『回顧録』）

人々を道徳実行へと誘い、平和と幸福を実現しようというのは、中津時代から抱いていた宿願であった。これを途中、宗教的に実現しようと思ったが、宗教的言説は、異なる信仰を持つ者の間には反

発が生じ、全世界で普遍的に共有することができない現実があった。また、文明化した近代においては、道徳も、単なる伝統や教訓のままでは説得力が弱く、人々を納得させるためには科学的根拠が必要だった。廣池は、宗教や伝統の価値を十分に認めつつも、これらの課題を克服するため、世界のあらゆる場面に通用する普遍性と、科学的根拠のある論理性、これら二つを備えることを自身の道徳論に課したのである。

こうした研究姿勢は、かつて取り組んだ「日本国体の研究」つまり、皇室の万世一系の原因探求へと、文字通りさかのぼるものといえる。万世一系論は、道徳の累積が継続に有利な結果を得るという結論だったが、逆に、有利な結果を得るためには、道徳の累積が有効とする相関関係である。

『道徳科学の論文』の第一緒言にも、「今回公にせる所の新科学モラロヂーは、私が今より三十余年前、畏れ多くも日本皇室の万世一系の研究を開始せるにその端緒を発したもの」としており、やはりルーツはここにある。そして廣池は、前章のいわゆる「大正四年の困厄」の際に想到した天照大神の「慈悲寛大自己反省」という道徳的精神が、国体形成の「最大原因」(『伊勢神宮と我国体』)と確信するに至った。この経験により、道徳と国体との関係に一層関心が深まって「日本国体論の研究の範囲を拡張して、当該モラル・サイエンスの研究をなす」に行きついたのは、もっともなことであろう。

「穂積博士の『隠居論』を読む」

道徳科学の研究を思い立った理由は、もちろん一つに限ったことではない。廣池自身も、『道徳科学の論文』の中で、万世一系研究とともにもう一つ、法制史研究を挙げている。それは、中国における立法の「基礎的観念」が、ローマ法やイギリス法などと同じく「正義」にあるとともに、中国の法律の目的には、「個人の権利を保護するよりは、個人の義務を奨励するに在る」ということを知ったからだという。このような法思想に根拠を与えることになるので、義務を先行することの効果を証明する道徳科学の研究を行うことが、「世界に向かって更に大なる貢献となる」と考えたと述べている（第一章第四項上）。

道徳科学研究のルーツには、もう一つ、恩師の潜在的な導きがあったと見られる。廣池は大正四年（一九一五）六月二十五・六日の『読売新聞』に、書評「穂積博士の『隠居論』を読む」を寄せた。『隠居論』は、明治二十四年に刊行されていたものだが、改訂が加えられて、この年に第二版が刊行されている。改訂に対して廣池が相当の助力をしたことは、穂積から廣池に宛てた書簡に「隠居論改訂に付ては、先年来屢々《しばしば》高教を　辱《かたじけな》ふし候」とあることからもわかるが、その過程で廣池自身も大いに触発されたと見られる。書評にはこうある。

世界に於ける文明の進歩・人類の発展及び幸福の歴史を考ふる時は、決して箇人主義もしくは自由主義の如き単純なる主義もしくは思想の伝播《でんぱ》のみによるにあらずして、実に複雑なる人類生活の基礎を為す所の人間道徳心の向上とこれに伴ふ社会組織の発達とに在るものの如し。

人類の発展・幸福には、主義や思想のみによっては実現されず、道徳心の向上が必要であるという穂積の主張を取り上げ、それが、「近時、考古学・人類学・社会学・進化論・法制史経済史及び道徳史等の進歩に伴うて、漸次に明白なる解決を得むとしつつある」と、近代科学によって実証されつつあることに注目し、穂積のライフワークである「法律進化論」の完成を期待するのだった（『読売新聞』大正四年六月二十六日）。

『隠居論』の改訂を手伝う過程で、「道徳心の向上」における科学的研究の必要・有望なことを感じたことは間違いない。ちょうどそのころ、廣池は宗教者としての生き方に区切りをつけ、本業の学者へ復帰の時期を迎えていた。道徳の科学的研究こそが今後の進むべき道と考えるのは自然な流れであったといえよう。

話は飛ぶが、それから二十年の時を経て、昭和十年（一九三五）に廣池は道徳科学に基づく学校を建設する。詳しくは後で述べるとして、その時に送られた穂積重遠《しげとお》の祝辞に触れておきたい。

穂積の遺志と廣池

穂積陳重は大正十五年（一九二六）に逝去しているが、穂積家とのつながりは長男の重遠の代となっても続いていた。重遠は、東京帝国大学へ進んだ廣池の長男・千英の恩師であり、大正十年の千英の結婚式にも出席し、挨拶している。そして昭和十年、廣池の学校建設の際も祝辞を送ったが、その内容は来場者の心に深く印象づけるものであった。

重遠は、「最も夙《はや》く、（廣池）先生の人物と学問とを認識した一人は、私の父でありました」といい、「父は僭越にも先生の道徳科学研究に対し多少の助言を呈し奨励を敢てしたことと思ひますが、先生は深くこれを徳とせられ、師弟の礼最も恭《うやうや》しかりしことは、私の傍観して常に感佩《かんぱい》した所であります」と、師弟の絆の深かったことに触れ、開校については「父もし在らばの情」を切に思い、次のように述べている。

顧みれば、道徳と科学との両立調和は、父の常に念として然《し》かも終《つい》に完全には遂げ得ざりし所でありますが、それが愈々《いよいよ》我が廣池先生によつて単に理論上編述せられたるのみならず、具体的実現の曙光《しょこう》を仰ぐことになつたのであります。亡父も定めし喜びませう。

(『道徳科学研究所紀要』第四号。以下、『紀要』と略す)

穂積の中途で終わった研究の跡を承け、廣池が完成し、しかもそれに基づく学校建設に至ったことを、穂積が知ったらいかに喜んだであろうか。会場には、この言葉に感極まり、嗚咽するものもあったという。

穂積の「法律進化論」の後継者

穂積のライフワークであった法律進化論の研究は、弟子たちには必ずしも受け継がれなかった。しかし、それは法学に限ってのことであって、ほかの分野へと継承されていたことが、近年、水野治太郎により明らかにされている。水野は「法律進化論」の後継は、廣池の道徳科学に見る「道徳進化論」であるという(『「経国済民」の学』)。穂積から受け継いでいた道徳科学とはいかなるものだったのだろうか。

水野はまず、古賀勝次郎が「穂積陳重――国学と法律進化論」(『近代日本の社会科学者』)において、穂積が国学の環境のもとに育ったことから、「進化」を議論しながら、実は、国学における概念「生成」を論じていたのだとする仮説を立てたことを承けて、「生成」に関する方法論では廣池が穂積の後継者であるとする。次に、もともとモラルサイエンスの中に「生存競争説や人類の過去の起源や歴史の淵源を辿る視点」があって、それがダーウィンによって生物進化論に継承されたとする古賀の論を指摘し、穂積の「法律進化主義」の次の文を引く。

人類は自然物の一なり。人類社会は有機物なり。故に人類に関する現象中、最も複雑なる法律の学問の如きは、必ず物理的諸学科、生物的諸学科の進歩に伴随し、法理学真正の進歩は、物理的生物的諸科学、就中《なかんずく》、生理学、心理学、人類学、社会学等の進歩を待て後ち、始てこれを観るを得べきものなり。理学的諸学科の観察を利用して以て法理学の資となすの必要なると、独断定教《ドグマ》によりその資を理学に仮らずして法理を論ぜんとせるは、従来の法理哲学士の大過失たるとは余の固く信ずる所なり。

（「法律進化主義」『穂積陳重遺文集』二）

水野は、穂積の方法論が、自然の進化作用に従うのみならず、進化の理法の探求にあったとする。そして、廣池のモラルサイエンスの最初の試みとしての『道徳科学の論文』（第二版）巻頭の、次の文章と引き合わせた。

天地剖判《ほうはん》して宇宙現出し、神羅万象この間に存在して、所謂《いわゆる》宇宙の現象（Phenomenon）を成すに至れるは、偶然にして然る事は出来ないのである。必ずやその原理もしくは法則ありてここに至れるものである。故に宇宙間に産出してこの間に生存する所の我々人間としては、この宇宙自然の法則（law of nature）に従はねばならぬ事は明かであります。この故に聖人は此宇宙自然の法則を天地の公道（public road i. e. universal principle）とも称せられたのである。（廣池千九郎「第二版の自序文」）

ここでいう「宇宙自然の法則」は、生成化育のはたらきである。それは聖人たちが到達した最高道徳の次元にあり「神の心」とも称される。廣池は聖人の言動と諸科学の成果を考察することによって、『道徳科学の論文』において「法則」を縦横に論じ上げている。こうして、穂積から継受した「現象の理法」を捉える研究は、廣池によって一応の完成を見た。

さらに『道徳科学の論文』は、「天地剖判」に始まる冒頭の文章が『古事記』のそれに似ているところからも、「生成」の概念を捉えようとする発想につなげられている。

そもそも、廣池が東洋法制史を体系化する過程で手法とした「歴史法学」および「比較法学」は穂積の指導によって培われたものである。後に日本国体の研究へと焦点を移すものの、その方法は日本と中国とを比較するという、東洋法制史の応用であった。ここにも穂積の研究成果が息づいている。

穂積は廣池にとって最後の師であり、その学恩の深さは『経歴』に「最も恩人として尊敬する所」と記されていることに尽きる。それと同時に、穂積にとっても、研究の完成に最も頼みとするのは廣池だったといえよう。

大正十五年四月七日、穂積は逝去した。その五十日祭ののち、妻の歌子は、穂積が研究室の机上に置いて敬仰していた聖徳太子の銅像を廣池に贈与している。穂積は「学者の資格は単に学力の優秀に止まらずして、その品性の崇高偉大にして百世の師傅《しふ》と為るに在り」（『経歴』）と考え、聖徳太子を尊敬していた。研究室には、聖徳太子像とギリシアの法律の神テミスの像があったが、長男の重遠にテミスを、弟子の廣池に聖徳太子を与えたのである。

穂積の遺品の聖徳太子像

「道徳科学とは何ぞや」

欧米における道徳科学「モラルサイエンス」の歴史は古い。十八世紀のイギリスでは、すでに盛んに論じられており、「国家政治経済外交および国民の生き方・あり方を総合的な立場から議論して、あるべき理論を提供するという役割」を担っていた。アメリカでは、十九世紀には大半の大学でモラルサイエンスによって倫理教育が行われており、どこのカレッジでも、最も有名なコースとして扱われ、学長自ら担当し、最終学年の必修科目とされていたという。水野治太郎によれば、モラルサイエンスは「人間の精神原理および社会構成の原理を総合的立場から捉え、そこから人間および社会国家のあるべき価値を探求する学問」である（『経国済民』

の学』)。

日本では、明治初期に、フランシス・ウェーランドの『道徳科学入門』(*The Elements of Moral Science*)を小幡篤次郎が紹介し、福澤諭吉がさっそく講義を始めて、広く知られるようになっていた。ウェーランドもすでに自然の法則と道徳を関連づけ、「社会に関わる因果の連鎖関係である道徳法も物理学の法則と同じく永遠に普遍であり、それゆえに、われわれは行為より生ずる結果を避けることはできず、その結果から逃れるすべもないのである」と説いていた(藤原昭夫『フランシス・ウェーランドの社会経済思想』)。

このように一時代を築いた「道徳科学」だったが、その後徐々にはやらなくなっていく。科学教育の高度化・専門分化の流れの過程で、諸科学統一の理念が壊れはじめ、アメリカでは、一八八〇年代にカリキュラムから姿を消している。

ところが近年、「公共哲学」が唱えられ、総合的な「知」が求められるようになったことで、「これからの新しい社会・国家・国際関係を構成する道徳原理(コモン・モラリティ)を探求する学問」(『経国済民」の学』)として、「道徳科学」が復活しつつある。あるいは、学校における道徳教育の見直しの機運を受けて、「まえがき」で触れたように、日本の廣池による「道徳科学」研究が再注目されている。

では、廣池の唱えた「道徳科学」とはいかなるものだったのか。

廣池は大正四年から十三年もの歳月をかけ、昭和三年(一九二八)、三千余頁にわたる大著『道徳科学の論文』を著した。その第一巻第一章「道徳科学とは何ぞや」は、次の言葉から説き起こされている。

今私がここに公にせむとする所の道徳科学と申すものは、因襲的道徳（普通道徳）及び最高道徳の原理・実質及び内容を比較研究し、かつ併せてその実行の効果を科学的に証明せむとする一つの新科学であります。

『道徳科学の論文』で説かれた内容は、従来の「モラルサイエンス」よりも「道徳」の概念が広く、また新たに「最高道徳」という次元を対象としており、「モラルサイエンス」には収まりきらない領域を持つため、新たに「モラロヂー」（戦後は「モラロジー」）という言葉を「道徳科学」にあて、「新科学」としたものである。

したがって、上記のような隆盛と衰退そして近年の復活を迎えている「モラルサイエンス」とは、異なる系統にあるものとして見る必要もあるだろう。

本章ではこのあと、廣池がいかなる段階を経て、独自の「道徳科学」を提唱し、そしてそれを教育へ展開していったのかを見ていくこととしたい。

『日本憲法淵源論』

早速だが、大正五年（一九一六）十一月刊行の『日本憲法淵源論』は、廣池の道徳科学研究における「序章」あるいは「デッサン」ともいうべき書籍である

（内田智雄「廣池博士の思想学問の曲折と揺籃時代」）。副題に「東洋法制史余論之内」とあるように、法制史研究の系統を引きつつ、天照大神の神徳を基軸とする国体論が主眼であり、道徳の重要性を説くという、過去の研究と今後の展望の結節点にある。

本書の刊行には、当時の時代状況が強く反映されていることも特徴である。

予は今回世界大騒乱後に於ける我が国家民心の統一に関して憂ふる所あると、また一は近時我が国民の態度頗《すこぶ》る慎重を欠き、政界人士の言論行為中、頗る寒心に堪へざる事あるを見聞する一再に止らず、かつ教育界、宗教界、事業界、文芸界、言論界の不真面目なる、国民指導の権威日に失墜し、今後遂に我が国民の善良なる信仰風俗習慣を変化して、将来我が国家幷《なら》びに個人の幸福上に不測の難あらん事あるを思ひ、不才微力の身、窃《ひそか》に甚だ痛心の結果、遂にここに及べるなり。

（「緒言」）

本書が書かれたのは、まだ第一次世界大戦の最中であったが、終結後の民心の混乱を見越して懸念を表し、それに対する指導者階級にも問題が多く、将来の「国家ならびに個人の幸福」に困難が予測されたため、筆を執ったという。時代の要請もまた、研究に不可欠の要因であった。

「道徳」に関する言及では、次の一文が注目されよう。

吾人人類の目的は、その個人としては各自の幸福を全うし、団体としてはその団体の文化を全うするにあるものと為す。しかしながらその所謂幸福は、人と時代と場所とに依りて同じからざれど、その実質常に道徳に合し、人類の目的を達するに適する心事行為を以て幸福と為すものを正当なる幸福の人もしくは文明人と称すべしとの事に就いては、今日学者の所謂、識者の思考、大略一致するを見る。この故に今日に於ける所謂幸福と文明文化とは、常に必ず相伴ふものにして、その実質は道徳に外ならず、即ち幸福文化を助くる心事行為を道徳と云ひ、また真善美と云ひ、これが発展を害するものを不道徳と云ひ、また偽悪醜と云ふ、而《しこう》してその道徳は人類の個人に於ける精神的平和より、社会に於ける団体間の平和を意味するものにして、平和にあらずんば人類の幸福文化は得て望むべからざるものなれば、道徳は即ち平和なりと謂《い》ふべく、而してまたその平和は人類の慈悲心の発達によりて得るべし。故に結局人類の幸福文化は、道徳即ち平和慈悲によりて始めて得べき事と為るなり。

（第二章第一項「人類の目的」）

幸福とは道徳に合するものであり、道徳は個人の精神的平和から社会全体の平和までを意味し、平和でなくては、人類の幸福は望めないという。個人の幸福と国家の発展および世界の平和というものを、「道徳」を基軸にして統一的に論じる姿勢が見える。本書は二百数ページとそれほど大部なものではなく、また社会問題に即応するため急いで書かれたものだが、道徳と国体と世界平和とに関する廣池の研究成果と課題設定が端的に著されており、充実した内容となっている。しかし、本書に関する検討は、今もまだ不十分な状況であり、今後の研究を待ちたいところである。

労働問題の道徳的解決　廣池の道徳科学を形成する母体のもう一つに、労働問題への取り組みがある。「私の天理教本部の退去は実に意外の急変でありましたので、これに処する最善の方法として、かねて経験するところの労働問題の道徳的解決に身を委ねることになった」(『回顧録』)という。問題の解決に向けて、実際に役立つ理論を構築するため、現場で試みながら科学的な研究に尽力していくことになったのである。

労働問題に対する関心そのものは、明治の頃から持っていた。

私は明治四十三年(一九一〇年)より労働問題の道徳的解決を思ひ立ち、自己の公職の傍ら日本各地の工場に入り込みて、親しくその男女職工の状態を視察致しました所が、その知識及び道徳の低き事、予想の外にして、資本家はこれを奇貨とし、その職工に対する待遇は悉く政策的にして、その職工の惨状真に痛ましく見ゆるのみならず、その職工の前途の暗黒を想像する時には、更に憐憫の情を禁ずる事が出来なかつたのであります。

(『道徳科学の論文』第十四章第二十四項)

「職工」(工員)たちの惨状は想像以上であり、救済が急務なのと同時に、この問題を放置すればやがて国家の根幹を揺るがす大問題に発展するだろうと予期している。そして、その解決法は、「道徳主義」によるべきであるという。続いて、次の一文を見てみよう。

泰西の学者は、労働問題に於ける道徳主義は科学的にあらず、随《したがっ》てそのこれが任に当る人格の消長とその成績とは比例するものなれば、真に工業の発達と人類の幸福とを増進するの方法は権利義務によりて、資本家側の暴力に対抗せざるべからずと申し居り候。その言ふ所素より然る事と存候。しかしながらこれ只半面の真理のみ。一時の解決法たるのみにして、全般的根本的の解決法にはこれ無く候。

この故に、一時、過渡時代の解決法としては、かくの如き方法により、更に根本的永久的解決法としては、道徳主義によらざるべからざる事は、東西過去の歴史と小生年来の研究実験とに徴して明白なる事にこれ有り候。

（『富豪、資本家、会社商店の経営者、重役高級職員並に官憲に稟告』。以下、『稟告』と略す）

労働問題は世界的な課題となっており、ヨーロッパの学者によって盛んに解決法が研究されていたが、そこでは「道徳」が中心的課題となることはなかった。労働者（従業員）の権利意識を高揚させ、資本家（経営者）に対抗させるという方法が唱えられており、確かに労働者の権利意識は向上したが、その結果、労資の対立が激化し、深刻な階級闘争を生じた。

また、労働者の待遇の改善も急務であり、確かに、大正時代には相当改善されてもいる。しかし、資本家は、ただ単に労働者の給与や勤務環境の改善さえすればよいという発想にとどまっており、それは決して労働者の真の満足を得られるものではなかった。廣池は「労働問題とモラルサイエンス」

（『斯道』五十六号、大正八年）などを著し、労働者の待遇を改善すると同時に、総合的な道徳教育を行い、「依頼心を改めさせて、自主独立の精神を興さしめ、自から奮つて自己の職務事務に対し、道徳的努力をなすやうに」導くこと等を盛んに唱えた。『日記』には次のような記述もある。

予は会社の味方にして、同時に真に労働者の味方なり。今日、ただ一方だけを利せんとするものは道徳にあらず。競争を教唆するものなり。予は労働者の衣食住を裕《ゆたか》にせんことを工場側にすすむるものなり。しかしながら、同時に職工側にそれだけの智徳を得て、これを得る資格を作らするなり。（『日記』②）

『稟告』に戻ると、労働者への「道徳教育の方法」についても丁寧に説明している。かつて、中津での教員時代に「夜間学校教育法」において展開した筆致と構造が近似しており、廣池の経世家としての一貫性に気づかされるが、異なる点は、科学的観点であった。

『稟告』では第一に、

道徳教育の内容は、前述の所謂モーラルサイエンスにして、社員幷《ならび》に職工に対して、道徳を実行するものは、必然的に成功しかつ幸福あり、古来偶々《たまたま》然らざるものはかく〳〵の理由あるによる故に、その障害を除去すれば必ず効果ある事を、科学的に証明し、かつ我建国の精神と実歴史とはこ

れを証明し居る事を明に致すに在り、

に始まり、実証性を提示した上で、工員たちへの教育方法を列挙していく。

廣池は、以上のような「道徳的解決法」を掲げて、全国の現場を飛び回った。富士瓦斯《がす》紡績の小山工場には、大正末年までに二十回以上指導に訪れている。当社は和田豊治《とよじ》（一八六一〜一九二四）が社長となって発展したことで知られるが、廣池の道徳科学を社員指導に導入して成果を上げていたことがわかる。和田は、廣池と同郷の中津出身で、中津市校の先輩でもあった。数十社の会社の設立に携わり、渋沢に続く大正期の財界世話役と称されている。

当時を知る塚谷政蔵は、後に、「大正八年のことであったろうか、先生は大阪で一年間に七、八〇回も労働問題についてご講演をなさった。大阪の住友工場もその際救われた——つまり争議直前にご講演を聞いて争議が勃発せずに済んだ事がある。有名な話である」と語っており、相応の成果があったと見られ、廣池も道徳科学の理論の実効性に手ごたえを感じ、こうした実例を著述の中にも盛り込んでいく。

千巻の早世

大正六年（一九一七）の三月十三日、次男の千巻が逝去した。満十七歳であったが、心臓弁膜症のために約十一年間も病床で過ごし、その間、たびたび起こる発作の際には、母の春子が寝ずの看病を繰り返していた。わが子を失った春子の悲嘆は大きく、三日三晩泣き明かしたという。

その後、廣池から「死は易し、生は難し」と諭されたのをきっかけに、ようやく立ち直っていった（『思ひ出』）。この言葉は春子によく響いたらしく、発した廣池も悲痛極まる思いを深く共感していたと思われる。この頃の遺稿に、「千巻の如き無量の希望抱負を有する青年が、恨を吞みて死せしを思ふに至りて、始めて堪へがたき同情心湧起するを覚ゆ」と書かれており、これまでになかった耐え難い情念を超えてのことだったのであろう。

死別に関連して、もう一つ人生を画したといっていいほどの重要な記述がある。千巻が逝去して数日後のちょうどこのころの『日記』に、廣池は突如二十数年前に関するある一文を記した。それこそが、明治二十七年（一八九四）七月の、住吉大社での五ヶ条の誓い（本書一一九頁）である。「無量の希望・抱負」とともに失われたわが子と、悲しみに暮れる妻を目の当りにして思い起こされたのは、夫婦ともに苦労しながらも、志高く将来の栄達を思い描いていた京都時代の一幕だった。のちに春子はこう記している。

大正五年六年、欧州大戦争から国内の人心は皆意志薄弱となり、親の恩を忘れ、先輩を尊敬せず、自由とわがままを叫ぶ様になりましたのを良人は悲しみ、学位を持ちながら世の名利栄達の途を求めず、ひたすら人心救済のために各地を巡回講演をしつゝ道徳の研究を始めました。（『思ひ出』）

廣池は生涯に何度も住吉大社での誓いを書き記し、語っているが、現在知られているものの中では、この『日記』における記述が最も古い。このときの廣池は、今一度、運命を劇的に変えたあの誓いを唱え、書き留めることによって、混迷する時代を道徳の力によって切り拓いていく意志を固めたものと思われる。

2　「道徳科学」の論文刊行へ

活発な講演

大正七年の六月二十八日、東京高等師範学校において講演会が開催された。演題は「モラルサイエンスと国民道徳」。廣池の演題における「モラルサイエンス」という言葉の記録上の初出である（言及自体はもっと前から）。嘉納治五郎校長も講演を聴き、盛んに質疑を行っている。

遺稿の中にメモが残されており、講演の概要を知ることができる。レズリー・スティーヴンの*The Science of Ethics*（『倫理の科学』）などの洋書を引き、モラルサイエンスの来歴とその研究の困難なることを踏まえ、西洋の理論を援用して国民道徳の課題を詳細に解析している。また、「進化論」によれば、「力」は後に現れたものほど強大であり、ゆえに「力」によって成り上がったものは、後から「力」によって滅ぼされる。一方、「徳」については、「『徳』は後に出づるものにて、強大なればなるほど、先人を立つる故に、『徳』にて成るものは滅びず」としており、前述したように、穂積陳重を介して進化論を援用した研究手法であることがわかる。

しかし、このときは、「科学的」や「進歩」の用語に関する認識が嘉納らとかみ合わないなどにより、建設的な議論ができなかったことが、反省の弁として『日記』に記されている。意気込みが先走って、学会での研究発表のような内容になってしまい、教育が主眼にある師範学校の教師たちとの観点のズレを見落としていたのであろうか。

この反省も活かされてか、その後の講演は、前にも増して対象ごとに適材を配して盛況となっていく。たとえば、大正八年の二月二十五日「女中慰安会」での講演では、「親孝行の話」と題して、「親孝行をすると一代に大なる幸福が得られる、これをせない者は、反対に非常なる衰微をする、といふことを科学的に研究しましたから、その話を分かり易くする積りであります」と断りを入れ、自らの体験を交えながら「科学的研究」の成果を平易に説いたところ、「聴衆は非常な感動に打たれて」いたという（『汎愛教育』一二八号）。ちなみに、ここでも住吉大社での五ヶ条の誓いを紹介している。

一方で、五月に東京帝国大学の山上御殿において開催された「神道談話会」での講演は、「神道及び我が国体の科学的説明」『斯道』（五十七号）とあり、ここでは研究の成果を学術的に発表している。

『斯道』とは、「斯道会」という組織の機関誌で、このころ廣池は、斯道会を中心に講演と著述を重ねている。この会は、明治四十五年に設立された国民道徳推進のための機関であり、会長は伯爵土方《ひじかた》久元《ひさもと》、副会長に陸軍大将鮫島重雄、幹事に田辺頼真、協賛員に山県有朋・大木遠吉《えんきち》など、そして顧問に東郷平八郎・松方正義・大隈重信・渋沢栄一ら、評議員に阪谷芳郎・清浦圭吾たちがいる（『伝記』）。その後の交友関係を見ても、人脈的に展開の場となったと見られる。『斯道』全百号中、廣池の論説・談話を五十六本掲載し、廣池に言及する記事も七十四本を数えるほど深い関わりであった。そして、ここでの仕事が媒介となり、モラルサイエンスは国家の枢要へと浸透していく。

大木遠吉と華族会館

廣池のモラルサイエンス研究に、最も早い大正八年（一九一九）から注目していたのは、当時貴族院議員伯爵の大木遠吉だった。大木は、大正九年（一九二〇）、原内閣で司法大臣に就任し、その後鉄道大臣等を務めた政治家だが、仁義に厚く、道徳に対する関心が高かった。

大木遠吉

大木は斯道会の田辺頼真を通して廣池の研究を知り、「是非その話を聞きたい」ということで、面会が設けられた。廣池の『日記』には、大正八年五月十二日、「華族会館にて伯爵大木遠吉氏に国体の研究を講説す」とあり、廣池は大木の逝去（大正十五年）後の遠からぬ時期にも、この時のことを講演で語っている。

「講説」の内容は、現在の人の置かれている境遇を「各個人の先天的及び後天的に於ける父祖以来の精神的及び行為の累積結果たる事」から説いたものだった。遺伝における仮説や進化論を人間の道徳性に関連づける自然主義の系譜を引く体系が見える。廣池は『日記』に「国体の研究」と書いていたが、内容は明らかにモラルサイエンスであり、やはり「人類学・社会学及び古今の歴史上の事実」によって読み解く国体研究の延長線上にモラルサイエンス研究があった。

講義が終わると、「伯爵は恰《あたか》も夢の醒《さ》めたるが如く」であったといい、「明晩更に続いて聴聞を重ねたし」と再度の講義を望んだ。廣池はそれを受けて翌日もう一度講義している。大木の感銘はよほどのことだったようで、「この最高道徳を服膺《ふくよう》するものを、日本の政治家及び実業家の中に二、三十人作りたし。さすれば日本の政治も産業も教育も、すべて改善が出来るであらう。因て華族会館に於て、最高道徳の講演会を開きたいと思ふが、御苦労ながら一つ骨を折ってくれまいか」とのことで、大木の主唱によって、五月二十一日、華族会館での講演となった。

講演内容の詳細は不明だが、『斯道』五十七号には、「二時間余に亘り、民本主義・過激主義の弊害より国体の真髄に至る迄、総て博士独特の道徳主義によりて説明せられた」とあり、廣池が新たな研究成果を開陳したことがわかる。講演終了後、大木は、田辺頼真への書簡で、「有益なる卓説」に「島村（速雄）海軍々令部長も参会、非常に熱心に聴講せられ、本日は態々《わざわざ》電話にて礼述これ有り候」と記しており、海軍トップの軍令部長も内容に感銘を覚えていたと見られる。その後も、島村の次々代の軍令部長鈴木貫太郎が廣池の講演を求めて主催するなどしており、海軍枢要へ人脈が広がり、さらにその輪が陸軍へも広がっていく契機ともなった。

華族会館での講演には、阪谷芳郎の姿もあった。阪谷の日記には「華族会館にて大木伯の催にて廣池千九郎氏の講話あり（階級制度の根本原理と現代思想の科学的批判）」と、内容にも若干触れており、廣池とのその後の交流を考えると、相当関心のあるテーマだったと思われる。阪谷は、渋沢栄一の娘婿であり、同じく娘婿の穂積陳重とも交流が深く、大蔵大臣時代を挟み、道徳的で健全な財政論を掲げており、廣池の主張と共鳴するものがあった。東京市長時代の大正二年、廣池の「天啓」に関する講演にも参会していたが、この大正八年の講演会以降、大木と共同して廣池の講演会を主催するなど、支援するようになっていく。

そのほかの聴講者には、貴族院議員の柳原義光《やなぎわらよしみつ》・細川護立《もりたつ》・徳川厚《あつし》、侍従次長の徳川達孝《さとたか》（のち侍従長）、文部次官の南弘《みなみひろし》（のち台湾総督、逓信大臣《ていしん》）らがいた。しかし大木は聴講者数が少なかったのを不服として、今回が昼間だったので次回は夜間とし、さらに速記したものを欠席者に配ると意気込んでいた。

こうして大木は、同年（一九一九）、十一月二十二日（土）の夜と、二十三日（日）の午後に二日続けて、同じく華族会館において再度廣池の講演会を開催した。「新科学モラルサイエンスの内容と近き将来に於て世界各国に起らんとする兆候ある社会革命との関係」という演題で、「モラルサイエンス」を正面に掲げたものとなっている。このときは大木の熱意もあって、政財界および軍部の名士二百余名が参集した。渋沢栄一をはじめ、陸軍中将山梨半造（のち陸軍大臣）や司法大臣・東京府知事等を歴任した岡部長職《ながもと》らも聴講している。

その次は、大正十年（一九二一）十二月十三日、華族会館にて、今度は司法大臣として入閣中の大木遠吉に加えて、阪谷芳郎・前述の和田豊治、そして日銀総裁の井上準之助の四名が連名で廣池の講演を主催している。テーマは「階級制度の根本原理と労働問題其他切迫せる社会問題・思想問題の徹底的解決法に就きての純科学的講話」であった。

道徳科学（モラルサイエンス）は、天理教関係者からも支持され、支援の対象となっていた。支持者の一人が本島《ほんじま》大教会会長の片山好造《よしぞう》である。香川県丸亀市の本島は、瀬戸内海に浮かぶ島で、古くから海上交通の要衝であり、片山はこの島から海外へ雄飛する志を持っていた。また、大戦の影響などで悪化していた国民の思想を憂い、信徒の奮起を願って、「教理も、今日までのやうに、病気救けのみの教理ではいけなくなる」と考えていた（藤山春之助『本島乃道』）。

そこで、国際的に通用する倫理観と国体観を持った布教師育成の必要を感じていたところ、たまたま高松への講演旅行中に発病して療養中だった廣池のことを聞きつけ、本島へ来て療養ついでに布教師を教育してほしいと懇願したのである。

高野友治の『片山好造伝』には、「廣池博士が病気のため天理中学校を止めて、今、高松に来ていると聞き、早速人を遣して、教師教育の講師の件を願つた」とあり、本部辞職の理由が「病気」となっている。これも廣池が大正四年の問題を事件化せず穏便に済ませたことの一つの成果といえよう。廣池は最初のうち断っていたが、再三依頼する片山の熱意と、研究を支援しようという姿勢、そして療養のためもあって、本島滞在を承知した（高野友治『片山好造伝』など）。

本島での教化

本島には、大正八・九・十年と、年に約二カ月間ずつ滞在し、病気療養しつつ、研究と教師育成に尽力した。片山が廣池に期待したのは主に道徳科学の理論であり、廣池もそれに応えて精力的に教育にあたった。しかし、当時の一般人にとって、「モラルサイエンス」という学術語はまったく馴染みのないものだったらしい。講習参加者は、この用語を覚えることすら苦労したらしく、「鯔《ボラ》が三円す」

と言い換えて覚えることにしていたという。ちょうど二月のボラの時期に聞いた者たちが「博士は魚の相場まで知っている」と言って驚いたという話もあったが、講習を終えるころには、布教師たちは「信者を信服さすに十分」で「社会の学者層の前に出て堂々と話して恥しくない」話ができるようになっていたという（高野友治『片山好造伝』）。

本島は、気候も温暖で、瀬戸内ののどかな海に囲まれ、廣池の心身も穏やかだった。あるとき、身の回りの世話をしていた浅野とめという女性が、鴨緑江節《おうりょくこうぶし》を歌っていると、廣池は自ら作詞して、その詞をつけて歌ってくれと浅野に頼み、自身も上手ではないが一緒に歌っている（浅野とめ談）。

道徳の権威を科学的に証明せんとする　モラルサイエンスは御道たすけ
御道は世界を助けるためによ　モラル又、サイエンスは御道たすけ

この歌は、道徳科学と天理教との関係をよく表している。道徳の権威を証明することで、信仰に基づく道徳を実践している天理教団もまた、それによって権威づけられる。廣池の道徳研究は、結果的に教団の発展にとってもプラスになると考えられていた。また、日本社会のみならず、世界が道徳化されることは天理教団にとっても望むところであり、廣池への支援は一種の社会貢献活動ともみなしうるものであった。

諸岡長蔵　同じように廣池を支援したもう一人の重要人物が、諸岡長蔵である。その関係は、大正三年（一九一四）三月十五日、廣池が千葉県の成田において講演したときに始まる。諸岡は成田において「米屋のようかん」を創業するとともに、天理教の普及にも熱心であった。支援の最初は、大正四年の廣池の辞職後、非公式に援助するため教団本部から依頼されたものだったが、大正九年ごろから、片山にも頼まれ、諸岡も意思を固めて援助に本腰を入れている。諸岡は廣池を深く敬慕し、事業についても頻繁に相談して教訓を得ることにより難局を乗り越えた経験があった。

廣池は最終的に、道徳科学は一宗一派に関係せず、純粋に学説として提唱するため、宗教である天理教とは距離を置かざるを得なくなった。それを理解した諸岡は、自らが救われた恩恵に報いるためにも、教団の意思と関係なく廣池を支え続けている。廣池もこうした諸岡の篤志に深く感謝し、昭和八年、「天爵を修めて人爵これに従ふ。モラロヂーの母、諸岡大人へ」と描いた楽焼の湯飲みを贈った。自身を「モラロヂーの父」とするならば、諸岡はその母だとするまでの深い思いであった。

中野金次郎　廣池を支援した財界の中心人物は、中野金次郎（一八八二〜一九五七）である。中野は、海運業から身を起こし、小規模店が乱立していた業界をまとめ、大正十五年、合同運送を設立し、昭和三年には、内国通運・国際運送・明治運送を合併して、国際通運（現在の日本通運の前身）へと統合し「運送王」と称されるに至る。その間、廣池の指導を忠実に守り、事業を展開してきた。

中野の友人、松山廉の回想に次のようなものがある。

これによって、中野さんと廣池博士との関係が生じ、中野さんはますます商売が繁昌したので、お店を建築しようとして博士の御指導を受けたところ、博士は店よりも船を造れと指導された。中野さんは素直にそれに服従して船を造ったところ、大正三年の第一次世界大戦が勃発してたちまち船成金になった。それで今度は別府に別荘を建てようと思って相談したところ、博士はその金は社会事業に奉仕するようにと指導されたのであった。中野さんは今度もまたお指図通りに実行された。たまたま大正七年全国に米騒動が起って、富豪、財閥、米屋等が襲撃、焼き討ちされ、門司でも同様に中野さんの隣りまで焼き討ちされたが、中野さんのお宅は、お徳の高い家であるからといって焼き討ちを免れたとのことであった。

（興亜火災海上保険株式会社編『中野金次郎追想録』）

この話は、廣池の予言がどうこうというのではなく、その世界情勢に対する見識と、道徳実行の効果におけるデータ・考察の蓄積の反映と見るべきところであろう。

またあるとき中野は、国際通運の経営困難から来る心労のため不眠に陥り、三日間一睡もできない状況となっていた。医者にかかり注射を受けてもやはり眠れない。そこへ見舞いに来た廣池は、「医者の薬では到底治らない。私が病気をなおしてあげましょう。私に一切を任せなさい。あなたは死んだ積りで、会社のことは一切専務以下に任せて誰にも会うことをおやめなさい」といい、その日から毎日通って精神作用の話を続けた。すると中野は、だんだん睡眠がとれるようになり、一カ月で全快し、また元の通りの仕事ができるようになった。こうして中野は、廣池に助けられるとともに、「病気は精神療法で癒ること」に気づいたという（村田弘『中野金次郎伝』）。

中野は後年、次のように語っている。

一たび自分の事業に就いて回顧して見ると、先生の御指導が無かつたならば、恐らく今頃は失敗してしまつて居た事であらうと、心ひそかに戦慄の情を禁じ得ないものがある。とにかく、今日まで色々な難関を切り抜け、どうやら人の上に立ち会社の経営をして居るのは、一に先生の御教の賜物であると申しあげてさしつかへないと思つて居る。（『紀要』三号）

こうした思いから、正確な金額はわからないが、中野は廣池に報恩のためにと莫大な研究費の援助をしていたと見られる。先に記したように、「大正十一年には必要なる英・独・仏その他の外国書も殆んど備はり」とあるが、『道徳科学の論文』を書くために集められた洋書は、最終的に約二千五百冊に及ぶ。その支弁は、片山・諸岡に加え、廣池の道徳的経営の指導によって事業を好転させた中野ら企業家たちからの支援に支えられたものだった。

同時に、それらの経営指導は、廣池にとっても道徳科学の社会実験もしくは臨床の場であって、理論の検証データとなって蓄積されていったのである。

朝鮮での講演

大正十一年（一九二二）、四月七日から六月二十日まで、廣池は朝鮮にて巡回講演を行った。行き先が朝鮮だということで、朝鮮語研究の大家となっていた金沢庄三郎も、久しぶりに関わっている。同年一月十三日付の廣池宛書簡によると、金沢は、京城日報社の小山光利と柳苾根を廣池との間で取り次いでいる。

四月八日に釜山へ到着し、十二日には京城入りした。十三日、斎藤実総督を訪問。十八日には総督府で講演している。斎藤はよほど廣池の道徳論に共感したらしく、期間中、両者の面談は四度におよび、総督府において廣池の講演を何度も主催している。

両者の間にどのようなやりとりがあったのかは、史料が乏しく詳細は不明であるが、その一つと思われるメモには、「閣下、御実行を尚ぶ事。政策にては不可」、「徳を尚《たっと》べば鮮民皆従順となる」、「将来の独立は差支なし。天理上にも、実際日本の為にも」、「独立しても、智徳なきものはやはり貧賤。社会主義の世に為りても同じ」などと書かれている（※これらは、当時の用語であることをご理解いただきたい）。

斎藤の総督在任は九年に及び、武断的な統治を改め文治主義によったことで、穏健な一時代を築いたと評価されている。斎藤は、廣池の主張に我が意を得たのだろう。「徳を尚べば」の件は、内地の労働問題解決で実証済みなのでそういうのもわかるが、朝鮮が将来独立することは差し支えないとしているのは注意を要する。しかも、同時に、独立しても「智徳」が無かったならば、経済的にも恵まれず、それは社会主義になったとしても同じであるという。続けて「愛蘭《アイルランド》の自治が成就せしは、愛人と英蘇人と智徳優劣なし。これ天然に独立の資格あり」とする（蘇はスコットランドのこと）。これは、一九二〇年に成立した、アイルランド自治を規定するアイルランド統治法のことである。それから二年後、この面談からはおよそ半年後、戦争を経て、南アイルランドは英国から完全に独立している。

廣池の考えは、智徳を唱えるだけにとどまらない。この年の夏（大正十一年）、ロシアの飢饉に対しては寄付を行っている。ただ、「道徳の伴はぬ、かつ全国一致的でない所の反抗運動や革命には、徹頭徹尾幸福の伴ふ筈がありませぬ」と、革命に対しては、道徳や合意形成の無いものはよい結果が得られないことを指摘している（『道徳科学の論文』第九章上第八項）。

廣池の朝鮮における動向は、細かく報道もされていた。『釜山日報』（四月二十八日）には、

法学博士廣池千九郎氏は先般来より来鮮、京城方面各地に於て講演中なるが、氏は来月十四、五日頃来釜の予定である。釜山に於ては教育会主催の下に講演会を開く事となるだらう。博士は倫理を科学の上に組み立て、独創の学説を立てた人で、伝統的規範的なる倫理、道徳及び信仰的宗教より脱し、科学の根底に立脚した宗教倫理に就てその学説を講演する。

と、内容についても詳しく予告している。『京城日日新聞』（五月七日）には、「最近の自然科学精神科学等より、現代の文明と人類の幸福とはその基老人尊敬と親孝行にありと言ふ、科学的研究に基く当博士の講演会」ともあり、当時の論点がどのあたりにあったかがよくわかる。

廣池は、現地から諸岡長蔵へ送った書簡（四月二十六日）に、今回の渡航の目的の一つを「モラルサイエンスの力だめしと経験的研究」と書いていたが、期待通りかそれ以上の成果が得られたようだった。著述の方も、「階級制度の根本原理及社会政策」を『朝鮮』（八十六号）に、「親孝行の科学的研究」を『朝鮮及満州』（一七五号）に掲載している。

要人との意見交換

大正十一年（一九二二）八月二十・二十一日は、二日間かけて元老・松方正義（一八三五〜一九二四）と面会した。その後、大木に宛てた書簡（写し）には、その時の会話が次のように記されている。二十一日には、朝九時から午後二時まで、昼食を挟み五時間にわたって会談した。松方は一通り対話が済むと、「万事道徳の一語に尽くるものか」と、感想を述べた。それに対して廣池は、「百語、千語に敷衍《ふえん》するもまた道徳のほか方法なし、殊にそれは最高道徳にあらざれば何の甲斐もなし」と答えた（『日記』③）。すると松方は改まって、「先帝陛下（明治天皇）が私に対して度々『誠でなければいかん、誠であれば必ず成功するぞ』と仰せられた事がありましたが、陛下の御一代の御事業は、全く祖宗の御宏謨《オホイナルヲシヘ》に従はれ、その至誠天地に感通する御心・御行ひの結果であると存じます」（『道徳科学の論文』第十二章第十二項）と、明治天皇のことを思い返し、深く納得している。

その様子を見た廣池も、松方の現在の地位について、「上皇室を念ひ、下国家を思ふ至忠至誠の力、その要素たる事、小生夙《つと》に多年の実験研究によりて得たるところの結論なりしが、この実感は、今回更に確実に相成り申し候」（『日記』③）と、道徳との深い関連性について意を強くしている。

松方には翌大正十二年六月二十六日にも面会しており、この時も三時間に及び、松方は再び感じ入ったらしく、丁重な謝辞が述べられている（同）。

廣池は、こうした賛同を得て理論を固めていくとともに、反対意見に対しても耳を傾けている。大正十一年九月十九日には、石本恵吉男爵に招待され、「階級制度」について議論した。『日記』には、「無政府主義者石川三四郎なども列席。階級制度の話をなし、一同より反対を受く」とのみ記されており、反対はあったが議論が荒れた様子はない。反論も有益であり、理論構築の一部に取り入れていったことだろう。

大正十二年六月には、杉浦重剛（一八五五〜一九二四）にも会い、意見を求めている。杉浦は東宮御学問所で皇太子時代の昭和天皇に倫理（帝王学）を授けたことで知られるが、それ以前にイギリスへ留学して化学・物理等を学び、自然科学と日本思想との調和を志向して、「科学より視たる神道」（明治四十四年）などの著述もあった。

面談時には杉浦は、「宗教上の迷信もしくは不合理なる習慣及び圧制を以て、人間の道徳及び文明を進むる事は出来ぬ」「人間の道徳及び文明を進歩さする方法は合理的なる教育の力に俟《ま》たねばならぬ」などといい、「物質と勢力」の観点から、人間の行為は勢力であり、「道徳的行為は幸福を生じ、不道徳的行為は不幸を生ず」など、行為の累積は「勢力の保存」（Conservation of Energy）にあたるとして、廣池の見解に賛同している（『経歴』）。

大正十二年七月十日には、再び華族会館にて大木主催による講演会が開催された。このときには、陸軍大臣山梨半造、参謀次長武藤信義などのほか、立憲政友会の党内人事で対立していた床次竹二郎と横田千之助が出席者名簿で隣り合わせている。江木千之《えぎかずゆき》、黒田清輝、渡辺千冬などもいた。当時鉄道大臣であった大木の人脈と「道徳」に関心のある面々であり、武藤・横田は人格的な評価も高かった。床次は、三教会同・帰一協会のころから接点があり、廣池は「床次氏始め四・五人には、何とかして実を入れたく存じおり候」と諸岡に書き送っており、実効に対する期待のほどがうかがえる。

なお江木千之は、いわゆる「国民精神の作興」運動に尽力し、十三年一月清浦内閣文部大臣となり、教育界に重きをなした。

この講演の内容は、比較的詳細な記録が残っている。第一の「十九世紀初頭の欧州の思想界及社会の状態」から、第二「サン・シモンの計画」、第三「オーギュスト・コントの研究」の先行研究の紹介を経て、その課題、現代の世相等をふまえ、第六「偉大なる宗教の力を必要とすれど、宗教の弊は普遍的ならざるが故に矢張りコントの計画の如く科学の力にて社会組織の原理と個人の幸福及団体の文化の原因結果とを明らかにして教育の方面より個人を開発し以て人心の改造及社会の統制を図らざるべからず。従って次に政治法律外交軍事経済産業その他社会万般の統制機関をこの基礎の上に置かねばならぬ」とする。そして、第七「モラルサイエンスの必要起る」と続いて、以下第二十一までその内容を、研究の経過、最高道徳の実行者とその根本精神たる「慈悲寛大自己反省」および、効果、教育の方法等が述べられている。

この講演には批判もあった、最高道徳実行と万世一系（永続）との関係については、実例が少なく帰納法の材料としては貧弱だという。廣池はこの批判も、後の『道徳科学の論文』に取り入れて、反論に対する応答を記すという形で理論の補強に活用している。

畑毛温泉で論文執筆

『道徳科学の論文』の執筆は、大正十二年（一九二三）の八月十四日から、畑《はた》毛《け》温泉（現在の静岡県田方郡函南町）において本格化した。ここは、廣池の事跡を考える上で重要な地となり、のちに「廣池千九郎畑毛記念館」として整備されるに至る。

畑毛温泉は、廣池の体質によく合ったらしく、『古事類苑』編纂員であった明治三十年代から療養のため何度か訪れており、滞在はたいてい旅館「琴景舎《きんけいしゃ》」だった。

廣池は大正元年の大患から生還したといっても、病状はその後もずっと引きずっており、時に重篤化した。皮膚の神経が侵されていて、自力で体温を保つことができず、真夏でも重ね着をして過ごしていたが、発作を起こすと全身から汗が噴き出て、体力を激しく消耗するということの繰り返しだった。こうした病状に最も適していたのが温泉療養であり、廣池は盛んに執筆と講演を行いつつ、全国の温泉を回って療養に努めていた。中でもよく効いたのが、畑毛温泉だったのである。

ここを選んだ理由は、「東京の自宅に比較的近いこと」や「穏やかな気候」も決め手で、「御療養をかねて伊東、矢熊などと行き来しながら執筆され」たという（井出元「廣池千九郎記念館だより⑧」・中田中『思いでの旅』）。

このころの記録は中田中《みつる》によって残されたものが多い。中田は大正十一年から廣池に師事し、原稿の整理や身辺の世話を行った。廣池の道徳科学における最初の門人であり、最後まで最も信頼された人物である。

また、以前から執筆を手伝っていた鈴木利三郎が、大正十三年から廣池の助手となり、欧文の翻訳などを担当した。鈴木は、当時東京帝国大学哲学科に在学中だったが、外国語の読解力が非常に高く、洋書の引用が多い『道徳科学の論文』執筆には大いに力を発揮した。廣池もその将来を相当期待していたと見え、大正十五年一月、次女の富と結婚すると養子とし、廣池姓とさせている。

今回の畑毛における滞在地は、一貫して「琴景舎」であり、古くなって客を泊められずに物置になっていた「離れ」を借りて住むことにした。中田中によると、この建物は「廊下の板は朽ち、穴のあいたところには石油箱の板をはりつけてあり、タタミもボロボロ、座ると着物にゴミだの虫だのがくっついてくるかと思うような有様」（『思いでの旅』）であり、春子が訪ねてきたときには「座布団の上に立って、着物のすそをくるっとまくって、着物の裾が座布団からはみださないようにしてすわって、『あんた、よくもこんな汚いところに』なんて言ってあいさつされた」ことがあるほどだったという（中田中「スライドに偲ぶ広池博士」『社教』第二十六号）。

関東大震災　廣池が畑毛に旅立って六日後の大正十二年八月二十日から、春子は何を思ったのか、千英一家と長女のとよが嫁いだ木暮一家、そして富とともに、かつて千巻の転地療養のために滞在した平塚海岸へ避暑に行くことにした。以下は、富の『父 廣池千九郎』ほかの記録である。

千英家には前年生まれたばかりの長男・千太郎（一九二二～八九、後に千英の後を継いで道徳科学研究所所長・麗澤大学学長）もいて、貸別荘一軒を借りて三家族一緒に過ごし、春子は久しぶりに笑顔の毎日であった。貸別荘は八月三十一日までの契約だったが、春子はもう少し過ごしたいと思い、延長を家主に願い出たが断られてしまい、この日しぶしぶ東京へと帰った。

そして翌九月一日、関東大震災を迎える。死者行方不明者十万人に達した甚大な災害であったが、廣池家は不思議なことに人も物も無事であった。昨日まで過ごしていた平塚の別荘は全壊し、この日入居した人は重傷を負ったという。富士瓦斯紡績に就職していた千英は、この日、少し体調が悪かったので本所押上工場へは出勤せず、両親の家で休養していた（両家は至近距離）。そして、東京を劫火に包み四十五万戸を焼いた火災は、廣池家のあった牛込区は発生せず、家の周辺（神楽坂付近）には、家屋の倒壊もなかった。

廣池家付近には大勢の人が避難してきていたが、その内の一人、永井龍男は次のように記している。

神楽坂下まで来て、私たちはみんな思わず声を挙げた。坂にかかるところから、ここは一切今朝までの火災とは無関係であった。潰れた家も焼けた店もなく、私達は呆然と立ちすくんだ。このまま坂を上って、町へ入って行ってもよいのか疑われた位であった。

（『東京の横丁』）

翌日、千英は会社へ見舞いに行こうとしたが、隅田川の橋がすべて焼け落ち、たどり着くこともできず、黒焦げの死体に囲まれて呆然とするほかなかったという。

気がかりなのは廣池の安否だったが、千英が中田中を伴い、畑毛まで歩いて確認をとっている。無事であった。

震災の及ぼした影響はあらゆる面で重大だった。経済面では、第一次世界大戦の好況の反動で陥っていた戦後恐慌にさらに追い討ちがかかり、震災手形の割引などの補償が震災以前の不良債権の補償にまで広がって、金融不安を引き起こし、やがて昭和金融恐慌へと至る。

また、大戦に前後して日本社会全体に享楽的退廃的風潮が広がり、労働問題や社会主義思想の高まりなどが危惧されていたのは前述の通りだが、これに震災が加わって人心の動揺は著しかった。

そこで政府は、十一月十日、天皇および摂政の名で「国民精神作興に関する詔書」を発布した。国家興隆の基本は国民精神の剛健にあることを示し、「道徳を尊重して国民精神を涵養振作する所以《ゆえん》」を確認するとともに、震災からの文化・国力の紹復・振興は「皆国民の精神」に待ち、「教育の淵源を崇ひて智徳の並進を努め」ることなどを求めている。

道徳の研究の必要性がますます高まり、廣池への期待が一層増している世相であったことが理解されよう。

執筆の様子

壮絶を極めた『道徳科学の論文』執筆の様子は、当時廣池に仕えていた香川初音の回想から鮮烈に伝わってくる。生活は「お部屋ばかりでなく、身のまわり一切が実にお気の毒なほどご質素」であり、昼夜を分かたぬ原稿執筆中、発熱と発汗にたびたび見舞われ、そのつ

琴景舎の離れで臥床中の廣池（大正13年）

ど温泉に入り症状を和らげ、また原稿執筆に入るという繰り返しであった。病床で苦しみながらも筆を離さない廣池に対して、香川がたまりかねて休息を勧めると、廣池は次のように答えている。

奥さん、この筆は死ぬまで離せないのです。自分は神様を欺くことはできません。（中略）この弱い体では論文の原稿が書き上げられるかどうかわからない。たとえ書き上がっても、いつ印刷となり書物になるかそれもわからない。幸い書物となっても、果たして人様が読んでくださるかそれもわからない。読んでくださっても助かっていただけるかどうかもわからない。しかも今の人が助かっても、五百年、千年の後の人が果たして助かっていただけるかどうかわからない。

奥さん、私の一生は全く暗がりの道を歩いている。けれども一生書き続けねばならん。世の中の人が誠一つわかっていてくれたらナァ……こんな苦労はいらぬ。古今東西の大部分の書物を集めて研究を重ね、ただ一つをわからせたいために、この弱い体にむちうって人の助かる道を書き続けねばならない。

（香川景三郎・香川初音『まことの心』）

こうした執筆態度を目の当たりにした香川は、「『論文』の一字一字には、廣池博士の人類救済の熱烈な尊い血潮が脈々と流れ、拝読させていただく私どもの精神も肉体も、それによって救われ、助けられることは確実と思わせていただきました」と語り、『道徳科学の論文』には、内容のほかに、紙背に廣池の苦心と情念が籠っており、そこから受ける感化も重要であることを伝えている（同）。

廣池の体調と進捗状況については、知人たちも注意を払っている。廣池が阪谷芳郎に対して、畑毛に来て体調が「少々宜し」と伝えると、阪谷は次のように書き送った。

尊翰《そんかん》拝誦。久敷《ひさしく》御違例の処、霊泉に浴し御軽快の趣、大賀奉り候。欧州大戦後の人心は一種の変調を呈し、頗る研究を必要と存じ候。特に経済学・社会学・哲学方面に於る碩学の努力に待つもの多く、何卒この上共御加養大切に祈り申候。　匆々不一

八月二十日　芳郎

廣池老台侍史

廣池は、こうした期待に感じ入り、何としても完成させると意を強くした。その後、阪谷には、原稿の完成したところから随時送って意見を求めていたらしい。阪谷は読み終わったところからコメン

トを寄せている。

「貴書幷第六章到着仕候。既に第一章は読み了り第二章に移り申候。議論深遠にして引用該博、興味の津々たるを覚へ申し候」（大正十五年六月十一日）、「尊著一章・二章読了、今日より三章に移り申候。極めて有益に存じ奉り候」（七月一日）などがそれである。

廣池は、本書に説く道徳については、自らが修得し実践し得たものであることを、その実証的研究の柱としていた。大正十四年七月二十七日の日記には「今一段聖者とならずば、モラルサイエンスに生命なきこと」、「絶対信仰をなして撓《たゆ》まず。必ずモラルサイエンスに極度の生命を与うること」（『日記』③）などと記し、さらなる品性陶冶と原稿への入魂を誓っていることが見える。

以上のように、廣池は執筆と並行して反省に反省を重ね、自己を磨きつつ一字一句に全人格と人類の平和幸福の願いを込めて書き上げていった。こうして大正十五年（一九二六）八月十七日『道徳科学の論文』の謄写版が完成する。

廣池は後に、この日をもって道徳科学研究所の創立日とした。

3 『道徳科学の論文』

『道徳科学の論文』の概要

本書はまず、大正十五年八月に謄写版が完成した後、続いて昭和三年（一九二八）に初版（四冊本）、昭和九年に第二版（六冊本）が刊行されている。初版は三〇五部の限定出版であり、献本用であったため流通しておらず、人目に多く触れるようになったのは第二版からである。また、『道徳科学の論文』はその後も版を重ねるが、昭和十三年逝去の廣池が最後に手に取ったのもこの第二版であるので、ここではもっぱら第二版を用いることとする（現在は『新版 道徳科学の論文』が刊行され、漢文の書き下しや新字・現代仮名づかいへの修正が施されて読みやすくなっている）。

なお、「モラロジー」（moralogy）という言葉は、初版から使い始めている。昭和二年、東京帝国大学教授の市川三喜に相談して、ラテン語で道徳を意味する「モス」（mos）と、ギリシア語で学問を意味する「ロギア」（logia）を合成してつくり、従来の「モラルサイエンス」と区別した。

『道徳科学の論文』初版（昭和３年）

『道徳科学の論文』は、冒頭の「第二版の自序文」、新渡戸稲造、阪谷芳郎、白鳥庫吉らの「序文」、「第一版自序」、「緒言」に続いて、第一巻「因襲的道徳（The Traditional or Conventional Morality）及び最高道徳（The Supreme Morality）の原理及び実行に対する科学的考察」第一〜十五章（以上六冊目の途中、二八九七頁まで）、第二巻「最高道徳の大綱（Synopsis of the Supreme Morality）」一〜十章（六冊目の途中から三〇四四頁まで）、そして「追加文」二五六頁、および附録として佐藤巌編『廣池博士の学問上に於ける経歴』一〇八頁が収められている。これまで頻繁に参照してきた『経歴』とはこれのことである。

ところで、本書は正式には、『新科学としてのモラロヂーを確立する為の最初の試みとしての道徳科学の論文』という大変長い名称であり、「最初の試み」とあるように、あくまで確立のための試論なのであって、これで完成というわけではなかった。本書中にも「本書は、極めて不完全にして、厳密なる学術上の批判に対してはその形式上の欠陥は枚挙に遑《いとま》なきほどでありましやう。されば、本書は只単にモラロヂーの端緒を開く為めの著書としてこれを公にせしに過ぎぬものであるとご承知を願ひたいのであります」（「第三緒言」）と、不完全であることを断っている。そこで、研究所の確立と、研究を継続する必要のある課題を三十四項目にわたって提示していることなども、本書の顕著な特色であろう。

なお、この長い副題であるが、実は巻頭と巻末とで文言に若干の異同がある。巻末は「新科学モラロヂーを確立する為の最初の試みとしての」となっており、巻頭の方にあった「新科学」のあとの「としての」がない。本書を書き終えた末には、もう新科学「として」と断る必要がないと考えたのか、読者への何らかのメッセージか、あるいはうっかり入れ忘れたのか、今もって謎である。

改めて「道徳科学とは何ぞや」

第一巻第一章「道徳科学とは何ぞや」は、前にも触れたが「今私がここに公にせむとする所の道徳科学と申すものは、因襲的道徳及び最高道徳の原理・実質及び内容を比較研究し、かつ併せてその実行の効果を科学的に証明せむとする一つの新科学であります」と、道徳科学の概要説明からはじまる。「因襲的道徳」とは、伝統・慣習に基づいて従来一般的に行われてきた「普通道徳」のことであるが、廣池は、それとは異なる次元に「最高道徳」を設定した。

それについては「第二版の自序文」に次のように述べられている。

この最高道徳と申すは、宇宙自然の法則、天地の公道もしくは人類進化の法則であつて、人間実生活の一切の規則であるから、その内容は、千種万別、複雑無限であれど、これを概括すれば、大凡五箇条と為るので、これは天照皇大神を始め奉り、他の四聖人の道徳系統に一貫せる道徳の原理であるのです。

「五箇条」というのは、「自我没却の原理」、「神の原理」、「義務先行の原理」、「伝統の原理」、「人心の開発もしくは救済の原理」のことである。

ここでいう「自我没却」の「自我」とは、利己心のことであり、それは自分の生存・発達を妨げるものであるので、自我を漸次解消し、神の慈悲心に近づいていくよう、心遣いを改めることを「原理」は説いている。

そして「神の原理」と続くように、廣池は最高道徳の次元においては、「神を信ずる事は必ずしも宗教の専有にあらず」(第十四章第八項第十二節)といい、「深遠の信仰は科学と合す」(第二巻第八章)との立場をとって、神の存在もしくは信仰というものを重要不可欠な位置に置いている。そして神に対する信仰について、次のようにいう。

最高道徳に於て神を信ずると云ふ事は神の法則を信ずることであります。神の法則とは自然の法則にて、即ち宇宙の因果律であります。併しこれは純物理学的因果律のみでなく、人間の精神作用及び行為の因果律をも含むのであります。これを信じて自我を没却し、以て神の慈悲心に同化して、伝統を尊び、人心の開発もしくは救済に力を尽す事であります。これによりて、始めて自己の生存及び発達が完成さるるのであります。（第十四章第八項第八節）

神とは、自然の法則であり、因果律であるとする。廣池は、自然科学の研究成果と深い信仰心からこのような概念を導き出していた。そして、「抑々傲慢の心強くして、聖人の実行を模倣する事をせず、聖人の教ふる所の絶対の神の前に我が精神を捧げて我が頭を下ぐる事の出来ぬものが、いかでか神の慈悲心を実現する事を得ましょうや」（同第七節）と、慈悲心の体得に「神」の必要を説いたのだった。では廣池が、信仰を説く「宗教」ではなく、「道徳」の科学的研究と教育の立場を取ったのはいかなる理由によるのか、改めて次の一文から見てみたい。

何故に古来東西の各宗教が、人類に向かつてその道徳実行の効果を十分に認めさする事が出来なかつたかと云へば、その原因は各宗教の行うて居る所の道徳教育は、天啓（Revelation）もしくは祖師の教訓（Precept）を教説する（preach）のみであつて、これを科学的に証明する事なきが為に、只比較的に正直な人々にはこれを信ぜしめ得るも、稍々《やや》疑深い人（Sceptic）に対してはこれを信ぜし

む る事が出来なかつた結果であると云ふ事が解りました。そこで、今若し東西の各宗教で説く所の「道徳を実行すれば必ず幸福あり」と云ふ事を科学的に証明して見せたならば、宗教家の努力は忽《たちま》ちに悉くその効果を現はすであらうと思ひ附いたのであります。そこで私は私自身が一身を捧げて、直接に神または如来の慈悲を人に説くよりは、先《ま》づ学者たる私の本分として、道徳実行の効力を科学的に立証し、更に神の御心に一致する聖人もしくは各宗教の祖師等の実行せる最高道徳を合理的に説明して、宗教の権威を増すやうに努力する事が、神の理想に適ふものであり、かつ世界の平和及び人類の幸福に貢献する一大事業たる所以であると考へ附き、それから道徳科学の研究を思ひ立つたのであります。（第一章第四項中）

このように、学者の本分として実証的研究を行い、道徳実行の効果を証明し、最高道徳の内容を説明することの方が、「世界の平和及び人類の幸福」という究極的な目的に有効と考えたからであった。さらに廣池は、宗教の有益性を認めつつも、その独善性や宗教間の対立を課題視し、上記目的のためには、普遍性および客観性の伴う道徳と科学の道を進むことを良しとしたのであった。

次に「義務先行の原理」だが、これは人間の権利発生の原因には、先行して蓄積した義務の実践があることを実証するものである。「伝統の原理」の「伝統」も、一般的な意味とは異なり、「恩人の系列」という新しい概念を意味するので、廣池はこれに「オーソリノン（Ortholinon）」という造語を充てている。

『道徳科学の論文』には、新渡戸稲造、阪谷芳郎、白鳥庫吉《しらとりくらきち》の三人から、序文が寄せられている。阪谷についてはこれまで何度も触れているので、説明を要しないと思われるが、新渡戸と白鳥については補足が必要であろう。

新渡戸・阪谷・白鳥の序文

まず白鳥庫吉（一八六五〜一九四二）について簡単に述べておきたい。白鳥は東京帝国大学を卒業後、学習院教授に就任して東洋史を講じ、その後東大の教授も兼務した。大正三年から七年間、東宮御学問所御用掛を務め、昭和天皇に「国史」を教授するなどの経歴を持っている。

白鳥は、これまで触れてこなかったが、廣池とは専門が近い関係で、明治三十年代初めごろから交流があり、往復書簡も長期間にわたり複数現存する。序文においても、「予は廣池博士と交る事ここに約三十年に及ぶ。故にその人格に就きて知る所甚だ多く、特に学者としての人格に就きては予の最も尊敬措《お》く能はざる所なり」と述べている。

新渡戸稲造（一八六二〜一九三三）を廣池に紹介したのも白鳥である。新渡戸は、札幌農学校を卒業後、東大へ進み、その後アメリカ、ドイツへ留学する。その間、ベルギーの経済学者ラヴェレーから日本の教育に関する質問を受けたことを契機に、英文の『武士道』を著した。そして、「太平洋の橋たらん」と、国際連盟事務次長、太平洋問題調査会理事長として、平和実現のために尽力していた。

新渡戸は、序文（元は英文）で次のように述べている。

博士が法理学者や、社会学者や、哲学者や、歴史家の種々雑多なる書籍を広く渉猟し、広大無辺の材料より取捨選択して、それを自家薬籠の裡に収められたる手腕と裁断弁別の力あるとに敬服するのである。（中略）博士は広く異りたる種々の方面より人生を観察して、人生の主要なる目的は道徳の完成にあることを教へられた。即ち人類活動の目的は此処にあるので、経済も、政治も、畢竟、人間の道徳能力を高むる手段に過ぎないのである。

この序文を期に廣池との交流が始まり、後に廣池を紹介する講演を行うなどしている。

また阪谷の序文では、聖人の教えと現代人との関係について、以下のように記されている。

四人の聖賢の生まれたる時代には今日の科学的思想は未だ幼稚であつた。実に近世科学の進歩は驚くべきものであつて、四人の聖賢と雖も到底考へ及ばぬことであると思ふ。四人の生れたる時代の人々は単に信念をもつてその教を受入、尊崇したのであるが、現代の人々はそれでは承知せぬ。なんでも一応科学的に考へて見た上で真の信念を起こすのである。故に古の聖賢が深く考へて授けたる完全の教も、これを科学的に考究の必要が生じ来つたのである。然しこれは極めて高遠の知識と卓越したる思想力とを有する人にあらざれば企つることの出来ざることである。

聖人の教えを現代人に適応するためには、科学的考察が必要であり、本書の意味をそこに見出している。

先学による
本書の意味づけ

以上三者の序文には、廣池の人格があり、研究領域の広さがあり、科学的考察があるという。『道徳科学の論文』完成のためにはこれらが渾然一体となる必要があった。

後に、廣池の業績発掘に最も力を尽くした法制史家の内田智雄は、本書に集約されたこうした体系を表して、次のように述べている。

この『序論』も、また後の『東洋法制史本論』も、また『支那文典』や『てにをはの研究』などをとおして窺われる博士の思想も、すべて晩年に唱導せられたモラロジーの血となり肉となって、おそらくはその中に悉く吸収しつくされていることであろう。(中略)すなわち博士の学問領域はまことに広いが、然し博士の広範囲にわたる全著作も、廣池博士という人格の上に、みごとなひとつの体系をなしているからである。換言すれば、一見その領域を異にするかの如き著作も、博士においてはひとつの統一ある体系をなしていて、それぞれの著作が、それぞれ博士の人格史上に、その地位を確保していると考えられるからである。

(『生誕百年廣池博士記念論集 増補版』)

廣池の人生および研究における遍歴には、挫折や衝突も多々あったが、それらには一つとして無駄はなく、今ここに一つの体系をなす要素としてその位置を得ているのであった。

また、教育人間学の下程《したほど》勇吉は次のように述べている。

かかる「純粋正統の学問」を生んだ一筋の好学心・真理愛・求道心は、利己心の暗をつきぬけて、神の光を求めに求めてやまぬ心であります。「神の心を求めてやまぬ心」が辿りついたものは、「一切に光をあたえる心」としての「麗澤の心」であります。ここに光を求めてやまぬ人間の心と、すべてに光をあたえる神の心とが火花を発して相接するところ、「神々の美しき火花」（シラー）としてのよろこびが人の心の最後の場をみたし、「心の本体はよろこびである」（中江藤樹）と言われるのであります。

（「現代の社会とモラロジー」『社教』六十八号）

内田のいう「ひとつの体系」は、ここで述べられた「神の心（自然の法則）を求めてやまぬ心」と「一切に光をあたえる心」の骨格・血肉を成しているのであった。廣池における、父半六以来の「敬虔思想」から、神道を経て、宇宙自然の法則への「信」に至る求道の精神もまた、『道徳科学の論文』形成に不可欠な要素であった。

諸科学・普通道徳・最高道徳実行者

『道徳科学の論文』の第二章「モラロジーの人類生活の完成」から第八章「人類の進化（Evolution）及び退化（Degeneration）の法則に関する考察」までは、主に洋書を用いて自然科学的に道徳実行の効果について論じている。生物学、遺伝学、進化論等により、精神作用の健康に及ぼす影響から、第六章の「先天的及び後天的原因より来る所の人類の身体、生活上に現はれたる特徴及びその運命に対する精神的考察」のように、社会学や人類学の成果をもとにして、生活全般への影響、そして世代を超えた累積などに及ぶ。

これらの中には、心身の相関など、当時においては仮説の段階であったものが、現在では当たり前になっていることなども含まれ、後々には、おおむね廣池の所説が一般化される方向に進んでいるといえよう。

第九章では、上「人類の平和及び幸福享受の方法に関する現代人思想の誤謬」、下「労働問題・小作争議・国家的公共事業・社会事業もしくは慈善事業に対する貴族・富豪・資本家幷に地主の方針及び方法の誤謬」となっており、これまで述べてきた廣池の政治や経済に関する現場に即した長年の研究成果が反映されたものとなっている。

第十章「因襲的もしくは普通的道徳」は、普通道徳がさまざまな角度から詳細に論じられている。その種類だけでも下記のように、正義的道徳、破邪的道徳、義理的道徳、自尊的道徳、慣習的道徳、礼式的道徳、交際的道徳、一時的道徳、感情的道徳、反動的道徳、無智的道徳、智的道徳、政略的道徳、主義的道徳、妥協的道徳、団体的道徳、利用的道徳、児童的道徳、平民的道徳、恩恵的道徳、修養的道徳、迷信的道徳、諂諛的道徳、娯楽的道徳、無価値的道徳と、二十五種を挙げ、その得失が検討されている。

そして、第十一章「文明進歩の傾向と道徳の質的進歩」を経て、第十二章「最高道徳の実行者」から、聖人論、最高道徳論に入る。

第十二章は、ソクラテス、イエス・キリスト、釈迦、孔子と、いわゆる四大聖人たちの事跡と思想をそれぞれに詳細に検討し、最高道徳の具体的内容を抽出している。見ての通り、この内の二人は宗教の開祖であり、この点についてはやはり指摘があった。内村鑑三は、「最高道徳に非ず」と題して、次のような批判を寄せている。

基督教は最高道徳であると云ふ。そんな者ではない。若しそんな者であるならば人類を救ふに方《あたつ》て用をなさない、然り私を救ふことは出来ない。最高道徳と云ふは最高山嶽と云ふと同じである。ヒマラヤ山脈のエベレスト山は最高山嶽であるが故に、今日まで何人もこれに登つた者はない。若し基督教が最高道徳であるならばこれに達し得る者は一人も無いであらう。基督教は道徳でない、罪人を救ふ道である、故に特別に貴いのである。唯《ただ》仰ぎ瞻《み》れば救はると云ふ簡易道である、それ故に何人をも救ひ得る道である

（『内村鑑三全集』三十二）。

これは宗教と道徳とを峻別する立場からすれば当然の観点であるが、廣池のいう「最高道徳」は、内村のいう「救う道」をも包含するものである。それは、信仰や救済といった宗教的な次元までをも領域とするものであり、またそうでなければ、真に効果のある道徳といえないとするものであった。ただ、このキリストとソクラテスについては、廣池の専門分野からするとカバーしきれないところであり、より信頼できる内容とするためということで、権威ある先行研究からの引用が多い。一方、

釈迦と孔子については、漢学に出自を置くこれまでの研究と、『古事類苑』時代の仏教研究の成果が遺憾なく論じられており重厚な内容を構成している。しかし、廣池の研究成果がより反映され、『道徳科学の論文』をより特徴づけるものは、次の十三章における、天照大神および日本皇室の万世一系の研究であろう。この点についてはやや詳しく見ておきたい。

天照大神と日本皇室

廣池は前の第十二章の冒頭において、「最高道徳の実行者」に関する総論を述べているが、そこに下記のように一覧している。

第一は、ギリシアのソクラテスを祖とする道徳系統、
第二は、ユダヤのイエス・キリストを祖とする道徳系統、
第三は、インドの釈迦を祖とする道徳系統、
第四は、中国の孔子を祖とする道徳系統、
第五は、即ち、日本皇室の御祖先天照大神及び日本歴代の天皇の御聖徳を中心とする道徳系統

モラロジーの特色には、「道徳」というものを「個人」に求めるばかりでなく、このように、「系統」として考察するところが挙げられる。廣池は、先の四大聖人それぞれの道徳系統に、天照大神の系統すなわち皇室を加えて五大道徳系統とした。

第一から第四までは、学派や教団が現に存在するので、共通理解が容易に得られるところと思われ

るが、第五の「天照大神」を、このように四人の「人」と同列に並べておくことについてはいかがだろうか。

廣池が依拠する『古事記』『日本書紀』にも明らかなように、天照大神には、誕生の記事があっても逝去の記事がない。「皇祖に陵墓なし」という如く墓もない。尊祖精神の篤い皇室が最も重要な祖先に墓を設けないはずもなく、事実、地上に降臨したとされ死亡記事もある瓊瓊杵尊《ににぎのみこと》（天照大神の孫）以下には宮内庁所管のれっきとした御陵が存在する。天照大神は、祖先であると同時に、現在も生き続ける信仰上の神なのである。

その点については、廣池にも一応の配慮はあったようで、第一から第四は、いわゆる四大聖人それぞれの個人を「祖」とする一方、第五については天照大神および歴代天皇の御聖徳を「中心」としており、両者の間に性質の違いがあることが認められる。また、「本書第十二章に於ては世界四聖人の真精神と真事蹟とを記し、第十三章に於ては万世一系の日本国体成立の真原因を述べ」（「第一版自序」）とあり、四人の聖人と皇室に関する記述とは章を分けて隔離されていることもわかる。天照大神の扱いについては、幅を持たせるように工夫されているように思われる。

ところで、王朝が神話に由来し祖先が神であるという考え方だが、これは世界史的に見て珍しいことではない。ローマの建国の王ロームルスの父がローマ神話の軍神マールスであったり、エジプトのファラオが太陽神ラーの子とされていたりと、他にも多くの例を有する。だがそのような神話に由来する諸王室が滅び去った中で、唯一日本の皇室のみが現存していることの特殊性を考慮すべきところであろう。

ではこの前提に立ち、いかなる場合に天照大神が諸聖人と比肩されるかというと、道徳のモデルを、やはり、それぞれの「個人」に求めたときではなく、それぞれの「系統」に求めたときである。天照大神の神徳であり最高の道徳とされる「慈悲寛大自己反省」は、三章の末尾で触れたが、これが皇室における精神史の中に長らく息づいてきたことには疑いの余地はない。天皇祭祀の中核をなす伊勢の神宮と皇居賢所《かしこどころ》においては、天照大神に対して天皇主宰による祭祀が厳然と行われ、皇位の証として伝えられる三種の神器は、天照大神から瓊瓊杵尊に授けられたと神話に描かれているものが現代にまで受け継がれている。

こうして、道徳系統としての皇室という観点では、天照大神神話における道徳性が現在にまで継承されているか否かが問題なのであって、大神が歴史上の人物であろうと、神話上の神であろうと、いずれでも差し支えはない。

道徳系統としての皇室

そこで、この系統の道徳を対象に議論する場合、天照大神が理想的な道徳を体現していることは当然の前提としてしばらく置いておき、対象は歴代天皇の確実な事績に求めるのがよいと思われる。その点、『道徳科学の論文』の記述はどうであろうか。皇室における道徳について次のように括っている。

日本歴代の天皇能《よ》く伊尊《いざなぎのみこと》及び天祖の御聖旨を継承せさせ給ひ、常に上は神祇《じんぎ》に事《つか》へ〈これが第十四章に所謂伝統であります〉下は国民を愛せられて〈これが即ち第十四章に見ゆる人心の開発（Cultivation）もしくは救済（Salvation）に当る〉箇人的なる自我の存在を認め給はず、事毎に自己反省の御態度に出でさせ給はれたのです。（第十三章上第十項第一節）

確かにこの通りであれば、この後の第十四章に見る「最高道徳の原理・実質及び内容」の実践ということができ、最高道徳の実行者たる道徳系統と称するにふさわしい。ではその根拠はというと、「左に古典を引証して更にその事実を明に致しましやう」（同）ということで、神武、崇神、垂仁、仁徳の諸天皇の事績を『日本書紀』から引いている。

ここに書かれている事績は、なるほど最高道徳の実践であり、子孫に範を示した不朽の指標といえよう。しかし典拠は『日本書紀』である。その古い部分は、道徳的事績の多くが史実かどうかもはっきりせず、疑問視する論者が少なくない。そこで、もう少し時代を下らせ確かな史料に基づいた御聖徳の事例がほしいところであるが、『道徳科学の論文』では下記のように続く。

抑々歴代の御聖徳は枚挙に遑《いとま》なき程であります。仍《よ》つて今本書に於ては遺憾ながら悉くこれを記し奉る事が出来ぬのであります。されば謹んですべてこれを略し奉りますが、ここに一言明治大帝の御聖徳の一端のみをば述べさせていただきたいと存じます。（同第五節）

驚いたことに、御聖徳はすべて略すと書かれている。

なぜこのようなことになったのか。それは、紙面の都合で割愛せざるを得なかった事情もさることながら、『道徳科学の論文』が書かれた当時、歴代天皇の事績あるいは御聖徳というものは、学校教育において国史および修身の授業等で十分に教授されており、国民共有の一般常識だったため、あえて説明する必要がなかったのである。しかも行事や報道、家庭教育の中などでも、皇室に触れる機会は多かった。

かつて和辻哲郎が「尊王思想はわが国民の生活の根強い基調であって、いかなる時代にもその影を没したことはない」（『尊王思想とその伝統』）と言った情景は、まず皇室の道徳性を国民が認知していてこそ成り立つものであり、確かに戦前では教科書において「御代々の天皇は臣民を子の如く愛し給ひ、我等の祖先は皆皇室を尊びて忠君愛国の道をつくせり」（明治四十四年『尋常小学修身書』巻五児童用）と、その前後関係を明示していた。

そこで実際に、廣池の『皇室野史』や「歴代御伝」などを手掛かりに、皇室における道徳の系譜をたどると、神仏や祖先に対する深い信仰や敬慕とともに、道徳実践の宝庫というべき確かな記録に行き当たる。これからの日本の道徳教育を考えようとする今、日本人の道徳の核ともいうべきこの道徳系統に再注目する意味は大きいだろう。

最高道徳について

『道徳科学の論文』の終盤は、第十四章「最高道徳の原理・実質・及び内容」、第十五章「最高道徳実行の効果に関する考察」、そして最後に、第二巻「最高道徳の大綱」へと至る。

第一巻の最後となる第十五章は、前半までの自然科学や人類の歴史からの研究成果を踏まえ、善因善果・悪因悪果の「因果律」を説いた。その際、当然、善とは何か、道徳とは何かということがはっきりしていなければならないわけだが、それについては次のように言っている。

善もしくは道徳とは、結局、人類の生存・発達・安心及び幸福享受の原理に一致する人間の精神作用及び行為にして、悪もしくは不道徳とはその反対の精神作用及び行為である事に帰するのであります。（第十五章第一項第三節）

換言すると、あらゆるものを恵み育てようとする、生成化育の働きである自然の法則（神の心）に添うものが善・道徳であり、反するものが悪・不道徳だと言っていると見られる。本章では、この標準にもとづき、各方面から因果律が周到に論じられた。

一つ戻って第十四章と、最後の第二巻は最高道徳論である。第十四章は、五大原理を順々に、詳細に検討するものだが、ここでは、本章の各項を列挙することで内容の紹介に代えたい。なお項の下に節が全部で百二十、さらに追加文が二十六ある。

第一項　最高道徳の淵源及びその最高道徳に於ける自己保存の意味

第二項　最高道徳の範囲
第三項　最高道徳は従来の因襲的道徳実行の上にこれを実行すべき性質のものなる事を述ぶ
第四項　最高道徳の実行を必要とする理由
第五項　最高道徳の基礎的観念の第一は正義及び慈悲にあること及びその両者の作用
第六項　最高道徳に於ける基礎的観念の第二は人間の人格及び権利発生の原因を以て義務の先行に帰するに在り
第七項　最高道徳実行の基礎的原理
第八項　最高道徳は絶対神の存在を認む
第九項　最高道徳にては伝統を重んず
第十項　最高道徳は純粋正統の学問に依拠して人間の精神に対し真の開発を為す事をその究極の目的と為す
第十一項　最高道徳の実行は自己の救済さるる事に帰着す
第十二項　最高道徳は階級及び世襲の制度を是認す
第十三項　因襲的道徳は利己主義の為にのみ苦労し、最高道徳は自己の保存及び発達の為の外更に人心の開発もしくは救済の為に苦労す
第十四項　最高道徳は至誠に事へて人間に事へず、伝統を主として権力を次とす
第十五項　最高道徳は金銭・物質・権力及び無用なる虚礼に比較して人間の人格を尊重す〈人間が

富を得ることの甚だ容易なる理由をも述ぶ〉
第十六項　最高道徳は道徳を主とし学・知・金・権を次とす
第十七項　最高道徳は各個人における先天の気質及びその運命を改善し、もって世界平和の目的を達せんとす
第十八項　最高道徳は積徳を尊ぶ
第十九項　団体の統一は最高道徳にあらずんば永久に成立せず
第二十項　最高道徳は自己の名利を求むる為に特に他人を煩はす事を為さず
第二十一項　最高道徳は全体的に他人の幸福を進むる事を目的とし、且つその動機・目的及び手段を重要視す
第二十二項　普通道徳の実行は苦心多く、最高道徳の実行は却って苦心少し
第二十三項　最高道徳は民衆の開発もしくは救済を唯一の目的と為せど、その方法としては指導的階級の開発もしくは救済を急務と為す
第二十四項　民衆の勢力が中流以上を支配すると云ふ原理よりして最高道徳の民衆に必要なることを述ぶ〈附、最高道徳は国体・政体その他制度の形式に拘泥せざる事及び労働問題に関する注意〉
第二十五項　最高道徳は自己・相手方及び第三者の何れにも幸福を与ふるを目的とす
第二十六項　最高道徳は無為にして人を感化す〈言ふ事と行ふ事とは易く精神作用が難いと云ふ事

をも述ぶ〉
第二十七項　最高道徳の至誠は能く無より有を生ず
第二十八項　最高道徳は宗教社会にて所謂信仰生活と同じからず
第二十九項　人間の物質的生活に於ける日常必需品及びその他の需要品の選択に関する最高道徳的方法
第三十項　最高道徳は科学の原理に一致せざるところの妖術・降神術等の反自然的行為及び宗教的行為によりて治病もしくは開運を説く事を許さず
第三十一項　最高道徳における科学的安心立命
第三十二項　最高道徳における唯心的安心立命

以上のように、本章は最高道徳の内容を詳述するものだが、項目が「自我没却」以下の「五大原理」の名称に整理されているわけではないことに気づかされよう。それは、「五大原理」という考え方が現れるのは、後述する昭和五年（一九三〇）の『新科学モラロヂー及び最高道徳の特質』においてであり、同三年刊行の『道徳科学の論文』初版の段階ではまだ取り入れられておらず、同九年の第二版となった際に、その「第二版の自序文」に登場したからである。

また、『道徳科学の論文』の目次はこのように、各項目の名称が比較的長い文で書かれており、内容の要約のような役割を兼ねている。このことは「項」以下の「節」にも同じことが言え、たとえば、

第一項第三節は、「モラロヂーは科学なれば研究と理解に止まるべきも最高道徳はその実行を以て生命と為す」や、第九項第十節「近世独逸帝国の成立の原因及びその崩壊の原因を略記して国家伝統に関する教育の世界各国の国民に必要なる事を述ぶ」などである。「伝統を重んず」とする第九項は、「伝統の原理」であるが、二十三もの「節」があり、非常に重要視されていることがわかる。そこで、伝統の原理、とりわけ「国家伝統」について、もう少し詳しく見ておこう。

国家伝統　ここでいう「伝統」とは、「神〈本体〉及び聖人より直接にその精神を受け継ぎて居るところの一つの系列の総称」（第九項第一節）と解されており、「この系列に属する先行者全部は我々人類の生活の根本を成すものでありますから、実に人類に対する大恩恵者であります」（同）という。そして、「神の伝統は人間社会に於ては大略三種」（同第二節上）あるということで、一、肉体的伝統、二、精神的伝統、三、肉体的及び精神的伝統の三つを挙げ、「第三の肉体的及び精神的伝統を兼ぬると云ふものは国家伝統であつて、即ち国の親であります」とした。国家伝統の内容については「君主」を想定して次のように説く。

既に第十三章上〈第十項第二節〉に示せる如くに、凡そ真の君主と云ふは、全く肉親の親と同じく、真の慈悲心を以て人民を愛するものであつて、終始その国民と共にその過程を同じくして、今日まで存在し且つ今後永久に存在し得る可能性を有するものに限るのであります。この意味に於て日本

の皇室のみが理想的であらせらるるのです。　（同）

ここで注意を要する点は、「日本の皇室のみが理想的」という限定的表現であろう。『道徳科学の論文』では、「国体・政体及び民族性を異にするも伝統の原理は同一なること」（同第九節）に一節を設け、国家伝統は、君主制の天皇・皇帝・国王等のほか共和制における大統領なども含み、あらゆる国家に存在するという。しかし、国家伝統に設定された種々の条件は、おのずからその中に評価の階層を生み、中でも諸要素を鑑みて、日本の皇室が「理想的」だとされるのである。

国家伝統論の位置　『道徳科学の論文』における国家伝統論の画期的な点は、皇室という多様な側面を持つ存在を、三種の「恩人の系列」の一つととらえて体系化し、さらに三種の内に軽重をつけて位置を明確にしたことにあると考えられる。そうすることによって、とかく一方に偏りがちな主従・利害の関係に中道を示し、最大の恩恵の在り処「国家伝統」を説いて、報恩の指標を明らかにしたのである。

また、共和制と君主制（さらに専制君主と立憲君主）とで二項対立になりがちな一般的議論に対して、「国家伝統」は、その枠を超えて横断的に国家の主権者を検討する包括概念となっており、あらゆる政体を対象にする。

このように『道徳科学の論文』における皇室論は、「伝統の原理」で考えると、新しい独自の視角を提起するものということができる。しかし、国家伝統論に論じる皇室の内容自体は、各時代の政体に左右されるものでもなく、また当時の学問的系譜から外れることもない伝統的かつ穏当な論だった。それは、廣池の学問が近代科学と皇漢学（国学と漢学）との両方の系譜を引いていたことに起因するものである。

それもあって『道徳科学の論文』の国家伝統論は、一つには福澤諭吉の『帝室論』『尊王論』を継承深化させるものであったということができる。頭山統一の解説によると、福澤の両書は「明治十四・五年代の思想混乱の時代に、先生（福澤）が一慶應義塾々内のみでなく、ひろく日本国民に、帝室の存在が、日本国家にとって、いかに重大にして貴重なものであるかということを、『近代的論理』をもって解明することの緊急を痛感して力説されたもの」であって、「先生と義塾社中の先人たちが、なみなみならぬ熱意をもって、幾度か復刻を繰り返してきた名著」である（福澤諭吉著・頭山統一解説『日本皇室論』）。

『帝室論』の説く中核的皇室像は「人心収攬の中心」であった。福澤は、「我輩が帝室を仰で人心の中心に奉らんとするは、その無偏無党の大徳に浴して一視同仁の大恩を蒙らんことを願ふ者」だという。また『尊王論』では、「元来帝王は一国を家にするものにして一家の内に厚薄する所なく、普く恩徳を施して普く人心を収攬せんとするの趣意なる可し」とのことである。

「一視同仁の大恩」は、廣池の「全く肉親の親と同じく、真の慈悲心をもって人民を愛する」という「国の親」による「恩徳」と一致する内容を表し、『道徳科学の論文』に説く皇室論と変わらぬ構図を持っていることが理解されよう。しかし『帝室論』『尊王論』において福澤は、皇室の道徳について、神事などの核心的領域に言及することを意図的に避けていた。それは文明開化の旗手として、対決すべき「皇漢学者流の思考論理」と混線してしまうことを回避するためだったのではないかという(頭山、前掲書)。

一方、近代科学の手法に通ずるとともに、皇漢学者流の系譜に属し、両者の合流点に立つ廣池には、そのような抑制は不要であり、むしろこの立場は有効に作用した。皇室の恩徳を客観的に分析し、世界(五大道徳系統)と三伝統の中に皇室を相対化しつつ、さらに一歩を進めて道徳の内容に踏み込んでいる。「日本の皇室は教への親であつて、かつ肉親の親と同一の心をもつて国民を愛護し給うた」(第二節上)との命題のもと、「恩」の概念を軸に皇室と国民との関係性をより明確にしたのである。

第二巻　最高道徳の大綱

『道徳科学の論文』は、大別すると第一巻と第二巻とに分けられる。しかし、二千八百頁に及ぶ第一巻に対して、「最高道徳の大綱」と称される第二巻は、わずか百四十六頁に過ぎない。

しかし、ここに述べられているものは、まさしく「最高道徳の大綱」なのであって、最高道徳の内容がテーマごとに簡潔にまとめられており、実に網羅的な内容を構成している。その項目は、百四十五項目に及び、しかもそれらがすべて、漢字八文字の「格言」で表されている。ここに、道徳に関して著述するにあたり、廣池のこれまでの経歴が強く反映されていることがわかる。すなわち、漢学塾に学んだ素養をもとに研究をスタートさせ、小学校の教員として道徳の教科書を自ら執筆し、教育効果に工夫を凝らしてきた、そこからはじまる廣池の学者・教育者としての本懐が遂げられている。

たとえば、第二章「最高道徳実行の根本原理」は、次の三項から成る。

深信天道安心立命　深く天道を信じて安心し立命す
悟現象之理為無我　現象の理を悟りて無我と為る
自負運命之責感謝　自ら運命の責めを負うて感謝す

そして、第三章「最高道徳実行の第一根本精神」が、

慈悲寛大自己反省

となる。こうした「格言」に簡潔な解説と、第一巻における参照箇所を付し、多角的な理解に供している。まず、「格言」にすると覚えやすい。中津での教員時代の「高き山は富士の山なり、大なるものは親の恩なり」を思い出す。廣池は『道徳科学の論文』の旧稿「モラルサイエンス」に次のようにも記していた。

真に最高道徳を実行しようとするには、何としても右のごとき冷たい角のある、かつ小さい理論だけで出来るものではないのです。万一これのみによる時は、日日湧起する所の実際問題の為に、自

己の頭脳と神経とは忙殺され、最高道徳の実行は却つて苦悶・紛争・疾病・短命ないし不運を持ち来す媒介と成り終るのです。

つまり、第十四章のような理論の「説明」だけでは、日常生活における心づかいに反映するのは困難であり、そのためにかえって問題を来すことがある。実践へと誘うことにおけるこのような配慮が、廣池の道徳思想であり、『道徳科学の論文』の顕著な特色といえる。

4　社会教育活動の展開

社会教育活動の態勢整う

廣池は、『道徳科学の論文』謄写版完成ののち、昭和二年（一九二七）一月二十九日、「義務先行報恩協会」（プロ・デューティ・ソサイティ）を設立した。これは、最高道徳の教育活動を行う組織であり、中田中が運営に当たった。以降、社会教育は報恩協会を拠点に行われるようになり、全国各地に設立されていった。

講演会活動も継続的に行われていた。大木遠吉亡き後も、その遺志を継いだ者たちによって昭和二年六月十七日、華族会館にて行われ、昭和三年十月二十五日には、中島久万吉男爵の主催により、日本工業倶楽部の経済研究会において講演している。日本工業倶楽部での講演は数度にわたるとともに、聴講者には、中野金次郎はもちろん、浅野財閥の浅野聡一郎、製紙王の大川平三郎ら財界の重鎮が顔をそろえており、この世界における廣池の地位は確かなものとなっていた。

昭和三年（一九二八）十一月三日には、廣池は『道徳科学の論文』（初版）の刊行を目前に控え、伊勢神宮を参拝し（口絵参照）、本書の記述そのままに、国家伝統へ感謝と奉告の誠を捧げ、その神徳を蒙りつつ、門人たちに教訓を発した。教訓は、初めて病人を救済した「誠の体験」までさかのぼり、大正元年の大患、大正四年の困厄を経て今日に至る自身の経験から、『道徳科学の論文』に説く「伝統奉仕が人類進化の法則、即ち神の心に添う」という理解に至る経緯を説き、本書刊行の意義と教育活動邁進への誓いを各々の心に刻んだ。このことはのちに、「五十鈴河畔《いすずかはん》の教訓」と呼ばれ、重要視されていく。

『道徳科学の論文』（初版）の刊行は、昭和三年の十二月二十五日となっているが、二十二日にはすでに少数部を受領しており、それをさっそく斎藤実、牧野信顕内大臣、一木喜徳郎宮内大臣、関屋貞三郎次官、および陸海軍枢要に進呈しており、牧野・一木・関屋の三者には、それぞれ一時間ほどの話をしている（『日記』③）。

軍部には早くも、五日後の十二月二十七日には海軍（鈴木貫太郎軍令部長主催）、翌二十八日には陸軍（畑英太郎第一師団長主催）において講演し、海軍では昭和四年二月二十六日、三月二日と続けて、海軍大学において講演している。

三月五日には再び一木宮相を訪問したところ、二日前に御陪食の席において、鈴木侍従長から天皇に対して、モラロヂーについて話題にされたことを聞かされている（『日記』③）。昨年末、廣池の講演を主催した軍令部長の鈴木は、その後一カ月足らずの翌一月二十二日に侍従長に就任していたので、モラロヂーの記憶も新しかったのだろう。

三月八日には改めて宮内省を訪れて、天皇皇后、皇太后、澄宮（三笠宮）へ献本した。献本は、政界・財界の要人と学界（帝国学士院の会員）等にわたっている。

このように、『道徳科学の論文』の献本にともなって、何人かの要人に接触したが、一条実孝《さねたか》公爵の関心は強かった。四月二十八日、廣池が海軍大佐伴達也を伴って一条邸を訪れた際、当時陸軍大学校長の荒木貞夫中将とともに、昼食を挟んで五時間にわたって廣池の話を聞いている。

一条はさらに、六月二十四日、自邸に鈴木貫太郎侍従長、奈良武次侍従武官長を呼び、廣池の話を聞かせている（『日記』、『奈良武次日記』）。廣池による話の内容は記録にないが、このとき一条は、両侍従長に向かって「元田永孚先生の明治天皇を御輔導申し上げしことと、今日御両所の御使命は同一なれば、よろしくお願い申し上ぐ」と言っており、国家伝統に仕える心構えに関係していたと思われる。両侍従長は「斉《ひと》しく頭を下げたり」という（『日記』③）。

『孝道の科学的研究』の刊行

昭和四年八月、廣池は『孝道の科学的研究』を刊行した。本書はその緒言によると、世界中で人心の傾向が日を追って悪化して、「人類社会の危機」が胚胎することに対処すべく、『道徳科学の論文』を著したが、これは「複雑且つ浩瀚《こうかん》」であり、通読する暇のある人は少ない。そこで、「世界人類の生存、発達、安心及び幸福に最も重要の関係ある孝道に関して更に一書を著はし、民衆的に先づ我《ま》が日本人に対してその反省を求めむ」ために、本書を著したという。

そして「孝道」については、「自序」に次のように述べている。

最高道徳の基礎は、真の慈悲心に本づく所の報本反始《ほうほんはんし》の行為に存するのでありますから、〈この報本反始の真の精神ある人ならば、真に他人と調和し、かつ自己の下に居る人々をも愛する者であります〉至誠、公平、かつ広き意味に於ける真の孝道の研究と、その普及とは、実に人間の精神的及び物質的生活の根本原理であるのです。父母を始め、自分の上に居る人々に対して従順ならざるものは勿論、何人に対しても従順性を欠くものは、その適者生存の法則に悖《もと》るが為め、動物でも、人間でも、皆悉《ことごと》く滅ぶるので、斯かる成員を多く含む所の団体は、また素より退化衰亡に終る事、近世科学の証明する所であります。

（「自序」）

「報本反始」（本に報い、始めに反《かえ》る）とは、もとは『礼記』「郊特牲《こうとくせい》」にあり、自然や祖先など、存在の根本に感謝して報いるという道徳観を指す。

現在ではもちろんだが、当時においてさえも、目上の者に対する「従順」の要求については、懐疑的な見方もしくは反発があった。しかし、自然界までも視野に入れた科学的研究によると、従順性を欠くものは、適者生存の法則に反するため衰亡するという。要は、その内容が問題なのであって、間違った「従順」が横行するためにその効果が現れないのだった。「従順」の効果を「証明」し、効果的な「従順」の内容を「説明」する、ここに『道徳科学の論文』と同じ構図が見てとれる。本書は、「孝」に特化した道徳科学であった。

かつて、母から教え込まれ、人生観の基盤となった「孝は百行の本」という教訓が、新たな道徳科学の樹立を経て、本書において科学的根拠の上に「世界人類の生存、発達、安心及び幸福に最も重要の関係ある孝道」として説き直されたことは、廣池にとって大きな意味があっただろう。本書の執筆そのものが、廣池にとっての「報本反始」というべきものであった。

「新科学モラロジー及び最高道徳の特質」のレコード吹き込み

昭和五年（一九三〇）、廣池は「新科学モラロジー及び最高道徳の特質」と題して自らの声をレコードに吹き込んでいる。この九十一枚、百八十二面にも及ぶ視聴覚資料の作成は、病身の廣池には相当の負担を要するものだった。『日記』には「レコード吹き込みは、一般人の遠く考え及ばざるほどの勢力を要する如く拝見す。たとえば一面三分間の御吹き込み御疲労の程度は、普通御講演の一時間に相当す」とあり、当時のマイクの性能では、大声で発声せねばならず、途中、英語を挟んだりするので一層困難だったという。「拝見す」と第三者のような書き方になっているのは、側近者が代筆しているからで、この頃には多くなっており、自筆と他筆が混在している。

なぜそこまでして製作したのかというと、やはり『道徳科学の論文』が大部で難解なために、多くの人に伝えるよう、簡潔で具体的なものを要し、また、廣池が衰弱していたために回れなくなった地方へも声をとどけ、さらにそれを後世に残すためであった（『伝記』等）。

廣池自身は、「私の肉声を以て私の世界人類を助けたいと云ふ満腔の至誠かつ慈悲の精神を吹き込んであるのですから、私の手を通じて作られた所のモラロジーの著書よりはその人心を感化する力は強いのであります」と記している（『新科学モラロジー及び最高道徳に関する重要注意』）。

同年十二月には、このレコード吹き込み原稿に加筆修正して、『新科学モラロヂー及び最高道徳の特質』を刊行した。本書は『道徳科学の論文』の要旨を簡潔にまとめてあるのと同時に、新たな研究成果も取り入れられ、最高道徳の五大原理（自我没却、神、義務先行、伝統、人心開発救済）が整理・確立されたことに大きな意味がある。その後の教育活動は、本書を中心として展開していくこととなる。

栃尾又の大患

廣池は、昭和三年の『道徳科学の論文』刊行の後、ただちに英訳を完成させるのみならず、それを携えて欧米を歴訪し、モラロヂーを海外へ普及させることを計画していた。しかしながら、昭和六年（一九三一）五月、新潟県の栃尾又《とちおまた》温泉に滞在中、病状が悪化したことをきっかけに、方針を転換し、渡航は延期して国内の開発救済を優先するようになる。

この転換を理解するためには、大正元年（一九一二）にまでさかのぼってみなければならない。前述のように、廣池はこの年、大病を患い、死線をさまよう病床の中で、もし命が助かるならば、残りの人生すべてを人心救済に捧げることを神に誓い、二十年の延命を乞い願っていた。死地から生還した廣池は、生きながらえたのは神慮によるものと信じ、誓いの履行に専心尽力するうちに二十年目を迎えていたのである。

昭和六年の病状を見てみよう。廣池は、前年から体調が思わしくなかったが、『新科学モラロヂー及び最高道徳の特質』のレコード吹き込みと、書籍の刊行に死力を尽し、かなり衰弱した状態でこの年を迎えていた。

五月、温泉療養を続ける廣池は、群馬県の川古《かわふる》温泉を経て、栃尾又温泉の神風館に投宿する。そこで病状が悪化し、再び危険な状態を迎えたことが次のように記録されている。

五月十四日 昨夜中、発汗止まらず。（中略）午後三時になって極度にお悪くなる。早速体温を計れば三十八度、次に三十九度、次は四十一度あり。先生初め皆驚きてなすすべを知らず。

先生ますます御気分悪化し、発汗は止まり、ただ熱が高くなって発汗時とは違った一種特別以上の苦しみが起ったと申されていました。

（『日記』④）

廣池は、今回の重体によって遂に命の期限を迎えたのではないかと思って万一を覚悟し、門人たちに自分の死後の対応について語った。すると、彼らは狼狽し、泣いて、一体どうすればいいのかと問うたという。

廣池は次のように答えた。

そは極めて易き事なり即ち何人にても天地自然の真理を悟り自我を没却して至誠の人と為り神様の御心たる慈悲の精神を以て人心の救済を行ひ以て私の霊魂に祈つて下さつたならば、私は必ずこれを大神様にお願ひ申し上げてその至誠の人の祈願を成就せしむべし。

（『神壇説明書』）

死して霊魂となってもなお、神と門人たちとの間を往来して、その祈願を成就させるという。またそれに備えて、「礼拝をなす目標《めじるし》」として「神壇《しんだん》」を設けて、そこに国家伝統、聖人、会員それぞれの祖先、そして自身を祀るよう準備する計画を話した。すると門人たちはみな安心して、「喜悦満足勇躍」（同）したという。

信仰の考察の深化

この一件は、道徳科学の展開において、二つの重要な要素を提示している。一点目は、「信仰」というものに関する考察の深まりである。ここでは、道徳の研究と教育の場にありながら、宗教の領域ともいうべき、「死後」「霊魂」といったものが見られる。この点についてては、廣池はこう述べている。

「モラロヂーにては、古来聖賢の御教に本づき宇宙の形態を以て神の形態とし、宇宙の真理即ち自然の法則を以て神の精神とする」とし、ゆえに「すべて人間の霊はその肉体の死と共に神に還元すると云ふ信仰を合理的のものと認めて居ります」（『神壇説明書』）。また、高い人格を備えた人物に関しては、「生きたる間は神に代わりて此現実世界に至誠の人を造り出し、死したる後には右の至誠の人々の祈願を聞き入れてこれを神様に御紹介申し上げその祈願を成就せしむ」という信仰を「肯定するのであります」としている。

つまり廣池は、古来人類の歴史に徴し、また東西の信仰における実態調査を通して、以上のような信仰形態が生じることを「合理的」とし、それが人の精神作用・行為に道徳的効用があることを認めて「肯定」するという。あくまで客観的視点から、その実態および効果を考察して価値を付与するのだった。続いて、何となれば是れ真理即ち事実の上に立てる所の信仰なれば、実際的に見ても学問的に見ても共に合理的であるのみならず、その方法及び結果共に生命を有し真に人間教育の根本原理を実現したものであるからでござります。（同）

と、これを高度な道徳「最高道徳」としてとらえ、自らも聖人に倣い、実践を志向したのは、実際に門人たちが、「喜悦満足勇躍」したという「実現」をふまえてのことだった。

国内の人づくりを優先

もう一つは、道徳科学の教育活動に大きな転換をもたらした点である。廣池はこの一件において、自身の死に対する門人たちの言動から、思ったほど彼らが安心立命していないことに気づいた。これまでの道徳教育が表面的であり、門人たちの腹づくりが十分にできていなかったのである。

従来の講演会中心の広範囲の開発方法では、真に人を救うことができていないと判断し、「日本人間に強固なるモラロヂーの精神団体を造ること」（『日記』④）を優先し、計画していた洋行は延期することにした。

こうして廣池は、自身の責任の大きさをかみしめ、再び「世界の人心救済に向つて積極的努力」を誓った。すると今回も健康を回復することとなり、五月二十二日には栃尾又を出発し、二十四日、群馬県渋川の大塚温泉に移った。随行者の記録によると、一浴したところ、「御気分一変して平素と異なる点なし」というほどに回復している。「全く神様のお引き寄せと拝察し奉る」（『日記』④）。周囲からはそうとしか思えなかったのであろう。

廣池は、今回の大病を機に辞世を詠んでいた。川古温泉滞在中の五月四日には、

我身今　神の御傍にかへるとも　誠の人を　いかで見捨てむ　（『日記』④）

そして五月二十一日、栃尾又温泉にて、

我身今日神之御傍にかへり行きて　誠之人を永く守らむ　（同）

死してなお、人々を救おうとする想いと、病状が進んで、「帰るとも」から「帰り行きて」とその現実味が増していることがわかる。

また、『日記』にこうも記した。

自己の力以上もしくは力一杯の事業を為す人は、最高道徳にて所謂誠の人ではない。宥座《ゆうざ》の器の意味参照。力以上の仕事には無理が出来るから。　（『日記』④）

使命を全うするためだからといって、自身の器以上の仕事を強行して体を壊して破綻を来たすことは真に誠実な人間のすることではない。自分の容量を見極め、それに見合った中庸の努力をすべきであるとするものである。「宥座の器」とは、『荀子』に著された器のことで、「虚なれば則ち欹《かたむ》き、中

なれば則ち正しく、満つれば則ち覆る」(「宥坐編」)とある。空の状態では傾いていて、ほどほどに入っていれば正しく立った状態にあり、満たされるとひっくり返ってしまうという。廣池は今回重体に陥ったことを機に、自然の法則に身を任せ、時節を待ち、時機をとらえた堅実な事業を推進していくようになる。しかし、この教訓は、身の丈に合わせて単純に仕事を減らせというものではないということが、同じく廣池の人生からうかがえる。それは、大きな事業を遂げるために、より大きな器、つまり「品性」を培うことの重要性を唱えたものだったといえよう。廣池はこの後、ますます品性を陶冶しつつ、次々と新たな局面を開いていく。

なお、このころから、長男の千英が教育活動に参加しはじめた。

大阪で新体制の第一声

さっそく廣池は、昭和六年(一九三一)七月二十二～二十四日、群馬県の霧積温泉において幹部講習会を開催し、リーダー層の育成にとりかかった。講習会では、狙い通りの効果を上げることができたようで、「人々を深く感ぜしめ、而も言うべからざるインスピレーションを与えたようでございました」(『日記』④)と記録されている。今までのような知的理解にとどまらず、精神的感化に重点が置かれ、それが成功したことがうかがえる。

このときには千英も演台に立ち、「中小工商業の困難に赴きし原因とその救済方法について」と題して講義している。

そして、同年九月二十一日、大阪毎日新聞社での講演会を起爆剤にして、経済の中心地、大阪において重点的な教育活動を開始する。講演会自体は、数年前から同社社長の本山彦一と約束しており、この機会に実現されたものだった。廣池は本山に宛てて、「我が国民最高道徳実行の必要実に焦眉の急を告げ、大阪の産業界および経済界における立て直しの機運は、誠に昨今をもつて最も緊急を感じ申し候」と申し送っている。講演会は、本山の挨拶ののち、新渡戸稲造が「廣池先生の研究の世界的意義」と題して講演し、廣池の紹介役を務めている。

新渡戸は、国際連盟の知的協力委員会の委員であったころ、多くの世界の碩学と交わって、いかに世界の思想が混乱しているかを痛感していた。階級闘争や宗教と学問との衝突などが頻発し、今やどれ一つとして人間の心を安定させる力が無い西洋社会では、東洋の思想に期待するところが大きいという。こうした中で、「廣池先生は、或は最高道徳、或は行動の研究に於て、我々の疑を解かれたところが少なくない」とし、「一には、外国に対し、二には内国に対し、先生の御研究が発表され、而して、希《ねがわ》くは、実行されむことを希望のあまり、今日この席に出まして、先生の御説をなほ十分に拝聴したいと思ふのであります」と、講演の意義を説いた（『紀要』第一号）。

廣池の演題は、「新科学モラロヂーおよび最高道徳と大阪の産業界および経済界の立直し」である。翌日の毎日新聞の記事「新科学モラロヂーを名士に説く きのふ本社で開かれた廣池博士の大講演」によると、講演内容は、「モラロヂーは現代の政治学、法律学、倫理学、社会学等の欠陥不合理を指摘訂正するものであるが、これらの学問は人間の利己的本能に立脚する異端の主義であつて、現代の自然科学の原理に反し、聖人の教説に背くものであるから、到底世界の人類を指導する実力はない。自分は過去二十年間にわたつて、学問上のみならず実際上において労働問題の道徳的解決をなし、また産業の経営に関して幾多の実際家を指導している」とのことであった。

講演会の三日前、九月十八日には満州事変が勃発し、日中の貿易は完全に途絶し、当日の二十一日には英国金本位制停止が伝わり、大阪財界は混乱を極めていたという。そこへ、大阪の経済を救うと現れたのだから、大阪財界の期待は大きかった。新聞には、「何しろ廣池博士が大阪における産業界、経済界の時局善処の道を説くといふので、大阪経済界の有力者や社会事業家で定刻すでに満員の盛況であつた」といい、六百名を超える人々が集まった。

講演会は大成功となり、以後、大阪を起点に、モラロジーの教育が急速に広がっていく。

講習会の開催

こうした新事業の山場にあたったのが、大阪第一回講習会である。本講習会は、玉出第三小学校を会場に、昭和七年（一九三二）の三月八日から二十二日まで（中一日休）十四日間、集中的にモラロジーを学ぶカリキュラムが組まれている。講習会が効果的であったことは、終了後に語られた左記の感想によって知ることができる。廣池に最も長く仕えていて講習会の講師でもあった中田中が、「博士の教えを受けてから数十年になるが、今までは断片的なお話ばかりで、今回この講習を受けて、初めてモラロジーという学問の全貌を知ることができました」（松浦香『光は東方より』）と語っている。また、東京第一回講習会（同年十月）について、中野金次郎が「今回の如く連続的にかつ秩序的に御講義していただいた事はなかつた。そこで私は今回の講習会に於て得たる処は過去十八年間先生より受け得た感化より大きいやうに感じて居るのである」としている（『紀要』第三号）。

東京第一回講習会は、前月に道徳科学研究所附属講堂（東京講堂）が開設されており、晴れて自前の講堂での開催に、参加者は七百名にも上った。

以上のように、昭和六年の栃尾又温泉における大病を契機とした路線の変更により、モラロジーの教育活動が日本社会により深く浸透していくとともに、講習会の運営や個人開発の現場の中で多くの指導者が育成され、モラロジー団体がより着実に発展することとなった。廣池は、このような展開を評して、昭和六年以降を「モラロジーの第二期建設時代」（『日記』④）と位置づけている。

道徳科学研究所附属講堂（昭和７年）
（東京市淀橋区下落合）

宗武志の入門

昭和七年の東京第一回講習会には、このころ廣池に師事するようになっていた宗武志《そうたけゆき》伯爵（一九〇八～八五）の姿もあった。

宗は、当時まだ二十代と若かったが、対馬藩主の宗家の家督を継いでいた。宗家は古来、朝鮮との関わりが深いということで、政府の方針により、朝鮮の王族であった李王家当主の娘李徳恵《りとくえ》と、講習会の前年に結婚している。宗と徳恵は仲睦まじかったが、徳恵は精神の病を抱えており、ただでさえ朝鮮との関係においてデリケートな立場であった宗の憂いは深かった。

宗自身が後年語ったところによると、廣池の指導に接したとき、目前の霧が晴れるような思いがしたという。次のようにも記している。

宗武志（昭和６年）

廣池博士は本当の慈悲の心の持主だったと思います。その前に出ると、この先生には何をお話ししても、みな嘘になってしまい、その嘘をみな見透されてしまうという気がしました。しかし、隠してみてもしかたがないことだから、何でも言ってしまおうという気にもなり、また、何も言わなくても分かってくださるのだから、わざわざ物を言う必要もないだろうという気にもなり、結局、何でも言われたとおりにしようという心になるのでした。それは本当に安らかな、温かい太陽に照らされて、涼しい風の通る所にいるような気持ちでした。

（宗武志『慈悲の学窓』）

宗は、妻の病状について、廣池に率直に相談している。廣池から、道徳の話をするようといわれたので、つい「家内にはわかりません」と答えたが、廣池は「わからなくても話しなさい」と重ねている。このころ徳恵の病はかなり進行しており、すでに通常のコミュニケーションが取れない状態であった。廣池はそれを承知の上で、道徳の話をするよう諭したのである。宗は素直に従い、「先生の仰せのとおり家内に話をいたしましたところ、二三日は非常に落ちついておりました」と述べている（「廣池博士の思い出」『社教』二十二号）。

宗は、廣池の指導をもとに、自らの運命に順応していく道を拓いた。そして、後述するように、モラロジーの最も優れた理解者として、廣池の遺志を継ぐ重要な役割を担っていく。

東京第一回講習会の受講者の中には、大迫尚道陸軍大将（一八五四〜一九三四）もいた。

大迫尚道と軍部

大迫は昭和天皇の東宮御学問所の御学友・永積寅彦の実父であり、御学友選出の理由でもあったように父の大迫は人格者として定評があった（ただし、華族であったのは尚道の兄尚敏）。大迫はすでに七十八歳の老齢であったが、講習会に毎日通い、強い感銘を受けたようで、廣池に「先生、これは私だけが聞くのは惜しいので、全部に聞かせたいが、次の日曜に私のほうに来ていただけないでしょうか」と依頼している。廣池はそれを受けて、大迫邸で有志の軍人たちに講話したところ、そこから参謀本部、軍令部へとまた機会が広がっていった。そして、次のようなエピソードが残る。

陸海軍の大将たちは非常に感じ入って、これは一つ陛下への御前講義をお願いしようと言われたそうです。ところが博士はその時、即座に「陛下にはなにも申し上げることはありません。ただ大楠公のような人物ができることが肝要で…」と答えられたそうです。これには、さすがの大将たちもギャフンと参られたそうです。

（塚谷政蔵「こわれそうなからだ」『人を育てる心』）

しかし実は、廣池は、大正十一年(一九二二)七月二十四日の『日記』に、皇室に対する最高道徳の御進講の希望について記しており、以前にはその意思があった。この慎重を期して自重した路線変更にも、宥座の器の教訓が反映されているものと思われる。このように、皇室への御進講をあえて断った廣池だったが、後年また方針を改める。その理由は「戦争」だった。

廣池の平和思想

廣池は後年、「人間は安心なくては幸福なし。物質は豊富なるも安心のなき富貴は幸福にあらず。而して安心は平和にあらざれば得られず」(「昭和十一年六月二十四日に於けるモラロヂー研究所幷に専攻塾記念式の挨拶幷にモラロヂーの使命」)と語っており、『日本憲法淵源論』のところでも少し触れたが、個人の幸福は、国家の確立と世界の平和なくしては成り立たないものとしている。そして平和の実現には、社会を支える一人一人の道徳心を育成することが第一であるとして、道徳の教育活動に専心努力してきた。しかし、昭和に入ると、戦争による危機が如実に迫り、その問題に正面から対応せざるを得ない状況となる。

廣池は、「軍国主義」については、大正六年の時点で次のように記していた。

軍国主義は、古代野蛮の遺風にして、今日のシビリゼーション時代までは、僅に許容せざるべからざる主義も、将来のカルチユア時代には全然排斥すべき大悪主義也。(中略)されど列国猶《なお》私欲に耽り、人道を弁へざるに於ては、我帝国独り軍備を縮小するを得ず。故に一面国防を厳にすると共に、一面平和の利益を世界に悟らしめざるべからず。

是れ、予不敏と雖も、敢て一身の社会的名利を棄て、奮然世界人心の救済に向て努力を重ねつつある所以なり。

（『中外』一巻一号）

軍国主義は、「排撃すべき大悪主義」とするが、列国の軍事力に脅かされる現実においては、一定の軍備により国防に万全を期すことは必要であり、こうした備えをしつつ、平和の利益を説いていかざるをえないという。

一方『道徳科学の論文』においては、愛国心と戦争の関係について、下記のように述べている。

すべて従来の忠君もしくは愛国の思想は人間利己心の変形たる団体心、自国自慢の心、外国に対する憤怒・怨恨・嫉妬もしくは復讐心その他不純なる利己心の基礎に立つて居るのであります。されば、その究極の所に至れば、一死君恩もしくは国恩に報ずるといふ純潔な精神状態を呈すれど、その平素に於ける国家観念は甚だ不純なるが故に、第一に、常に国際間に於て相互に感情もしくは利害の衝突を為し、遂に悲惨なる国際戦争を惹起する如きことが出来るのであります。斯くては平素すべての人間が衛生を重んじ、倹約を為し、子供を大切に育てて居つても、最後の幸福を得ようとして居る予期に反して、その財産は大砲もしくは小銃の丸《たま》と為つて煙と消え、美麗なる都会は飛行機の投弾によつて一夜の間に焦土と為り、折角《せっかく》育て上げた所の子供は皆戦場の露と為り了《おわ》るのであります。

（第十四章第九項第七節）

先に、「国家伝統」のところで触れたように、『道徳科学の論文』は、国家が安定的に存立することの恩恵を説き、それに報いることを道徳の重要な位置に置いていた。ここに、利己心に基づく愛国心と感謝報恩の精神に基づくそれとは、似て非なるものであることがわかる。廣池は、外国における紛擾および脅威に対して十分に警戒するとともに、国内における道徳の退廃をも、同じく戦争の要因として指摘していた。

それにしても、いったん戦争となれば、(勝敗にかかわらず)空襲や戦死によって、幸福実現への努力の成果が焦土となり露と消えると警告しているあたりは、第一次世界大戦の戦況をつぶさに観察し、近代の総力戦に対する十分な認識を持っていたと思われ、単なる道徳思想の鼓吹にとどまらない現実味を感じさせられる。

戦争回避の提言

廣池の戦争回避に向けた手法は、前述のように、軍部に対する直接的教化という形もとったが、指導的立場の人物と見解を共有するという方法がとられていた。

昭和六年(一九三一)十二月十五日には、若槻礼次郎前首相に書簡を送り、意見具申のための面会を求めている。若槻にはすでに『道徳科学の論文』は送ってあった。このときどのような対応があったかは不明だが、若槻は別のルートからもモラロジーを聞いており、後述のように、昭和十一年には建設成った廣池の学園を訪れ、意見交換を行っている。

翌昭和七年(一九三二)に入り、上海事変も勃発すると、廣池はすかさずその対処を要路に提言した。『日記』によると、二月一日、鈴木貫太郎侍従長に次のように書き送っている。

万一南清における我が主張を貫徹せんとせば、右二国（英米）以上と衝突に至るべし。かくては負くればもち論滅亡に瀕すべく、たとい勝つとも長日月を費し国家瀕死に至るべし。
これをもってただ今天皇陛下平和御好愛の御心という勅命にて、南清の兵と人民とを全部引き上げ、さて今後は挙国、勤倹真面目に道徳生活に入り、南米、蒙古等に漸次に地盤を造らば、大和民族の最後の勝利疑いなし。

続けて翌二月二日・三日と出状しており、その写しがあるので続けて見ておきたい。二日の書簡では、聖人の教説にもとづく平和論を述べた後、次のような現実論に入る。

殊に戦争いかに有利に相成り候も、時代の変遷は決して昔日における日清、日露戦役のごとき好結果を収め得るものにはこれなく候。而してその間における戦死傷者の悲惨、財力の耗費、国民疲労の損失を思わば、一の中国を抛棄するも惜しきことこれなく候。況や中国のほかに平和の方法によりて、これ以上の収穫を得る方法これあるにおいてをや。

次に、二月二十八日付書簡の一文に注目したい。

満蒙のことはやむを得ざることに候えども、南中国攻撃は正に全世界に反感を招くこと、その事情の善悪いかんによらず候。この場合は、天祖の御遺範に則りて慈悲寛大自己反省を要する義にこれあり候。

ここには、当時における政策の現実路線と、自らの経験にもとづく道徳思想が見られる。まず、廣池も「満蒙」すなわち満州と内蒙古における権益を守ることは否定していない。それに対して、南中国地方へ軍を進めることは徹頭徹尾反対しているが、ここにいう「事情の善悪いかんによらず」というところによくその特色が表れている。

当時の報道等を見れば明らかなように、そのころの日本の軍部も国民も、中国からの挑発行為や日本人に対する暴力に相当煮え湯を飲まされていた。事変は、日本側にはそれらに鉄槌を下す意味もあり、「暴支膺懲《ぼうしようちょう》」（暴虐な中国を懲らしめる）というスローガンともなっていく。

しかし、第三者の諸外国からすれば、そのような事情は配慮されず、日本が一方的に軍を進めているようにしか見えない。廣池はその結果、全世界に反感を招くといい、事実その通りとなってしまった。

十七年前、大正四年に廣池が天理教教団を追われる際、「たとい曲直いずれにあるも」相手と争わず、「黙して退く」という方法をとったことが彷彿とされる。だからこそ、ここで「事情の善悪いかんによらず」、「慈悲寛大自己反省」という道徳によって事態の打開を志向したのであり、「聖天子（天皇）の大詔（勅命）をもって進撃を中止させ、都合によれば南中国の日本人全部引き上げ、軍隊も引き上げ、全く中国を放棄致す」とまで言い切ったのである。

そしてまた、こうした大陸政策は、かつて、大正二年に非業の死を遂げた従弟の阿部守太郎と温めた構想があり、彼の遺志を継ぐものでもあった。

廣池はこう続ける。「然る後、国民に対して、天祖の御聖徳、今上陛下の御聖徳をもって徳教を布き候わば、その国運の発展は昔日に倍し申すべく候」。中国にこだわらずとも、道徳によって一層の発展を期しうるという。

以上の鈴木宛書簡は、廣池の平和思想および大陸政策に言及する際に、必ずと言っていいほど用いられる史料（一部）であるが、これまで触れられていない観点において指摘しておかねばならないことがある。それは、鈴木が、すでに軍令部長ではなく、まして後の総理大臣でもなく、この時は、指揮にも政策にもまったく関与していない侍従長だったという点である。

一つには、廣池が相手を役職ではなく、「人」で見ていたということが考えられる。もう一つは、同じく書簡中で「今や内には政争のため真に国家百年の大計を聴く人これなし」と記しているように、当時の政界に現状打破の期待が薄かったということがあったのだろう。そして、もう一つ、その問題を鑑みて、これは当時も今もいわば「禁じ手」であるが、侍従長から直接天皇の耳に入れるということを期していたのだと考えられる。この考えは、後に廣池がもう一歩進めた行動をとることによってより明らかになる。

鈴木貫太郎のほかに、廣池が人として期待していたもう一人、斎藤実が昭和七年五月に首相となった。

斎藤実への建議

翌八年（一九三三）の四月二十一日、廣池は、斎藤実首相に建議書を手交する。斎藤は、朝鮮総督時代に廣池と親しく交わっていたこともあって、五月九日には、建議書につき面談することとなった。その時の首相とのやり取りが『日記』に詳しく記されている。

斎藤は「仰せの通り、すべて根本より立て直さねばならぬと存じて居りますが、丁度満州問題が起って居る時に大命を拝しましたので、当面の満州問題やら外交問題やら内政問題やらその他いろいろのことが突発して参りますので、その解決に没頭して居ります」と、廣池の道徳教育に関する提言に共感しつつも、頻出する重大な政治問題への対応に追われ、なかなかそこに手が回らない状況を説明している。

また、道徳教育について求められたことについては、斎藤は、「既に議会で声明したように目下その方に力を入れて居ります」というとおり、同年一月二十一日の、第六十四回帝国議会における施政方針演説に見られる。危険思想や問題行動などに関連して、「我が建国の精神に立脚せる国民の自覚・自省に俟たなければならない次第でありまして、この点に対しては今後も益々政治・教育その他各方面に於て、思想の善導に努力し、不祥事の根絶を期したい」（『子爵 斎藤実伝』三）と述べている。

日本は、満州事変ののち、すでに国際連盟を脱退しており、上海事変の勃発によりアメリカから痛烈に非難されている。内閣としては、今こそまさに危急存亡の秋《とき》と考えられて当然のところだったが、廣池は、次のように説いた。

非常時日本とは現在のことではありませぬ。むしろ将来のことです。この秋に当たり、あなたが大命を御受け下さったので実に結構と思ひ、御着任早々御伺ひしてお話し申し上げむと存じましたが、それもいかがかと存じて差し控へて居りましたが、この際あなたがやって下さらなければほかに人物はありません。また私も再び他の人にかかることを話には参りません。

斎藤にだから言うという、相当の期待を込め、来るべき非常時に対して、長期的に備えるべきとのことだったのである。

廣池との面談後、政府の動きでは、十日後の五月十九日、文部省に「教育調査部」が設置され（勅令第百十七号）、調査が進められている。この件については、その後斎藤が、翌九年一月二十三日、次の第六十五回帝国議会の施政方針演説において、「先づ師範教育の方針を新にし、人格・識見共に高き国民教育者を養成することを最も急務なりと認めましたので、目下これが改善案の審議を重ねつつある次第であります」（『子爵 斎藤実伝』三）と言っている。教育課程などの即応的な改革ではなく、教員養成から改善するというのだから、かなり「将来」のことを考えており、このあたりは廣池の「我が国の財政、経済、産業問題など、あらゆる問題を改善するには、まず教育の振興が根本」とする建議にも、呼応するものといえよう。

廣池は、モラロヂーにもとづく社会教育を積極的に推進しつつ、それを学校教育へ展開していくことを重要な課題に据え、着々と構想を練り上げていた。学校設立の構想は、さかのぼること大正十四年ごろ、門人に「アカデミー」設立の意向を語っており、大正十五年には「モラロヂー大学の性質及び組織」と題する文書を残しているので、かなり早い段階から温められていたことがわかる。昭和三年刊行の『道徳科学の論文』には、「モラロヂー普及の具体的方法」は、「これを単に社会教育にのみ依拠すべきにあらず、必ずや正式の学校教育に依り、秩序的に人心を開発せねば出来ぬ事であります」(第三緒言第四条)と、モラロヂーの普及には学校教育が不可欠であることを述べており、同年には「モラロヂー大学設立の理由書」を著し、かなり詳細に計画するに至った。そこには、小規模の三年修業の総合大学制をとり、「第一部を政治法律科、第二部を経済商工科、第三部を教育宗教科」として資金力に従い漸次に新設し、ほかに物理、化学、博物学、医学、農工業の「技術に関する方面」、さらに「歴史、文学、哲学等」の数分科も構想に入れていた。

また、昭和五年一月十四日には、「モラロヂー根本研究所憲法」として次の文を著した。

一、根本研究所は主として予の生涯の研究に使用せし図書・原稿その他予の遺物を永久に保存する事を第一目的となし、予の子孫その守護に任ずべし。次に『道徳科学の論文』の緒言に列記せる研究事項を永久に亘りて漸次に研究闡明し、以てモラロヂーの発達とその普及とを図る事に資するものとす。

一、プロデューティ・ソサイテイはモラロヂーの最高道徳をもって社会教育をなす所のアカデミーなれば、研究所と全くその目的及び事業を異にす。故にその建物もまたこれを別所に設く。

一、研究所は只管《ひたすら》学術研究をなす所にして、絶対的神聖を保つべし。財政の豊富と人材の集合と事業の旺盛とは、予の望む所にあらず。予の唯一の目的は、当研究所をして純粋正統の学問と純最高道徳との標準を維持せしめ、もって世界人心の帰趨する所を開示せんとするにあり。

昭和五年一月十四日　　千九郎手記

そして前述のように、昭和七年の東京第一回講習会に先立って東京講堂が建設されると、ここに研究室を置いた。しかし、学校については「是れは未だ準備が出来ませぬ」(『紀要』第一号、昭和六年)ということで、まずは社会教育から展開することにして、いずれは学校設立にとりかかる方針をとっている。廣池にとってモラロヂーにもとづく学校設立は長年の悲願だったのである。

その後、講習会を軸にした社会教育は順調な広がりを見せ、受講生の中に、「モラロヂーを教育する学校をつくってほしい」(松浦香『光は東方より』)という要望も寄せられるようになってきた。そして「モラロヂー社会教育の進展に伴ひ学校教育開始の機運刻々に進み昭和八年以降その理想漸く遂に具体化」(『紀要』第四号)してきたといっているように、このころ学校開設の機はいよいよ熟していた。

廣池は、東京近郊に候補地を探し始め、吉祥寺や多摩御陵付近、小田急沿線などを検討したが、十分な面積を確保できる土地がなかなか見つからなかった。

そんな中、昭和八年、千葉県東葛飾郡小金町（現在の柏市光ヶ丘）の土地が有力候補地として浮上する。常磐線北小金駅から徒歩三十分と、便利ではなかったが、環境もよくまとまった土地が手に入るということでここに決定した。現在の公益財団法人モラロジー研究所および麗澤大学の所在地である。約十万坪の敷地となり、坪平均約四十銭だった。

昭和九年五月には工事に着手し、講堂、事務所、宿舎等とともに、かつての師匠・小川含章と同じく、生徒たちと寝食を共にするため、自らの住宅も立てた。それが「麗澤館」である（第一章五六頁参照）。

「麗澤」の出典は『易経』の「麗《つ》ける澤《さわ》は兌《よろこび》なり、君子以《もっ》て朋友《ほうゆう》と講習す」（並んでいる沢が互いに潤し合う姿は喜ばしい。立派な人間になろうとする者が志を同じくする友と切磋琢磨する姿は素晴らしい）だが、廣池はこれに易経から別の個所「離《り》は麗《つ》くなり。日月は天に麗く。百穀草木は土に麗く。重名にして以て正に麗く。乃ち天下を化成す」（離は麗という意味で、付着するということ。日や月は天に付着しているから万物を照らすことができ、穀物や草木は土に付着しているから花を咲かせ身を結ばせることができる。また、明徳をもって正しい道にしっかりと付着して政治を行えば、天下を正しく教化できる）をも引き合わせ、次のような一文に集約した。

麗澤とは、易の語にして、太陽天に懸かりて、万物を恵み潤ほし育つる義也

ここでいう「麗澤」は、最高道徳的生き方を表している。太陽が万物に隔てなく光を与えるように、最高道徳の実行者は、知恵と慈悲とをもって公平無私にすべての人々、すべての物を育んでいくという。廣池は、師の遺志を継ぐとともに、自身の道徳論を反映させ、施設の名称とすることにより教育の場とした。

昭和十年元日、廣池は『日記』の冒頭に次のように記した。

予の齢《よわい》ついに古稀《こき》に達す。而してモラロヂーの基礎確立し、モラロヂー専攻塾も四月より開校することとなる。

積年の苦心至誠の結果、ようやくにして曙光《しょこう》を見る。しかしながら、これを事業の上より見れば真に当該事業の端緒に過ぎず。これより多々ますます至誠努力して、古聖人に代はりその大目的たる世界人心の開発と人類の永遠の平和との実現に邁進せねばならぬ。願はくは、天地神明の御照鑑御守護のあらむことを。

顧みれば十四歳にして教壇に立ち、二十歳のころに夜間学校を開設して以来、教育に身を投じ学校を立てるということは、廣池の人生に敷かれた軌道であり、このときはまさに目的地への到達であっ

た。しかし、七十歳という晩年を迎え、悲願の学校建設が成ってもなお、それは遂げるべき事業の全体からすれば、「端緒」にすぎないという。

5　道徳科学専攻塾

専攻塾の開設

モラロジー大学の構想の第一段階として、昭和十年（一九三五）四月一日、道徳科学専攻塾が開塾された。まずは、教育内容の自由度の高い各種学校として「私塾」という形で文部大臣の認可を得ている。

講師陣は、塾長廣池千九郎、次長廣池千英、教監廣池利三郎、高橋武市、松浦興祐、宗武志らだった。課程は本科と別科の二課程があり、両課程とも男女共学の全寮制であった。学生全員が寮に入る寄宿舎制度は、廣池が非常に重視した教育方法であって、「モラロジー大学設立の理由書」にも、「真に人心に徹底せしむることは、単純なる講壇上の講義のみにてその目的を達し得べきにあらず。必ずやモラロジーの原理に一致するところの寄宿舎制度とあいまって、始めてその効果をみるを得べし」としており、生活全般を教育の機会とすべきことを説いていた。そのために、塾長以下、ほとんどの教職員が学園内に住み、「肉親の父母にもまさる慈悲至誠の温情の下に教養を為さしむ」（『紀要』第五号）ことを期している。

本科は、中等教育修了者対象で、修業二年の専攻部と同三年の高等専攻部から成り、一貫すると五年間の修業年限である。道徳科学をはじめ語学が重視され、簿記などの実学にも力が入れられた。別科は社会人対象であり、入学資格は特になく、修業期間は三カ月半とし、春と秋の年二回開講されることとした。初年度は本科・別科それぞれ百名募集したところ、合せて三百名の出願があり、入塾者は、本科百十七名（うち女子十一名）、別科は百六十六名（うち女子二十一名）だった。別科の入塾者は、会社経営者が多く、現在でいう生涯学習の先駆けということもできる。

道徳科学専攻塾開塾式

四月一日には入塾式が行われ、翌二日が開塾式だった。松田源治文部大臣および石原雅二郎《つねじろう》千葉県知事の「当局官憲祝辞」に始まり、斎藤実、若槻礼次郎、阪谷芳郎、白鳥庫吉、穂積重遠らによる「上賓祝辞」（代読）、それに「地元代表者各位祝辞」と、宗武志による「道徳科学団体会員総代祝辞」、そして廣池の「塾長答辞」が続く。本章の最初の方に触れた穂積重遠の言葉はこのときのものである。

専攻塾における教育の特色は、まず「現下に於ける世界各国大学制度の通弊に鑑みて極めて単純に組織し、主として外国語并に道徳科学の如き基礎学に力を用ひ、学生の実力と自信力とを涵養して以てその学力大成の端緒を開く」

（『紀要』第五号）とされ、語学と道徳科学が二つの柱とされた。

廣池は語学を重視した。「語学は学問の習得および運用上の基礎学である。諸君は出藍の教育の原理により、先生より偉くなるのには、自分で原書がドシドシ読めるようにならねばならぬ」とよく言っていたという（松浦興祐「大勉強家大先生」『麗澤』第五号）。

孔子と顔回の子孫来塾

専攻塾には、開校以来、たびたび要人の訪問を受けているが、その嚆矢となったのが孔子と顔回それぞれの子孫の来塾である。昭和十年五月三日、孔子七十一代の子孫孔《こう》昭潤《しょうじゅん》と、孔子の弟子顔回の七十四代の子孫顔振鴻《がんしんこう》の一行が来塾した。孔も顔も来日前から廣池のことは知っており、孔は『道徳科学の論文』にもざっと目を通していたという。

廣池にとって、孔子と顔回の子孫が万世不朽に繁栄していることは、道徳実行の効果を実証する「証拠」であり、孔子は精神伝統でもあった。彼らを専攻塾に迎えることは大変意義深いことであり、『紀要』（第四号）にはその重大さを表すように、この日のことが力を込めて詳細に記述してある。

同年十一月には、今回の専攻塾訪問の返礼として、孔子の直系（七十七代）の孔徳成《こうとくせい》（当時十六歳）から、書が二点届いた。「日《ひびに》孜孜《しし》」と「毋意毋必毋固毋我」（意なく必なく固なく我なし）である。「日孜孜」は、『尚書』「虞書益稷篇《ぐしょえきしょく》」の言葉で、熱心に努め励むさまを言うが、廣池は広く古典を渉猟し、「伝統本位に」努力するという意味を読み解いている。ここでいう「伝統」とは、恩人の系列の意であるが、「（神の心を継承する）伝統に安心していただくと云ふ事を目的として一切の行動を為す」ことが「宇宙自然の大法則であり社会構成の根本原理であり而して人類進化の法則」であることなどの解説を付して印刷物を作成した。この年は、道徳科学専攻塾開設一年であると同時に、研究所創立十年の記念の年であったので、これを記念品の一つとして頒布している。

孔徳成は、戦後、道徳科学研究所と深い関係を持つ。初めて来日したのは研究所訪問が目的であり、晩年には研究所顧問も務めた。

来客のもてなしに道徳を学ぶ

昭和十一年（一九三六）は、廣池が大正元年（一九一二）の大患時に二十年の延命を神に願って以来、二十五年目を迎えていた。正月の日記には、大患以降、望外の歳月を経てきたことへの感慨と感謝の思いとともに、世界の混乱を憂い、人類の救済への決意を新たにしたことが綴られている。このころの事跡は、日中紛争の泥沼化、共産主義の拡大、ファシズムの台頭など、深刻な局面を時代背景にしていることを留意しておきたい。

廣池は、新設間もない専攻塾の運営に忙殺されつつも、要人を塾に招き、意見を交わしながら、やはりこうした事態の改善にも力を尽くした。昭和十年十一月十日には斎藤実、翌十一年七月六日には若槻礼次郎と首相経験者が相次いで専攻塾を訪問しており、そのときの模様は、両氏の講演内容を含め、示唆に富んでいる。

廣池は要人の招待に際して準備にあたった門人たちに、もてなしに関する多くの重要な教訓を残し、人材の育成にも努めた。食事については特に周到な配慮がなされ、担当者たちの記録にも言及が多い。

斎藤実の来塾には、料理などは一カ月前から準備して、試食を重ね、七十種の献立の中から十七種を用意し、「御慰安申し上げようという誠心」を実践によって教示している（『れいろう』昭和三十六年六月号)。

若槻礼次郎を迎えたときについては、「電話で、塾生は何名、御講義の時間はこれくらい、お召し上がりのものはこういう軟らかいものを準備いたしております、といってメニューまで届けた」といい、相手にいかに安心していただくかを説いた（阿部康治『学園にはぐくまれて五十年』)。貴人に対する敬愛の精神を、「料理の形をよくするは敬である。味をうまくするは愛である」と、「敬」と「愛」とに分けて具体的な内容で説いたのもこのときのことである。

廣池は『道徳科学の論文』における最高道徳の格言の一つに、「饗応最も慎む故に馳走と称す」を掲げ、「馳走」は、来客の精神を満たすために走る、つまり苦労する意として、高度な道徳に位置づけていた。そして、主人をはじめ、部下の一同の「至誠的努力」を要するので、「及ぶだけ自家にてこれを料理さすべきであります」という。また、「聖人の御教えに、人を饗すること、もっとも礼の大なるものとなす」（『日記』⑤）とも記しており、来客への対応を重要な教育の場とも見ていたのであった。

斎藤実の来塾

斎藤実は、「序《かね》てより本校の設立を承つて居りまして、一度上りたいと思つて居りました」と、以前からその機会をうかがっており、前年首相を辞職して、翌年には内大臣に就任しているので、その束の間のことだった。昭和十年十一月十日の来塾時の挨拶では、右の言葉に続けて「本日廣池先生に御話を承りまた今日の盛大なる状況を拝見致しまして本当に愉快で喜びに耐へませぬ」と言い、次のように述べている。

廣池先生の御首唱のモラロヂーの事は根本的に真《まこと》に結構な事で御座ります。深く御研究の上御発表に為りその御研究の上に於ては私も御内示を得た事もありました。乍併《しかしながら》その後これを如何なる形に於て進行せしめらるるかと思つて居つたのでありますが、斯くの如く純学術的に根拠を置き而してその牢固たる学問的根拠の上にモラロヂーを専攻する所の学校教育機関を設けて世界に打つて出られました事は真に真面目かつ堅実な御計画でありまして、私の大いに敬服して止まざる次第で御座ります。誠に現代の世の中の有様を見まするに世界的にも内国的にも道徳の欠如は非常に憂ふべき事であります。それが即ち今日世界の不安を来たし色々の事に息詰まる様になつて参つたのであります。是れが本当に道徳を明かにして真の正義の上に立脚して以てお互ひに朗らかに進み得たならばこの行詰りや不安を見ずに済むと思ひます。この点に於きましては私共は将来に於ても廣池先生の学問的に専攻せらるる所のモラロヂーの御尽力に俟たねばならないと思ひます。

（『紀要』第五号）

塾生の歓迎の辞を聞く斎藤（右隅に利三郎と廣池）

続いて、外交上、経済上の日本の危機を述べ、それを克服するための方法を述べる。「是れは実に徹底した道徳を行なつて国力を充実せねばならない事であります。すべての事は道徳がその根柢と為つて居るのであつて道徳を高くする事に依つて国の力を確実にし充実する事が出来るのであります」と、あらゆる課題の根底に「道徳」があるという、廣池と軌を一にする立場をとっているのだった。

長い引用となったが、大正時代、無職の身一つで道徳の研究と教育に粉骨砕身していたころの廣池を知る斎藤が、この日に至るまでの展開を顧みての感慨が伝わる好資料と思われる。これには廣池もますます意を強くし、また、斎藤の存在に大いに期待をかけたのだったが、この三カ月後、二・二六事件の凶弾に斃《たお》れてしまう。廣池はまたも、志を同じくする理解者を事件によって失った。

谷川温泉に講堂を開設

廣池は年来、自身に対してもそうであったように、門人たちの精神面だけでなく健康面にも深く留意していた。最高道徳を実行したくとも病気のためにそれが叶わない人々を何とか救いたいと思い、温泉療養と研修を兼ねた施設を開設することが年来の悲願であった。候補地は霧積温泉などいくつか挙がっていたが、最終的には、立地、規模、泉質等を考慮して群馬県の谷川温泉に決定された。

廣池が取得に動いた昭和十一年（一九三六）の頃の谷川は、温泉つき分譲別荘地として売り出されており、一部はすでに売約済みだった。廣池はそれらの土地も個別に交渉して購入していき、後々のことを考えて、温泉の使用権のみでなく所有権も同時に取得するという方針をとっている。そのため大がかりとなり、最終的に六千坪を購入して十三万円の費用を要した（施設建設費を含む）。十万坪の専攻塾用地が四万円程度であったことを考えると、谷川温泉の大きさとそこに賭けた想いの深さがうかがえる。

『日記』には、「金よりは人の命、特に最高道徳に更生せる人々の命を助くることが大切なり」、「予は従来、いかなる場合にても全金力、全権力を費やしたることなし。しかしながら今回の谷川のことは実に世界人類霊肉併済の大善事業なるをもって、モラロヂー研究所の全金力を費消せるなり」と書かれており、大きな負担であったに違いない。「力一杯の事業をなす」ことを戒めた宥座の器の教訓を百も承知の上で、全力で遂行する意味があったということである。廣池はいう。

人間には、精神、経済、肉体を蝕む三つの病がある。そのうち精神、経済の病の予防薬としてモラロヂーをつくった。残る肉体の病を防ぐのが、この谷川温泉である。これで、やっと年来の宿願である人心救済のお膳立てが出来た。

（モラロジー研究所編『改訂 廣池千九郎語録』）

またこうも語っている。「この名湯に廣池の家族だけを入れるのならば、大体五千円あらば施設することができる。けれどもそれでは廣池の利己主義だ」。「門人の中で精神的には向上したが身体の弱い人が沢山ある。よって、その様な人々を入れて霊肉共に併せて救わねばならぬ」、「次長は学園の運用の為に金がいるので、もう少し考えてほしいと言って来たが、わしは人心救済の為に思い切ってやることにした」（山本恒次の記録）。「次長」とは、「所長」に次ぐポストについている長男・千英のことである。

ここに見える「霊肉共に」の語は、「霊肉併済《へいさい》」ともいい、精神と肉体とをあわせ救うという考え方であり、晩年の廣池の思想を表す重要な概念だった。このことをはじめ、谷川講堂建設には、廣池の理念がさまざまな形で反映されている。例えば次のような話がある。

谷川にも住居として「麗澤館」が建てられたが、その土台を築くのにどうしても邪魔な木の根があったので、施工担当の門人・鷲津邦正がその根を切って土台を入れた。すると廣池は、「なぜこの木の根を切った。土台は死んでおるが、この木の根は生きておるぞ。なぜお前は生きものを大事にせんのか」と鷲津を叱ったという（『れいろう』昭和四十四年十一月）。このエピソードは、「仁、草木に及ぶ」という言葉とともに、廣池が生き物を慈しみ、特に植物を愛したという意味で伝えられ、樹木を保護し、伐採を忌避する方向へと解釈されがちとなっている。実際に、当事者の鷲津が、廣池は樹木が好きなのだと思い込み、喜ばれると思って、わざわざ植木を買ってきたことがある。しかし、無駄遣いとみなされたのか、逆に怒られるという事態に至った（広池学園出版部編『谷川温泉の由来』）。

廣池が教えようとしたのは、単純な動植物への愛護なのではなく、「物が育つということを妨害することは神に対する罪悪である。教育でも、その人のよき個性、天性を神の心に合致するように伸ばして育てることが人間尊重の心であり、神の心である」（『れいろう』昭和四十四年十一月）という生成化育の天功に添うことであった。実際に廣池は、人を「神の心に合致するように」育成するため、専攻塾の大講堂を建てる際には大量の樹木を躊躇なく伐採している。

廣池は、谷川に続き、翌昭和十二年（一九三七）一月五日には、近くの大穴温泉（約千五百坪）も購入した。大穴は幹線道路沿いで駅も近く、比較的雪も少ない。また将来利用者が増えて、谷川に収容しきれなくなった際の補完の意味もあった。後にここが、廣池の臨終の地となる。

賀陽宮恒憲王の来塾希望

昭和十二年、廣池は、新設中の谷川講堂で新年を迎えた。大穴の契約を終え、翌一月六日の『日記』に次のように記している。

さて予は、一昨年専攻塾、昨年谷川開設のため心身ともに疲れ、ほとんど回復の見込みも立たぬほど弱れり。然るに本年、予の九星は旭日昇天の年とあり。

廣池はこのとき、珍しく占いを行い、「旭日昇天」というよい結果が出た。そのあとに「右に付き、三日、左の決心を神明に誓う」として、神宮参拝と、谷川温泉を国家伝統（皇室）に奉ること、そして矢納幸吉に報恩する旨を記しているので、占い自体は三日以前に行われたのだろう。そして後日、「よいこと」とはこのことだったのかと感じ入る事態が発生する。それは、皇族・賀陽宮恒憲王《かやのみやつねのりおう》（一九〇〇〜七八）からの来塾の申し出だった。

恒憲王は、神宮祭主賀陽宮邦憲王の第一王子として生まれ、少年時代を京都に過ごし、父とは異なり、軍人の道を歩んだ。ちなみに廣池は明治末期、神宮皇學館の教授であった頃、皇學館の建学の精神に掲げられる邦憲王令旨を奉じて道義の教育に勤しんでいた。縁をさかのぼればここまで至る。

恒憲王との出会いを述べるには、まず中井巳治郎《みじろう》（一八七八〜一九六一）という人物に触れなくてはならない。中井は製紙業中井商店の当主の四代目中井三郎兵衛の次男で、名古屋支店長や名古屋紙商同業組合組長等を歴任する名古屋経済界の有力者であり、モラロジーの熱心な研究者でもあった。

中井は市内に趣向を凝らした邸宅（現在の料亭「か茂免《もめ》」）を構えており、恒憲王は軍務で名古屋に赴任のときは、中井邸を住居に充てていた。あるとき中井からモラロジーと道徳科学専攻塾のことを聞くと、「そんな良い所なら行ってみよう」と専攻塾訪問の意志を表する。恒憲王来訪の件が中井から伝わったのは昭和十二年一月二十二日、この日廣池は「これ即ちいわゆる旭日昇天の兆し」と、喜びと感謝の念を日記に特筆大書した（松浦香『不朽の教え』下・『日記』）。

というのも、廣池はこのころ皇室に道徳科学をお聞き届けいただくことに大きな期待をかけていた。かつて、御前講義を断ったころとは状況が大きく異なっていたのである。

戦争の泥沼にはまりつつある日本は、このままいくと破局を迎えてしまう、それを止めるためには天皇に直接動いていただくしかない。そう考えた廣池は、皇族の恒憲王を介して、戦争防止の理念が天皇に聞き届けられることを期していた。戦争を止めるためには、天皇による撤退表明が発せられるほかないということを、昭和十二年の段階ですでに見越していたのである。

いうまでもないことだが、昭和二十年八月、日本は天皇の聖断により終戦を迎えている。こうした天皇の意思表示は、当時においても日本の法体系を逸脱するものであることは、法学博士の廣池には百も承知の上だった。開戦のときもそうであったように、それまで日本の国策は閣議で決定され、天皇はそれを裁可するのみで例外はなかった。しかも、本来皇族は政策決定において天皇に助言する立場にはない。廣池は政府要人にも多くの人脈を持ち、度々政策提言などを行ってきていたが、すでに政治家による戦争収拾には限界を感じて、皇族から天皇へというルートの開拓に賭けていたのだった。

賀陽宮家を奉迎

廣池は、皇族をお迎えし、道徳に関する御進講を行うことは、これまで受けてきた皇室・国家からの恩恵に報いる最大の機会であるとも考えていた。最晩年の廣池は、今回のことを最後のご奉公とばかりに、すべての力を注ぎ切っている。使用する食器を選びに自ら何度も東京へ足を運び、旅先でお土産の反物を購入するなど細やかな配慮を重ね周到に準備した。料理には特に注意を払い、料亭の主人やレストランのシェフを招いて調理担当者に指導し、また有名料理店へ係の者を連れて行き、味や盛り付けなどを覚えさせた（『社教』七十二）。

恒憲王を迎えた主会場は、専攻塾の貴賓館である。それまでこの建物は上賓館とよばれ、すでに斎藤実・若槻礼次郎らをはじめ要人を迎えていたが、今回、宮様の台臨《たいりん》ということで改良が施され、名称も貴賓館に改められた（同）。

昭和十二年四月十八日十時十分、賀陽宮家一行は専攻塾に到着した。同伴者には、敏子妃だけでなく、長男邦寿《くになが》王、長女美智子女王、次男治憲《はるのり》王、三男章憲《あきのり》王の総勢六名であった。塾長以下教職員幹部らが拝謁後、廣池から三十分程の御進講、十一時から塾生一同が拝謁ののち、寮、食堂などを視察して昼食となった。調理、給仕ともに万全な準備の成果が発揮され、殿下方は大変な喜びようだったという。

賀陽宮家来塾
（前列左から３人目が恒憲王。左端が廣池，右端が宗）

準備から当日にかけて中井も力を尽くした。廣池とのやりとりには次のような記録が残されている。調理担当の山本晴子がいう。「中井さんが『殿下はそうめんがお嫌いだ』とおっしゃるんです。それを博士に言いに行ったら『バカなやつじゃ。いっぺんお召し上がりにならなかったからと言って、あとださなかったら、召し上がろうにも召し上がれないじゃないか。大丈夫じゃ、おつけなさい』とおっしゃったので、出したのです」。こうして、そうめんは提供されることになったが、せっかく忠告したのに運ばれていくところを見て、中井はなおも「宮様はそうめんがお嫌いで召し上がらない」と同席者を相手に騒いでいた。ところが宮様はそうめんを大いに召し上がり、「お代わり」までしたという（同）。

このように、味覚については廣池の見解が通され的を射ていたが、余興については中井の進言が容れられている。山本は続けた。「博士は最初、『余興は、田中旭嶺さんの琵琶を聞いて頂こう』とおっしゃったのですが、賀陽宮様をよくご存じの中井さんが、『それより、パッと単純に楽しめる手品の方がいい』と言われたので、余興には天洋さんの手品がありました」（同）。

自らを「せっかちは日本一」（同）と称する殿下の性格を中井はよく承知していたのである。琵琶については、廣池は一月二十八日の読売新聞切り抜き「琵琶 笠置の御夢 豊田静芭弾奏」に「この人を宮様に御余興として招聘するか」と書き込んで『日記』に挟み込んでいるくらいだから早い段階から構想を温めていたようだが、ここは中井の「パッと単純」案に軍配を上げている。このようなところにも廣池のもてなしにおける柔軟な配慮が見て取れよう。

ちなみに「天洋」とは、日本奇術界の「中興の祖」と称される松旭斎天洋《しょうきょくさいてんよう》のことで、余興として宮様の御前で披露されていたのは、当代随一の達人の技であった。また、子供たちにも楽しめるよう、貴賓館の池を使って金魚すくいまで用意している。もてなしに隙はなかった。

滞在中、恒憲王は御視察コースには入っていなかった廣池の部屋も見ることになり、急遽麗澤館の中にまで入る。ここで、質素な中に刻苦勉励する廣池のありのままの生活を目の当たりにした。口先を嫌い、常に「実行」を説いていた王は、廣池の中に「本物」を見たのであろう、ことのほか満足そうであり、廣池に対する尊敬の念を高めた様子が同行した宗たちによって感じ取られている（『社教』二十二・七十二）。

敏子妃からは「ぜひもう一度お伺いしたい」（『温故知新』）との言葉もあり、十月二十四日に二回目の来訪があった。このときには賀陽宮一家に加えて、敏子妃の兄・九条道秀公爵を同行させており、人を誘うくらいだから学園のことを相当お気に召されていたということであろう。

学園側は、前回は貴賓館の和室を食事会場に充てていたが不十分であったため、今回はさらに洋間を増築した。前回同様、最高のもてなしで迎えたことはいうまでもないが、前回は調理などに外部からの応援を頼んでいたところを、今回は学園の関係者のみですべてやり遂げられるまでに習熟している。妃殿下には「諸所の西洋料理を食べたけれど、こちらで食べるような美味しいのはいただいたことはない、また殊のほか、料理人ではなく内部の人たちで出来た料理であると聞き特に廣池先生によろしく」(『日記』⑥)とまでいわしめた。

恒憲王への御進講

二度の来訪と前後して、廣池から恒憲王には道徳科学に関する御進講が執り行われている。廣池の身体は最期の時が刻々と近づいており、病状は限界を迎えつつあったが、これほどの重要事はほかになく、懸命な療養と並行しての命がけの講義であった。

昭和十二年一月二十二日に中井から恒憲王の一件を聞くと、廣池はさっそく二十七日には御殿に参上し、四月ごろの来塾のご意志が確認されている。そして二月十三日には、賀陽宮邸において第一回の御進講が行われた。テーマは「日本国体の史的考察と将来の警戒」であり、皇室と国民との関係、皇族の役割などが述べられた。このとき言及された「大義名分」については、廣池はすかさず実地調査に出ている。二月十七日、気候の厳しい中に、病気を押し南朝の事跡へ直接出向いて、堀家などの義臣について調べ、講義には完璧を期した。

四月十八日の専攻塾への来訪の際には、御進講の主要テーマであった「大義名分の教育の必要とその教育の原理及び方法」が講義された。この内容は後に冊子にまとめられ、昭和十六年(一九四一)、千英によって刊行されている。

本書のいう「大義名分」とは、「最も重大なる道徳」ということであって、「その重大なる道徳とはなんであるかといえば、結局、国家伝統に対し奉りて奉仕すること」であるという。

国家伝統とは、国家の統治者の系統をいうが、「国家成立の原因」が最高道徳の実現でない場合は、「真の国家伝統」ではないとするところに注意を要する。本書で廣池は、「伝統」について次のように説明している。

天地開闢《かいびゃく》の大宇宙の生成化育の大精神を受け継いでこれを守り、而してこれを以て民を育て治め、もしくは子孫や門人を育て治め、而してその自分の一代に得た徳を自分の家に正しく伝へて行くと云ふやうな事であるのです。

生成化育のはたらき、つまり自然の法則に沿うことが条件であることが理解できる。では日本の皇室がどうであるかというと、

天照皇大神が御祖先の神々様の御神徳を継がせ給ひ、天地の大法則に則つて国を肇《はじ》め、宏大無辺の御仁慈をもつて国を愛護し、万物を生成化育遊ばされ、歴代天皇もまたこの御宏謨を継がせられ、臣民を赤子《せきし》と思召されて愛撫し給ひ、ひとり正しきを勧め給ふのみならず、悪しく枉《まが》れるものをも

慈しみ改めさせられたる御仁慈の結果ここに至らせ給へるものにて、奇蹟でもなく、不思議でもなく、神秘でもなく、単なる神話でもなく、確固不動たる宇宙観の科学的真理によつて御成立遊ばされたる所の合理的且合法的結果であらせらるるのであります。

と、自然の法則にかなう存在であり、「伝統」に合致する。現代的に見たとしても、天照大神以前については思想の反映による神話解釈としてしばらく措くとして、それ以降の歴史については、廣池が万世一系の原因研究や『古事類苑』編纂で蓄積した情報量は尋常ではなく、一定の説得力を持つものといえるだろう。

廣池自身も、昭和十三年四月十日の回において、

我国体の尊厳に対しこれを感情的、自負的に誇張して説く如きは、却つて外国人と若き日本人との反感を招きて何等《なんら》の効力もない事に為ると思ひます。

といい、独善的な主観に陥らぬよう配慮し、合理的説明を重視している。

恒憲王は、後年の「モラロヂーこそ、国を救う学問だという確信を深めました」(『温故知新』)との言葉そのままに講義に真剣に取り組み続けて、御進講は合計十回を数え、廣池の思想に共鳴するところが大きかった。

恒憲王は、平和主義者として知られていたが、後年、邦寿王が語ったところによると、この御進講を受けて「ますます平和愛好の精神を強められ、終戦時に早期停戦を主張されるようになった」（『日本人として知っておきたい皇室のこと』）とのことである。恒憲王は昭和二十年（一九四五）三月十二日、陸軍大学校長就任の挨拶に参内した際、天皇に「そろそろ御決断を下されましたほうがよろしい」と終戦への聖断を求めた（『天皇家の戦い』）。また、迫水久常書記官長から戦争について意見を求められたところ、「早く終戦にしろ」と答えている（『天皇陛下の三六五日』）。迫水は鈴木貫太郎内閣の終戦工作において重要な役割を担っていた。なお廣池は、前述のように従長時代の鈴木に天皇の勅命による軍の撤退を複数度進言している。

恒憲王と廣池の直接交流については以上である。結果を見れば、死力を尽くした廣池の恒憲王への働きかけは、周知の通り戦争の防止には至っていない。昭和十六年に米英と開戦して世界大戦となると、日本は廣池の予想通りの壊滅的な敗北と占領という憂き目に遭ってしまった。しかし開戦は止められなかったにしても、終戦においては、停戦への働きかけの中に廣池の理念は死後もなお生き続け、関係者たちの平和と国を想う精神に息づいていたといってよいであろう。

なお恒憲王は廣池逝去の後も、跡を継いだ千英からさらに十数回の御進講を受けている（『社教』七十二号）。

6　最晩年の事跡

昭和十三年（一九三八）一月二日、畑毛温泉における門人・井出静《しずか》のもとへ廣池から電報が届いた。五日に畑毛に行くので琴景舎を手配するようにとのことである。

畑毛温泉に富岳荘を建設

しかし折り悪く琴景舎は満室で、交渉しても部屋を空けてくれる見込みがなかった。井出がそう報告すると、廣池は琴景舎での宿泊はやめにして別荘を建てることに決め、二百坪を温泉付きで購入するよう指示した。急な土地購入には困難が伴ったが、井出の尽力により、二十八日には坪当たり三十円・温泉付きの土地二〇〇坪の売買契約が所有者の森五商店との間で交わされている。三十日に着工されるとわずか十五日間で工事は完了し、予定通り二月十七日に当地に訪れた廣池は、別荘に「富岳荘」と命名した。

その後、廣池は度々富岳荘へ療養に訪れている。最後の滞在は四月四日から九日で、翌十日に行われる恒憲王への御進講に備え体調を整えるためであった。

廣池による富岳荘建設の目的には、療養のために別荘を求めたことのほかにもう一つ、『道徳科学の論文』を執筆した部屋の保存があった。「わし亡き後の門人のために、命をかけて苦労した記念すべき部屋を残しておきたい」（井出大『随行記録 晩年の廣池千九郎博士』）という趣旨である。『道徳科学の論文』執筆に使用した部屋は、このときには旅館から切り離されて移築の上、物置になっていて、ますます朽損が進んでいた。富岳荘建設と並行して琴景舎との間で交渉を交わし、これを譲り受けて富岳荘敷地内に移築して保存することになった。

富岳荘完成に際して、モラロヂーの原典である『道徳科学の論文』と執筆した部屋との関係について、廣池は次のように語った。

原典の点一つにも生命（慈悲）が入っている。これを綴った至誠慈悲の充満した部屋じゃ。最高道徳の価値を説くのが、モラロヂーじゃ。最高道徳そのものは述べられぬのである。モラロヂーの原理によってその偉大さを示しているのである。原典を深く理解し、その奥の真理はこの部屋で得るのである。

（井出大、前掲書）

『道徳科学の論文』執筆に込められた思いを、それが充満したこの部屋から感じてほしい、そして原典によってモラロジーを知的に理解した上で、「奥の真理」はこの部屋で得てほしいとのことである。また、さらに一歩進んで、この部屋における「更生」にまで言及した。

モラロヂーを学び、理解してくると、たくさんの人がここを訪ねて来る。廣池先生はどんな人だったのだろうと。そして、最高道徳の真の姿を心でしっかりと観て還るのじゃ。最高道徳は天地の法則にして無形のものじゃ。ここは真に更生してもらう部屋である。神智に本づき努力した部屋じ

ゃ。わしの慈悲の魂を受取るのじゃ。命と魂を打ち込んだ部屋じゃ。（同）

以上の言葉からわかるように、モラロジーに説く最高道徳の真の理解のためには、この部屋を訪れて原典執筆の苦労を知り、部屋に籠る生命に触れるなどの実感が肝要である。そのために執筆の部屋を保存して後世に伝えることは、最晩年の廣池にとって不可欠な事業であった。

富岳荘建設にあたり、門人たちは衰弱した廣池の心身を少しでも安んじたいとの思いでさまざまな配慮を施した。井出静は「いつも横臥中の博士に、あの日本一の富士山をそのまま御床の中から御覧になれたら定めしお慶びとお慰みにもなるかと存じて高さ、角度等苦心致しました」と記している。また、「池も御居間の縁から椅子におかけになつて御覧になる様設計」し、「寒中咲きほこる香り高い梅の木約二十本、赤白一重、八重、早咲き、晩咲と色々取交ぜて冬の畑毛でのお慰めと、梅に添えてお好みの南天を配しまた香り高い珍らしい百檀の木を南縁に近く、秋を飾る紅葉の大木」を配する等、敷地内には門人たちの師を想う気持ちが満ちていた。廣池も「建築の具合と温泉、温度、光線、換気等申分のない設計に如何にもお気に召した様子」であったという（井出静「廣池博士と畑毛温泉」『麗澤』二十五号）。

第一の功労者

廣池の人となりを伝える多くの記録の中に、妻春子の『思い出』に次いで身近な視点を持つ優れたものに、長男千英の『父の人間像』がある。そこに、父廣池が最晩年のあるとき語った言葉について、次のように記されている。

「お前たちは、モラロヂーの第一番の功労者はだれだと思うか」と、側近の人たちに聞いたのであります。そうすると、だれそれだと思いますと、みんな口々にガヤガヤ言っておりました。その時に父は、「お前たちはそう思うだろう。しかしそれはまちがっている。モラロヂーの第一の功労者は、わしの家内なんだよ」と、こういうふうに申したのでございます。

廣池は、妻春子の苦労と貢献をよく理解しており、それには感謝していた。少しさかのぼるが、昭和三年四月、廣池は熱海の海岸を門人らと歩いている際に、楽焼をしている店を見つけ、彼らに勧めるとともに自分も一皿もらって一筆書いた。

春子殿

昭和三年四月　千自記

モラロヂー最初の著書の印刷着手の時、熱海に於て

芝居に行かず美服を求めず、二十余年内助の功により内は子供皆無事に成長し、外は予をして名を学界に成さしむ。然るに予不徳にして中途大患に罹りこれが為に世に隠れて新科学モラロヂーを建設、此間又十余年、予をして内顧の憂なからしむ

春子の苦労は筆紙に尽くしがたい。春子は廣池没後の晩年、人生を振り返って次のように話してい

る。

私はあの山の上にきれいなお花畑があるというので一生けんめい努力した。やっとたどりつくと、花がなかったりした。それでは次にまたあの山をのぼれぱと、また元気を出して努力したけれどもお花畑はなかったりした。それでも、またあの山をのぼればと更に元気を出してのぼったら花畑がやっとあった。やれやれここに座ってゆっくりと……と思ったのも束の間で、一度に花が消えてしまう。それでもまたあの山を……と、いくつもいくつも山をのぼり、山を越えてきた。私の一生はこの連続だった。

（田島ハル子「いくつもの山を登り超えて」『廣池春子夫人』）

またこうもいう。「ただひたすらに主人を学者として世の中に……と、その一念で何事にも耐えてしのんできた」（『廣池春子夫人』）。

そんな春子にとっても感慨深かっただろうと思われるが、昭和十三年四月二日、この年の入塾式の終了後、廣池夫妻の金婚式が執り行われている。

廣池はこのとき、赤い短冊に次の詩を書いて記念品として配っている。

七十三歳六十九　齢金婚に達してなお矍鑠
最高道徳実行の効　神明は福禄寿を下賜す

会員諸君、願くは最高道徳を行なひ、安心幸福を得られむことを。

モラロヂーの父識

廣池は、このころ体調はすでに限界であったが、元気に金婚式を迎え、矍鑠《かくしゃく》とした姿を門人たちに見せて人生の模範を示すことが目的だったと伝えられ、すべてにおいて道徳に徹していたことがわかる。しかし、夫婦にとって、共に五十年の苦難の道のりを越えてきたことが実感される特別の日であることもまた確かであっただろう。

最後の御進講と辞世

恒憲王への御進講十回のうち、四月十日と十五日の最後の二回は、病状の進んだ廣池は決死の覚悟だった。前日の九日まで畑毛温泉で療養していたことは前に触れたが、十五日は、当日まで谷川にいた。最後の御進講を終え、夜十時頃、東京の自宅に帰ると、限界を悟った廣池は「もう一度千葉に行きたかったが、もう行けぬ。明日は朝、谷川に帰る」といい、徹夜の看病の後、翌朝、谷川へ向かった。これ以降、もう千葉へも東京へも戻ってくることはない。

古稀記念（昭和10年１月）

翌十六日、「わしはやがて字も書けなくなるだろう、目も見えなくなるだろう。もう一度全国の門人に会い、励ましたかったが、もうできぬ。ひと言書いて……」といい、

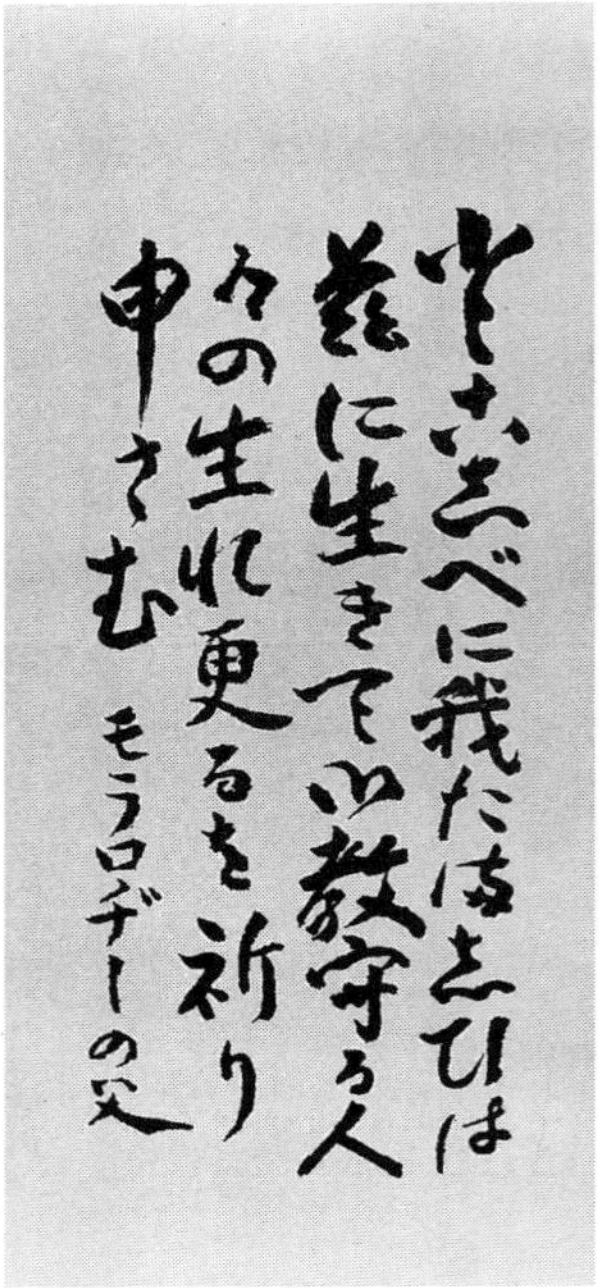

辞世

紙と筆を用意させた。

そして、左記の辞世を記している。

とこしべに 我たましひは 茲《ここ》に生きて 御教《みおしえ》守る人々の 生れ更るを祈り申さむ

モラロジーの父

書き終わると傍の者にこう語った。「御教とは最高道徳じゃ、守るとは実行じゃ、また、生れ更る(更生)を祈るとは、幸せになって下されと祈っているということ。モラロジーの父とは、諸氏たち門下生の親という意味じゃ」(井出大『随行記録 晩年の廣池千九郎博士』)。

五月五日、谷川から大穴へ移動し、八日には葬式に関する指示を出している。五月十六日には、「これと思うことは、みんな片づいたから、明日死んでもいい」「いろいろと話し合ったが、千英は私と考えが近い」と語り、「非常にご安堵の様子」だったという（山本晴子「ご臨終前の廣池博士」『社教』百二十六号）。そして十九日、千英と利三郎を枕元に呼び、千太郎を将来中心とすることなど、将来について指示した。

最期の言葉

その後、廣池は言葉を発することもできなくなる。妻の春子は、「やっと主人のそばに来ることができました。長い間離ればなれでした。こうやってそばへ来て、一生懸命にお話をするのですが、もう主人から返事をもらうことはできません」といいつつ、廣池との最後の時間を過ごした（これ以降の動きはすべて井出大の『随行記録　晩年の廣池千九郎博士』による）。

六月四日午前三時頃、それまで二週間ほど一言も言葉を発せられなかった廣池が、次のように、春子に向けて突然口を開いた。

ありがとう。モラロジーができたのも、塾ができたのも、おまえが一番の功労者だ。ありがとう。

これが生涯最後の言葉である。最後の「ありがとう」は、もうほとんど声になっていなかったという。その場には千英・千太郎のほか門人たちもいた。廣池の言葉は、彼らに託す将来ではなく、父母祖先や国家伝統への敬慕でもない。それは、妻に対する感謝であった。

廣池の人生を辿ることは、そのまま道徳科学（モラロジー）の形成過程を追うものといえる。「生涯の苦労」も「人類の救済に関する大事業」も、この一挙に因《よ》って起ったとする『中津歴史』の刊行以前から、常に廣池を支え続けてきたのは春子をおいてほかにない。最後の言葉は、人生を振り返っての自然な心情であるとともに、自らの業績を検証した学者における当然の結論だった。

そして、春子はその場にいた者たちにこう話した。

今、主人からこういうことを聞きました。私は死ぬより辛い思いをずいぶん続けてまいりました。もう死んだほうがましだ、と思ったことも何度かありました。しかし、今の主人のことばで全部苦労が打ち消されました。主人は後わずかな命しかないと思いますが、どうぞ、皆様よろしくお願いいたします。

廣池はその日、昭和十三年（一九三八）六月四日午前十時五十五分、満七十二歳の天寿を全うした。

終章　廣池没後の動静

1　学園の危機

葬送

死亡広告は、千英・利三郎と友人代表の阪谷芳郎、白鳥庫吉、穂積重遠、中野金次郎の連名で出された。廣池の逝去は、各紙一斉に報じたが、「急死」、「謎の死」などと見出しが打たれ、驚きと憶測が飛び交っていた。直前まで盛んに活動していたので、本当はいつこと切れてもおかしくない重体を押していたことなどは、世間には知られていなかったのだろう。報道の騒ぎは数日で落ち着き、葬儀の様子などが詳しく報じられるようになった。

昭和十三年（一九三六）六月五日朝、廣池を乗せた霊柩車は大穴を出発、午後には道徳科学専攻塾へ到着した。その夜には園内関係者の通夜、翌六日には全国から参集した門人による通夜が営まれた。七日の納棺は、遺言により八時間ほどかけて朱詰めにされた。

告別式

葬儀ならびに告別式は六月八日、会場は専攻塾大講堂で行われた。参会者は、内大臣湯浅倉平をはじめ、若槻礼次郎、穂積重遠、白鳥庫吉、中野金次郎ら、千五百余人であった。阪谷は参列できなかったため、友人代表の弔詞は代読されている。阪谷は「モラロジーの大成普及を見るに至らずして」、「国家のため、学界のために惜しみても惜しみても尚余りある」と廣池の死を惜しむとともに、モラロジーが大成したとはみなしていない。その点は、残された門人たちにより「博士の学説は後世必ずその大成普及を告るに至るべし」と期待を込めている。

弔詞は、別科生代表はちょうど別科を受講していた中井巳次郎、門人代表は宗武志だった。宗の長い弔詞からは廣池を失った門人たちの悲痛な思いと覚悟の深さが実感される。下記はその一部である。

廣池先生の我等門人に於けるは恰《あたか》も慈父の子に於けるが如くにして、我等が宇宙の真理を学び、自然の法則に従ふ事を知り、臣子の分際を弁《わきま》へ、真の報恩の道を悟り得たるは皆悉く先生が日夜諄々《じゅんじゅん》として誨《おし》へ諭《さと》されたる賜物に他ならず、先生が終始せられたる尽忠報国の道は常に吾等が行手を照らす光明となり、先生が一歩々々確実に理想に向つて邁進せられた御勇姿は実に吾等が懦夫《だふ》をして立たしむる所のものなりき。（中略）今ここに先生を失へる我等の悲嘆の情は誰かよくこれを知らん。（中略）先生の御遺業たる最高道徳の教育に於ては、先生の御子孫を中心として吾等必ず報恩の誠を効すべし。大勝山《たいしょうざん》に松青く白雲悠々たる日、先生の霊天かけりて人類の将来を見給ふ事ならん。

遺体は、八日の葬儀の後、東京の自宅に移されて家族・親族中心の通夜が営まれ、九日、さらに本宅における告別式が開かれた。そしてその日の夕方、雑司ヶ谷墓地に埋葬されている。

六月十三日、塾長十日祭が催された。この日、廣池の長男千英が、道徳科学研究所所長および同専攻塾塾長就任を宣言している。

研究所の閉鎖と学園接収計画

千英の継承は、廣池自身によって敷かれた路線であり、はじめのうちは順調であったが、世相の変化により困難を来すことになった。

当時日本は、すでに国家総動員法も施行されて戦時体制に入っており、道徳科学研究所内においても、戦争協力か否かの論争や政治勢力の侵入などにより、混乱が生じていた。そこで千英は事態の収拾のため、専攻塾における学校教育のみを残し、昭和十六年（一九四一）二月八日、研究所を閉鎖するという行動に出ている。さらに専攻塾の方も、別科が昭和十五年十二月修了の第十二回で廃止となっており、本科を残すのみになった。その上、専攻塾は徴兵猶予のない特殊学校であったため、次々と徴兵を受け、塾生は減少する一方であった。

このような状況の下、千英塾長は、学校経営に専念することによって難局をしのぎつつ、道徳教育の生命をつなぐことを期して、財団法人の設立と専攻塾の専門学校化を図っている。こうして昭和十七年（一九四二）二月二十五日、財団法人廣池学園と、その経営する東亜専門学校設立の認可を得ることとなった。

昭和十八年、戦局の悪化に伴い、廣池学園にさらに大きな危機が訪れた。学園の所在地と規模は首都防衛の要衝とみなされて、陸軍から全園の接収が申し渡されたのだった。

防衛への協力は重要なこととはいえ、敷地の接収は学校の廃絶に近い意味があり、学園には一大事であった。軍に接収された土地は、その後もとの形で帰ってくる可能性は低い。実際、学園の近くに海上自衛隊下総航空基地があるが、ここはもともと「武蔵野カントリークラブ藤ヶ谷コース」というゴルフ場であった。戦時中陸軍に接収され、終戦後、今度はGHQに接収され、GHQが撤退してももとのゴルフ場に戻ることはなかった。

恒憲王の助力

苦悩した千英は、賀陽宮恒憲王に相談している。すると、恒憲王は防衛総司令官の東久邇宮稔彦王《ひがしくにのみやなるひこおう》に話を通し、接収はあっさり沙汰やみとなった。恒憲王は、本土決戦を控えた一大事にあっても、学園における教育が国家にとって重要であることを説いていたのである（『思い出草』）。

恒憲王と学園との縁はますます深くなっていった。現在、千鳥ヶ淵戦没者墓苑になっている賀陽宮邸は、空襲で焼失してしまい、終戦後、恒憲王は住むところを失った。そこで千英のはからいにより学園の貴賓館が住居に充てられ、そののち東京下落合の千英私邸が十数年にわたって提供されることとなった。このことが学園にとってさらに恩恵をもたらした。

賀陽宮家はGHQにも顔が利いていた。「着任とともにご連絡をいただき、度々お目にかかり、何かとご配慮下さった」（『日本の肖像』十二）と、敏子妃が語っているのは、GHQ参謀第二部長として情報を管轄する、マッカーサーの側近ウィロビー准将であった。ウィロビーは昭和九年、賀陽宮夫妻がアメリカ訪問した際の接伴員であり面識があった。日本着任後、恒憲王への表敬訪問を希望し、昭和二十年十一月、廣池学園の貴賓館まで訪ねてきた。もちろん千英の歓待を受けて懇談し、夜には一緒にスキヤキを囲んでいる（『思い出草』・『社教』七十二号）。

その後もGHQ要人の来訪は続き、千葉県軍政部長もやってきて歓談の機会があった。その直後のことだが、学園に何らかの嫌疑がかけられたとのことで、軍政部のある部局から千英に出頭命令が下った。千英が出頭すると、偶然にも先の部長と廊下で遭遇した。部長はすぐさま千英を認め、親しげに挨拶すると、何のご用かと聞いた。千英が訳を言うと、部長は早速担当官を電話で呼び出し、簡単に片づけてしまったという（『社教』七十二号）。

また、前述の下落合の住宅は戦時中、陸軍に接収されていたが、占領下、GHQに渡りかけていたところを恒憲王の一声によって中止され、廣池家に返還されるという一件もあった（同）。

恒憲王の皇籍離脱とその後

昭和二十二年（一九四七）十月十四日、昭和天皇の弟の三宮家（秩父宮、高松宮、三笠宮）を除く十一の宮家が一斉に皇族の身分を離れ、一般国民となった。賀陽宮家の八人もその中に含まれていた。GHQの皇室弱体化への圧力があり、天皇へ害が及ぶことを防ぐために周辺の皇族が犠牲となることを選んだ結果である。

このことは天皇以下、皇族たちは可能であれば避けたいところであったが、恒憲王については終戦が決まるといち早く、敗戦の責任をとるために「皇族の身分を拝辞」したいと自ら臣籍降下を表明していた（『天皇家の戦い』。他には稔彦王も）。これについても「モラロジーの影響なのかもしれない」との見方がある（『日本の肖像』十二）。恒憲王は、廣池の講義の中で「慈悲寛大自己反省」に特に感銘を受けた（『温故知新』）と述べており、自ら身を引くこの行動の中にも廣池の説いた皇室に伝わる最高道徳との重なりがあると考えられる。

身分は変わっても、天皇を敬い道徳を尊び、国の行く末を想う恒憲の姿にはまったく変わりはない。特に日本の将来のため、モラロジー教育と青年の育成を重視していた。「モラロジーこそ国を救うもの」といい、「日本の将来のために、もっと若い連中にモラロジーを勉強してもらわなくては困る」というようなことを、学園の教職員や関係者に訴え続けていた（『社教』七十二号）。

また「真の日本人」として吉田茂元首相と廣池千英を挙げ、戦後の尊敬する人物が二人いるといって両者にたびたび言及していたという。千英への敬愛の念はきわめて強かった。「廣池（千英）先生は、私のみではなく賀陽家にとって忘れがたい大恩人である」（道徳科学研究所編『追憶 広池千英先生』）

と恩義を語る一方、人物的にも高く評価していた。小泉信三の死後、「皇太子殿下の教育掛りに千英先生を推薦した」ともいっている（『社教』七十二号。その後まもなく千英も逝去）。

恒憲は昭和四十五年（一九七〇）、道徳科学研究所顧問に就任した。そして昭和四十八年には、「私は死んだら柏の土になりたい」「廣池学園でワシは死ぬんだ」と常々語っていた念願を叶え、安住の地を廣池学園内の住宅に得ている（『社教』七十二号）。

教職員・学生生徒に親しく接触し、「行き交う人が挨拶をすると、どなたにも歩みを停め、ハッキリと丁寧に挨拶をなさるので、ビックリし恐縮する人もいました」（同）といわれるように、誰にでも愛情深く真摯に向き合い、多大な感化を及ぼしていた。

モラロジーによる皇室への働きかけにも意を注いでいたが、最晩年には、皇太子の将来を案じて、とりわけ熱心であった。亡くなる数カ月前には、東宮《とうぐう》侍従長へモラロジー関連の書籍を数度送り、皇太子から返礼もあったという。また最期の年、昭和五十三年（一九七八）元旦には、天皇への年賀に皇居へ参内し帰ってくると、「今日皇太子殿下ご夫妻にお目にかかり、モラロジーのことについても申し上げてきた」と語っている（同）。

恒憲の逝去はその二日後だった。一月三日、この日も学園で皇居勤労奉仕団を見送る予定が入っていた。雪のためそれをキャンセルすると、風呂に入り、少し気分が悪いということで布団に入り、そのまままさに眠るように息を引き取った。後日、五男の宗憲《むねのり》が次のように記している。「身体も清めて大往生と思われる亡くなり方をし、しかも聖地光ヶ丘で安らかな眠りについたことは、本当に本人にとってもこれ以上にありえない幸福な最後であったことと思う」(同)。

元日には天皇への拝賀を済ませ、重要な仕事はすべてやり終えた上で、望み通りの学園内で迎えた最期は、透徹した人生を象徴するにふさわしい大往生であった。

恒憲の墓がある豊島岡墓地は皇族専用であり、墓前への一般の参拝はできない。銅板に刻印され御墓に埋葬されたという宗武志撰文による墓誌には、「法学博士廣池千九郎の誘掖《ゆうえき》を説《よろこ》び道に志し徳に拠らむとす」に続き、「道義の頽廃《たいはい》を慨く」とある(『思い出草』)。戦後は道徳の頽廃に心をいため、道義国家としての日本の再建のため、教育に精力を傾ける日々であった。

2 意思の継承と評価

道徳科学研究所の復活

話を終戦直後に戻す。廣池千英は、戦中戦後の危機を潜り抜けると、昭和二十一年(一九四六)二月八日、研究所の復活を宣言する。「道徳科学研究所復活に際しての所長声明書」には、「道義頽廃して国敗れ、国敗れて道義愈々《いよいよ》頽《すた》るの実情」は慨嘆に堪えず、「道徳科学研究者の憤起すべき秋であると確信致しますので、道徳科学研究所の復活を決意し各位の熱望に応へ、以て本研究所本来の使命たる道義日本の建設に邁進せんとする」との想いがつづられている(新『道徳科学研究所紀要』一号)。

多くの国民は敗戦のショックで茫然自失し、千英の指摘するように「日本本来の使命と日本人本来の姿を忘却して、只自己の小さな欲望に日夜汲々として」、「人の幸福の為にとか真実勇気勤勉とか特に慈悲寛大自己反省を忘れて醜悪な野獣の生活に没入」しているかのような有様であった（同）。

このように道徳に対して否定的もしくは無関心な大勢との間に溝はあったが、道徳教育を志向する層の支持を受け、道徳科学研究所は教育成果を上げていった。研究所復活声明の同年七月には、廣池ゆかりの谷川温泉において第一回谷川夏期講習会（六日間）を開催し、十月には『道徳科学および最高道徳の概要』を刊行、それにもとづく講習会を、千葉県の本部をはじめ、地方では大阪、高崎を皮切りに全国展開していった。昭和三十年度には地方講習会が百二十二カ所で開かれ、延べ五万四千人が受講している。

学校教育の方では、専門学校は、昭和二十五年（一九五〇）、麗澤短期大学となり、三十四年（一九五九）には四年制に改組し麗澤大学となった。

宗武志のその後

宗は、昭和三十四年の麗澤大学開学と同時に、学監に就任した。学長が千英であったため、廣池家を最もそばで支える重責を担っていた。しかし、このころ宗は家庭において大きな困難を抱えていながら、それを全く口にすることもなく、職務に邁進していたのだった。妻徳恵の病状は、宗の献身的な介護も虚しくますます悪化していた。そして、昭和三十年、徳恵の実家の李家から離縁要求があり、宗は反対したものの、徳恵は韓国へ連れ戻されてしまう。さらに翌年、徳恵との間の娘正恵が自殺を目的に失踪していたのである。

追い打ちをかけるように、宗には日韓両国から非難の声が浴びせられる。「彼は李王家からの莫大な持参金を目当てに徳恵翁主と愛のない結婚をしたのであり、彼女を全く理解せず非情にあしらい、病気となるや精神病院に送りこんだ」（本馬恭子『徳恵姫』）といった類である。実際はその逆であった。宗は徳恵を慈しみ、献身的に介護し、手放したくもなかった。正恵の失踪後も、人知れず自ら捜索し続けていた。しかし、宗は、自身のこの不幸について一切語ることはなく、また批判に対して何一つ反論することはなかった。それはまさしく廣池が自らの行動で範を示した教えである「黙して退く」の実践であり、「慈悲寛大自己反省」に徹しようとする姿であった。

宗は前記の非難の一方で、「優れた人格者であり、多くの教え子や友人から敬愛され、詩人・画家・大学教授として実績を残した人物」（同）と称えられてもいる。宗は、廣池の遺志を受けて、『道徳科学の論文』の英訳に力を尽くした。廣池の独特の表現があり英訳は困難だったが、宗はその重要な箇所をおおむね仕上げ、昭和六十年四月二十二日、逝去した。

宗の葬儀における学生の弔事に次の言葉がある。「先生は、私達だけの先生であったわけではありません。私達の先生方の先生でもありました」（「弔辞　宗先生を偲んで　麗澤大学学生代表英語学科三年　河村三郎」『モラロジー研究所所報』昭和六十年六月）。宗は、多くの指導者を育成し、「先生の先生」と称されていた。しかし、宗に育てられた「先生」たちに聞くと、愛弟子であったにもかかわらず宗の生活上の試練については全く知らなかったという。宗は師の教えに従い、人ではなく天を相手とし、深く天道を信じて安心立命していたといえる。それゆえの品格であり、そのもとに多くの人が育ったのだった。

モラロジーへの評価と支援

千英所長は、研究所の体制が整うと、学校教育関係者の研修にも力を入れ始め、昭和三十八年（一九六三）から「教育者研究会」を開催した。岐阜県瑞浪市で開かれた第一回以降毎年開催し、その後会場が増え、平成二十五年（二〇一三）には全国九十六会場で約一万人が参加し、五十年間で延べ十六万人が参加している。

この教育者研究会に第一回から出講し、強力に支援するとともに、逝去するまで研究所に協力を惜しまなかったのは、国立教育研究所所長（当時）平塚益徳《ますのり》である。

平塚は、同研究会の講師担当を受諾したことについて、「わたくしは、モラロジーの会員の方たちこそ、現下わが国において最も重要な道徳教育を推進する中核体となるべきであり、その資格を十分具有しておると確信している者として、そうした計画が時宜に適ったものと判断して、少しでもそのお役に立ちうるならばという気持ちから、喜んでその申出をお引き受けした」とのことであった（平塚益徳『日本教育の進路――道徳教育の根本問題』）。平塚はそれ以来、亡くなる前年の昭和五十五年まで十八年間、一度も欠かすことなく教育者研究会に出講し続けた。

平塚はまた、モラロジーの発信にも力を尽くしている。昭和五十三年（一九七八）、ブルガリアのソフィアで開催された道徳教育に関する世界で初めての国際会議「現代世界の要請にもとづく学校問題と道徳教育の専門家会議」において、日本代表の発表資料「日本における道徳教育の主な出来事」に、一九二六年の廣池千九郎によるモラロジー樹立を入れるとともに、廣池千太郎を会議に出席させるよう取り計らい、「モラロジーとモラロジー教育」という英文資料の配布とスピーチの機会を作った。

さらに、ジョセフ・A・ラワリーズ（Joseph A. Lauwerys, 一九〇二〜八一）との間をつないだことも大きい。ロンドン大学名誉教授、大西洋教育研究所名誉所長のラワリーズは、第二次世界大戦中、連合国文部大臣会議において設置された戦後の教育に関する特別教育問題委員会の委員長として、ユネスコの創設の中心的役割を果たしたことで知られている。ユネスコ憲章の前文の「戦争は人の心の中で生まれるものであるから、人の心の中に平和のとりでを築かなければならない」は、ラワリーズの起草による。

ラワリーズは、折に触れて自らを「モラロジアン」と称し、精力的にモラロジーを研究し、教育への展開に努めている。分析の過程で四つの柱を立て、それぞれに神道、仏教、キリスト教、ソクラテスの流れを充て、さらに儒教の包括的な影響を指摘し、「モラロジーの体系が内に持っている内容とその全き意味は、普遍的なものである」という認識を示しつつも、廣池の叙述については「外国人が最初に受ける印象は、それが日本的な表現で書かれている」との課題を提起し、西欧的思想背景をもつ自身の言説と自然科学の観点を重視しつつ新たな文脈によるモラロジーの叙述を試みた。ラワリーズはカナダのセントメリーにおける講演で、「モラロジーは、『最高道徳』の実行は、個人の幸福と社会一般の福祉を共に増進させるような、良い結果をもたらすものであることを科学的に示しています」と言っているように、その科学的手法に理解を深め強調することに努めている（J・A・ラワリーズ『科学・道徳・モラロジー』）。

コールバーグと国際的ネットワーク形成　ハーバード大学教授、同道徳教育研究センター所長であったローレンス・コールバーグ（一九二七～八七）は、道徳教育における研究開発と現場展開、そしてネットワーク形成において、二十世紀を代表する足跡を残した。

コールバーグは、学校法人廣池学園創立五十年の記念行事に招かれた昭和六十年十月の初来日を契機にモラロジーとの接触が深まる。コールバーグはその道徳論の中において、かつて「慈悲に対する正義の優位」を主張し、道徳の原理の中核に唯一、正義を置いていた。しかし、この来日を契機に廣池の最高道徳論を取り入れ、道徳性の最終段階である第六段階の位置に「正義と慈悲が一体両面」であることを論じるようになり、普遍的道徳原理について廣池に共通する認識を示していた（ローレンス・コールバーグ『道徳性の発達と道徳教育』）。

コールバーグは、モラロジー研究所訪問を機に次のような考えに至ったという。「道徳教育への国際的なアプローチが、歴史上初めて真に存在しうるのだという認識」と「この国際的アプローチとは、モラロジーと廣池千九郎博士がたえず強調し、また私も強調してきた普遍的なものに基づくとともに、一方で、アメリカと日本のような、それぞれの国の教育とその環境や方法に対する開かれた理解と、互いに学び合う意欲に基づくもの」との考えである（同）。そして、コールバーグは、道徳教育に関する国際会議をモラロジー研究所において開催することを提案し、日本で最初の道徳教育国際会議が同研究所において開かれる契機となった。昭和六十二年（一九八七）八月二十四日から二十七日、道徳教育国際会議「東と西の道徳教育――伝統と革新」が開催されている。

こうした言及からもわかる通り、廣池は教育学および道徳教育の歴史上、相応に位置づけられてきた。しかし、生前の多彩な活動や存在感、現代に至る道徳教育における位置から考えると、現時点での一般的知名度は相対的に低く、断片的理解が目立ち、研究対象として広い範囲から取り上げられることもなかったことが指摘できる。

それはいかなる理由によるものであるのか、次の二点から見ていきたい。第一に、廣池の最終的な活動の場が「道徳」であったこと、第二に、その「道徳」の説く内容に関する問題である。

まず第一の「道徳」について述べよう。廣池は、学校教育振興、歴史書および事典編纂、東洋法制史開拓、漢文法体系化、国体研究と神道的求道など、いくつかの分野で足跡を残していたが、最終的にはそれらの業績を総合し、あるいは捨て去り、道徳の研究と教育に専心特化していた。このように人生のすべてを賭けた「道徳」であったが、戦後、廣池の生前とは「道徳」の置かれている位置が一変してしまっている。

戦後日本の再出発の多くは、過去の清算から始まり、周知のとおり「道徳」はその最たるものであった。GHQにより修身教育は停止され、近代日本の道徳の根幹であった「教育勅語」は、衆参両院においてそれぞれ「排除」「失効」が決議された。そして大多数の教育者に「日本の伝統思想はすべて軍国主義につながるもの」とみなされ、「道徳は封建遺制」として否定されるに及ぶ。「修身」に代わり、GHQによる民主化構想（初期理念）はあったものの、道徳教育に空白が生まれてしまっていたのだった（行安茂・廣川正昭編『戦後道徳教育を築いた人々』）。

それに対して、昭和二十四年以降、吉田茂首相とその意を受けた天野貞祐文相らによって道徳教育の復活の動きが見られた。しかしこれについても、貝塚茂樹によると、

一九四九年（昭和二四）以降の道徳教育の歴史こそは、「初期理念」を逸脱、否定したものであり、「教育反動化」としての「逆コース」の象徴的な分野の一つとして理解されたのである。そしてこのことは、戦後教育において、道徳教育がある種の「タブー」として存在し続け、道徳教育を口にすることさえも憚られる「空気」を形成したことと無関係ではない。

（貝塚茂樹『戦後教育改革と道徳教育問題』）

と、天野らの働きは道徳教育における賛否の溝を埋めることにはならず、議論の停滞もしくは霧散を来していた。

こうして、昭和二十年まで築き上げられてきた日本の道徳教育も、それに献身してきた人物群像も、大多数の日本人の意識から失われ、記憶から消去される事態となった。「道徳」が忌避されたのであれば当然、それを主唱した「廣池」も、その支持者たちも忌避されたといえよう。廣池は世間の認識から埋もれ、道徳以外の東洋法制史などの業績もろとも忘れられていった。

次に第二の、「道徳教育」そのものは否定しなくとも、内容を問題とするケースである。天野文相が昭和二十六年（一九五一）十月十五日、参議院本会議において「国家の道徳的中心は天皇にある」

と発言したことに対する反発は大きかった。社会党の高田なほ子議員が、「少なくとも過去を清算する日本の民主化への大きな使命を果たすところの教育の理念が天皇であることは、今の新しい教育の理念を冒瀆する考えではないか」と批判していることなどからもわかるように、道徳教育において、天皇との関係は「封建遺制」として清算されるべきものとの考えは有力であった（船山謙次『戦後道徳教育論史』上）。

しかし廣池が、世界の五大道徳系統の一つに挙げ、恩人の系列の第一に挙げているのは、まさしく歴代「天皇」だったのである。

今でこそ、「天皇についての理解と敬愛の念を深めるようにすること」（「小学校学習指導要領　社会」〔第六学年〕）と、現実にそうなっているかは別としても、学校教育の基準に「天皇」が明記され方向が示されるようになった。しかし、戦後数十年にわたって天皇教育は忌避され、それを行う機関・学校は奇異に映り、ましてや道徳教育と結びつけるなどまったく想定外とされる世相が続いた。たとえば、小中学校で平成二十六年度から使用されている文部科学省の『私たちの道徳』では、国内外の偉人の物語が豊富に紹介されているにもかかわらず、元来道徳的事績に富むはずの天皇・皇族についてはまったく言及がない。

こうして廣池の興したモラロジーによる研究・教育活動は、道徳を重視し、皇室を尊ぶ層からは支持を受けつつも、反対論者には無視もしくは排除すべき対象であり、無関心な大多数の国民には敬遠されるような状況を呈したのであった。

再評価の動き

ところで近年の日本社会では、生涯学習への機運の高まりや、日本の歴史や伝統に対する意識の好転、道徳教育の必要性の再認識などにより、廣池の業績が再評価されつつある。近年では、『講談社日本人名大辞典』（講談社、平成十三年）、『日本思想史辞典』（山川出版社、平成二十一年）、『明治時代史大辞典』（吉川弘文館、平成二十五年）など、道徳や教育の分野だけでなく、一般的な辞典にも「廣池千九郎」の項目が立てられるようになってきた。

また、大災害に遭遇しても秩序を乱さない被災者の意識の高さや、被災者の一人ひとりに声を掛け、いたわられる天皇皇后両陛下の姿などに、日本人の心を見るような傾向も高まってきている。平塚やラワリーズらが「普遍的」と評した廣池の道徳論は、その一方で、皇室をはじめとする日本の伝統が色濃く反映されている。日本の「道徳」を再建していくことと、道徳における「日本国体」を再検討することとは、同一線上にある課題であるといえよう。廣池の人生を辿ることが、こうした課題に応じていく一つの手がかりとなるであろうことを、信じて疑わない。

参考文献

廣池千九郎自身の著作（本書に言及の文献に限る）

「初忘録」『廣池千九郎日記』一、明治十九年
「学校生徒実業を重んずる習慣を養成する方案」『大分県共立教育会雑誌』第十七号、明治十九年
「履歴第二号」『廣池千九郎日記』一、明治二十年
「改正新案小学修身口授書」明治二十年
『遠郷僻地　夜間学校教育法』（稿本）明治二十一年
『新編小学修身用書』全三巻、明治二十一年
　＊最初の単著、道徳の教科書。
「大分県教員互助会設立の主意書」『大分県共立教育会雑誌』第五十六号、明治二十二年
『小学歴史歌』明治二十二年
　＊廣池による歴史に関する最初の著作。
「履歴第三号」『廣池千九郎日記』一、明治二十三年
「学生の読書力」『（中津高等小学校）同窓会雑誌』第一号、明治二十三年
『蚕業新説　製種要論』（稿本）明治二十四年

『中津歴史』明治二十四年

＊廣池の最初の学術書で、その歴史観における象徴的存在。地方史研究の先駆的業績であるとともに日本で最初にアーカイブズを紹介した書として知られる。

『史学普及雑誌』第一〜二十七号、明治二十五〜二十八年

＊独力で出版社を興し、主筆、編集、営業等、一人で行った。

『日本史学新説』史学普及雑誌社、明治二十五年

『皇室野史』史学普及雑誌社、明治二十六年

＊廣池の皇室に関する最初の研究書。

『史学俗説弁』史学普及雑誌社、明治二十六年

『新説日本史談』史学普及雑誌社、明治二十七年

（共編）『平安通志』京都市参事会、明治二十七年

＊主に第三編「歴史紀事」の草案を担当。

『在原業平』文学普及会、明治三十年

「史料大観台記解題の弁解」『史学雑誌』第九編第六号、明治三十一年

『高等女学読本』大日本図書、明治三十三年

「直訴者の処分を論ず」『法律新聞』第六十六号、明治三十四年

（共編）『女流文学叢書』東洋社、第一・二編、明治三十四・三十五年

『高等女学読本参考書』大日本図書、明治三十五年

「日本近世史批評」『國學院雑誌』第九巻第六号、明治三十六年六月

「支那文学に於ける心理的概念」『哲学雑誌』第二二一号、明治三十八年

『てにをは廃止論』早稲田大学出版部、明治三十八年
『支那文典』早稲田大学出版部、明治三十八年
＊漢文の文法書における先駆をなす。昭和二年の第六版まで至るロングセラー。
『東洋法制史序論』早稲田大学出版部、明治三十八年
＊廣池の法制史に関する最初の単著であり、「東洋法制史」という分野を開拓した書。
『倭漢比較律疏』（稿本）明治三十九年
＊遺稿として長らく保存されていたが、内田智雄に見出され、利光三津夫の解題により昭和五十五年に公刊。
『日本文法てにをはの研究』早稲田大学出版部、明治三十九年
＊『てにをは廃止論』の改題。
『大唐六典』（稿本）時期不明
＊内田智雄の補訂を受けて、昭和四十八年に公刊。「六典」の定番として広く活用されている。
『伊勢神宮』（私家版）明治四十一年
＊伊勢神宮についての最初の近代的研究書であり、廣池による皇室の万世一系研究に関する最初の刊行物。
『伊勢神宮』（増訂再販）早稲田大学出版部、明治四十二年
＊明治四十二年の式年遷宮の際、最も多く読まれた伊勢神宮に関する書籍。
『韓国親族法親等制度之研究』法理研究会、明治四十二年
＊『東洋法制史本論』に収録。
「神道の性質」『全国神職会々報』一三五号、明治四十三年
「予の神社並に神道に対する主義態度を明にす（明治四十三年一月五日或人の問に答へし草案）」『全国神職会々報』一三六号、明治四十三年

「黒住教と金光教」(一)~(六)『参宮新報』明治四十三年十一月六・九~十三日
「予が信仰」『全国神職会々報』一四七・一四八号、明治四十四年
*自身の神道の研究と信仰の関係が端的に述べられている。『回顧録』に収録。
『我国体の精華』大正元年
「廣池信仰日記」『廣池千九郎日記』一、大正元年十月~
「容体書」『廣池千九郎日記』一、大正元年十一月~
「私が博士になつたのは妻のお蔭」『婦人世界』第八巻二号、大正二年
*自身の苦学の前半生と妻春子の功労を述べている。『回顧録』に収録。
「余の天理教教育部に入りし理由」『道の友』二五六号、大正二年
『天理教教育主義』第一輯、天理中学校、大正三年
『十九世紀に於ける最も偉大なる婦人の事業』道友社、大正三年
*天理教教祖中山みきの伝記。
『東洋法制史本論』早稲田大学出版部、大正四年
*学位論文「支那古代親族法の研究」を収める。
「穂積博士の『隠居論』を読む」『読売新聞』大正四年六月二十五・二十六日
「問題中の天理教」『中外日報』大正四年七月十日
『神社崇敬と宗教』日月社、大正四年
『伊勢神宮と我国体』日月社、大正四年
*『伊勢神宮』に「神宮中心国体論」が加筆されている。「慈悲寛大自己反省」を最初に公にした書。
『増訂 支那文典』早稲田大学出版部、大正四年

『近世思想近世文明の由来と将来』兵神青年会、大正四年
『日本憲法淵源論』大正五年
＊「モラロジーの序章」と称されている。
「排撃すべき大悪主義」『中外』第一巻第一号、大正六年
「廣池法学博士の講話」『(中津中学校)校友会雑誌』第三十七号、大正七年
「管長公の五年祭を迎ふ」『道の友』三二四号、大正七年
『富豪、資本家、会社商店の経営者、重役高級職員並に官憲に稟告』大正七年
「親孝行の話」『汎愛教育』一二八号、大正八年
「労働問題とモラルサイエンス」『斯道』五十六号、大正八年
「階級制度の根本原理及社会政策」『朝鮮』八十六号、大正十一年
「親孝行の科学的研究」『朝鮮及満州』百七十五号、大正十一年
『道徳科学の論文』(謄写版)大正十五年
＊本書の完成日(大正十五年八月十七日)をもって道徳科学研究所の創立記念日とした。
『道徳科学の論文』(初版)昭和三年
＊廣池の主著。最高道徳および普通道徳の内容と実行の効果に関する書。三〇五部の限定出版。主に献本用。
『孝道の科学的研究』昭和四年
『新科学モラロヂー及び最高道徳の特質』昭和五年
＊レコード(九十一枚)に吹き込んだ内容を書籍化。
『新科学モラロヂー及び最高道徳に関する重要注意』廣池千英、昭和六年

『道徳科学の論文』（第二版）道徳科学研究所、昭和九年
　＊初版は限定出版なので公になったのはこの版から。「第二版の自序文」、「追加文」等が加えられている。
『神壇説明書』道徳科学研究所、昭和十年
『モラロヂー教育に関する基礎的重要書類』道徳科学研究所、昭和十一年
『予の過去五十七年間に於ける皇室奉仕の事蹟』廣池千英、昭和十六年
　＊最晩年（昭和十三年）に口述筆記された自伝を、没後に千英が公刊。
『大義名分の教育　其必要と原理及び方法』廣池千英、昭和十六年
　＊賀陽宮恒憲王への御進講内容の主要部分をまとめたもの。
「予の歩みこし道」『社会教育資料』二十五号、昭和三十四年五月
　＊昭和十年の祖先祭において、自身の生涯を語った講演の要旨。『回顧録』に収録。
モラロジー研究所編『廣池千九郎日記』1〜6、広池学園出版部、昭和六十年〜
　＊「初忘録」「履歴第二・三号」「廣池信仰日記」「容体書」ほかすべての日記を収める。
『回顧録』広池学園出版部、平成三年
　＊昭和四年に口述された自伝「回顧録」をはじめ、いくつかの回想録を収録している。

史料・記事・廣池と同時代の文献等

安藤枯山「天理教会の内訌」『新公論』三十巻五号、大正四年
井上正鉄『唯一問答書　書継』横尾信守、明治十九年
上田万年「学府の三大目的」『勢陽学報』第一号、大正二年
　＊上田万年による神宮皇學館創立三十周年記念の講演。皇學館における神道研究の高い水準を評価している。

内田銀蔵『日本近世史』冨山房、明治三十六年
内村鑑三「最高道徳に非ず」『内村鑑三全集』三十二、岩波書店、昭和五十八年
『燕塵』第四号、明治四十一年四月（「人事集」清国旅行記事）
『大阪毎日新聞』昭和六年九月二十二日（講演会記事「新科学モラロジーを名士に説く」）
『大阪毎日新聞』昭和十三年六月五日（死亡記事「『道徳科学』提唱者 廣池博士・謎の死」）
小川含章『生野銀山孝義伝』嘉永二年
＊小川の代表的な著作で、孝行者を顕彰しており、廣池への影響が見られる。
奥谷文智著刊『天理教解疑』大正四年
筧克彦『神ながらの道』内務省神社局、大正十五年
＊廣池と同じく、天照大神の岩戸籠りにおける反省を説く。
『官報』大正元年十二月十一日（「学位記」）
『館友』四号、明治四十一年（「母館だより」廣池の「神道講義」が開かれた講習会の要綱）
『帰一協会会報』第三、大正二年十（「十月例会記事」）
『京城日日新聞』大正十一年五月七日（「廣池博士通俗講演会」）
河野省三「神道不振の原因」『全国神職会々報』一二〇号、明治四十一年
『國學院雑誌』第十五巻第二号、明治四十二年二月（書評「伊勢神宮 廣池千九郎著」）
『古事類苑』神宮司庁、「神祇部」「法律部」「宗教部」等
＊我が国最大の百科（史料）事典。廣池は編纂員の首席を務めた。
「古事類苑編纂事歴」『古事類苑』（総目録・索引）神宮司庁、大正三年
佐藤巌「廣池千九郎」『大分県人士録』大分県人士録発行所、大正三年

佐藤巌『廣池博士の学問上に於ける経歴』（『道徳科学の論文』附録）昭和三年
＊廣池自身が認める内容の伝記。右の「人士録」がもとになっており前半生が中心。
佐藤誠実『日本教育史』一、平凡社、昭和四十八年
嵯峨正作著刊『日本史綱』明治二十一年
『参宮新報』明治四十二年五月十五日（書評「廣池千九郎新著『伊勢神宮』」）
『参宮新報』明治四十三年十一月六日（「黒住教と金光教（一）」）
『時事新報』明治三十一年三月二十四日（「本郷大火新聞」）
『斯道』五十七号、大正八年（「神道談話会」）
『斯道』五十七号、大正八年（「廣池博士貴族社会の為めに道徳主義を説く」）
渋沢栄一『論語と算盤』忠誠堂、昭和二年
『順天時報』千八百三十七号、明治四十一年四月五日（「考究中国法制家到京」清国旅行記事）
神宮皇學館編刊『神宮皇學館一覧 従明治四十一年四月 至明治四十二年三月』
神宮皇學館編刊『神宮皇學館五十年史』昭和七年
『神宮皇學館史料』上、神宮文庫蔵
神宮司庁編刊『神宮大綱』明治四十五年
杉浦重剛「科学より視たる神道」『杉浦重剛全集』第一巻、杉浦重剛全集刊行会、昭和五十八年
鈴木友吉「開陳書と決議文」『館友』二八九号、昭和七年
大日本人名辞書刊行会編刊『大日本人名辞書』五、昭和十二年
田口卯吉著刊『日本開化小史』明治十五年
田中義能『神道本義』日本学術研究会、明治四十三年

『哲学雑誌』第二二五・二二八・二二九号、明治三十八年（心理学会出席記録）
『東京朝日新聞』大正二年九月七日（阿部守太郎暗殺関係記事）
『東京日日新聞』昭和十三年六月五日（死亡記事「隠棲の廣池博士 谷川で謎の死」）
道徳科学研究所編刊『道徳科学研究所紀要』一〜五号、昭和六〜十一年
＊廣池の事跡や教訓が豊富に収められており、「最高道徳の原典と同一に見做すべきもの」と称されている。
道徳科学専攻塾編刊『道徳科学専攻塾紀要』六〜八号、昭和十六〜十八年
＊右の『紀要』の後続。昭和十六年に研究所は閉鎖されているので、名称を「専攻塾」に変更。
道友社編刊『三教会同と天理教』明治四十五年
＊草案は廣池が著した。
床次竹二郎『欧米小感』至誠堂書店、明治四十三年。
中山新治郎（真之亮）編刊『天理教教典』明治三十六年
奈良武次著、波多野澄雄・黒沢文貴編『侍従武官長奈良武次日記・回顧録』柏書房、平成十二年
梅園会編『梅園全集』上・下、弘道館、大正元年
＊廣池の「道徳科学」は、「梅園三語」に述べられた構図を継承する位置にある。
橋本正治「日誌」天理大学附属天理図書館蔵
長谷外余男「『伊勢神宮』の批評について」『館友』十八号、明治四十二年
＊廣池著『伊勢神宮』への批判と好評について記録されている。著者の長谷は廣池の「神道講義」受講者でその後皇學館大学初代理事長。
原田政太「廣池博士の孝心」『（中津中学校）校友会雑誌』三十七号、大正七年
廣池半六『浄土往生記』廣池千英、昭和九年

福澤諭吉「旧藩情」『福沢諭吉全集』第七巻、岩波書店、昭和三十四年
福澤諭吉「士族の授産は養蚕製糸を第一とす」『福沢諭吉全集』第九巻、岩波書店、昭和三十五年
福澤諭吉『学問のすゝめ』岩波書店、昭和十七年
福澤諭吉『福翁自伝』岩波書店、昭和十九年
福澤諭吉著・頭山統一解説『日本皇室論』島津書房、昭和六十二年
『釜山日報』大正十一年四月二十八日（「廣池法博来釜講演」）
古川左京「桑原先生の事ども」『館友』四〇九号、昭和十七年
文学普及会編刊『文学概論』明治三十年
『文芸論壇』大正二年一月号（「人の噂」）
帆足記念図書館編刊『帆足万里全集』上、大正十五年
帆足万里「窮理通」『日本科学古典全書』第一巻、朝日新聞社、昭和十七年
　＊廣池は本書に代表される帆足の科学思想の系譜に連なることを強く意識していた。
穂積重遠『穂積陳重遺文集』一、岩波書店、昭和七年
細川潤次郎「皇学の科目」『館友会雑誌』第一号、明治三十三年
『満州新報』明治四十一年四月十一日（「北京通信」清国旅行記事）
水野錬太郎「神社に就て」『神社協会雑誌』第七十四号、明治四十一年
『道の友』二五六号、大正二年（「廣池博士を歓迎す」）
『道の友』二五六号、大正二年（「天理中学の発展」）
『道の友』二六四号、大正二年（「帝大及帰一協会に於ける廣池博士の講演」）
『南慧明禅師誌韻集』（大分）勝光寺蔵

＊複数存在した小川含章の麗澤館の一つであり最後まで存続していた勝光寺には、本書をはじめ貴重な資料が残る。
「明倫会関係書類」大分県立図書館蔵
『文部省第十五年報』（復刻）宣文堂書店、昭和四十二年
山本千代蔵編刊『廣池博士講演集』大正八年
＊大正七年十二月の講演をまとめたもの。『廣池博士講習録』ともいう。廣池の校閲は受けていない。
『読売新聞』大正元年十二月十一日（学位授与関係記事）
『読売新聞』大正二年九月十一日（阿部守太郎暗殺関係記事）
『早稲田学報』第二号、明治三十年（「在原業平」書評）

研究書・伝記等

浅野栄一郎『廣池博士の詩文の研究』広池学園事業部、昭和四十七年
阿部康治『学園にはぐくまれて五十年』広池学園出版部、昭和五十五年
安藤正人・青山英幸編著『記録史料の管理と文書館』北海道大学図書刊行会、平成八年
＊廣池の『中津歴史』が、日本で最初に「アーカイブズ」を論じた書として紹介されている。
井坂秀雄『山田小太郎先生』学仏会、昭和十五年
＊中津市校の先輩で協力関係にあった山田小太郎の伝記。
石川遼子『金沢庄三郎――地と民と語とは相分つべからず』ミネルヴァ書房、平成二十六年
＊廣池の従弟阿部守太郎の親友で、廣池とは言語学研究などで協力し合う。

出町信義「合掌」五十一『天理時報』昭和三十九年十月四日
＊「大正四年の困厄」に関する貴重な記録。
磯前順一『近代日本の宗教言説とその系譜――宗教・国家・神道』岩波書店、平成十五年
伊藤正『大木遠吉伯』文録社、大正十五年
井出静「廣池博士と畑毛温泉」『麗澤』二十五号、昭和三十年
井出元「廣池千九郎における東洋思想史研究」『モラロジー研究』十号、昭和五十六年
井出元「廣池千九郎の義務先行説の形成」『モラロジー研究』十二号、昭和五十七年
井出元「『伝統の原理』の形成――廣池千九郎の生涯と伝統尊重の精神の深化」『モラロジー研究』二十号、昭和六十一年
井出元「『神の原理』の形成――廣池千九郎における信仰と道徳」『モラロジー研究』二十二号、昭和六十二年
井出元「日本の伝統文化と廣池千九郎の道徳思想」『モラロジー研究』三十一号、平成二年
井出元『人生の転機――廣池千九郎の生涯』広池学園出版部、平成七年
＊「誠の体験」「大正元年の大患」「大正四年の困厄」「栃尾又の大患」以上の主要な事跡を詳細に解説。
井出元『廣池千九郎の思想と生涯』広池学園出版部、平成十年
＊廣池千九郎研究における代表的な文献の一つ。井出のこれまでの研究成果の多くを収める。
井出元「廣池千九郎記念館だより⑦　廣池千九郎記念館　総論」『モラロジー研究所所報』平成二十年四月号
井出元「廣池千九郎記念館だより⑧　廣池千九郎畑毛記念館」『モラロジー研究所所報』平成二十年六月号
井出元『廣池千九郎の遺志』モラロジー研究所、平成二十三年
井出大『随行記録　晩年の廣池千九郎博士』広池学園出版部、平成元年
＊廣池の最晩年に最も傍で仕えていた書生による貴重な記録。

井上順孝「神道系教団に関する終戦前の研究状況について」『國學院大學日本文化研究所紀要』第五十一輯、昭和五十八年
井上順孝『教派神道の形成』弘文堂、平成三年
井上順孝ほか編『新宗教事典』弘文堂、平成二年
井上頼寿「神宮皇學館時代の廣池博士──廣池さんの思い出」『社会教育資料』三十二号、昭和三十六年
＊著者は井上頼圀の息子であり神宮皇學館時代の廣池の同僚。親しくしていた。
今谷明『戦国大名と天皇』講談社、平成十三年
岩田英一郎「中津地方に於ける養蚕業発達」『中津史談』第一巻第一号、昭和十三年
岩田英一郎「中津に於ける衣料産業の研究」『中津史談』第一巻第二号、昭和十四年
上田理太郎『道友五十年』天理時報社、昭和十五年
内田智雄編『生誕百年　廣池博士記念論集　増補版』広池学園事業部、昭和四十八年
＊廣池千九郎研究史における最も高い水準にある書。廣池の主要な著作をそれぞれの分野の権威が論じた。内田智雄の功績が大きい。
内田智雄『先学のあしあと』広池学園事業部、昭和五十五年
＊内田智雄が廣池千九郎研究に携わるようになった経緯、各々の研究内容や学恩に対する見解等を述べている。廣池千九郎研究における必携の名著。
内田智雄「廣池博士の思想学問の曲折と揺籃の時代」『廣池千九郎とモラロジー』広池学園出版部、平成元年
江島顕一「廣池千九郎の道徳教育論に関する一考察──中津・下毛における教員時代に焦点を当てて」『道徳と教育』三二九号、平成二十三年
江島顕一「廣池千九郎の教育思想──中津時代に焦点を当てて」『モラロジー研究』七十二号、平成二十六年

大分県編刊『大分県史 近代篇』Ⅱ、昭和六十一年
大分県教育百年史編集事務局編『大分県教育百年史』大分県教育委員会、昭和五十一年
大分県養蚕販売農業協同組合連合会編刊『大分県蚕糸業史』昭和四十三年
大久保利謙監修『日本の肖像』十一、毎日新聞社、平成二年
＊賀陽宮恒憲王・敏子妃と廣池学園について、よく取材されている。
大澤俊夫「山岡荘八先生と廣池博士――『燃える軌道』の執筆をめぐって」『れいろう』昭和五十四年六月号
＊本書「まえがき」における山岡の発言が記されている。大澤俊夫『師の心を求めて』に収録。
大澤俊夫「廣池千九郎編『倭漢比較律疏』の出版をめぐって」『社会教育資料』七十七号、昭和五十五年
＊『倭漢比較律疏』が内田智雄に見出され、利光三津夫によって検討される過程がよく分かる。
大塚富吉『帆足万里先生門下小伝』大分県郷土文化研究会、昭和二十六年
岡井慎吾『日本漢字学史』明治書院、昭和九年
小川鼎三「小川含章の小伝」『社会教育資料』四十六号、昭和四十一年
貝塚茂樹『戦後教育改革と道徳教育問題』日本図書センター、平成十三年
香川景三郎・香川初音『まことの心』道徳科学研究所、昭和四十四年
学校法人皇學館編刊『皇學館百二十周年記念誌』平成十四年
加瀬英明『天皇家の戦い』新潮社、昭和五十年
賀陽敏子編刊『思い出草』（総集編）平成元年
＊賀陽宮恒憲王に関する文集。最も詳細な記録であり貴重。
杵築町教育会編刊『杵築郷土史』昭和八年
木村政伸「中津市学校にみる明治初期洋学校の地域社会における歴史的役割」『日本教育史研究』九号、平成二

年
京都市参事会編（明治二十八年刊）『平安通志』新人物往来社、昭和五十二年
＊角田文衛による詳細な解説が施されているが、この時点ではまだ廣池の関与は認識されていない。
清原芳治『外務省政務局長 阿部守太郎』大分合同新聞社、平成十五年
＊阿部守太郎に関する現時点における唯一のまとまった伝記。
久保田早苗「恩師廣池千九郎先生の思い出」『社会教育資料』三十八号、昭和三十九年
桑原芳樹翁伝刊行会編刊『桑原芳樹翁伝』昭和五十一年
慶應義塾編『福澤諭吉全集』十七巻（書翰集一）、岩波書店、昭和四十六年
興亜火災海上保険株式会社編『中野金次郎追想録』中野金次郎追想録編纂委員会、昭和三十四年
皇學館大学神道研究所公開学術シンポジウム「國學・皇學・神道」『皇學館大学神道研究所紀要』第二十一輯、平成十七年
講談社編刊『講談社日本人名大辞典』平成十三年
河野省三「神道学組織の進展」『神道学』一号、昭和二十九年
古賀勝次郎「穂積陳重──国学と法律進化論」『近代日本の社会科学者たち』行人社、平成十三年
國學院大學編刊『國學院大學八十五年史』昭和四十六年
小林丈広編著『京都における歴史学の誕生──日本史研究の創造者たち』ミネルヴァ書房、平成二十六年
＊『平安通志』における廣池の関与が指摘されている。
小松原義則・竹村菊太郎編『天理中学校三十年史』天理中学校、昭和五年
斎藤子爵記念会編刊『子爵 斎藤実伝』一～四、昭和十六・十七年
櫻井良樹「明治十年代後半における帝政派の政治活動の一考察──明倫会と大分斯文学会」『大分県地方史』一

二九号、昭和六十三年
櫻井良樹「明治末期の社会・天理教・廣池千九郎――天理教入信の社会的背景」『モラロジー研究』二十五号、昭和六十三年
櫻井良樹「自由民権運動期の廣池千九郎――義挙・挫折・展開、麗澤館退塾をめぐって」『モラロジー研究』二十号、昭和六十一年
佐々木聖使「神道非宗教より神社非宗教へ」『日本大学精神文化研究所・教育制度研究所紀要』十六号、昭和六十年
下程勇吉「現代の社会とモラロジー」『社会教育資料』六十八号、昭和五十一年
渋沢研究会『公益の追求者・渋沢栄一』山川出版社、平成十一年
首藤敬太ほか編『大分県教育会史』財団法人大分県教育団体維持財団、昭和四十四年
J・A・ラワリーズ著、平塚益徳監訳『科学・道徳・モラロジー』モラロジー研究所、昭和五十一年
瀬戸衛「廣池千九郎博士の道徳概念――特に大分儒学思想より観て」『道徳科学研究』五十三号、昭和四十六年
瀬戸衛「小川含章先生の御偉業と現代的意義」勝光寺麗澤館顕彰碑除幕式記念、昭和五十一年
瀬戸衛「杵築藩士 小川含章」大分県立図書館蔵、発行年不明
神社新報社編刊『神道人名辞典』昭和六十一年
宗武志「廣池博士の思い出」『社会教育資料』二十二号、昭和三十三年
＊宗が廣池への相談内容などを記した珍しい一文。
宗武志『慈悲の学窓』広池学園事業部、昭和五十年
高野友治『片山好造伝』天理時報社、昭和二十一年
高橋正和「梅園学から万里学へ」『國士舘大學武徳紀要』第五巻、昭和六十三年

高原美忠「神宮皇學館教授時代の廣池先生」『社会教育資料』四十七号、昭和四十一年
＊高原には『生誕百年 廣池博士記念論集』に「『伊勢神宮と我国体』について」もある。『論集』執筆者のうち唯一廣池の教え子であり、皇學館大学学長の立場から廣池を論じた。
高原美忠「神宮皇學館」『神宮・明治百年史』下巻、神宮司庁、昭和六十三年
瀧川政次郎『日本法制史研究』名著普及会、昭和五十七年
田中卓「神宮関係著書・論文目録（稿）」『神宮・明治百年史』補遺、神宮司庁、昭和四十六年
田丸徳善編『日本の宗教学説』東京大学宗教学研究室、昭和五十七年
塚谷政蔵「こわれそうなからだ」『人を育てる心』広池学園事業部、昭和五十一年
『津田左右吉全集』第二十二巻、岩波書店、昭和六十三年
天理教青年会編刊『天理教青年会史』昭和四十五年
天理大学附属おやさと研究所『改訂 天理教事典』天理教道友社、平成九年
道徳科学研究所編刊『追憶 廣池千英先生』昭和四十四年
所功『古稀随想 歴史と共に七十年』歴研、平成二十四年
土橋俊一編『福澤諭吉百通の手紙』中央公論美術出版、昭和五十九年
永井龍男『東京の横丁』講談社、平成三年
中田中「スライドに偲ぶ廣池博士」『社会教育資料』第二十六号、昭和三十四年
中田中『思いでの旅』広池学園事業部、昭和三十五年
中田中『必要なときに必要なものが』広池学園出版部、昭和五十五年
中津市史刊行会編刊『中津市史』昭和四十年
中西史郎著刊『片山好造私史』平成三年

中西輝政・日本会議『日本人として知っておきたい皇室のこと』PHP研究所、平成二十年
長野潔『大分県政党史』豊州新報社東京支局、大正十五年
中村元ほか『近代日本哲学思想家辞典』東京書籍、昭和五十七年
仁井田陞『中国法制史』岩波書店、昭和二十七年
西川順土「古事類苑編纂史話　六　神祇部の編纂〈二〉」『古事類苑　月報』九、昭和四十二年
西川順土「『古事類苑』と廣池博士」『生誕百年　廣池博士記念論集　増補版』広池学園事業部、昭和四十八年
＊廣池の『古事類苑』との関わりに関する最も詳細な論文であり、当該テーマでは必ず触れられる。
西川順土『近代の神宮』神宮文庫、昭和六十三年
西澤直子「中津市学校に関する考察」『近代日本研究』第十六巻、平成十一年
西村為示「神宮皇学館に於ける廣池博士を思ふ」多賀大社多賀講本部講演録、昭和三十一年九月二日
中村元『比較思想の先駆者たち』広池学園出版部、昭和五十七年
野田秋生「紫溟会・明倫会・豊州会――大分県「保守党」の系譜（1）」『大分県地方史』一一八号、昭和六十年
橋本富太郎「廣池千九郎の著作4『皇室野史』」『モラロジー研究所所報』平成二十年一月号
橋本富太郎「廣池千九郎の著作11『伊勢神宮』『伊勢神宮と我国体』」『モラロジー研究所所報』平成二十一年三月号
橋本富太郎「廣池千九郎畑毛記念館における保存と展示」『モラロジー研究』六十四号、平成二十一年
橋本富太郎「廣池千九郎著『道徳科学の論文』における皇室」『モラロジー研究』七十一号、平成二十五年
橋本富太郎「神宮皇學館における廣池千九郎の神道講義」『神道史研究』六十一巻二号、平成二十五年
橋本富太郎「賀陽宮恒憲王と廣池学園」『年報麗澤スタディーズ　二〇一三』平成二十六年
橋本富太郎「廣池千九郎の神宮皇學館における神道教育」『皇学館論叢』四十七巻一号、平成二十六年

橋本富太郎「廣池千九郎をめぐる神道学的研究緒論」（1）～（4）『モラロジー研究』七十三～五・七号平成二十六～八年
長谷川洋史「新史料奥平壱岐「適薩俗記」と薩州商社（2）――福澤諭吉と奥平壱岐〈商社の次代〉の実相」『日本経大論集』第四十一巻一号、平成二十三年
林雅行『天皇を愛する子どもたち』青木書店、昭和六十二年
平塚益徳『日本教育の進路――道徳教育の根本問題』広池学園出版部、昭和三十九年
＊最初はモラロジーの教育現場用に書かれたものだが、広く読者を得て改訂を重ね、その過程で皇太子明仁親王（当時）への御進講にも用いられた。
平山洋『福澤諭吉――文明の政治には六つの要訣あり』ミネルヴァ書房、平成二十年
広池学園出版部編刊『谷川温泉の由来』昭和四十二年
広池学園出版部編刊『廣池春子夫人』昭和五十六年
＊春子に関する文集。
廣池千九郎著、廣池幹堂編『「三方よし」の人間学』ＰＨＰ研究所、平成十六年
廣池千英『父の人間像』広池学園出版部、平成元年
廣池富『父 廣池千九郎――その愛と家庭生活』広池学園出版部、昭和六十一年
廣池春子『思ひ出』昭和二十三年
＊本書にも頻繁に引用した妻春子による重要な記録。
藤田大誠『近代国学の研究』弘文堂、平成十九年
藤山春之助『本島之道――初代本島大教会長の面影』天理教本島大教会、昭和二十六年
藤原昭夫『フランシス・ウェーランドの社会経済思想』日本経済評論社、平成五年

船山謙次『戦後道徳教育論史』上、青木書店、昭和五十六年
帆足図南次『帆足万里』吉川弘文館、昭和四十一年
星野甲子久『天皇陛下の三六五日』中、エム・ビー東京、昭和五十七年
本馬恭子『徳恵姫――李氏朝鮮最後の王女』葦書房、平成十年
＊語られることのなかった宗武志の心情を、その詩作から明らかにした画期的な書。
松浦香『不朽の教え』上・下、道徳科学研究所、昭和四十二・四十四年
＊松浦は廣池の最古参の門人の一人であり貴重な記録である。以下同じ。
松浦香『光は東方より』広池学園事業部、昭和四十六年
松浦香「大正時代の廣池博士」（モラロジー研究所蔵）
松浦興祐「大勉強家大先生」『麗澤』第五号、昭和二十三年
＊松浦興祐は松浦香の弟であり、道徳科学専攻塾の講師を務めた。
水野治太郎『「経国済民」の学』麗澤大学出版会、平成二十年
＊穂積陳重と廣池の関係について画期的な見解。欧米におけるモラルサイエンスについても詳しい。
三谷紘平『シリーズ藩物語 中津藩』現代書館、平成二十六年
村岡典嗣『本居宣長』岩波書店、昭和三年
村上恭一「三浦梅園の自然哲学――『玄語』初稿本の成立とその意義」『法政大学教養部紀要』四六号、昭和五十八年
村田弘『中野金次郎伝』東洋書館、昭和三十二年
モラロジー研究所編『温故知新』広池学園事業部、昭和五十二年
＊廣池ゆかりの地を巡り、豊富な写真と共に各地の事蹟を紹介する。

モラロジー研究所編「特集・賀陽恒憲様を偲ぶ」『社会教育資料』七十二号、昭和五十三年
＊恒憲王に関する情報の多くをこれに依拠した。
モラロジー研究所編『改訂 廣池千九郎語録』広池学園出版部、昭和五十六年
モラロジー研究所編刊『伝記 廣池千九郎』平成十三年
＊現在において廣池について最も詳しい文献。
森鹿三「『中津歴史』と廣池先生」『社会教育資料』五十九号、昭和四十五年
森鹿三「『中津歴史』について」『生誕百年 廣池博士記念論集 増補版』広池学園事業部、昭和四十八年
文部科学省編『わたしたちの道徳』教育出版、平成二十六年
山岡荘八『燃える軌道』一～五巻、学習研究社、昭和四十九年～五十三年
＊廣池に関する小説であり、山岡の絶筆。終盤は病床に臥し、口述筆記となった。
山川出版社編刊『日本思想史辞典』平成二十一年
山本毅堂「文学博士佐藤誠実先生小伝」『國學院雜誌』十四巻四号、明治四十一年
山本恒次「廣池博士の御生家を訪ねて」『社会教育資料』十一号、昭和三十年
＊廣池徳四郎に関する数少ない記録の一つ。
山本晴子「ご臨終前の廣池博士」『社会教育資料』一二六号、平成五年
行安茂・廣川正昭編『戦後道徳教育を築いた人々と21世紀の課題』教育出版、平成二十四年
弓山達也『天啓のゆくえ――宗教が分派するとき』日本地域社会研究所、平成十七年
横山良吉『廣池千九郎先生小伝』広池学園事業部、昭和五十一年
＊これまでに刊行された唯一の単著による廣池の伝記であり著者横山良吉の遺作。内容も優れている。
吉川弘文館編刊『国史大辞典』平成十一年

吉川弘文館編刊『明治時代史辞典』平成二十五年
利光三津夫『続 律令制とその周辺』慶應義塾大学法学研究会、昭和四十八年
歴史学研究会・日本史研究会編『日本歴史講座 第八巻 日本史学史』東京大学出版会、昭和三十二年
ローレンス・コールバーグ著、岩佐信道訳『道徳性の発達と道徳教育』広池学園出版部、昭和六十二年
渡辺寛「神宮皇學館における神道の研究と教育――『神路』解題にかえて」『神路』第十号～十五号、皇學館大学出版部、平成二十一年
和辻哲郎「尊王思想とその伝統」『和辻哲郎全集』第十四巻、岩波書店、昭和三十七年
若林苫蔵・松浦政子・水野節子「廣池博士の教えられた料理の心得」『れいろう』昭和三十六年六月号
鷲津邦正「一木一草にも愛の心」『れいろう』昭和四十四年十一月号

あとがき

本書の刊行は次のような経緯による。平成二十六年（二〇一四）の暮れ頃、モラロジー研究所の所功教授が、私の博士論文「近代日本における神道と道徳――廣池千九郎を事例として」（指導中西正幸教授）を、ミネルヴァ書房の田引勝二氏に見せ、「廣池千九郎」を『日本評伝選』の一冊に加えるよう勧められたことがあった。すると田引氏が興味を示され、廣池の生誕百五十年にあたる平成二十八年（二〇一六）中に出版するようはからってくださったというものである。

しかし書き出してみると、学術論文とは事情が異なり、なかなか筆が進まない。しかも時間が限られている。所教授からは叱咤激励を受け、また今春からモラロジー研究所に着任した久禮旦雄研究員からも様々なサポートをいただき、何とかゴールに漕ぎつけた。それでも延引を重ねて、田引氏をはじめ関係各位にご心配とご迷惑をかけた。ここに深く感謝するとともに、衷心よりお詫び申し上げたい。

ところで、廣池千九郎の人生全般を扱った書物として、すでに七三五頁の大著『伝記 廣池千九郎』（平成十三年）がある。その内容は詳細でバランスが取れており、廣池を知る必読書といえよう。

そこで今回の『日本評伝選 廣池千九郎』は、それとは少し視点・力点を異にして書き進めた。時代順に全体の流れが捉えやすくなることを心掛け、引用史料は、なるべく原文を尊重し、当時の雰囲気を忠実に伝えるよう努めた。

この方針で書いていているうちに気づかされたのは、廣池の人生は時代順に辿ると「起・承・転・結」の詩体によく当てはまるということである。生涯の苦労と事業を起こした『中津歴史』の時代に始まり、それを承けて歴史家となり法制史を専攻し、さらに途中で宗教家に転じ、最後に人生のすべてを道徳科学の研究と教育に結実させた人生だった。本書は廣池の生涯を四章構成としているが、これは起承転結にあたる。

もう一つ、廣池のルーツとして、家庭環境と大分儒学の伝統を明らかにすることに重点を置いた。廣池の道徳科学の基本的な考え方は、三浦梅園の時点でほぼできあがっていたことが理解されたことと思う。廣池はそれを近代科学へ進め、さらに日本の精神文化の深みを添えるとともに、恒久的な教育体系へと展開したのである。

また理論体系を知るには、形成過程を知るのが有益である。道徳科学におけるそれは、廣池の人生そのものであって、その最大の功労者が妻の春子であり、その苦悩がいかに深かったかを、本書にやや詳しく記した。この伴侶を抜きにして廣池の人生も思想も成就しなかったに違いない。

廣池の行った個人救済や経営指導などの事例は、門人たちによって膨大に記録されているが、分量の制約もあって、本書はそれらにほとんど言及していない。たとえば「三方よし」の考え方は、「売り手よし、買い手よし、世間よし」という近江商人に伝わる経営理念であるが、「三方よし」という言葉は、廣池の教えとして門下に伝わったものである。「三方よし」に基づく経営指導などは、『伝記』をはじめ多くの文献に書かれているので、それらをご参照いただけたら幸いである。

廣池における重要な課題であった皇室研究についても、本書で十分に触れられなかった。『道徳科学の論文』には、皇室における道徳だけでなく、国民の側に対しても「報恩の最主要方法は、陛下に対し奉りて、真に御軫念《ごしんねん》を安んじ奉るようになすこと」などと、皇室の恩恵に報いる指標を示している。このことを理解するための前提として、国民の蒙った恩恵がいかなるものなのかを明示する必要があるのだが、それはまったくできていない。

モラロジー研究所では、所功教授を中心に「皇室関係資料文庫」を設立し、正確な情報の収集と整理を進めている。自分としては、これらの成果を活かして、いずれ廣池千九郎の皇室論を本格的に大成したいと念じている。

末筆ながら、ここまで導いてくださった諸先生方、またモラロジー研究所（廣池幹堂理事長）、麗澤大学（中山理学長）、および國學院大学、皇學館大学の関係各位、さらにミネルヴァ書房と編集担当の田引氏などに、心より感謝を申し上げたい。

なお私事にわたるが、本書を私と妻の両親および妻子に献じ、一層の精進を誓って擱筆する。

平成二十八年（二〇一六）八月二十四日

研究室にて　橋本富太郎

廣池千九郎略年譜

和暦	西暦	齢	関係事項	一般事項
慶応二	一八六六	0	3・29大分県下毛郡鶴居村大字永添字八並二三三番地にて、農家の廣池半六・りゑの長男として生まれる。	1・21薩長同盟。12・5徳川慶喜将軍就任。12・25孝明天皇崩御。
三	一八六七	1		1・9明治天皇践祚。8月遠江・三河・尾張国などで「ええじゃないか」が起こる。10・14大政奉還。12・9王政復古。
四 明治元	一八六八	2		3・14五箇条の御誓文。3・28神仏判然令。廃仏毀釈が起こる。7・17江戸を東京と改称。9・8明治改元。
二	一八六九	3	9・10弟又治誕生。	7・8神祇官・太政官の二官と六省を置く。神宮式年遷宮。
三	一八七〇	4	10・27角春子誕生。	1・3大教宣布の詔発布。2月

四	一八七一	5		大学規則・中小学規則を定める。7・14廃藩置県。7・18文部省設置。11月中津市校設立。
五	一八七二	6	11・10阿部守太郎誕生。	2月福澤諭吉『学問のすゝめ』刊。5・29師範学校開設。8・2学制発布。12・3改暦、この日を明治六年元日とする。
六	一八七三	7	2・12弟長吉誕生。	1・10徴兵令制定。10・14祝祭日を定め休日とする。
八	一八七五	9	2月永添小学校入学。	8月新島襄、同志社を創立。9・20江華島事件。
九	一八七六	10		10・24熊本神風連の乱起こる。
一〇	一八七七	11	10月学業成績優秀を大分県から表彰される。	2・15西南戦争起こる。4月増田宋太郎ら、大分県庁・中津市庁を襲撃。4・12東京大学創立。
一二	一八七九	13	3月永添小学校卒業。4月中津市校第三級に編入学。	『古事類苑』編纂事業始まる。8月明治天皇「教学聖旨」（元田永孚起草）を内示。9・29教育令公布。
一三	一八八〇	14	4月この頃より神経病の兆候があり、種々の治療を	12・18改正教育令公布。

			試みる。6月中津市校を卒業。7月永添小学校の助教となる。	
一四	一八八一	15		10・12国会開設の詔勅発布。
一五	一八八二	16	この頃耳病となる。	1・4軍人勅諭発布。1・24神官教導職分離。4・30神宮皇學館設立。6・5嘉納治五郎、柔道道場開設。8・23皇典講究所設立。10・21東京専門学校開校。
一六	一八八三	17	7月師範学校受験のため、永添小学校を辞職。9・3大分県師範学校の入学試験に失敗する。9月明倫会麗澤館に入塾、小川含章に師事。12月この頃勉学のため上京することを企てるが断念する。	3月中津市校廃校。11・28鹿鳴館開館式。
一七	一八八四	18	1月再び大分県師範学校の入学試験に失敗。6月麗澤館退塾・明倫会復帰、小川含章のもとを離れる。この頃から井上頼圀に文通し、日本の古典を学ぶ。	7・7華族令制定。
一八	一八八五	19	1月柞原八幡に参拝し三ヶ条の誓い（七年参詣、正直、孝行）を立てる。2・14大分県師範学校の応請試業（検定試験）に合格し、初等師範科の教員免許を得る。3・26下毛郡形田小学校訓導に任ぜられる。この頃より大分県共立教育会の会員となり郡教育の	12・22内閣制度創設。初代総理伊藤博文、初代文相森有礼。

一九	一八八六	20	改善に尽力する。 春頃「初忘録」を執筆する。7月「学校生徒実業を重んずる習慣を養成する方案」を『大分県共立教育雑誌』十七号に掲載。27日　徴兵検査甲種に合格。11月三ヶ条の誓い（人を誹らず、貧弱を憐れむ、五〇以上にて国事に奔走、死を致すも可なり）を立てる。12月下毛郡樋田村に夜間学校を開設する。	3・2帝国大学令公布。4・10小中師範学校令公布。
二〇	一八八七	21	4・1万田尋常小学校訓導に任ぜられる。11月この頃「履歴二号」を執筆する。	2・15徳富蘇峰『国民之友』創刊。2・18中山みき逝去。4月西村茂樹『日本道徳論』刊。
二一	一八八八	22	1月「遠郷僻地　夜間学校教育法」（稿本）脱稿。2・20窮民を救済した功により下毛郡役所から褒賞を受ける。4・1中津高等小学校に転勤。この頃同小学校に寄宿舎を設置し世話を始める。この頃から進修館の蔵書を集中的に読む。6月各学校に手工科を設けることに尽力。11月『中津歴史』の執筆にとりかかる。12・1『新編小学修身用書』刊。	4・25市制町村制公布。
二二	一八八九	23	5・14西国東・宇佐・下毛三郡教育会で大分県教育互助会の設立を提唱する。7・18角春子と結婚。8月大分県教員互助会設立のため『大分県共立教育会	2・11大日本帝国憲法発布、皇室典範制定。森有礼暗殺。12月『史学会雑誌』創刊。神宮式年

			雑誌』に主意書を掲載。11・15『小学歴史歌』刊。12月永添小学校時代の恩師、故古野静枝の碑を立てる。	遷宮。
二三	一八九〇	24	10月「履歴三号」を執筆する（二五年四月まで補筆）。11月わが国最初の「教員互助会」が大分県共立教育会に設立される。12月中津町金谷に新居を持つ。	3・25女子高等師範学校設立。5・17府県制・郡制各公布。10・30教育勅語発布。11・29第一回帝国議会開会。
二四	一八九一	25	10月「蚕業新説 製種要論」（稿本）完成。12・7『中津歴史』刊。	1・9内村鑑三不敬事件。5・11大津事件。5月田口卯吉、雑誌『史海』創刊。12・18田中正造、足尾銅山問題を提起。
二五	一八九二	26	4・11下毛郡宮永村の大火災に際して義援金を求める檄文を発する。8・15妻を伴い京都へ向けて中津を出発。9・21『史学普及雑誌』創刊。11・12『日本史学新説』刊。この頃より非常な生活難が始まる。	3月久米邦武筆禍事件。
二六	一八九三	27	2・25長男千英生まれる。この頃から富岡鉄斎の知遇を得る。5・11『皇室野史』刊。6月穂積陳重の論文を読んで法律家を志す。7・29正倉院御物の拝観を許される。9・29『史学俗説弁』刊。12月「倭漢比較律疏」の研究をはじめる。	1月女学雑誌社『文学界』創刊。5・5ニューヨーク証券取引所で大暴落、経済恐慌勃発。

二七	一八九四	28	6・3『新説日本史談』刊。7・31住吉大社に参拝して五ヶ条の誓いを立てる。京都市参事会から『平安通志』の編纂参画を依頼される。8月井上頼圀と初面談。この頃『京華要誌』編纂に参加する。11月醍醐時三宝院から寺志の編纂を依頼される。	3・27小川含章逝去。3・29朝鮮甲午農民戦争勃発、日本・清国出兵。8・1清国に宣戦布告（日清戦争）。
二八	一八九五	29	1月比叡山延暦寺から古文書、宝物の整理を依頼される。3月中津から両親を招き京都を案内する。4・1神宮司庁より『古事類苑』編纂員の内命を受ける。同日『京名所写真図絵』刊。4・1『史学普及雑誌』第二七号で終刊。4・26『歴史美術名勝古跡京都案内記』刊。5・7『古事類苑』編纂従事のため単身上京。8・23『古事類苑』編纂の助修を嘱託される。9・6家族を東京に呼び寄せ麹町区五番町に住む。11月本郷区弓町一丁目二十五番地に転居。	1・29高等女学校規定公布。3・15平安神宮創建。4・17日清講和条約調印。4・23三国干渉（露・仏・独）。
二九	一八九六	30	4月漢文法の研究に着手。この頃佐藤編修長と対立後、使命を自覚して反省。	『古事類苑』刊行開始。
三〇	一八九七	31	3・22『在原業平』刊。5・19長女とよ誕生。この頃井上頼圀の勧めで日本国体の研究開始。この頃雲照律師の教えを受ける。この頃「歴代御伝」の編纂を試みる。	6・22京都帝国大学設立。7・4労働組合期成会結成。3・29貨幣法（金本位制）公布。4・27東京図書館が帝国図書館とな

				る。
三一	一八九八	32	この頃ガベレンツ著『支那文典』の研究のためドイツ協会に通いドイツ語を学ぶ。	3・6ドイツ膠州湾租借。3・27ロシア遼東半島租借。4月米西戦争、ハワイ・フィリピン米領へ。7・1イギリス威海衛租借。11・17フランス広州湾租借。
三二	一八九九	33	6・6次男千巻誕生。	2・7中学校令・実業学校令公布。2・8高等女学校令公布。8・3私立学校令公布。
三三	一九〇〇	34	8月『倭漢比較律疏』自序文を認む。10・13『高等女学読本』刊。	3・10治安警察法公布。4・26内務省社寺局が神社局と宗教局となる。北清事変（義和団事件）勃発。
三四	一九〇一	35	9・15『女流文学叢書』一、共編刊。11・14神宮司庁へ著書を献納する。	2・3福澤諭吉逝去。12・10第一回ノーベル賞授賞式。
三五	一九〇二	36	2月『古事類苑』編纂事業第一次改善案を提出。3・9『女流文学叢書』二、共編刊。4・29『高等女学読本参考書』刊。この頃真砂町二十五番地に転居。7月郷里から両親を招き東京見物。9月神田の正則英語学校で英会話を学ぶ。10月早稲田大学校外	1・30日英同盟調印。

			講師となる。11・27次女富誕生。12月本郷区台町三十二番地へ転居。この頃穂積陳重に師事する。	
三六	一九〇三	37	佐藤誠実著『日本教育史』の改正増補に協力（明治三六年六月刊）。	3・27専門学校令公布。5・22一高生藤村操、投身自殺。8月神宮皇學館が官立専門学校化。
三七	一九〇四	38	この頃病重く熱海で静養（仏教、キリスト教に信仰を求める）。	2・10日露戦争勃発。
三八	一九〇五	39	2・21『令義解』のドイツ語訳計画に穂積陳重のもと津軽英麿と参画（四〇年九月中止）。2・12『古事類苑』編纂事業第二次改善案を提出。8・25母りえ逝去（六五歳）。9月『てにをは廃止論』刊。9月早稲田大学専任講師となる。10・14早稲田大学にて「東洋法制史」開講。12・10『支那文典』刊。12・24『東洋法制史序論』刊。	9・5日露講和条約調印。11・17第二次日韓協約締結。
三九	一九〇六	40	11月「倭漢比較律疏」（稿本）脱稿。12月神宮皇學館教授に内定。12・20穂積陳重の勧めで学位請求を決意。12・28『日本文法てにをはの研究』刊。	1・28日本社会党結成。2・1韓国に統監府設置。
四〇	一九〇七	41	6・12神宮皇學館教授の辞令を受ける。11・9『古事類苑』編纂終了式。佐藤編修長から記念に『故唐律疏議』を贈られる。	2・4足尾銅山で暴動。3・21小学校令改正、尋常小学校の修業年限を六年とする。

四一	一九〇八	42	3・16〜4・23清国調査旅行。8・25「神道講義」開講。この頃より「神道史」担当。12・30『伊勢神宮』（私家版）刊。	3・11佐藤誠実逝去。4・28第一回ブラジル移民出発。10・13戊申詔書発布。11・28天理教一派独立。
四二	一九〇九	43	3・5『伊勢神宮』増訂再版刊。3月調査のため天理教本部を訪問。4・28『韓国親族法親等制度の研究』刊。11・11宇治山田市古市町の服部方に下宿を移す。この頃天理教入信。	10・26伊藤博文がハルビンで暗殺される。神宮式年遷宮。
四三	一九一〇	44	3月この頃から労働問題の道徳的解決に尽力。春ごろ伊勢市今一色で人心救済を体験する（誠の体験）。11・30東京帝国大学法科大学に学位論文「支那古代親族法の研究」を提出。	8・29韓国併合。
四四	一九一一	45	1月この頃から病気がちとなる。5月「天理教教理」を三人の学生に対して開講。8月家族で畑毛温泉にて静養。	1・18大逆事件に判決、幸徳秋水死刑。2・4南北朝正閏問題（質問書が衆議院に提出）。3・29工場法公布。10・10辛亥革命勃発。
四五 大正元	一九一二	46	1・4天理教本部へ行き中山真之亮管長に面閲して教理研究を約束。6・14服部方より勢山支教会に移る。8月三教会同のため尽力。9・15『我国体の精	1・1中華民国建国。2・12宣統帝退位、清朝滅亡。2・25三教会同。4・15タイタニック号

			華』刊。9・20大病に罹る。10・2「廣池信仰日記」をつけ始める。11・28「容体書」を書き始める。12・6瀕死の病状の中、人生を人心救済に捧げることを誓う（大正元年の大患）。12・10文部省より法学博士の学位を授けられる。12・28中山真之亮管長より天理教本部員に就任するよう松村吉太郎を通じて要請される。	沈没。7・30明治天皇崩御、同日改元。8・1友愛会設立。9・13明治天皇大喪、乃木希典夫妻殉死。
二	一九一三	47	1・3天理教本部入りを止めさせるため春子が伊勢に来る。1・25天理教本部に移る。2・3神宮皇學館教授を辞職。2・19教育顧問ならびに天理中学校長の辞令を受ける。4・28学位取得の祝宴を上野精養軒にて開く。8・24富士瓦斯紡績小山工場を初訪問（以後しばしば同工場で講演）。10・1帰一協会で天啓について講演（義務先行説の発表）。「日誌」第一号をつけはじめる。11・16中山真之亮管長より教祖直筆の御筆先と教祖の写真を見せられる。	9・1南京事件、日本人が殺害される。9・5阿部守太郎が暗殺される。
三	一九一四	48	2月この頃から京都帝国大学、早稲田大学をはじめ各地で講演。3・15千葉県成田宣教所で講演し諸岡長蔵に初めて会う。6月『天理教教育主義』第一輯刊。10・26『十九世紀に於ける最も偉大なる婦人の	『古事類苑』の編纂事業完全に終る。7・4井上頼圀逝去。7・28オーストリアがセルビアに宣戦布告、第一次世界大戦。

			事業』（教祖伝記）刊。	12・31中山真之亮逝去。
四	一九一五	49	1・12故管長の追悼講演で激しい批判を受ける。3・14『東洋法制史本論』刊。4・27天理教教育顧問・天理中学校長を辞任（大正四年の困厄）。8・23『神社崇敬と宗教』刊。9・28『伊勢神宮と我国体』刊、「慈悲寛大自己反省」を明らかにする。10・15『増訂 支那文典』刊。12・15『近世思想近世文明の由来と将来』刊。	1・18対華二十一カ条要求。11・10大正天皇即位礼。
五	一九一六	50	6・1日本海員掖済会常議員に当選（大正一三年まで）。7月この頃から労働問題の道徳的解決に一層尽力。11・30『日本憲法淵源論』刊。	
六	一九一七	51	3・13次男千巻逝去（一七歳）。5・16～6・5山陽山陰地方国民道徳講演会に出講。7月長男千英東京帝国大学法科大学卒業。富士瓦斯紡績会社に入社。9・2～10・1東北北海道地方国民道徳講演会に出講。	3・15ロシア二月革命。11・7ロシア十月革命。
七	一九一八	52	2・12～5・16山陽九州地方で開催された国民道徳講演会に出講。6・28東京高等師範学校でモラルサイエンスについて講演。9・15～10・10北九州地方の各所でシベリア出兵に関する時局講演。その間に	7・23富山で米騒動始まる。8・2シベリア出兵宣言。11・11第一次世界大戦休戦。

八	一九一九	53	中野金次郎と親交結ぶ。11・23『富豪、資本家、会社商店の経営者、重役、高級職員各位並に官憲に稟告』刊、企業経営の道徳化に尽力。3・1〜4香川県本島で講習会開催。5・21大木遠吉主催で華族会館にてモラルサイエンスについて講演。7・18病状悪化し本島へ渡る。以後大正十二年まで春夏同地で静養かたがたモラルサイエンスの研究を行う。8・9父半六逝去（七九歳）。8・18中野金次郎より研究費の援助始まる。11・22〜23華族会館にて「新科学モラルサイエンスの内容と近き将来に於て世界各国に起らんとする兆候ある社会革命との関係」と題して講演。	3・1朝鮮で三・一独立運動起こる。4・11パリ講和会議で日本代表、人種差別撤廃を提案するも不採択。6・28ヴェルサイユ講和条約調印。8・12斎藤実、朝鮮総督就任。
九	一九二〇	54	2・17山県有朋を訪問し道徳科学を説く。	1・10国際連盟発足、日本は常任理事国となる。3・15株価暴落、戦後恐慌始まる。5・2日本最初のメーデー。5・24尼港事件。
一〇	一九二一	55	11・4千英と梶原三枝子の結婚式を挙行。12・13華族会館にて講演（「階級制度の根本原理と労働問題其他切迫せる社会問題・思想問題の徹底的解決法に	11・4原敬暗殺される。11・12ワシントン会議始まる。

			就きての純科学的講話」)。	
一一	一九二二	56	1月中田中・香川景三郎門弟となる。4・13朝鮮総督府に斎藤実総督を訪問し道徳科学を説く。8・14初孫千太郎誕生。8・20松方正義を那須の別荘に訪ね階級制度の根本的原理を説く。	3・3全国水平社結成。7・15日本共産党結成。
一二	一九二三	57	8・14畑毛温泉に居を定め『道徳科学の論文』の執筆に専念。	9・1関東大震災。11・10国民精神作興に関する詔書発布。12・27虎の門事件。
一三	一九二四	58	5・5天理教教理書を天理教本部に献上する。8月鈴木利三郎が正式に助手と為る。9月千英、財団法人労使協調会（参事）へ移る。	1・10第二次護憲運動起こる。6・11加藤高明内閣成立。以後昭和七年の五・一五事件まで政党内閣続く。
一四	一九二五	59	3月このころより病状悪化する。6・27全国各地の温泉を回り療養しながら執筆する生活を始める。	4・22治安維持法公布。5・5普通選挙法公布。
一五 昭和元	一九二六	60	1・26天理中学校に預けていた蔵書を天理教本部に寄贈。7月この頃から『道徳科学の論文』の英訳を進める。8・17『道徳科学の論文』謄写版が完成。この日をもって道徳科学研究所創立日と定める。9月モラロジーの語を初めて使用する。9月この頃アカデミーの構想を立てる。	2・14大木遠吉逝去。1・30第一次若槻礼次郎内閣成立。4・7穂積陳重逝去。12・25大正天皇崩御、同日改元。

二	一九二七	61	1・29義務先行報恩協会を渋谷に設立。	2・7大正天皇大喪。3・15金融恐慌起る。3・24南京の日本領事館国民革命軍に襲撃される（南京事件）。4・1兵役法公布。
三	一九二八	62	10・25日本工業倶楽部で労働問題の科学的解決法について講演。11・3『道徳科学の論文』完成の報告と感謝のため伊勢神宮参拝。「五十鈴河畔の教訓」を発表し教育活動の基礎を固める。12・25『道徳科学の論文』（初版）刊。12・27鈴木貫太郎軍令部長の主催で海軍において講演。	3・15共産党員全国的大検挙。6・4張作霖爆殺事件。8・27パリ不戦条約調印。11・10昭和天皇即位礼。
四	一九二九	63	3・8昭和天皇・香淳皇后に『道徳科学の論文』献上。4・28一条実孝と荒木貞夫に道徳科学を説く。6月頃「回顧録」執筆。8・17『孝道の科学的研究』（謄写版）刊（活版は昭和五年）。	5月小林多喜二「蟹工船」発表。10・24ニューヨーク株式市場大暴落、世界恐慌始まる。11・21金解禁の大蔵省令公布。神宮式年遷宮。
五	一九三〇	64	6・13大阪の日東蓄音機株式会社で「新科学モラロジー及び最高道徳の特質」をレコードに吹き込み、11月完成。12・30『新科学モラロジー及び最高道徳の特質』刊。	この年から昭和恐慌。1・11金輸出解禁。4・22ロンドン海軍軍縮条約調印。11・14浜口雄幸首相東京駅で狙撃される。
六	一九三一	65	5月新潟県栃尾又温泉で病重くなり、万一を覚悟し	4・14第二次若槻内閣成立。

			て辞世を詠む。「渡欧を止めてまず日本を救うべし」との誓いを立てる（栃尾又の大患）。千英が労使協調会参事を辞め専心道徳科学の研究に励む。7・22〜24霧積温泉で幹部講習会を開催。9・13『新科学モラロジーおよび最高道徳に関する重要注意』刊。9・21大阪毎日新聞社講堂で大講演会。12・10『道徳科学研究所紀要』刊。12・14金本位制停止・兌換禁止につき若槻礼次郎前首相に進言。	9・18関東軍参謀ら、柳条湖で満鉄線路を爆破、満州事変勃発。
七	一九三二	66	2月日本軍の戦略に関して鈴木貫太郎侍従長に数回進言。3・8〜22大阪第一回講習会開催。5・23組閣の大命斎藤実に降る。国民道徳振興に関して書面を首相へ送る。9月東京市淀橋区下落合に東京講堂完成。10・3〜17東京講堂で東京第一回講習会開催。10・7ブラジル移民問題に関して永井柳太郎拓務大臣に面会。	1・28第一次上海事変勃発。3・1満州国建国宣言。3・3白川義則司令官、戦闘中止を声明。5・15五・一五事件、犬養首相射殺される。5・26斎藤実内閣成立。7・10『赤旗』「日本における情勢と日本共産党の任務に関するテーゼ」（三二年テーゼ）掲載。
八	一九三三	67	2・27大迫大将と共に荒木貞夫陸軍大臣、鳩山一郎文部大臣を訪問し、諸問題の道徳的解決を説く。4・21斎藤実首相に建議書を手渡す。4・25『新科	1・30ドイツにヒトラー内閣成立。3・4ルーズベルト大統領就任。3・27日本、国際連盟を

			学モラロジー及び最高道徳の特質の大要』刊。5・9官邸へ首相を訪問。6・1～10福岡地方第一回モラロジー講習会開催。8・28『新科学モラロジー及び最高道徳の根本原理』刊。11・13～22名古屋地方第一回モラロジー講習会開催。11・23伊勢神宮へ参拝し「第二五十鈴河畔の教訓」発表。	脱退。10・15新渡戸稲造逝去。
九	一九三四	68	1・19道徳科学専攻塾用地として千葉県小金町の土地（現・柏市光ヶ丘）を購入。2・5～15京都地方第一回モラロジー講習会開催（以後全国各地で開催）。6・25『道徳科学の論文』訂正増補第二版刊。9・25『道徳科学研究所と道徳科学教育』刊。	3・1溥儀、満州国皇帝即位。3・3斎藤実文相兼任。6・1文部省思想局設置。8・2ヒトラー総統となる。この年東北地方が冷害で大凶作。
一〇	一九三五	69	4・2道徳科学専攻塾開塾式挙行。5・3孔昭潤・顔振鴻来塾。6・30『別科卒業記念帖』刊。7・19『道徳科学講習会テキスト』刊。11・10斎藤実来塾。12・3『神壇説明書・更生殿説明書』刊。12・17～21「道徳科学経済学原論」のレコード吹込み。	3・23衆議院、国体明徴決議案を可決。9・18美濃部達吉が天皇機関説で貴族院議員を辞任。12・9第二次ロンドン海軍軍縮会議開催。
一一	一九三六	70	6・24研究所創立十周年・専攻塾創立一周年記念式挙行。6・30『モラロジー教育に関する基礎的重要書類』刊。7・6若槻礼次郎来塾。7・10大阪講堂開設。10・5谷川温泉購入、11・9寄宿舎開設。	1・15ロンドン軍縮会議から脱退を通告。2・26二・二六事件、斎藤実ら殺害される。2・27東京市に戒厳令施行。3・24メー

				デーを禁止。11・25日独防共協定締結。
一二	一九三七	71	1・5大穴温泉購入。4・18賀陽宮恒憲王が専攻塾へ台臨、御進講を行う。7・2〜28谷川第一回幹部講習会。8・1英文『Moralogy』刊。10・24恒憲王再度台臨、九条道秀を同伴。12・16『国民精神総動員とモラロジー』刊。同書の一部分の削除を警視庁より命ぜられる。12・31『道徳科学及び最高道徳の実質幷に内容の概略』(最後の著作)刊。	3・30文部省『国体の本義』刊。7・7盧溝橋事件、日中戦争始まる。7・21文部省教学局設置。11・6日独防共協定にイタリア参加。12・13日本軍南京を占領(南京事件)。
一三	一九三八	72	2・17畑毛温泉「富岳荘」完成。4・2金婚式。4・15病を押して谷川温泉より上京、恒憲王に最後の御進講、翌日谷川に帰る。4・17辞世を詠む。5・5谷川温泉から大穴温泉に移る。6・3危篤状態となる。6・4午前一〇時五五分大穴温泉にて逝去。6・8道徳科学専攻塾において葬儀ならびに告別式。	4・1国家総動員法公布。7・29張鼓峰で日ソ軍衝突。アメリカ、航空機物資の対日道義的禁輸実施。

志賀重昂　中野目徹
徳富蘇峰　杉原志啓
*竹越与三郎　西田毅
内藤湖南・桑原隲蔵　礪波護
*廣池千九郎　橋本富太郎
岩村透　今橋映子
*西田幾多郎　大橋良介
*金沢庄三郎　石川遼子
柳田国男　鶴見太郎
厨川白村　張競
村岡典嗣　水野雄司
大川周明　山内昌之
西田直二郎　林淳
折口信夫　斎藤英喜
シュタイン　瀧井一博
*西周　清水多吉
*福澤諭吉　平山洋
成島柳北　山田俊治
福地桜痴　山田俊治
村山龍平　早房長治
島田三郎　武藤秀太郎
田口卯吉　鈴木栄樹
*陸羯南　松田宏一郎
黒岩涙香　奥武則
長谷川如是閑　織田健志
*吉野作造　田澤晴子
山川均　米原謙
*岩波茂雄　十重田裕一
*北一輝　岡本幸治
*穂積重遠　大村敦志

中野正剛　吉田則昭
*満川亀太郎　福家崇洋
エドモンド・モレル　林田治男
*北里柴三郎　福田眞人
高峰譲吉　木村昌人
田辺朔郎　秋元せき
*南方熊楠　飯倉照平
石原純　金子務
*辰野金吾　河上眞理・清水重敦
*七代目小川治兵衛　尼崎博正
本多静六　岡本貴久子
ブルーノ・タウト　北村昌史

現代

昭和天皇　御厨貴
高松宮宣仁親王　後藤致人
*李方子　小田部雄次
吉田茂　中西寛
マッカーサー　柴山太
鳩山一郎　楠綾子
*石橋湛山　増田弘
重光葵　武田知己
市川房枝　村井良太
*池田勇人　藤井信幸
高野実　篠田徹
和田博雄　庄司俊作
朴正熙　木村幹

田中角栄　新川敏光
宮沢喜一　村上友章
竹下登　真渕勝
*松永安左エ門　橘川武郎
鮎川義介　井口治夫
*出光佐三　橘川武郎
松下幸之助　米倉誠一郎
渋沢敬三　井上潤
*本田宗一郎　伊丹敬之
井深大　武田徹
*佐治敬三　小玉武
幸田家の人々　金井景子
*正宗白鳥　大嶋仁
大佛次郎　福島行一
*川端康成　大久保喬樹
*薩摩治郎八　小林茂
坂口安吾　千葉一幹
太宰治　安藤宏
松本清張　杉原志啓
安部公房　鳥羽耕史
*三島由紀夫　島内景二
井上ひさし　成田龍一
R・H・ブライス　菅原克也
柳宗悦　熊倉功夫
バーナード・リーチ　鈴木禎宏
イサム・ノグチ　酒井忠康
熊谷守一　古川秀昭

川端龍子　岡部昌幸
*藤田嗣治　林洋子
*井上有一　海上雅臣
*手塚治虫　竹内オサム
古賀政男　藍川由美
*吉田正　金子勇
武満徹　船山隆
*八代目坂東三津五郎　田口章子
*力道山　岡村正史
*西田天香　宮田昌明
安倍能成　中根隆行
サンソム夫妻　平川祐弘・牧野陽子
*天野貞祐　貝塚茂樹
和辻哲郎　小坂国継
矢代幸雄　稲賀繁美
石田幹之助　岡本さえ
*平泉澄　若井敏明
*早川孝太郎　須藤功
安岡正篤　片山杜秀
青山二郎　田野勲
島田謹二　小林信行
田中美知太郎　川久保剛
前嶋信次　杉田英明
*唐木順三　澤村修治
亀井勝一郎　山本直人
知里真志保　北原治郎太
保田與重郎　谷崎昭男
石母田正　磯前順一
*福田恆存　川久保剛

井筒俊彦　安藤礼二
佐々木惣一　伊藤孝夫
小泉信三　都倉武之
*瀧川幸辰　伊藤孝夫
矢内原忠雄　等松春夫
式場隆三郎　服部正
大宅壮一　有馬学
清水幾太郎　庄司武史
*フランク・ロイド・ライト　大久保美春
*中谷宇吉郎　杉山滋郎
今西錦司　山極寿一

*は既刊
二〇一七年九月現在

横井小楠　沖田行司
＊古賀謹一郎　小野寺龍太
＊永井尚志　高村直助
岩瀬忠震　小野寺龍太
＊栗本鋤雲　小野寺龍太
大村益次郎　竹本知行
河井継之助　小川和也
＊西郷隆盛　家近良樹
由利公正　角鹿尚計
＊塚本明毅　塚本　学
＊月性　海原　徹
＊吉田松陰　海原　徹
＊高杉晋作　海原　徹
久坂玄瑞　一坂太郎
ペリー　遠藤泰生
ハリス　福岡万里子
オールコック　佐野真由子
アーネスト・サトウ　奈良岡聰智
緒方洪庵　米田該典

近代

＊明治天皇　伊藤之雄
＊大正天皇　F・R・ディキンソン
＊昭憲皇太后・貞明皇后　小田部雄次
大久保利通　三谷太一郎
山県有朋　鳥海　靖
木戸孝允　落合弘樹

井上　馨　伊藤之雄
＊松方正義　室山義正
北垣国道　小林丈広
板垣退助　小川原正道
長与専斎　笠原英彦
大隈重信　五百旗頭薫
伊藤博文　坂本一登
井上　毅　大石　眞
＊井上　勝　老川慶喜
＊桂　太郎　小林道彦
＊渡邉洪基　瀧井一博
＊乃木希典　佐々木英昭
星　亨　小林道彦
林　董　奈良岡聰智
＊児玉源太郎　小林道彦
＊高宗・閔妃　木村　幹
山本権兵衛　室山義正
＊金子堅太郎　松村正義
高橋是清　鈴木俊夫
小村寿太郎　簑原俊洋
＊犬養　毅　小林惟司
原　敬　季武嘉也
＊加藤高明　櫻井良樹
牧野伸顕　小宮一夫
田中義一　黒沢文貴
内田康哉　高橋勝浩
石井菊次郎　廣部　泉
平沼騏一郎　堀田慎一郎
＊鈴木貫太郎　小堀桂一郎
宇垣一成　北岡伸一
＊宮崎滔天　榎本泰子

＊浜口雄幸　川田　稔
幣原喜重郎　西田敏宏
関　一　玉井金五
水野広徳　片山慶隆
広田弘毅　井上寿一
安重根　上垣外憲一
＊グルー　廣部　泉
＊永田鉄山　森　靖夫
東條英機　牛村　圭
今村　均　前田雅之
蒋介石　劉　岸偉
石原莞爾　山室信一
木戸幸一　波多野澄雄
近衛文麿　庄司潤一郎
＊岩崎弥太郎　武田晴人
伊藤忠兵衛　末永國紀
五代友厚　田付茉莉子
大倉喜八郎　村上勝彦
＊安田善次郎　由井常彦
渋沢栄一　武田晴人
中野武営　佐賀香織
益田　孝　鈴木邦夫
山辺丈夫　宮本又郎
武藤山治　阿部武司・桑原哲也
池田成彬　松浦正孝
西原亀三　森川正則
小林一三　橋爪紳也
大倉恒吉　石川健次郎
大原孫三郎　猪木武徳
＊河竹黙阿弥　今尾哲也
イザベラ・バード　加納孝代

＊林　忠正　木々康子
＊森　鷗外　小堀桂一郎
＊二葉亭四迷　ヨコタ村上孝之
＊夏目漱石　佐々木英昭
徳冨蘆花　半藤英明
巌谷小波　千葉信胤
樋口一葉　佐伯順子
＊島崎藤村　十川信介
泉　鏡花　東郷克美
上田　敏　小林　茂
＊有島武郎　亀井俊介
永井荷風　川本三郎
北原白秋　平石典子
菊池　寛　山本芳明
芥川龍之介　高橋龍夫
＊宮沢賢治　千葉一幹
高浜虚子　坪内稔典
与謝野晶子　佐伯順子
＊種田山頭火　村上　護
＊斎藤茂吉　品田悦一
＊高村光太郎　湯原かの子
石川啄木　先崎彰容
萩原朔太郎　エリス俊子
＊原阿佐緒　秋山佐和子
＊狩野芳崖・高橋由一　古田　亮
川村清雄　落合則子
＊小堀鞆音　小堀桂一郎
竹内栖鳳　北澤憲昭
黒田清輝　高階秀爾

中村不折　石川九楊
横山大観　高階秀爾
＊橋本関雪　西原大輔
小出楢重　芳賀　徹
土田麦僊　天野一夫
岸田劉生　北澤憲昭
濱田庄司　濱田琢司
＊山田耕筰　後藤暢子
松旭斎天勝　川添　裕
中山みき　鎌田東二
佐田介石　谷川　穣
＊ニコライ　中村健之介
＊出口なお・王仁三郎　川村邦光
島地黙雷　阪本是丸
＊新島　襄　太田雄三
新島八重　佐伯順子
木下広次　冨岡　勝
海老名弾正　西田　毅
嘉納治五郎　クリストファー・スピルマン
柏木義円　片野真佐子
津田梅子　田中智子
＊澤柳政太郎　新田義之
河口慧海　高山龍三
山室軍平　室田保夫
大谷光瑞　白須淨眞
＊久米邦武　髙田誠二
フェノロサ　伊藤　豊
井上哲次郎　井ノ口哲也
三宅雪嶺　長妻三佐雄
＊岡倉天心　木下長宏

夢窓疎石　原田正俊
*宗峰妙超　竹貫元勝

南北朝・室町

後醍醐天皇　上横手雅敬
*護良親王　新井孝重
懐良親王　森　茂暁
*赤松氏五代　渡邊大門
*北畠親房　岡野友彦
楠正成　兵藤裕己
楠正行・正儀　生駒孝臣
*新田義貞　山本隆志
*光厳天皇　深津睦夫
足利尊氏　市沢　哲
*足利直義　亀田俊和
佐々木道誉　下坂　守
細川頼之　亀田俊和
円観・文観　田中貴子
足利義詮　早島大祐
足利義満　川嶋將生
*足利義持　吉田賢司
足利義教　横井　清
足利義政　木下昌規
*大内義弘　平瀬直樹
伏見宮貞成親王　松薗　斉
*山名宗全　山本隆志
細川勝元・政元　古野　貢
畠山義就　呉座勇一
足利成氏　阿部能久

世阿弥　西野春雄
雪舟等楊　河合正朝
宗祇　鶴崎裕雄
*満済　森　茂暁
一休宗純　原田正俊
蓮如　岡村喜史

戦国・織豊

北条早雲　家永遵嗣
北条氏政　黒田基樹
大内義隆　藤井　崇
斎藤氏三代　木下　聡
*毛利元就　岸田裕之
*毛利輝元　光成準治
小早川隆景・秀秋　光成準治
*今川義元　小和田哲男
六角氏四代　村井祐樹
*武田信玄　笹本正治
*武田勝頼　笹本正治
*真田氏三代　笹本正治
*三好長慶　天野忠幸
松永久秀　天野忠幸
*宇喜多直家・秀家　渡邊大門
*上杉謙信　矢田俊文
大友宗麟　鹿毛敏夫
島津義久・義弘　福島金治
*長宗我部元親・盛親　平井上総
浅井長政　長谷川裕子
吉田兼倶　西山　克

山科言継　松薗　斉
*雪村周継　赤澤英二
正親町天皇・後陽成天皇　神田裕理
足利義輝・義昭　山田康弘
織田信長　三鬼清一郎
織田長益　八尾嘉男
豊臣秀吉　藤井讓治
豊臣秀次　矢部健太郎
*北政所おね　田端泰子
*淀殿　福田千鶴
蜂須賀正勝・家政　三宅正浩
前田利家　東四柳史明
山内一豊・忠義　長屋隆幸
*黒田如水　小和田哲男
*蒲生氏郷　藤田達生
石田三成　堀越祐一
*細川ガラシャ　田端泰子
伊達政宗　伊藤喜良
*支倉常長　田中英道
千利休　熊倉功夫
*長谷川等伯　宮島新一
顕如　神田千里
教如　安藤　弥

江戸

*徳川家康　笠谷和比古
本多忠勝　柴　裕之
*徳川家光　野村　玄

徳川吉宗　横田冬彦
*後水尾天皇　久保貴子
後桜町天皇　所　京子
光格天皇　藤田　覚
崇伝　杣田善雄
*春日局　福田千鶴
宮本武蔵　渡邊大門
*池田光政　倉地克直
保科正之　八木清治
シャクシャイン　岩崎奈緒子
*田沼意次　藤田　覚
細川重賢　安高啓明
*二宮尊徳　小林惟司
*末次平蔵　岡美穂子
*高田屋嘉兵衛　生田美智子
*林羅山　鈴木健一
吉野太夫　渡辺憲司
中江藤樹　辻本雅史
熊沢蕃山　川口　浩
*山崎闇斎　澤井啓一
山鹿素行　前田　勉
*北村季吟　島内景二
伊藤仁斎　澤井啓一
貝原益軒　辻本雅史
松尾芭蕉　楠元六男
*ケンペル　B・M・ボダルト＝ベイリー
新井白石　大川　真
荻生徂徠　柴田　純
*雨森芳洲　上田正昭
石田梅岩　高野秀晴

白隠慧鶴　芳澤勝弘
前野良沢　松田　清
平賀源内　石上　敏
本居宣長　田尻祐一郎
杉田玄白　吉田　忠
木村蒹葭堂　有坂道子
*大田南畝　沓掛良彦
菅江真澄　赤坂憲雄
*鶴屋南北　諏訪春雄
良寛　阿部龍一
*山東京伝　佐藤至子
*滝沢馬琴　高田　衛
平田篤胤　山下久夫
国友一貫斎　太田浩司
シーボルト　宮坂正英
本阿弥光悦　岡　佳子
小堀遠州　中村利則
狩野探幽・山雪　山下善也
尾形光琳・乾山　河野元昭
*二代目市川團十郎　田口章子
伊藤若冲　狩野博幸
鈴木春信　小林　忠
浦上玉堂　高橋博巳
*佐竹曙山　成瀬不二雄
葛飾北斎　岸　文和
酒井抱一　玉蟲敏子
孝明天皇　青山忠正
*和宮　辻ミチ子
徳川慶喜　大庭邦彦
島津斉彬　原口　泉

ミネルヴァ日本評伝選

上代

*俾弥呼　古田武彦
日本武尊　西宮秀紀
*仁徳天皇　若井敏明
雄略天皇　吉村武彦
継体天皇　若井敏明
*蘇我氏四代　遠山美都男
推古天皇　義江明子
聖徳太子　仁藤敦史
斉明天皇　武田佐知子
小野妹子・毛人・毛野　大橋信弥
*額田王　梶川信行
弘文天皇　遠山美都男
天武天皇　新川登亀男
持統天皇　丸山裕美子
阿倍比羅夫　熊田亮介
*藤原四子　木本好信
*柿本人麿　古橋信孝
*元明天皇・元正天皇　渡部育子
聖武天皇　本郷真紹
光明皇后　寺崎保広
*孝謙・称徳天皇　勝浦令子
藤原不比等　荒木敏夫
橘諸兄・奈良麻呂　遠山美都男
吉備真備　今津勝紀
*藤原仲麻呂　木本好信
道鏡　吉川真司
*藤原種継　木本好信
大伴家持　和田　萃
*行基　吉田靖雄

平安

*桓武天皇　井上満郎
嵯峨天皇　西別府元日
宇多天皇　古藤真平
醍醐天皇　石上英一
村上天皇　京樂真帆子
花山天皇　上島　享
三条天皇　倉本一宏
*藤原薬子　中野渡俊治
*藤原良房・基経　瀧浪貞子
菅原道真　竹居明男
*紀貫之　神田龍身
源高明　所　功
*安倍晴明　斎藤英喜
藤原実資　橋本義則
*藤原道長　朧谷　寿
*藤原伊周・隆家　倉本一宏
藤原定子　山本淳子
藤原彰子　朧谷　寿
清少納言　三田村雅子
紫式部　竹西寛子
和泉式部　ツベタナ・クリステワ
大江匡房　小峯和明
*阿弖流為　樋口知志
坂上田村麻呂　熊谷公男
*源満仲・頼光　元木泰雄
平将門　西山良平
藤原純友　寺内　浩
最澄　吉田一彦
円珍　岡野浩二
*空也　石井義長
奝然　上川通夫
*源信　小原　仁
慶滋保胤　吉原浩人
*後白河天皇　美川　圭
式子内親王　奥野陽子
建礼門院　生形貴重
*藤原秀衡　入間田宣夫
平時子・時忠　元木泰雄
平維盛　根井　浄
守覚法親王　阿部泰郎
藤原隆信・信実　山本陽子

鎌倉

源頼朝　川合　康
*源義経　近藤好和
源実朝　神田龍身
*九条兼実　加納重文
九条道家　上横手雅敬
北条時政　野口　実
熊谷直実　佐伯真一
*北条政子　関　幸彦
北条義時　岡田清一
曾我十郎・五郎　杉橋隆夫
北条時頼　山本隆志
北条時宗　近藤成一
安達泰盛　山陰加春夫
平頼綱　細川重男
竹崎季長　堀本一繁
西行　光田和伸
鴨長明　浅見和彦
藤原定家　赤瀬信吾
*京極為兼　今谷　明
*兼好　島内裕子
重源　横内裕人
*運慶　根立研介
快慶　井上一稔
法然　今堀太逸
栄西　中尾良信
慈円　大隅和雄
明恵　西山　厚
*親鸞　末木文美士
恵信尼・覚信尼　西口順子
覚如　今井雅晴
*道元　船岡　誠
叡尊　細川涼一
*忍性　松尾剛次
*日蓮　佐藤弘夫
一遍　蒲池勢至

刊行のことば

歴史を動かすものは人間であり、興趣に富んだ人間の動きを通じて、世の移り変わりを考えるのは、歴史に接する醍醐味である。

しかし過去の歴史学を顧みるとき、人間不在という批判さえ見られたように、歴史における人間のすがたが、必ずしも十分に描かれてきたとはいえない。二十一世紀を迎えた今、歴史の中の人物像を蘇生させようとの要請はいよいよ強く、またそのための条件もしだいに熟してきている。

この「ミネルヴァ日本評伝選」は、正確な史実に基づいて書かれるのはいうまでもないが、単に経歴の羅列にとどまらず、歴史を動かしてきたすぐれた個性をいきいきとよみがえらせたいと考える。そのためには、対象とした人物とじっくりと対話し、ときにはきびしく対決していくことも必要になるだろう。

今日の歴史学が直面している困難の一つに、研究の過度の細分化、瑣末化が挙げられる。それは緻密さを求めるが故に陥った弊害といえるが、その結果として、歴史の大きな見通しが失われ、歴史学を通しての社会への働きかけの途が閉ざされ、人々の歴史への関心を弱める危険性がある。今こそ歴史が何のためにあるのかという、基本的な課題に応える必要があろう。評伝という興味ある方法を通じて、解決の手がかりを見出せないだろうかというのも、この企画の一つのねらいである。

狭義の歴史学の研究者だけでなく、多くの分野ですぐれた業績をあげている著者たちを迎えて、従来見られなかった規模の大きな人物史の叢書として、「ミネルヴァ日本評伝選」の刊行を開始したい。

平成十五年（二〇〇三）九月

ミネルヴァ書房

《著者紹介》

橋本富太郎（はしもと・とみたろう）

昭和49（1974）年　愛知県生まれ。

國學院大學大学院神道学専攻博士課程後期修了。博士（神道学）。

現　在　麗澤大学外国語学部助教。

著　書　『皇室事典』共著，角川学芸出版，2009年。

『大学生のための道徳教科書』共著，麗澤大学出版会，2009年，ほか。

論　文　「神宮皇學館における廣池千九郎の神道講義」『神道史研究』第61巻２号，2013年，ほか。

ミネルヴァ日本評伝選

廣《ひろ》池《いけ》千《ち》九《く》郎《ろう》

――道徳科学とは何ぞや――

2016年11月10日　初版第１刷発行
2017年８月30日　初版第２刷発行

〈検印省略〉

定価はカバーに
表示しています

著　者　橋　本　富太郎

発行者　杉　田　啓　三

印刷者　江　戸　孝　典

発行所　株式会社　ミネルヴァ書房

607-8494 京都市山科区日ノ岡堤谷町１
電話代表（075）581-5191
振替口座 01020-0-8076

共同印刷工業・新生製本

ISBN978-4-623-07738-0

Printed in Japan

人名索引

※「廣池千九郎」は頻出するため省略した。

あ 行

か　行

さ　行

た　行

な　行

は　行

事項索引

※「道徳」は頻出するため省略した。

あ 行

か 行

さ 行

ま　行

や　行

ら　行

わ　行